JN099511

なぜ英国の大学はキラキラして見えるのか

歴史・教育・研究・経営から解き明かす

Sano Toshinori
佐野壽則
【著】

ミネルヴァ書房

はじめに

このレポートは，2019年３月から2022年４月までの３年間，ロンドンにある在英国日本国大使館で仕事をしながら，英国大学について調べ考えたことをまとめたものです。

英国大学は，日本の地から見ると，どこか「キラキラ」しています。

世界を統べた伝統の国イギリスのイメージがあるからかもしれませんし，オックスフォード大学の古色蒼然たる写真に，ロマンをかきたてられるからかもしれません。あるいは，アメリカと比べ，イギリスは「遠くにある国」だからかもしれません。

英国大学の「キラキラ」は，本当なのか，幻なのか，その真実を知りたいと思ったことが，このレポートを書き始めた理由の一つです。

英国大学は，遠い国の大学でありながら，しばしば日本で名前を聞く大学でもあります。

英国原初の大学であるオックスフォード大学は，世界大学ランキング（THE）で，６年連続世界第１位の座を占めます。英国大学特有の個別指導教育は，大学教育を語る際に欠かせないキーワードです。研究力評価（REF）をはじめとする英国政府の大学政策は，良くも悪くも日本を含め，各国の政策に影響を与えてきました。「学生が世界一勉強しない」と言われ，研究力低下が叫ばれる日本で，英国大学が引き合いに出されるのは当然です。

英国大学が引き合いに出されるもう一つの理由は，英国が，「分析しやすく参考にしやすい」国であることです。英国の人口は約６千万人。３億３千万人という巨大な人口を擁するアメリカや，フィンランドやシンガポールといった数百万人規模の小国に比べ，日本がモデルにするのに，手頃なサイズ感です。英国は日本と似た中央集権的構造をもっているので全国的な仕組みを追いやすく，膨大な資料やデータを公表してくれてもいます。

ただし，「分析しやすく参考にしやすい」ことは，決して，「分かりやすい」ことを意味しません。確かに資料やデータが整っている英国大学の仕組みを，数枚のプレゼンテーションにまとめ，「分かった気になる」ことは，簡単にできます。

実際には，英国大学の仕組みには，そのように作られた，あるいは，作らざるをえなかった背景や経緯があります。また，仕組みの「概略」が分かったところで，仕組みの「運用」は，あくまで英国人の感性に基づいて行われており，本当に分かろうとするなら，その仕組みが英国人にどう捉えられているか，どのように「機能」しているかを，「文脈ごと」分かろうとする必要があります。英国のように，自国のことを「良い感じ」に見せるのに長けている国について分かろうとするなら，なおさらです。

英国に住む前，英国と日本の大学は，「もちろん違うところもあるだろうけれど，同じ大学同士，基本同じように動いているのだろう」と思っていました。また，「同じく島国に住む国民として，英国人と日本人の感性や判断基準は，似通っているのだろう」と想像していました。

実際，一見すると，英日の大学は似通っています。学生は，一発試験を受けて大学に入学し，必要単位数を満たすことで卒業していきます。教員は，教授，准教授，助教等の職階に分かれ，教育，研究，経営を分担することで大学を成り立たせています。英国人はアメリカ人と違い，英語で「敬語」を使います。

ただ，英国で3年間住み，数々のインタビューを行い，英国と日本の大学の教育・研究・経営の在り方を詳しく見ることで分かったのは，実は，教育も研究も経営も，英日の大学は，「両極端」と言えるほど，異なる運用の仕方をしているということであり，英国人と日本人は，まるで違う発想のもと，日々生活しているということです。

本論を先取りして述べれば，教育については，英国は「狭く深い教育」，日本は「広く浅い教育」の両極端のコンセプトのもとで行われています。

例えば，英国の大学では，週に勉強するのは（たったの）3科目だけです。

日本では，週に10科目以上勉強しています。英国の高校生に至っては，２年間の全高校生活を通じて勉強する教科数が３科目です。

勉強する内容が「狭い」分，英国では，沢山読ませ，書かせ，話し合わせる，「深い」教育が行われています。教育の目的は，「議論する力」を育成することにあると考えられているからです。逆に，日本のように知識をまんべんなく教える発想はなく，英国人と話していると，日本人の方が，英国の歴史をよく知っているのではと思うことがあるほどです。

研究の進め方も，両極端です。

英国の教授と准教授と助教は，対等です。いずれも，研究チームを率いるチームリーダー（PI）として，独立しているからです。各研究チームは小さめで，「泡」のように，すぐに潰れ，すぐに生まれ，新しい学問分野への進出が常に行われています。

これに対し，日本の准教授や助教は，多くの場合，教授を頂点とした大きなピラミッド構造の中で，教授の意向をふまえ，既存の組織や学問分野を「守りながら」研究を行っています。

よく見ると，こういった違いは，決して「大学だけ」の違いではありません。英国と日本の社会を観察すれば，ありとあらゆるところで，同型の違いが発見されます。

例えば，英日のキャリアパスです。英国では，専門性を軸に職場を渡り歩き，自分のキャリアを形成していきます。扱う専門性は同じなので，仕事の分野幅は「狭く」なりますが，その分野での知識は「深く」なります。これに対し，日本では，様々な部署を「広く」ローテーションする中で，専門性の「浅い」ジェネラリストを育成しようとします。英日の教育観における「狭く深い」vs「広く浅い」の違いは，そのまま，英日のキャリア観の違いでもあります。

また，英国における人間や組織間の関係は，「水平的」です。それぞれが社会における自由で対等なプレイヤーとして，自分の頭で考え，他者と対話するというのが英国人が描いている社会イメージです。日本人は，「権威」に従ったり，忖度したり，不満を述べたりしつつ，「権威」がルールを敷くこと自体は，意識的・無意識的に当然視しているように感じます。英日の大学の研究体制に見られる「水平的な独立」vs「ピラミッド型の権威主義」という構図は，英日の社会の縮図だと言えます。

社会の在り方がこれほどに異なる中で，日本が英国大学のことをどれだけ参考にできるかは，疑問なしとはしません。

ただ，現在の世界の覇権が，西欧圏，なかでも英語圏の国々に握られているのは，厳然とした事実です。しかも，21世紀に入ってからの約20年間，日本が停滞するなか，英国大学の総収入は3倍に膨らみ，グローバルな大学業界において，その勢いはますます盛んです。日本の大学が世界の大学間競争の中に身を置こうとするのであれば，英国大学が「なぜ勝っているか」を知ることは，悪いことではありません。

また，一見「キラキラ」に見える英国大学にも，課題はあります。規模を急拡張し，「非常に景気がいい」ように見える英国大学も，経営データをよく見れば，実は，台所事情は「かつかつ」であることが分かります。英国大学の課題や試行錯誤を知ることで，日本でしばしばみられる，西欧を無闇に理想化し，文脈をよく知らないまま「部分だけ」を単純輸入しようとする発想にストップをかけることもできます。

このレポートは，「オックスブリッジ」と総称される，オックスフォード大学及びケンブリッジ大学の誕生から書き始めます。

12世紀の誕生以来，オックスブリッジは600年間に渡り，他の大学が作られるのを「邪魔」することで，二頭独占体制を敷きました。この二頭独占体制を打破したのが，日本にとって大きな恩義があるUCL（ユニバーシティ・カレッジ・ロンドン）です。

19世紀前半のUCLの設立以来，英国でも各地に大学が作られるようになります。とりわけ，20世紀末のサッチャー首相の「サッチャリズム」のもと，それまで専門学校だった教育機関が全て大学に格上げされ，大学数は100を超えるようになりました。

21世紀に入ってからのこの約20年間，英国大学の顔ぶれに大きな変化はありません。しかしながら「見かけ」は同じでも，「中身」は劇的に変化し，英国大学セクター全体をみると，総収入は3倍，留学生は4倍になっています。この21世紀の変化をもたらしたものが何かを考えつつ，英国大学の教育・研究・経営を分析することで，英国大学は本当に「キラキラ」なのかを解き明かすことが，このレポートの主眼をなします。

2020年から，世界は未曽有のパンデミックを経験しました。最終章では，コロナ下で，英国大学はどのような役割を担ったか，また，コロナは英国大学に本質的な変化をもたらしたかを探り，今後の英国大学の展望を考え，レポートを締めくくります。

かなり大部のレポートになりましたが，歴史，教育，研究，経営，コロナ対応，いずれか，ご関心のある分野から「つまみ食い」していただくことでも，理解可能な構成としています。

このレポートが，読者にとって，少しでも「面白い」ものになっていることを願っています。

▶オックスフォード大学（筆者撮影）

目　次

Ⅳ　経営の章――「かつかつ」で作る「キラキラ」

Ｖ　コロナの章――コロナは英国大学を変革したか

コラム

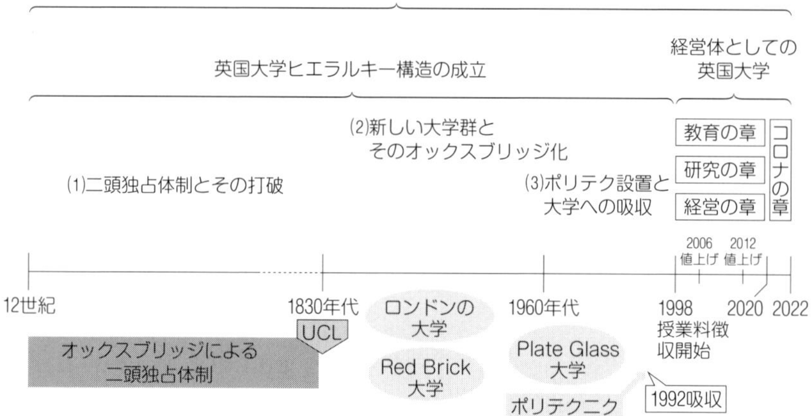
全体構成
歴史と発展の章
英国大学ヒエラルキー構造の成立
経営体としての英国大学
⑴二頭独占体制とその打破
⑵新しい大学群とそのオックスブリッジ化
⑶ポリテク設置と大学への吸収
教育の章
研究の章
経営の章
コロナの章
2006 値上げ
2012 値上げ
12世紀
1830年代
1960年代
1998 授業料徴収開始
2020
2022
UCL
オックスブリッジによる二頭独占体制
ロンドンの大学
Red Brick 大学
Plate Glass 大学
ポリテクニク
1992吸収

各章の主な内容

【歴史と発展の章】

12世紀に英国で最初に誕生したオックスフォード大学，そして，オックスフォードの街での学生・町民間の諍いから生まれたケンブリッジ大学は，その後600年間にわたり，他大学の設立を「邪魔」することで，現在の繁栄のもとを築きました。

19世紀に，両大学の独占体制を破ったのは，ロンドン大学。伊藤博文はじめ，明治の若き志士たちを受け入れてくれた大学です。

21世紀，たった20年の間に，英国大学は大きな変貌を遂げます。その引き金は，政府が，授業料を９倍に値上げしたことでした。

この章では，まず，英国大学の誕生から現在までの900年間を概観することとします。

【教育の章】

教育の在り方が，英国と日本ほど，極端に違う国は，そうはありません。

英国では，高校でも大学でも，週に勉強するのは３科目だけ。勉強する科目が少ない分，英国では，沢山読ませ，書かせ，議論させる，深く考えさせる教育が行われています。

また，大学の名前は気にしても，成績は気にしない日本と異なり，４段階の英国大学の最終成績は，生涯，付いて回ります。

この章では，英国では「狭く深い教育」，日本では「広く浅い教育」が行われていることをはじめ，英日の教育の違いを明らかにします。

【研究の章】

日本の研究力が低迷する中，英国大学は，日本を追い越し，アメリカ，中国に続く世界第３位に位置しています。

英国の人口は，日本の半分。その英国がどうして，世界に冠たる研究力を持てるのでしょうか。

その秘密は，

- 「若い頭脳」に着目した育成・選抜
- 中堅・シニア教員に対する「実力」に基づく人事評価
- 知的興奮に満ちた環境醸成と世界からのリクルート

にあります。

この章では，英国が世界に誇る研究力の秘密に迫ります。

【経営の章】

21世紀のグローバリゼーションが英国大学にもたらしたのは，中国マネーです。どれだけ授業料を上げても増え続ける中国人留学生を目当てに，英国大学は授業料を上げ続け，オックスフォード大学の留学生向け授業料は，年間400万円を超えました。

旨味の大きい留学生ビジネスは経営文化を変質させ，実像をもとに虚像を作り，虚像がもたらすマネーが翻って実像を膨らませる，「実像と虚像の往還」が，英国大学に活力をもたらしています。しかしながら，「すこぶる景気がいい」ように見える英国大学も，その内情は「かつかつ」です。

この章では，知られざる英国大学の資金繰りを明らかにします。

【コロナの章】

「令和の鎖国」状態の日本などどこ吹く風，英国では早々に全てのコロナ規制が廃止されました。

その原動力となったのは，英国大学が生んだワクチンと科学者による政府への科学的助言でした。

最終章では，コロナ対応で最先頭を走った英国と最後尾にいた日本の差はどこにあるのか，そして，コロナ初期の予想通り，コロナは大学を「変革」したのかを見てみたいと思います。

凡　例

◎本レポートにおける「英国大学」は，特に表記しない限り，イングランドの大学のことを指している。

◎本レポートで集中的に取り上げる大学（「ターゲット大学」）は，次の５つである。それぞれの大学の歴史的な位置付けは，「※」の通りである。

・オックスフォード大学（※12世紀創設の原初の大学）

・UCL（※1826年にオックスブリッジの二頭独占体制を打ち破った大学）

・マンチェスター大学（※1903年に成立した赤煉瓦〔Red Brick〕大学）

・サセックス大学（※1961年に成立した板硝子〔Plate Glass〕大学）

・ノッティンガム・トレント大学（※1992年に成立した旧ポリテクニク大学）

◎本レポートにおけるポンド・円換算は，便宜的に，１ポンド140円で統一している。

◎本レポートは特に表記しないかぎり，2022年４月時点の情報に基づき記述している。

◎本レポートに関する文責は，全て著者にある。

Ⅰ　歴史と発展の章

――英国大学の900年間――

この章においてはまず，12世紀にオックスフォード大学が誕生し，20世紀末に100を超える大学群に成長するまでの英国大学の軌跡を紹介したいと思います。（その在り方は必ずしも「名誉ある」ものではありませんが，）900年にわたる英国の大学の「主役」の座を務めてきたのはやはりオックスブリッジで，英国大学の歴史はオックスフォード大学の誕生から語り始めることとなります。

21世紀の20年間，英国大学は，その「見かけ」に大きな変化はありませんが，その「中身」は劇的な変化を遂げています。この変化の最大のきっかけは，20年間で9倍に値上げされた授業料です。後半では，20世紀の劇的な変化をもたらした授業料政策を中心に，21世紀における英国大学の発展を追いたいと思います。

1　オックスフォード大学誕生から ヒエラルキー構造の成立まで
——12世紀～20世紀末——

1　オックスブリッジの成立と二頭独占体制の打破

オックスフォード大学の誕生

大学と呼ばれる機関が最初に誕生したのは，11世紀，イタリアのボローニャにおいてでした。大学の起源は，著名な学者とそのもとに集まってきた学生が，自らの生活を守りつつ学問に没頭するため，互助組織を結成したことに始まるとされます。大学が，例えば日本の藩校のような他の知識継承機関と違うのは，教える人や教える内容を自ら選び，自らの権能で学位を授与できる「自律性」にあります[1)]。

大学は，11世紀のボローニャ大学の設立以来，時の権力者（パトロン）による保護を必要とします。俗世間から「ずれた」知的な没頭を，外部からの妨害を排し集団的に行い続けるためには，時の権力者による理解や経済的な支援を必要とするからです。古来から，大学の根幹的な特徴である「自律性」は，パトロンの支持を勝ち取ることにより維持されてきたと言えます。

中世に，大学は，自治都市間の広域的な人の行き来や，イスラム経由で復興した古代ギリシアの知への関心に支えられ，ヨーロッパ各地で急増します。ボローニャ大学，パリ大学に続き，世界で３番目の大学として12世紀に設立されたのが，オックスフォード大学でした。

オックスフォード大学の設立経緯

オックスフォードは，ロンドンの西方向約85キロ，ロンドン市内から電車で２時間弱かかるところにある街です。

図1-1　オックスフォード大学

図1-2　オックスフォードの位置

当時，多くのイングランドの街にはすでに評判の高い学校が存在しており，それらの中で，オックスフォードの地に，英国最初の大学が成立した明確な理由はよく分かっていません[2]。また，その設立時期について，オックスフォード大学ホームページは，明確な日付は分からないとしつつ，オックスフォードの地では，11世紀には何らかの形で教育が行われており，王権により英国の学生がパリ大学に留学することが禁止された1167年[3]から急速に規模が拡大し，1231

年には大学として認識されるようになったとしています[4)]。

交通の主要な分岐点であったオックスフォードの街に，外国から学者たちがやって来て教鞭を取るようになり，徐々に多くの学生を惹き付け，13世紀初頭までには，現在に続く総長職をはじめとした大学の形が明確に出来上がっていたというのが，オックスフォード大学の大まかな設立経緯だと言えます。

中世の大学の最大の機能は，教会の神学者や修道僧，学校教師を養成することでした。神学を中核に発展したパリ大学や，パリ大学に範を取ったオックスフォード大学は，その傾向を特に強くもっていました。大学のこのような性格は，一面では大学を支えるパトロンたる教会の需要を満たすためでしたし，一面では神学こそが中世において最も高い知が求められる，大学が取り組むに相応しい分野であったことによります。

▒街との緊張関係（Town and Gown）

オックスフォード大学の学生は，各地から高度な「知」を求めて集まった，種々雑多で多彩な人々でした。大学は聖職者の育成を行う機関でしたが，学生は必ずしも禁欲的ではなく，しばしば，手に負えない気難しげな「よそ者」でもありました。中世の共通語であるラテン語を話す学生たちは，地域の方言を話せない，あるいは話すことに価値を見出さない場合も多く，また国王や教会の保護のもと，街の慣習法に服さない特権的な立場を利用して乱暴狼藉を働く学生もいました。このため，学生と街の住民との間にはしばしば諍いが生まれました[5)]。

Town and Gown（「Town：街の住民」と「Gown：ガウンを着る人＝大学の学生・教師）」）と呼ばれる，大学と，大学が「間借り」しているオックスフォードの街との対立関係から生じた最も有名な悲劇の一つが，1355年２月10日に起きた「St. Scholastica's Day の争乱」です。

話は，ウォルターとロジャーという２人の学生が居酒屋で飲んでいたことから始まります。彼らは出された質に不満をもち，店主のジョンを侮辱するだけに飽き足らず，ジョンの顔にビールをかけ，乱暴を働きます。怒ったジョンは住民を味方につけ，他方でウォルターとロジャーは他の学生を動員し，一触即発のところを市長が何とか仲裁，その日は事なきを得たのですが，次の日，怒った住民たちは弓矢を手に取り，集団で学生を攻撃，63名の学生と30名の住民が死亡する事態となりました。結局，エドワード国王の保護のもと，大学寄りの裁定が下され，オックスフォード大学はその後もオックスフォードの地に存続することとなります[6)]。

ケンブリッジ大学の成立，カレッジ制度の創設

実は，英国第２の大学であるケンブリッジ大学の成立やオックスブリッジに特有のカレッジ制度の創設も，大学と街との対立関係が原因です[7)]。

ケンブリッジ大学の成立は，先程紹介した争乱から遡ること約150年前の1209年にも起きていた，オックスフォード大学とオックスフォードの街との争いが原因です。オックスフォード大学の学生が街の女性を殺害する事件が起き，その復讐として，街の住民により別の学生が私的に処刑される事態が発生します。一層の暴力の勃発を恐れた学者・学生の一部はオックスフォードからケンブリッジの街に集団移住します。これにより，ケンブリッジ大学の原型が生まれました。

また，しばしば部屋の賃料を釣り上げ学生を搾取しようとする「抜け目のない」住民との確執を避けようと，学生たちは教師が経営する宿舎（「ホール」）に居住するようになります。さらに，ごたごたしている宿舎より，規律ある共同生活を営める学寮を作ってはどうかと考え，形成されたのが「カレッジ」です。

オックスブリッジ特有のカレッジ制度は，中世から現在に至るまで連綿として続き，現在，オックスフォード大学には39の，ケンブリッジ大学には31のカレッジが存在し，大学教員と学生が食住を共にする濃密な学問共同体を形成しています。オックスブリッジの根幹は，今も昔もカレッジにあります。

「人の集まり」としての大学

13世紀のケンブリッジ大学設立の経緯は，当時の大学の在り方をよく物語っています。現在の我々は，大学というとキャンパスや建物をイメージしがちですが，その成り立ちにおいて大学は「人の集まり」であり，「人の集まり」こ

そが大学でした。このため，大学は移動することが可能で，大学が求める条件を街が飲まなかったり，大学と街との関係が悪化したりした際には，一同揃って街を離れると脅しをかけることで，交渉で有利な立場に立つこともできました。

これはただの脅しではなく，パリ大学は1229年に，居酒屋での騒動を発端とした街との関係悪化の末，パリを退去し２年間戻って来ませんでしたし，リスボン大学は14世紀に，一時期リスボンを退去し，北方のコインブラの街に移動しています[8)]。

オックスフォードの街からケンブリッジの街への集団移動は，このような大学の移動可能性を前提としたもので，仮にオックスフォードにおける「Town」と「Gown」間の抗争が長引き，残った学者・学生も「オックスフォードにはこれ以上住めない」と判断していたならば，現在，オックスフォード大学はなく，ケンブリッジ大学だけが存在するシナリオもあったかもしれません。

ミネルバ大学という，2014年に開学した大学があります。特定のキャンパスを持たず，学生が７つの国際都市を巡りながらオンラインで学ぶ「都市をキャンパスにする」運営方式が話題となっています。「高等教育を再創造した大学」という評価を受けていますが[9)]，このスタイルは，実は原初の大学の在り方に近いものだと思います。

▒現在の Town and Gown

現在，大学が所在する街は，学生の家賃や地域産業の活性化など様々な利益を享受し，Town と Gown は共生関係にあると考えられがちですが，実際には，両者の関係は今でも単純ではありません。

学生が時に夜遅くまで飲み騒ぎ，朝には通りにごみが積み上がり，嫌気がさした住民が徐々に街を離れるといった事態や[10)]，急激な学生増に住居数が追い付かず，家賃が高騰する例も報告されています[11)]。「学生化（studentification）」という奇妙な造語で呼ばれるこの現象は，まさしく現代版の Town and Gown です[12)]。

元祖 Town and Gown のオックスフォードの街でも，学生増による家賃高騰や住居喪失を警戒する住民と，学生を増やしたい大学との間には今でも緊張関係があります。さすがに現在では「血みどろの紛争」に訴えるのではなく，街の中[13]に住むことができる学生数を数値目標化することで解決しようと目指されています（現在の目標値は3500人とされている[14]）。このことが，オックスフォード大学が学生数をあまり増やせない背景になっています。

600年間の二頭独占体制

さて，11世紀にイタリアで誕生した大学は，その後ヨーロッパ中に広がり，18世紀にはヨーロッパ全土に140を越える大学が設立されるに至っています。

このような大学設立の広がりの顕著な例外が，英国です。英国では，12・13世紀のオックスブリッジの設立以降，19世紀はじめに UCL が設立されるまで[15]，600年以上[16]にわたって大学が新設されることはありませんでした。その理由は明確で，既得権益の維持のために，両大学が他大学の設立を阻み続けたからです[17]。大学は，その「自律性」の根幹である学位授与権が侵害されないよう，教会や王権の保護を得ていました。逆に言えば，新興勢力が新しく大学を設立するためには，教会や王権から学位授与権を獲得する必要がありました。オックスブリッジは，大学が新設されるのを嫌い，国王から他に大学の設立を認めない旨の宣言を得るとともに，所属する教師にオックスブリッジ以外で講義を行わないことを宣誓させました。その効果は非常に大きく，オックスブリッジによる二頭独占体制が600年にわたって続くこととなりました[18]。

宗教改革・宗教論争

それでは，600年間にわたって，英国で設置が許された唯２つの大学が，英国の知の先端を担い，社会に英知を送り出し続けてきたかというと，必ずしもそうではありませんでした。

両大学は，大学誕生からしばらくの間，知的主流に確固たる位置を占め，生き生きした刺激的な論争の中心にいたとされますが，その後，16世紀から始まる宗教改革・宗教論争に否応なく巻き込まれていきます。

16世紀以降，英国には，「カトリック」「英国国教会（プロテスタント）」「非英国国教会（プロテスタント）」という３つの大きなキリスト教勢力が存在し，16～17世紀の英国では，国王が変わる度に，この３勢力の力関係が入れ替わります。この目まぐるしい王権・宗教勢力の変遷はオックスブリッジに多大な影響を与えました。オックスブリッジが，国王・教会の保護のもとに存続し，その最大の役割が聖職者の供給にあったことを考えれば当然だと言えます。権力者が支持する教派が変わる度にオックスブリッジが準拠する教派も変わり，以前の教師は弾圧され，大学執行部は入れ替わるというのが常でした。

▒オックスブリッジの退廃とアカデミー

この絶えざる宗教的対立・混乱が大学の知を決定的に損ねたかというと，そこには議論の余地があるようです。教派間の論争は，極端な形を取ることがあったにせよ，知的な刺激を呼び起こすものではあったからです。

オックスブリッジの決定的な退廃は，17世紀後半，名誉革命での英国国教会（プロテスタント）の勝利により宗教対立が終わった後に生じたとされます。両大学は，引き続き聖職者を供給し続けましたが，その門戸は非英国国教徒には閉ざされ，創造的な学問は欠け，旧態依然とした退屈な講義を行う機関になっていったとされます。

18世紀のスコットランドの経済学者アダム・スミスが，その著作『諸国民の富』において，オックスブリッジについて，「打破された体系や時代おくれの偏見が世界の他のあらゆるすみずみから追いたてられたのち，そこに避難所をみいだし，保護を求める聖域」と非難したこと[19]や，同じく18世紀の英国の歴史家エドワード・ギボンが，その自伝において，オックスフォード大学で過ごした時期を「自分の生涯の中で，最も退屈で非生産的な日々だった」と記したこと[20]に，当時の状況がよく表れています。

大学の地位を独占するオックスブリッジが停滞する間，英国で知の拠点となっていたのは「アカデミー」でした。当時力を付けつつあった商人や専門職階層の中には非英国国教徒が多く存在していましたが，大学で学びたくとも，その信仰ゆえにオックスブリッジから締め出されていました。このような人々が結成したのが，英国の「アカデミー」です。[21)]

1663年から1750年までの間に，ロンドンやその近郊，地方都市に約60のアカデミーが設立され，近代哲学，自然哲学，近代史などの実学的で先端的な学びが行われていたとされています。[22)]しかしながら，これらのアカデミーも，19世紀初頭までには宗派的な神学を教える機関になってしまったとされています。[23)]

ビクトリア女王の下での「栄光の19世紀」

オックスブリッジによる英国大学の独占とその退廃から英国が抜け出したのは，19世紀です。これを準備したのは，ビクトリア女王の下での「栄光の19世紀」でした。

「女王（クイーン）のもとで英国は繁栄する」と言われます。実際，繁栄期に長期に君臨した女王が3人います。1人は16世紀のエリザベス1世で，44年間[24)]在位し，「大英帝国」の礎を築きました。歴代在位期間第1位が1952年に女王となったエリザベス2世で，2022年9月8日，96歳で崩御されるまで，在位期間[25)]は70年以上に及びました。そして，歴代在位第2位に輝くのが19世紀のビクトリア女王で，1837年から1901年の63年間，女王の座に君臨しました。

19世紀の英国を統べたビクトリア女王は，歴代君主の中で一，二を争う人気のある女王です。その叡明さや夫アルバートへの深い愛情，アルバートとともに進めた教育改革や奴隷制廃止などが人気の一因であることには疑いがありません。[26)]ただ，彼女の人気の何よりの理由は，彼女が大英帝国の栄光を象徴する人物だからではないかと思います。

図1-3　ビクトリア女王
（ケンジントン・パレス前）

ビクトリア女王の19世紀は，産業革命[27)]の果実を存分に得た時代でした。最盛期には世界の工業生産の約半分を英国が生み出し，

1870年代に至るまで，「世界の工場」の地位を維持し続けました。[28)]

また，英国の海外拡張は16世紀のエリザベス１世の時に始まっていますが，19世紀にはビクトリア女王がインド皇帝を兼ねる形でインドを支配下に置くなど，大きく拡大しています。[29)] 大英帝国は，20世紀初頭には，全世界の人口の23％，地球の陸地全体の24％を版図におさめた，人類史上最も大きな帝国でした。日本が日露戦争を戦っていた頃，英国は，世界の土地・人口の４分の１を支配していたということとなります。

英国の至る所にビクトリア女王の彫像が置かれています。これを目にすることで，今でも英国の人達は，「世界を統べる大英帝国」のイメージをどこかで持ち続けているように感じます。

▒二頭独占体制の打破（UCL の設立）

19世紀の大英帝国の繁栄は，植民地の統制・運営や新興産業の経営・実施といった新しい仕事を生み出し，勃興した中産階級は，このような仕事を遂行するための実務的な力や技術力を付けさせてくれる場を欲しました。当初，このような場として大学（＝オックスブリッジ）に強い期待が寄せられましたが，英国国教会の独占のもと，「流行おくれの居心地よい聖職者クラブ」となっていたオックスブリッジは，世の中の変化になんら共感をもたなかったとされます。そもそも新興の中産階級の中に多く存在していた非英国国教徒は，オックスブリッジのメンバーになること自体許されませんでした。[30)]

こういった中で，ついにオックスブリッジの二頭独占体制を打ち破って1826年にロンドンに創設されたのがロンドン大学（現在の UCL）です。オックスブリッジが牧師や高級官僚のための学校だったのに対し，UCL は，中産富裕階級の若者に，法律や医学といったオックスブリッジで十分教えられていなかった実用的な科目を教える場所として創設されました。また，非英国国教徒も受け入れる宗教色のない機関として創設されたことも大きな特徴でした。

2022年 THE 世界大学ランキングで18位と，今でこそ世界的な研究大学として確固とした地位を占める UCL ですが，創設当初の状況は，到底，順風満帆ではありませんでした。非英国国教徒を受け入れる大学の方針は，「神がいない機関（godless institution）」と呼ばれ，社会からの強い批判を受けました。UCL 創設の 3 年後の1829年に，同じロンドンに，UCL への対抗として，英国国教徒のみを受け入れるキングス・カレッジ・ロンドンが創設されたのはその現れです。

また，オックスブリッジには，600年間の二頭独占体制により蓄積した莫大な資産がありましたが，新設の UCL に資産はなく，学生から授業料を集めることで運営するほかありませんでした[31)]。有限会社方式で授業料により経営する UCL の方式は，当時，「講義バザー」と揶揄され，その財源は圧倒的に貧弱でした。中産階級，労働者階級から入学した学生の知的レベルも，オックスブリッジに比し高いものとはなり得ませんでした。

それでも，オックスブリッジの二頭独占体制を打ち砕き，英国大学の歴史に新しいダイナミズムをもたらしたことには，大きな意義がありました。

▒「長州ファイブ」，「薩摩スチューデント」

少し脱線しますが，UCL は，日本とゆかりの深い，日本にとって大きな恩義のある大学です。幕末，長州藩は伊藤博文や井上馨などの 5 人，いわゆる「長州ファイブ」を，薩摩藩は森有礼や五代友厚などの19人，いわゆる「薩摩スチューデント」をヨーロッパに派遣し，西欧の文明技術を学ぼうとします[32)]。海外渡航が禁じられていたため，密航による派遣でした。彼らを英国で受け入れてくれたのが，当時，唯一非英国国教徒が学ぶことができた UCL です。

ロンドンに到着した「長州ファイブ」を迎え入れてくれたのは UCL の化学者アレクサンダー・ウイリアムソン教授で，同教授とエマ夫人は喜んで 5 人の若者たちを自宅に下宿させ，語学教師の雇い入れから衣服の調達，UCL での講義の受講，最先端の工場の見学に至るまで，生活，勉学両面で手厚くサポートしてくれたとされます[33)]。

長州ファイブがロンドンに到着したのは1863年，薩摩スチューデントが到着したのは1865年でしたので，UCL は1826年の創設から30数年程度の若い小さな大学でした。圧倒的な権威と財政力を誇るオックスブリッジに抗して創設され，何とか新しい大学の形を築きつつあった UCL が，西洋の知を学ぼうとは

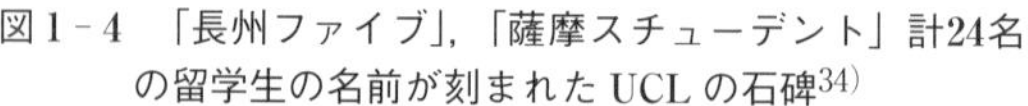

図1－4　「長州ファイブ」,「薩摩スチューデント」計24名の留学生の名前が刻まれたUCLの石碑[34]

るばる東洋から来た「侍達」を温かく迎え入れてくれたのは，何となく分かる気がします。

▒オックスブリッジの改革

オックスブリッジの改革には時間がかかりました。その一因は，600年間の蓄積により，変化を拒める十分な資産があったことにあります。大学側からの改革の動きもあったものの，その動きは鈍く，人々の間に増大しつつあった不満を鎮めるには十分ではありませんでした。

19世紀の政治家，ハミルトン卿は，両大学の非効果的な教育，「真の研究」の無視，コモン・ルームの安逸と怠惰，莫大な基本財産の乱用を徹底的に批判し，メルバーン卿は「大学が自己改革を行うことは決してない。大学には過度の競争心と嫉妬心，さまざまな動機が渦巻いており，望ましい影響が作用するのを絶えず妨害している」と述べています。

結局，オックスブリッジの改革には政府の介入を必要としました。1850年，両大学の改革を目的とした調査委員会が政府に設けられ，敵意と妨害に遭いながらも証拠を集め，英国国教会と密着した大学の閉鎖性の打破を訴えました。オックスフォード大学卒業の英国国教徒でありながら，改革の必要性を熱心に支持したグラッドストン首相の活動などもあり，1854年から1880年までに，オックスブリッジの改革のための法律が複数制定されました。

この結果，1880年までに，オックスブリッジの教師（フェロー）は，独身であることや聖職に就くことを要求されなくなり，学問と研究に多大な関心を寄せ，世俗的な関心をもつ「新しいタイプ」の教師が流入するようになりました。外部からの改革を契機として，両大学は，ようやく旧態依然とした排外的な聖職者的セミナーから，世界的名声をもつ学問研究センターへと脱皮していきます。

2　新しい大学群とそのオックスブリッジ化（20世紀①）

4つの大学群

1826年のUCLによる二頭独占体制の打破後，キングス・カレッジ・ロンドン大学やダラム大学など数校の大学設立を経て，20世紀に，英国は数多くの多種多様な大学を生み出しました。現在の英国大学数は約150です。

オックスブリッジ以降の英国大学は，設置時期・場所・外見などから，以下の4つの大学群に分類されます。

①「ロンドンの大学」

②「Red Brick（赤煉瓦）大学」

③「Plate Glass（板硝子）大学」

④「旧ポリテクニク大学」

①②③の大学群は，オックスブリッジが満たしてくれない産業界からの実学的なニーズに応えて設立されました。ただ，20世紀を通じて生じたのは，これらの大学が，頂点に君臨し続けるオックスブリッジに徐々に近接し，実学から離れていく「オックスブリッジ化」でした。これを嫌った英国政府が，20世紀の終わりに，職業教育機関だった「ポリテクニク」を全て大学に昇格させたことにより形成された大学群が④です。

これらの大学群は，それぞれ個性をもちつつ，現在に続く，オックスブリッジを頂点とした英国特有のヒエラルキー構造を形成することとなります。

ここでは，①②③の成立とそのオックスブリッジ化，ポリテクニク設置とその大学群への吸収による④の成立について見ることで，20世紀の流れを簡潔に追ってみたいと思います。

■大学群①：ロンドンの大学

首都ロンドンでは，19世紀のUCL，キングス・カレッジ・ロンドン設立に続き，20世紀初頭に，中流階級の旺盛な教育需要を背景に，多くの大学が開学していきます[35)]。

主要な大学としては，以下などが挙げられます。設立後，これらの大学は大きく発展し，例えばインペリアル・カレッジ・ロンドンの2021年THE世界大学ランキングは11位です。

- ロンドン・スクール・オブ・エコノミクス（1900年）
- ロイヤル・ホロウェイ（1900年）
- インペリアル・カレッジ・ロンドン（1907年）
- クイーン・メアリー大学（1915年）
- 東洋アフリカ研究学院（1916年）
- バークベック大学（1920年）

■大学群②：Red Brick（赤煉瓦）大学

二頭独占体制の打破をもたらした新たな教育需要は，ロンドンだけで生じたわけではありません。産業革命により工業都市に成長した英国各地の都市（マンチェスター，バーミンガム，リーズなど）において，商業，鉱業，農業，工業などが発展し，新興産業を担う中産階級を育成する気運が高まりました。

このようななか，有力者の私的寄贈を基盤に，各都市で「カレッジ」が開学します（オックスブリッジの「カレッジ」とは異なる）。カレッジが提供したのは，各都市の産業ニーズを踏まえた実学的な学びでした。これらのカレッジは20世紀はじめから学位授与権をもつ大学へと昇格していきます。マンチェスター市に設けられたマンチェスター大学，リーズ市に設けられたリーズ大学などで，ビクトリア期の特徴である赤煉瓦を使った美しい外観から，「Red Brick（赤煉瓦）大学」と総称されます[36)]（都市の実業家や専門職従事者からの

表1－1　Red Brick 大学の設立年

Red Brick 大学	大学設立年
バーミンガム大学	1900
リバプール大学	1903
マンチェスター大学	1903
リーズ大学	1904
シェフィールド大学	1905
ブリストル大学	1909
レディング大学	1926
ノッティンガム大学	1948
ニューキャッスル大学	1963

図1－5　リーズ大学

専門教育を求める声に応えて設立された経緯から，「市民大学」と呼ばれることもある)。

Red Brick 大学は，その古色蒼然とした外見から，中世からの「古い」大学のようなイメージがもたれがちですが，実際には，東京大学（1877年創設）や京都大学（1897年創設）よりも後に作られた，案外「若い」大学です。

大学群③：Plate Glass（板硝子）大学

図1－6は，イースト・アングリア大学のキャンパスです[37)]。第二次世界大戦後，1961年のサセックス大学の設置を皮切りに作られた大学群を，透明な板硝子を主体としたその外見から「Plate Glass（板硝子）大学」と呼んでいます。

Plate Glass 大学は，第二次世界大戦後のベビーブームによる進学需要の高まりを背景に設置されました。それまでの英国大学と異なり，政府主導で設立された大学であることが大きな特徴です[38)]。その名称には，それまでのような街の名前[39)]ではなく，より広い地域単位である「郡」の名称が使われています[40)]。

Plate Glass 大学の設立に当たっては，政府が資本を提供し，既存の大学のコピーではない，独自の特徴をもった教育を施す大学となるよう計画されました。例えば，大半の Plate Glass 大学では，伝統的な人文系学問（例：古典学や法学のコース）は設けられなかった一方，全ての大学で当時流行の学問だった社会学が取り入れられました[41)]。文理融合コースが開設されたのも，新しいタ

図1－6　イースト・アングリア大学

表1－2　Plate Glass 大学の設立年

Plate Glass 大学	設立年
サセックス大学	1961
ヨーク大学	1963
イーストアングリア大学	1963
ランカスター大学	1964
エセックス大学	1964
ケント大学	1965
ウオーウィック大学	1965

イプの教育を求めたことの一つの現れです。[42)]

20世紀半ばの設置状況

図1－7及び図1－8は，19世紀初めと20世紀半ばの英国大学の設置状況を地図上にマッピングしたものです。19世紀初めには「スカスカ」だった英国（イングランド）の地図上に，20世紀半ばになると数多くの「○」がマッピングされていることが見て取れると思います。

なお，本レポートでは詳しく扱いませんが，19世紀初めにスコットランドにはすでに4つの大学が設立されていることも見て取れます（スコットランドには，東京大学工学部の礎を築いたグラスゴー大学など，このレポートで扱うイングランドの大学とは異なる特徴と高い学術知を有する大学群があることを申し添えます)。

オックスブリッジ化

二頭独占体制を打破したUCLや，ロンドンの大学，Red Brick 大学，Plate Glass 大学は，いずれも当初，オックスブリッジが提供してこなかった実社会と結びついた教育を提供することを目指していました。ところが，いずれの大学群も，徐々にオックスブリッジが体現する価値観を受け入れ，アカデミックな教育・研究を志向するようになっていきます。

図1－7　19世紀初めの大学設置状況：オックスブリッジ

図1－8　20世紀半ばの大学設置状況：オックスブリッジ＋大学群①，②，③

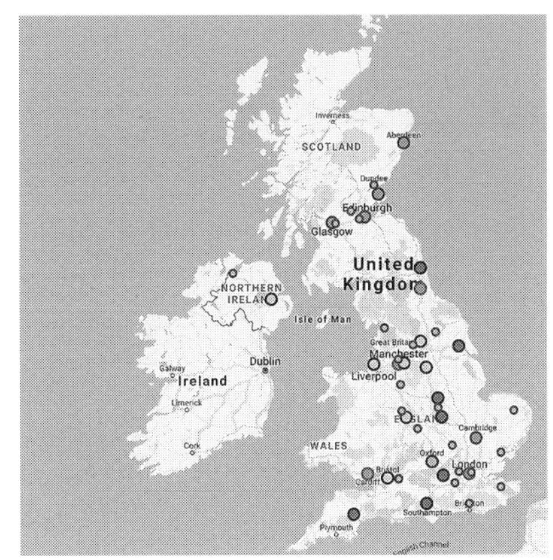

英国には，「ものづくり」に高い価値を見出す日本と異なり，「手を使って」物を作る労働を下位に位置づけ，上流階級が携わるものではないと考える傾向があります。たとえば，19世紀の神学者ジョン・ヘンリー・ニューマンが著した『大学の理念』は，「英国紳士（ジェントルマン）」[43]の育成を行う大学教育では，専門教育でも職業教育でもなく，古典中心のリベラルアーツを教えるべきだとし，幅広い影響力をもちました。

このニューマンの主張は，UCL が大学として設立されたにもかかわらず，職業教育を取り入れたことへの批判として行われたものでした[44]。UCL を含め，新しく設けられた英国の大学は，生存し，繁栄していくために社会的評価を高め，エリート育成機関としてのステータスを得ることを望みますが，英国では，そのことはとりもなおさず，人文学に基づく教養教育や，実学より理論を重視する，オックスブリッジ寄りの価値観を志向することを意味していました。

こうして，当初新興中流階級に対し地場産業と結びついた実学を提供していた新しい大学群は，その教員をオックスブリッジの修了生が担うことが多かったことも影響し[45]，実学的な教育機関としての性格を徐々に失い，エリート層に対して学術性の高い知識を提供する機関としての性格を強めていくこととなりました[46]。

3　ポリテクニクの設置と大学への吸収（20世紀②）

▒ポリテクニクの設置

新しい大学群のオックスブリッジ化が進む一方で，高校を卒業した若者に対し，応用科学に基づく専門教育，特に工学系（機械，電気電子，建築，土木，化学，バイオ，情報・通信など[47]）の専門教育を提供することは，各地域のインフラを整備する上でも，専門職の担い手を求める社会のニーズに応える上でも，やはり必要なことでした。

このため，1960年代に，政府は，大学の「外」に工学系を中心とした実学志向の高等教育機関群を設けることを決定します。「ポリテクニク」と呼ばれる機関です（日本の専門学校や高等専門学校が，ポリテクニクのイメージに近いかと思います）。当時すでに存在していた様々な教育機関を統合する形で，30以上のポリテクニクが各地に作られました。ポリテクニクは大学ではないので，教育課程を修了した証明は出しても，学位を出す権限はありません。また，大学が「自律性」を有していたのとは異なり，財源も管理運営も地方当局の管理下に置かれていました[48]。

社会の要請に呼応して，ポリテクニクは短期間のうちに急激に拡大し，工学系（及び教員養成系）の教育に加え，法学，経営学，ビジネス志向の外国語，看護，ファッションやデザイン，ジャーナリズムといった多様な実務分野を担うようになっていきました。

それまで英国の若者が進学する主要な高等教育機関は大学でしたが，1960年代からは，大学とポリテクニクという２つの主要ルートができたことになります。政府の本音は，専門職の養成や高等教育機会の拡大を「言うことを聞かない」大学に期待するのではなく，コントロール可能なポリテクニクに担わせることにあったとされます。

この二元構造は，大学にとっても好都合でした。高等教育への実学的な需要をポリテクニクが引き受けてくれることで，自らはエリート育成機関としての地位を保ち，優秀な学生を集め，アカデミックな教育・研究スタイルを維持す

図1-9　英国高等教育機関の学生数の推移（フルタイム）

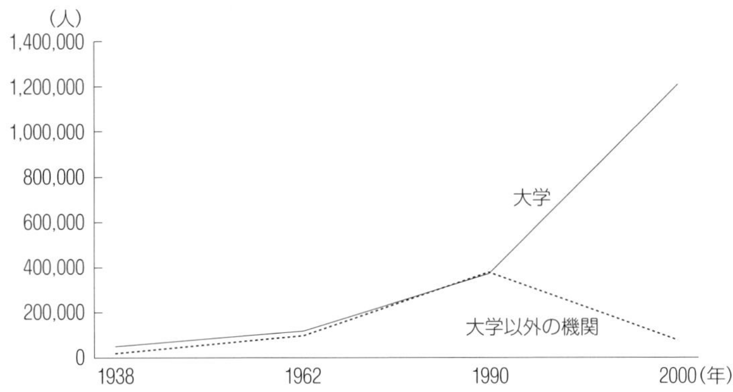

出典：A University Education（David Willetts）p. 47

ることができたからです。

大学がエリート層を，ポリテクニクが大衆（＝マス）層を教育するという，この二元的な高等教育システムを壊し，大学制度のもとへと一元化させたのは，マーガレット・サッチャーでした。

大学群④：旧ポリテクニク大学

1979年に就任したサッチャー首相（保守党，在任：1979～1990年）が敷いた路線（「サッチャリズム」）のもと，1992年に制定された法律により，全てのポリテクニクが大学に昇格しました。この結果，大学の数は大幅に増え，大学に所属する学生数が急激に増える一方，大学以外の高等教育機関に所属する学生は激減しました（図1-9参照）。

ポリテクニクの大学昇格をもたらしたのは，英国における大学進学意欲の大きな高まりです。大学への進学が，安定的で待遇の良い職業を得ることにつながるという国民からの期待は強くなる一方でした。ポリテクニクは大学同様，高等教育を提供する機関でしたが，不人気でした。非大学セクターに位置づけられたポリテクニクは，大学群に比べどうしても「格下」のイメージが付きまとったからです。大学に受からなかった結果，しぶしぶ入学した消極的なポリテクニク学生は少なくありませんでした。

図1-10　ノッティンガム・トレント大学

（※1970年に「トレント・ポリテクニク」として創立し，1992年に「ノッティンガム大学」に昇格）

他方で，英国政府には大学を「新設」する余裕はありませんでした。それどころか，1960～70年代の英国は，経済成長の不振と労使紛争の多さから，「ヨーロッパの病人」と呼ばれるようになっていました。サッチャー首相は，「英国病」の克服をミッションとし，首相就任から約10年にわたって，国有企業民営化，規制緩和，財政支出削減，労働組合の弱体化などの新自由主義的政策を推し進めていて，大学の新設に政府支出を割く余裕はありませんでした（「コラム2参照」）。サッチャー首相，及びサッチャリズムを受け継いだ次のメージャー首相（保守党，在任1990～1997年）は，大学進学を求める声に，国の財政支出を減らしながら応える必要がありました。このための「てっとり早い」方法として採用したのが，既存のポリテクニクを大学に昇格させるという方法でした。この方法により，政府の懐を大きく痛めることなく，大学数を一気に増やし，高度な専門職の育成を行うことができると考えられました。

非大学セクターであるがゆえに不人気だったポリテクニクは，大学への昇格を望みました。他方で，ポリテクニクを，エリート育成機関として在り続けるための「防波堤」としていた大学は，二元構造の撤廃の動きを歓迎しませんでしたが，押し切られました。

ポリテクニクは教育機関であり，応用研究を行うことはあっても大学のように基礎研究を行うところではないとされていたため，もともと，政府から研究を行うための基礎的な交付金は提供されていませんでした。大学昇格の際にもこの点について変更されることはなく，ポリテクニクから昇格した大学群は，政府から基礎的な研究交付金を受け取ることができませんでした。1992年以降に設立された旧ポリテクニク大学は，しばしば「教育大学」と呼ばれることがありますが，その淵源はここにあります。

表1-3　英国大学の全学生数（2020/21）

大学名	学生数
オックスフォード大学	2万7千人
ケンブリッジ大学	2万2千人
UCL	4万6千人
ロンドンの大学（UCLを除く）	14万5千人
Red Brick（赤煉瓦）大学	40万8千人
Plate Glass（板硝子）大学（工科大学含む）	25万4千人
上記以外の大学（旧ポリテクニク大学等）	183万人
全体合計	273万2千人

※ロンドンの大学，赤煉瓦大学，板硝子大学の学生数は，図1-11中の大学の学生数を集計したもの。
※この他，ダラムの学生数は約2万1千人。

サッチャリズムに基づく大学改革

政府には，別の目論見もありました。ポリテクニクの大学昇格というこの大変革に乗じて，既存の大学（制度）の改革を進めることです。大学昇格に伴いポリテクニクは地方政府の管理から外れることになりましたが，返す刀で，ポリテクニクに適用していた財政管理の仕組みを大学セクター全体に適用するなど，諸々の改革が行われました。

ポリテクニクの大学昇格をはじめ，20世紀最後の20年間を支配したサッチャリズムのもとで行われた大学改革は，枚挙にいとまがありません。例えば，政府が大学の研究力を評価して研究交付金を配分する仕組み（REF評価）の創設や，留学生に国内学生と異なる授業料を適用したことなどです。

サッチャリズム下の大学行政の特徴は，大学に対しても一般社会と同様の競争原理を適用する発想にあります[49)]。ポリテクニクの大学昇格を準備した政府白書[50]「高等教育—新しい枠組み—」は，「費用対効果」という言葉が随所に散りばめられた，学問の府である大学を扱う文書として，驚くほど「ドライ」な報告書です。この中で政府は，ポリテクニクの大学昇格について，大学間の競争を活性化させ，高等教育の効率的な拡大が進むことへの期待から行うものだとしています。

1960年代，政府は，経済発展の基礎となる高等教育機会の拡大を「言うことを聞かない」大学に託すのではなく，大学の「外」にポリテクニクを作ることで，その実現を図ろうとしました。サッチャリズム下の政府は，ポリテクニクを大学群へと吸収する力をバネに，「大学に言うことを聞かせる」仕組みを構築しようとしたと言えます。

サッチャーは，「自律性」が高い英国大学に，はじめて本格的に介入した首相だと言われます。サッチャーの登場以降，政府・大学間の関係は，それまでの「相互不干渉」から，緊張関係をはらんだ関係へと変化しました。この変化は，直接的には英国の経済危機がもたらしたものでしたが，他面では，それまで一部エリートのみに教育を提供していた英国大学がより広い層を教育することとなったことにより，国民の大学への要求が高まった結果だとも言えます。

英国大学ヒエラルキー構造の成立

大学間競争を高めることを一つの目的として行われたポリテクニクの大学昇格でしたが，それでは大学への昇格がポリテクニクの位置付けを高め，既存の大学間秩序に変革をもたらしたかというと，そうはなりませんでした。

オックスブリッジを理想とする見方，すなわち，教養教育や学術的な教育研究に優れ，長い伝統を有し，「願わくばアイビー（ツタ）が壁を這っている」ような，選抜制の高い大学を「良い」大学だとみなす見方[51]は，当時も，大学ランキング全盛の現在においても顕著です。

中産階級に実学的な教育を施すことに特徴がある旧ポリテクニク大学は，このような「単一の尺度」が支配する大学秩序の中で，不利な位置に置かれました。

この頃には，原初の大学たるオックスブリッジも大きく変化していました。

最も大きな変化は，20世紀を通じて，正統主義者から「うさんくさい」と思われていた自然科学系の研究を，ドイツにおける「研究大学」誕生の影響のもと，しぶしぶ取り入れたことです。権威と財政力をバックに，結局，最もレベルが高い自然科学系の研究は，オックスブリッジを筆頭としたいくつかの大学を中心に遂行されるようになり，オックスブリッジが今日のような「科学の時代」の頂点に立つことを可能としました[52]。

12世紀のオックスフォード大学の創設，13世紀のケンブリッジ大学の分離創設，600年の時を経て UCL による二頭独占体制の打破，20世紀における新しい大学群の設立，1992年のポリテクニクの大学昇格と連なってきた英国大学のストーリーは，その歴史をほぼそのまま反映し，オックスブリッジを頂点として，2番手に UCL をはじめとするロンドンの大学，Red Brick 大学を3番手，Plate Glass 大学を4番手，そしてポリテクニクからの昇格組を最後尾とした，ヒエラルキー構造を作り出しています[53]。

図1－11の英国大学ランキングでは，このヒエラルキーがくっきりと見て取れます。大学の上下関係に多少の変動はありますが，英国のサッカープレミアリーグで一部チームの下位が二部チームの上位と入れ替わるように，小幅に止まります。

このような「単一の尺度」による見方はそもそも適切なのかといった議論は当然存在し，「教育の章」で扱うように異なる比較手法も開発されていますが，現実として，ここでは，このようなヒエラルキー構造が，英国の人々のマインドセット（暗黙の了解事項）として深く根を下ろしていることを押さえていただければと思います。

オックスフォード大学創設からの800年間の時系列的整理

図1－12には，改めて，本レポートの全体構成を掲載しています。ここまで，12世紀のオックスフォード大学の誕生に始まり，英国大学ヒエラルキー構造の成立を見た20世紀末までの状況を追ってきました。

後半では，21世紀に入ってからの20年間について扱いたいと思います。

図１－11　英国大学ランキング

世界ランキング 2020	英国内ランキング 2020	大学名	学生数	所在都市	分類	
1	1	University of Oxford	27150	Oxford	オックスブリッジ	*
3	2	University of Cambridge	22155	Cambridge	オックスブリッジ	*
10	3	Imperial College London	21370	London	元ロンドン大学	*
15	4	UCL	45715	London	ロンドン大学	*
=27	5	London School of Economics and Political Science	13455	London	ロンドン大学	*
=36	6	King's College London	38445	London	ロンドン大学	*
						← U of Edinburgh (S)*
=55	7	University of Manchester	44635	Manchester	redbrick (original)	*
77	8	University of Warwick	28110	Warwick	plate glass	*
87	9	University of Bristol	29785	Bristol	redbrick (original)	*
						← U of Glasgow (S)*
=110	10	Queen Mary University of London	23870	London	ロンドン大学	*
112	11	University of Birmingham	37750	Birmingham	redbrick (original)	*
=117	12	University of Sheffield	30605	Sheffield	redbrick (original)	*
122	13	University of Southampton	21395	Southampton	redbrick	*
=128	14	University of York	22695	York	plate glass	*
133	15	Durham University	20645	Durham	UCL と同時期創設	*
=139	16	Lancaster University	17470	Lancaster	plate glass	
=146	17	University of Exeter	30250	Exeter	redbrick	*
=146	17	University of Sussex	19415	Sussex	plate glass	
=152	19	University of Nottingham	35785	Nottingham	redbrick	*
=155	20	University of Leeds	36840	Leeds	redbrick (original)	*
165	21	University of Liverpool	29185	Liverpool	redbrick (original)	*
=166	22	University of Leicester	16100	Leicester	redbrick	
						← U of Aberdeen (S)
192	23	University of East Anglia	18975	Norwich	plate glass	
						← Cardiff Uni (W)* U of St Andrews (S) U of Dundee (S)
201-250	24	Newcastle University	27775	Newcastle	redbrick	* ← Queen's Uni Belfast (N)*
201-250	24	University of Reading	19980	Reading	redbrick	
201-250	26	St George's, University of London	5185	London	ロンドン大学	
251-300	27	University of Bath	18555	Bath	工科大学	
251-300	27	Brighton and Sussex Medical School	1000	Brighton	plate grass（※１）	
251-300	27	University of Essex	18465	Essex	plate glass	
						← Heriot-Watt Uni (S)
251-300	27	Royal Holloway, University of London	12295	London	ロンドン大学	

251-300	27	University of Surrey	16565	Guildford	工科大学
251-300	27	Swansea University	21465	Swansea	redbrick
301-350	33	Anglia Ruskin University ARU	32180	East Anglia	元 polytechic
351-400	34	Birkbeck, University of London	12070	London	ロンドン大学
351-400	34	Brunel University London	17745	London	工科大学
351-400	34	Goldsmiths, University of London	9830	London	ロンドン大学
351-400	34	University of Kent	18585	Kent	plate glass
351-400	34	Loughborough University	18335	Loughborough	工科大学
351-400	34	Northumbria University	31860	Newcastle Upon Tyne	元 polytechic
401-500	40	Bournemouth University	17700	Bournemouth	元 polytechic
401-500	40	City, University of London	21325	London	工科大学
401-500	40	Liverpool John Moores University	27200	Liverpool	元 polytechic
401-500	40	Middlesex University	20155	London	元 polytechic
401-500	40	University of Portsmouth	28280	Portsmouth	元 polytechic
401-500	40	Royal Veterinary College	2575	London	ロンドン大学
401-500	40	SOAS University of London	5865	London	ロンドン大学
501-600	47	Aston University	16795	Birmingham	工科大学
501-600	47	University of Hull	14615	Hull	redbrick
501-600	47	Keele University	11505	Keele	redbrick
501-600	47	The Open University	152245	UK-wide	open university
501-600	47	University of Plymouth	18905	Plymouth	元 polytechic
601-800	52	University of Brighton	17785	Brighton	元 polytechic
601-800	52	Coventry University	39145	Coventry	元 polytechic
601-800	52	De Montfort University	27535	Leicester	元 polytechic
601-800	52	University of Greenwich	22760	Greenwich	元 polytechic
601-800	52	University of Hertfordshire	30100	Hatfield	元 polytechic

U of Stirlig (S) Aberystwyth Uni (W) Bangor Uni (W) [arrow between Northumbria University and Bournemouth University]

U of Strathclyde (S) [arrow between SOAS University of London and Aston University]

U of the West of Scotland (S) [arrow between University of Plymouth and University of Brighton]

Glasgow Caledonian Uni (S) [arrow between De Montfort University and University of Greenwich]

・2020年 THE 世界ランキングの英国（４カ国）におけるトップ70校を掲載（英国の大学数は約150）
・redbrick（original）は，redbrick 大学の中で，第一次世界大戦以前に設置された大学を指す
・（※１）2002年に，brighton 大学，Sussex 大学双方のメディカル・スクールとして開学
・（※２）これらの大学の起源は，いずれも教員養成カレッジにある
・（S）はスコットランド，（W）はウェールズ，（N）は北アイルランドを指す
・「＊」は，英国ラッセルグループ（24の研究大学で構成される任意団体）に所属する大学

図1－12　全体構成

歴史と発展の章
英国大学ヒエラルキー構造の成立
経営体としての
英国大学
⑵新しい大学群と
そのオックスブリッジ化
⑴二頭独占体制とその打破
⑶ポリテク設置と
大学への吸収
教育の章
研究の章
経営の章
コロナの章
2006
値上げ
2012
値上げ
12世紀
1830年代
1960年代
1998
授業料徴
収開始
2020
2022
UCL
オックスブリッジによる
二頭独占体制
ロンドンの
大学
Red Brick
大学
Plate Glass
大学
ポリテクニク
1992吸収

2　経営体としての英国大学の成立
——21世紀の20年間——

21世紀における英国大学の「中身」の劇的な変化

ここでは，21世紀の約20年間における英国大学の状況を追ってみたいと思います。

この約20年間の英国大学は，大学数，顔ぶれ，ヒエラルキー構造といった，「見かけ」に大きな変化はありません。

しかしながら，大学の「中身」は，仮に2000年当時の教員が2020年にタイムスリップしたなら「これが同じ大学か」と思うほど，劇的な変化を遂げています。

実際，この約20年間で，大学の収入の総額は3倍に増加，学生数は2倍近く増加，なかでも留学生は3倍増となるとともに，政府から研究，教育，産学連携に至るまで評価を受けるようになり，大学は「運営」ではなく「経営」されるものだと組織文化も大きく変わりました。

ここでは，この劇的な変化の最大の契機となった英国政府の授業料政策を中心に取り上げます。

1990年代に英国が直面していた課題

1992年のポリテクニクの大学昇格は英国大学の学生数を大幅に増やしました。旧ポリテクニク大学以外の大学の学生数も伸び，1990年代のたった10年間で，英国高等教育機関の学生数は実に3倍となっています。

問題は，国の経済成長の速度を超えて急増する学生への教育コストを，どう調達するかということでした。学生増に伴う追加的な教員給与や施設設備費を，誰がどう支払うかということです。

図1－13　英国高等教育機関の学生数の推移

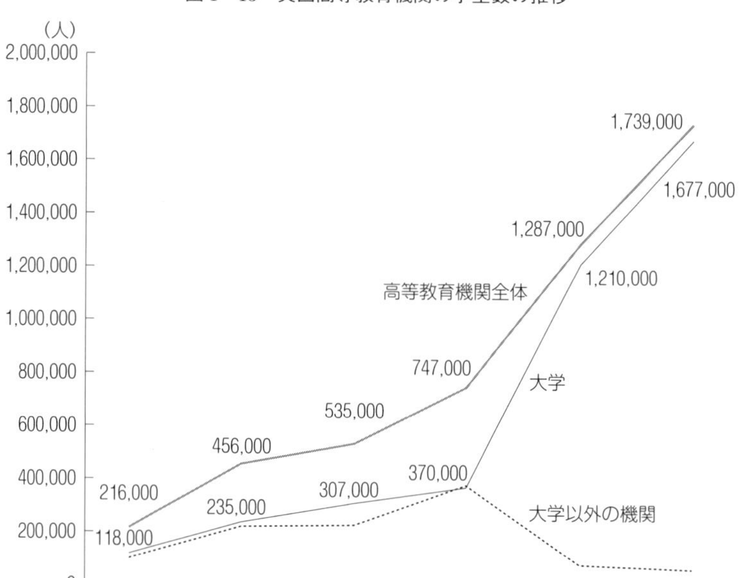

出典：A University Education (David Willetts) p. 47

この時点では，英国大学の授業料は原則無料でした。学生の教育コストは学生（や保護者）による私的負担ではなく，税金に基づく公的支出により賄われていたということです。なお，大学が授業料を徴収することは日本人にとっては「当たり前」に思えますが，世界的には，決して「当たり前」ではありません。例えば，ドイツ，フランスなどヨーロッパの国の多くや，同じ英国の中でもスコットランドは，現在でも授業料は無料です。

授業料無料を前提とすると，学生数に伴う教育コストは，全て公的支出により賄わなければならないこととなります。時は，「英国病」から脱却しようと，聖域なくあらゆる公的支出を見直し削減することが目指されていたサッチャリズム期です。無限定な公的支出増は，最も避けたい選択肢でした。

1990年代には，1960年代末の学園紛争などを経て，エリートが行くところだと思われていた大学に対する社会の見方も大きく変わっていました。この変化をよく表しているのが，「若くて元気な貴族のお子様達，あるいは将来経済力を高め，社会進歩をもたらす真面目な若者達，こうした尊敬の念のこもったイメージは姿を消した。それに代わって登場したのが，無責任で未熟な破壊者という学生像だった。（略）果たして納税者は税金を投じてまで，こうしたキャンパスの特権を補助する必要があるのだろうか？」という当時の英国人のコメントです。[54]

大学進学の拡大で他国に遅れを取っていた英国政府にとって，大学進学者の増加は好ましいことでしたが，学生増に伴う教育コストを誰がどのように支払うかという問いは，非常に頭の痛い問題でした。

大学がエリート期からマス期に移行する際，どの国も直面する，容易には解けないこの問題への解答の出し方が，現在に至る英国大学の在り方を決定づけたと言っても過言ではありません。

▒連立方程式

この課題を考えるに当たって，仮に皆さんが，為政者として，次のような状況に直面したと想像してみてください。

> 「国内の進学意欲に応え，大学卒業者割合を高めるため，学生数を増やしたい。ただ，授業料無償のまま学生数を増やすと公的支出が膨らむ。さりとて，授業料を取るようにしたら国民は強く反発するだろう。さあどうするか。」

学生数を増やすことを前提とするなら，この際の典型的な選択肢は，次の３つです。

１つ目の選択肢は，公的支出を増やし，増やした分，学生数を増やすことです。[55]

２つ目の選択肢は，授業料を取り，授業料で得られた分，学生数を増やすことです。この場合，公的支出を増やす必要はなく，政府・大学としては，学生数をいくらでも増やすことができます。ただし，授業料を払えない学生は大学に入れず，家計の観点から，学生数の伸びが抑制されます。

３つ目の選択肢は，公的支出も増やさず，授業料も取らず，単に学生数を増やすことです。この場合，学生が増えているにもかかわらず，教員人件費などにかけるお金は増えないため，教員１人当たりの学生数が増加したり，施設・設備が劣悪になったりするなど，教育の質が低下します。

①公的支出を増やすか，②授業料を取るか，あるいは，③教育の質が低下することを承知の上で，追加的な財源を用意することなく学生数を増やすか，のいずれかだということです。

ここから分かるのは，大学がマス期に入る時（正確には，国の経済成長の拡大状況以上に学生数を増やす要請がある時），政府は，

- 学生数
- 財源
- 教育の質

の３つの要素からなる連立方程式を解かなければならないということです。

連立方程式の解き方①（サッチャリズム期）

21世紀の展開に入る前に，20世紀最後の約20年間のサッチャリズム期の政権が，この課題にどのように対応したかを見てみたいと思います。

サッチャリズム期における英国は，緊縮財政の中，３つ目の選択肢（公的支出を増やさず授業料も取らず，単に学生定員を増やす）を選択します。正確には，公的支出はある程度増やしたので，「公的支出は多少増やし，授業料は無料のままで，学生数は大きく増やす」という，１つ目と３つ目の選択肢の中間と言うべきかもしれません。

ポイントは，公的支出はある程度増やしたものの，学生増に見合うほどは増やさなかったという点です。授業料は無料のままなので，この場合何が起きるかと言うと，学生１人当たりの教育にかけられるお金が減り，教育の質が低下します。

政府報告書[56]は，サッチャリズム下の20年間[57]の状況を振り返って，端的に，

- 学生数は２倍を大きく超えて増加
- 高等教育への公的支出は45％増加
- （結果として）学生一人当たりの公的支出は40％低下

したと報告しています[58]。

十分な追加的な公的支出を伴わない学生数増は大学の教育環境を直撃し，教員１人当たりの学生数は1980年の約９人から2000年には18人となり，教育の質の低下は明らかでした。

識者は，この事態について，「学生定員を増やしたと胸を張りつつ，適切な支出を行わなかった政府」，「教育より研究を優先した大学」，「教員から放っておかれても，卒業して就職さえできれば良いと思いがちだった学生」の共犯により生じたものだとしています。[59)]

変化の方向付け：「ディアリング・レポート」

「英国の教育の真の危機」だったとされるこの時，最初にアクションを起こしたのは大学です。大学は，1997年英国総選挙に向け，教育の質が低下していると訴えるキャンペーンを展開します。これを受け政府は，その後の英国大学の在り方を決定的に方向付けることとなる超党派の調査委員会を立ち上げます。この委員会は，ディアリング卿を委員長としたことから，ディアリング調査委員会と呼ばれています。

綿密な検討を経て，同委員会は，最終的に２つ目の選択肢，すなわち授業料を徴収する方向を提言します（ディアリング・レポート）。そのために使ったロジックは，「大学教育は何より学生本人に利益をもたらしている」というものでした。大学教育には，国民の能力が向上することで国の経済力が上がるという「社会にとっての利益」と，卒業生の就職の可能性や生涯賃金が上がるという「学生にとっての利益」の２つの効用があります。ディアリング・レポートは，後者の利益に注目したということになります。

サッチャリズム期に，十分な公的支出を得られず苦しんだ大学は，政権の意向や景気に左右されない安定した財源を望んでいました。このため，学生から授業料を徴収することは，大学にとっても好ましい方針でした。

政府はこの提言を踏まえ，1998年から年間14万円[60)]の授業料を取ることとしました。

1980年以前，政府は，少数のエリート学生のために財源を用意すれば足りました。1980～1990年代の約20年間に爆発的に進学者数が増え，それに見合う公的支出を用意できなかった結果，教育の質が低下するという「教育の真の危機」を経て，英国は，「学生数，財源，教育の質」という厄介な連立方程式を，授業料を徴収することで何とか解決しようとしたのです。

▒連立方程式の解き方②（ブレア期前半）

1997年の総選挙で政権は保守党から労働党に交代，ディアリング・レポートを踏まえて授業料を取り始めたのは，トニー・ブレア首相（労働党，1997～2007年）です。政権党は変わりましたが，ブレアは，サッチャーが敷いた競争や市場主義を重視する新自由主義路線の正当な継承者だったと言われています[61)]。また，ブレアは，政権の優先課題は「Education, Education, Education」だとし，教育を政策の最優先課題として掲げたことで有名です[62)]。

この頃，英国は「英国病」を乗り越え，シティ（ロンドンの金融街）が世界の金融の中心となるなど，経済は絶好調でした[63)64)]。日本でよく名前が知られている英国の首相と言えば，チャーチル，サッチャー，そしてブレアだと思います。誰よりも選挙に強く，華やかな輝きを放つブレアですが，その輝きの背後には，サッチャリズムを経て，停滞期を乗り越え，世界経済の中心に返り咲いた英国経済がありました。

1997年の政権獲得後，ブレアは，2010年までに青年層の50％に高等教育の機会を与えるという野心的な目標を設定します[65)]。教育の質を落とすことなくこの進学率目標を達成するためには財源が必要です。ブレアは，1998年から，ディアリング・レポートで提案された年間14万円の授業料徴収を開始します。

ただ，年間14万円という額は，学生１人当たりの教育コストを全て賄うには十分ではなかったので，教育の質を維持しながら学生数を増やすためには，公的支出の増加も必要でした。好調な経済を背景に，ブレアは政府からの大学予算の大幅増も実現します。

つまり，ブレアは，１つ目の選択肢（公的支出を増やす）と２つ目の選択肢（授業料を取る）の合わせ技で，連立方程式を解こうとしたことになります。

連立方程式の解き方③（ブレア期後半：3倍値上げと「第4の方法」）

問題は，ブレアが行った授業料14万円徴収と公的支出増の組み合わせでも，2000年代の学生数の急増に見合う財源を作りきれなかったことです。実際，学生数が急増するなか，サッチャリズム期の20年間に低下した「学生1人当たりの大学収入」をようやく反転することができたに止まりました[66]。教育の質を落とすことなくさらに学生数を増やすためには，公的支出であれ私費負担であれ，一層の教育財源が必要でした[67]。

政権獲得から6年後の2003年，ブレアは，学生が大学教育の主要な受益者だというディアリング・レポートの考えを踏襲し，「高等教育を一層拡大したいが，そのために納税者にこれ以上の負担を強いることは不適切だ」として[68]，2006年から授業料を3倍（年間14万円から42万円）に引き上げる方針を発表します[69]。

1998年に取り始めたばかりの授業料を，たった8年間で3倍に値上げする政府方針に対しては，国民（学生）からの強い反発が予想されました。また，授業料の値上げにより，経済的に大学に通えなくなる若者が増え，進学率向上という最終目標が阻害されれば，元も子もありません。

こういった反発や懸念を乗り越えるため，政権が授業料の3倍値上げに併せて提案したのが，「第4の方法」とも言うべき「所得連動返還型奨学金制度」です。

所得連動返還型奨学金制度（出世払い制度）①（概要）

「全選択肢の中で最も拡張できる可能性や維持できる可能性が高い」授業料政策だと評価され[70]，「授業料問題への唯一の解」だと言う人もいるこの仕組みについて，少し詳しめに解説させてください。

この制度を平たく表現すると，「出世払い」ということになるかと思います。在学中は授業料分を国から借りる形となり，将来一定以上の収入に達すれば（出世すれば），その時点から借りていたお金の返済を払い始めるという仕組みです[71]。世界で最初に導入したのはオーストラリアで1989年からですが，この仕組みの考案自体は，英国の方が早かったとされます[72]。

英国の制度の概要は，以下の通りです（2021年12月現在，プラン２の場合[73]）。

まず，学生は，在学中は授業料を支払うことはありません。その上で，卒業後，年収が約380万円（「閾値」）を超えていれば，年収額に応じて計算された額を支払います。計算式に基づくと，例えば，年収が約403万円（月収約34万円）だった年の返済額は，年間で約２万円（月に約1,600円）です（具体的な数字は以下の通り）。返済を開始した後でも，閾値を割り込めば，返済義務は停止します。

> **具体的な返済金額等**
>
> 卒業後[74]，収入[75]が年額382万1,300円（２万7,295ポンド）（月当たりでは31万8,360円（2,274ポンド））（「閾値」）を超えた時点で，「収入と閾値の差」×９％を返済し始める。
>
> 例えば，年収が403万2,000円，月収が33万6,000円だった場合，「33万6,000万円―31万8,360円＝１万7,640円」×9%，すなわち1,588円が，その月の返済金額となる[76][77]。

また，卒業後30年間経った時点で返済が終わっていなければ，その時点でローン残高は免除されます（「帳消し」）。

この仕組みを利用できるのは英国またはEU（ただし，ブレグジット前まで）の学生で，そのほとんど（約９割）が利用しています。

大学は，学生在学中に政府から授業料に相当する額を全額得ることができます。ローンの回収は政府が行うので，大学が回収リスクを負うことはありません。

この仕組みの何よりの利点は，教育の質が落ちないよう授業料による財源を確保しつつ，「授業料を払えないために大学に入れない学生」を生まずに済む点にあります。学生は，大学入学時点で授業料を用意する必要がないからです[78]。

▒所得連動返還型奨学金制度（出世払い制度）②（論点）

この仕組みを考える際，まず浮かぶ質問は，大学卒業後，どのようにお金を回収するのか，そしていくらくらい回収できるのかという点かと思います。

最初の点についての技術的な問題は大きくありません。歳入関税庁（日本の国税庁）が回収業務に関わり，卒業生の給与から自動的に源泉徴収する仕組みが作られているからです。[79]

２点目の回収額については，試算がされています。それによると，平均的な学生はその生涯の中で半分強を返すことになる，また，全額を返すことになる学生は２割程度だとされています。これを政府側の目線から見ると，貸したお金の30～45％は返ってこないという試算です。[80] 一定の収入に達しなければ返済しない，収入が少なければ返済額は小さい，30年間経って返済が終わっていなければ帳消しになるという仕組みなので，回収されない分があることは制度上想定されています。この仕組みは，大学卒業後低所得に止まる人への福祉的なセイフティネット（※心身の故障等で，受けた大学教育の対価を支払えない者の状況を許容する）を，制度の中に予め組み込んでいるとも言えます。

なお，この試算は絶対的なものではありません。大学卒業後の学生がどれだけの収入を稼ぐかは，その国や世界の経済状況などにも左右され，事前に正確に確定することはできないからです。このため，時々の状況に応じて，閾値や利子率などが調整され，政府（＝納税者）負担が過大にならないようにされています。

もう一点，話題に上るのは，卒業後，学生は多額の借金を背負うのではないかという点です。実際，英国の現在の学生の多くは，この仕組みによる授業料ローン[81]に加え，同じ仕組みで運用されている生活費ローン[82]を併せた約700万円（※現行の授業料約130万円で計算）というローンを抱えて卒業するとされます。ただし，これを例えば巨大な学生ローンが政治問題になっているアメリカの私立大学と比較すると授業料は安く（例：アメリカの私立大学は授業料だけで４年間で約2000万円），「帳消し」つき所得連動型の出世払いの仕組みとなっているというのは，大きな違いです。実際，英国の20代の人たちに聞くと，「生涯で，借りたお金の半分くらいは返済することになるのかな」くらいの感覚でいるようです。

なお，日本と比較した際のこの仕組みの隠れたポイントは，保護者ではなく，学生本人が（将来）授業料を支払うという点です。

利点が多いこの仕組みですが，恐らく最大の課題は，制度内容を直感的に理解することが簡単ではないという点だと思います。[83]

▒リーマンショックと緊縮財政

ブレアが授業料を年間14万円から42万円へと３倍に上げつつ，第４の方法とも言うべき所得連動返還型奨学金制度（出世払い制度）を導入したのは2006年です。

そのたった６年後の2012年に，「出世払い」の仕組みはそのままに，政府は，授業料をそのさらに３倍の126万円に値上げします。1998年に年間14万円で取り始めた授業料が，たった10数年で９倍の126万円へと上がるところに，良くも悪しくも英国政治・社会のダイナミズムを感じます。

もちろん理由がなく授業料を上げたわけではありません。最大のきっかけは，2007年のリーマンショックとその後の国際的な金融危機でした。リーマンショックが起きたのは，ブレアから政権を引き継いだブラウン首相（労働党，2007～2010年）の時で，迅速に公的資金注入などが行われたものの，英国経済の頼みの綱だった金融サービス・セクターは大きな打撃を受けました。この結果，2009年から，英国は，17年ぶりの不況期に入ります。

金融危機への対応で公的支出を増やしたことにより，政府の債務は膨らみました。[84] 図１－14を見てもらうと，英国政府の対 GDP 債務が2007年のリーマンショックを受けた財政出動により，2008年から2010年にかけて急激に積みあがっていることが分かります。[85]

なお，完全に余談ですが，図１－15は英日の債務残高を比較したものです。日本の状況から見れば，当時の英国の債務残高は大きいものではなかったのかもしれません。

このようななか，経済危機の打開や債務解消を訴えて総選挙を戦い，2010年に労働党から政権を奪ったのがデーヴィッド・キャメロン首相（保守党，2010年―2016年）です。[86] キャメロン首相は当時43歳。ブレアが持っていたそれまでの記録を約５か月破り，戦後最も若い英国のリーダーとなりました。大きな「負の遺産」を背負った船出で，この後，10年近くに及ぶ緊縮財政が始まります。

図１－14　英国政府の債務残高（対GDP）の推移

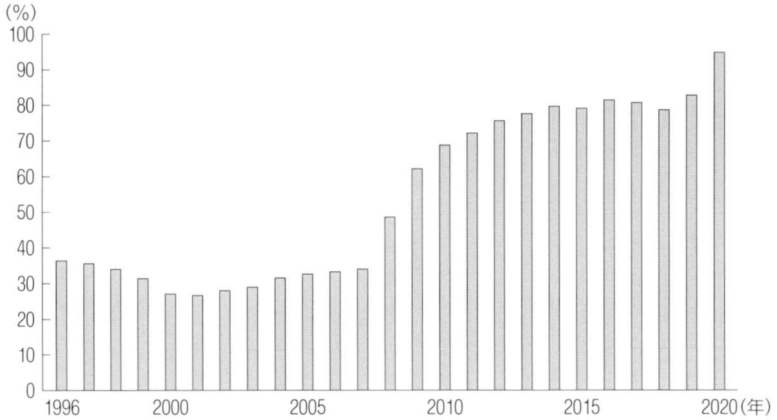

出典：TRADINGECONOMICS.COM
https://tradingeconomics.com/united-kingdom/goverment-debt-to-gdp

図１－15　英日の債務残高（対GDP）の推移

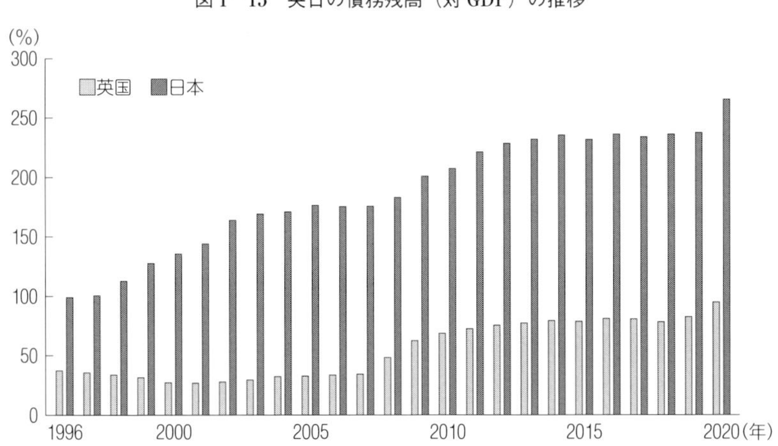

出典：TRADINGECONOMICS.COM
https://tradingeconomics.com/japan/government-debt-to-gdp
https://tradingeconomics.com/united-kingdom/government-debt-to-gdp

■連立方程式の解き方④（キャメロン首相下の更なる3倍値上げ）

キャメロン首相が直面した課題は，サッチャーと同様でした。すなわち，公的支出を絞りながら，どのように高まり続ける国民の進学意欲に応えるかということです。

キャメロンは，改めて，

●学生数

●財源

●教育の質

という3つの要素からなる連立方程式を解かなければならない事態に直面したということとなります。

公的支出を増やせないことを前提に学生数を増やそうとするならば，授業料を上げるか，（サッチャーの時のように，）授業料は据え置きのまま教育の質の低下を受け入れるか，のどちらかしかありません。

もちろん，お金がないのだから学生増も認めないという選択肢もあります。政府は，この時点では学生定員数を管理していたので，このような規制を行うことも可能でした。ただし，この場合大学進学を望む声には応えられません。キャメロン政権は，授業料を上げることを選択します。

2011年の政府白書「学生中心の高等教育システムを目指して」は，授業料値上げに至った考え方を，以下のように明晰に説明しています[87]。

> 我々は巨額の債務を相続し，政府支出は強く抑制されている。我々としては，学生定員や学生一人当たり政府支出を減らすことで，対応することもあり得た。しかし，そのような方法は，人々から大学に行く機会を奪ったり，教育の質を危うくしたりすることとなる。

この値上げに対し，特に若年層から激しい抗議運動が行われます。議会周辺では，警察によるバリケードが敷かれ，突破しようとする学生とのもみ合いの中で病院に運ばれる者もいました[88]。政府は制度の趣旨を繰り返し説きながら，最終的には，予定通り3倍の値上げを行いました。

政府にとっての一番の不安は，国民の進学意欲が減退し大学入学者が減らな

図1－16　英国の高等教育進学率の推移

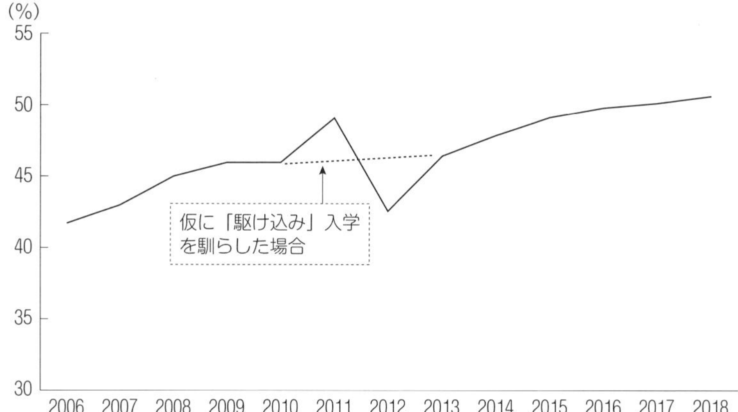

注：英国教育省作成：現在英国では，進学率は，「17歳から30歳人口の中で高等教育に進学している割合」として計算されている。

出典：Participation measures in higher education, Academic Year 2018/19-Explore education statistics-GOV. UK（explore-education-statistics. service. gov. uk）

いかということでした。「出世払い」の仕組みにはなっていましたが，すぐに理解できる仕組みではなく，進学を諦めるケースが続出する可能性がありました。また，仮に理解されていたとしても，将来の返済額が高まることを嫌って進学しないことも考えられます。

結果的には，図1－16のように，導入前年の駆け込み入学（※高校卒業直後の「ギャップイアー」を取らないこと等による）により制度導入年は入学者が減ったものの，その翌年からは進学増のトレンドに戻りました。[89)]

連立方程式への解答がもたらしたもの①（報酬）

ここまで，英国が，1980年代から現在までの約40年間の中で，サッチャー，ブレア，キャメロンが，どのように連立方程式を解いてきたかを見てきました。サッチャリズム期に教育の質を低下させてしまった経験から，1998年から英国大学は授業料を取り始めます。そしてこの約20年間の諸施策により，授業料は９倍に値上がりし，英国は大学の教育費を原則公費で賄う国から，公費と私費の組み合わせで賄う国，そして原則私費で賄う国へとドラスティックに変化し

図1－17　国内学生の学士課程への新規入学者数（フルタイム）

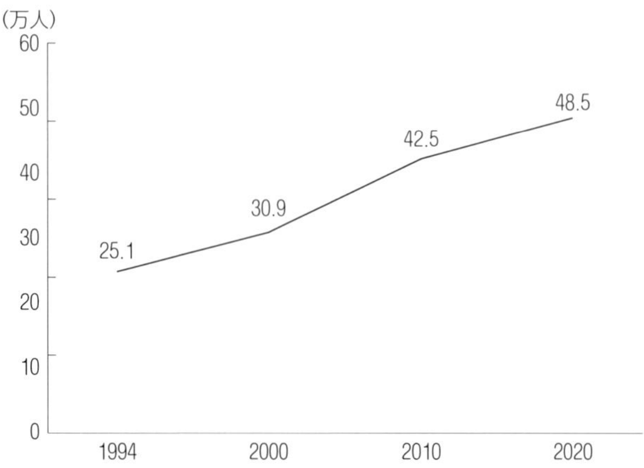

出典：TRADINGECONOMICS.COM
https://tradingeconomics.com/united-kingdom/government-debt-to-gdp

てきました。このような英国の変化は，ドイツが2005年に授業料収入を導入しようとしたにもかかわらず，学生の大学占拠を含む激しい抵抗に遭って頓挫したことと対照的です[90)]。

この約20年間の変化がもたらした「報酬」を，連立方程式の各要素（学生数，財源，教育の質）について見てみると，以下のように言えると思います。

学 生 数

学生増については，2012年に一時的な落ち込みがあったものの，全体として進学増のトレンドを維持し，この約20年間で1.5倍以上の伸びとなっています（図1－17）[91)]。この結果，英国の高等教育進学率は，2017年に50.2％となり，ブレアが20年前に設定した50％ターゲットを達成しました[92)]。

財　　源

大学教育の財源を政府と学生がそれぞれどれくらい負担しているかを，経年で見たのが図1－18です[93)]。

図1－18　大学財政への寄与（資金の提供者別，2016年ポンド価格）

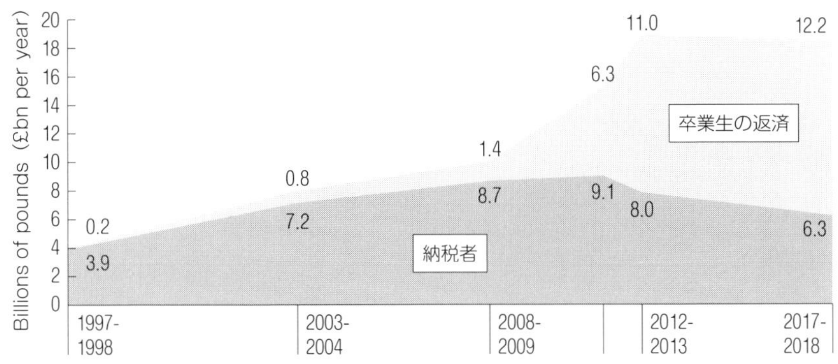

注：濃いグレー（下）が納税者（政府）による寄与分（大学運営費）と，学生ローン補助金（利子負担と返済免除の負担）を，淡いグレー（上）が大学卒業生のローン返済による寄与分を示す。縦軸の単位や図中の数字の単位は10億ポンドである。

出典：Murphy, R., Scott-Clayton, J. & Wyness, G.（2017, April）. Lessons from End of Free College in England. Evidence Speaks Reports, Vol. 2, #13, Economic Studies at Brookings. Table 2等に基づき作成。

まず政府の公的支出（濃いグレー）については，1997年と2017年を比べると，授業料を徴収するようになったにもかかわらず，増えています（3.9→6.3）。これは2つの理由の組み合わせによります。

1つは，現在でも教育コストを政府が一部負担していることです。現在の授業料額約130万円は，学生1人当たりの教育コストを全て賄える額です。しかしながら，既述のように，出世払いの仕組みにより，その3割程度は回収できないことが想定されており，回収できない分は公的支出により賄うこととなっています。また，医学など教育コストの高い教育へは今でも公的支出が行われています。そのため，現在，英国大学の教育財源は，その3分の1が公的支出で負担される形になっています[94)]（3分の2は授業料収入で賄う）。もう一つは，学生数が大きく増えたことです。

公的負担がある中で，学生数が増えれば，政府からの公的支出は当然に大きくなります。

これらの結果，1997年時点と現時点を比較すると，政府からの公的支出は約1.5倍になりました[95)]。

図1－19 学生一人当たりの教育財源の推移

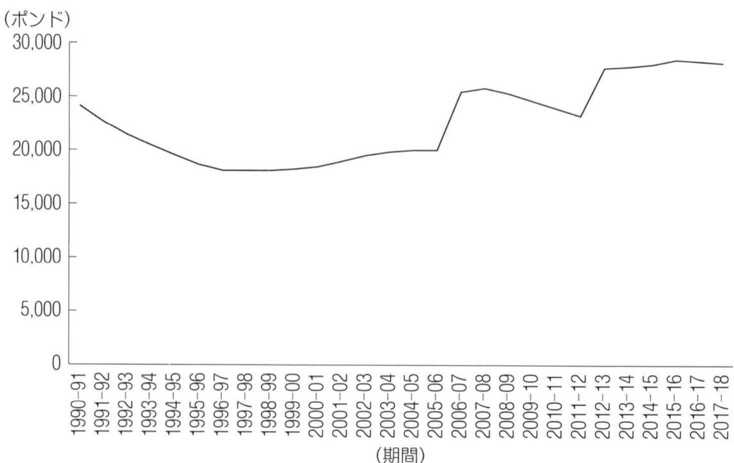

出典：IFS 2018.

ただし，仮に，教育の質を落とすことなく，授業料を取らないまま，現在と同じ学生数を実現しようとしていたならば，1997年と比し，公的支出は1.5倍ではなく4倍以上必要になっていたと試算されます。政府から見れば，公的支出を「増やし過ぎることなく」，教育の質を維持しながら進学率目標を達成したと言えます。

次に大学側から見ると，政府及び学生から受け取る教育財源の全体額（濃いグレー＋淡いグレー）は，大幅に増えました。授業料が上がるとともに，学生数が増えたためです。[96)]

▒教育の質

以上のように，学生数も財源も増えていますが，学生数増に「見合う」財源増が実現していなければ，教育の質は低下します。

図1－19[97)]は，学生一人当たりの教育財源の推移を見たものです。1997年を底として上昇トレンドにあることが分かります。このことは，学生数増以上に教育財源増が大きかったことを意味します。実際，2012年の126万円への3倍値上げにより，大学が得られる学生1人当たりの財源は，それ以前と比べ平均で

25%，比較的教育コストが低い人文科学・芸術では47%増加したとされます[98)99)]。

▒その他の報酬

一般的な直感とは異なり，原則公費負担から，原則私費負担への移行は，大学に進学する階層差の縮小をもたらしたことが知られています[100)]。

英国では，政府が各大学毎に設定していた学生定員枠が，2015年に自由化されるに至っています[101)102)]。学生数の増加に伴う公的支出増を嫌って，学生定員枠を縛る必要性が減少したからです。

学生定員枠が設けられている場合，定員枠に合格できるのは，裕福な家庭で良い教育を受けてきた子どもの場合が多く，低所得者層の進学率は伸びにくくなります。実際，同じ英国でも，授業料が無償であるが故に学生定員枠を維持しているスコットランドの方が，イングランドより低所得者層の進学率が低いことが知られています[103)104)105)]。

このことは，シュライヒャー OECD 局長が，「ドイツやフランスは授業料を無料としているが，学生定員規制によって，結局は金持ちの子どもたちの教育費用を全労働者が負担しなければならなくなっている」というコメントと通底しています[106)]。

▒今後の見通し

英国の18歳人口は，図１－20の通りであり，2010年代は低下していましたが，2020年を境に再上昇し，今後10年間は増加すると予測されています。少子化の日本と逆に，英国では，増加する若者に大学が十分な教育を与える準備があるか心配されている状況であり，大学進学率も伸びているため，国内学生数が減る心配はありません。

また，授業料の設定額については，メイ首相の2019年に，年間約130万円を約100万円に減額する方向性での提言が行われていますが[107)]，ジョンソン首相への移行後，コロナの影響もあるなか，実行される可能性は高くないように思われます[108)109)]。

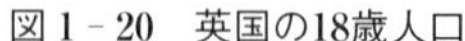

図1－20　英国の18歳人口

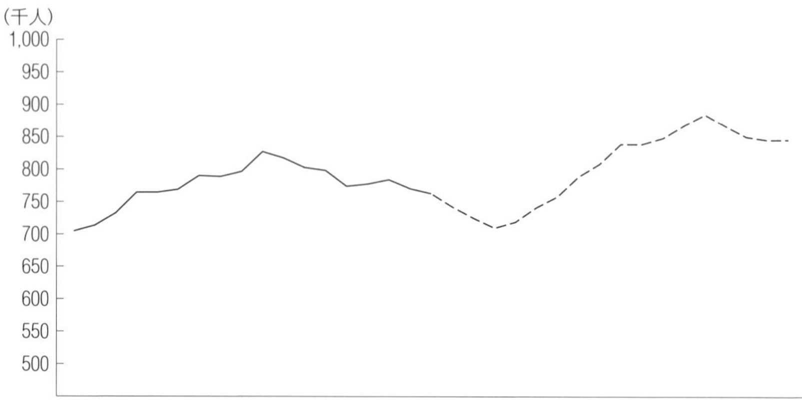

注：2018年以降は予測値。
出典：Mid-year Population estimates and 2016 based population projections, UK.

■連立方程式への解答がもたらしたもの②（消費者たる学生と経営体としての英国大学）

このように見てくると，学生増を実現し，政府支出はそこまで増えなかったにもかかわらず大学が得られる財源は大きく増え，教育の質は高まり，格差も縮小したと，一見，英国が選択した連立方程式への解答は，全て良いことばかりだったように見えます。

もちろんそのようなことはなく，このしわ寄せを受けたのは学生（保護者）です。学生の授業料負担は，このたった約20年間に，無料から年間約130万円へと大きく高まりました（逆に一番の「勝ち組」は，回収リスクを負うこともない大学だと思います）。

ただ，実感としての英国大学の授業料負担の重さは，「非常に高額」というほどではないように思います。日本の学費は国公立大学が約60万円，私立大学が平均約110万円[110]なので，英国大学の授業料約130万円（9000ポンド）は，少し高めの私立大学[111]並だということになります。ただ，特にロンドンの物価は高く，生活実感としては，１ポンドは100円なので，年間授業料9000ポンドは130万円というより90万円という感じです。それであれば，日本の私立大学の平均より安いこととなります。また，130万円という額を前提としたとしても，「出世払い」に基づく平均的な返済割合は半分強とされており，仮に70％返済する平均的な学生を想定すると，生涯に支払う授業料は，年間約90万円（6300ポンド）となります。これは実額で日本の私立大学より安く，実感的な額（63万円）では日本の国立大学並だということになります。実際，2012年以降に入学した126万円世代の英国の若者に聞くと，「３倍値上げの時あんなに騒ぎにはなったけど，年間9000ポンドで，しかも帳消しされる出世払いというのは，そんなに悪くないんだよね」といいます。

それでも，たった20年間で授業料が無料から130万円になったという大きな変化は「負担感」をもたらすのに十分だったのではないかと思います。

この変化がもたらしたのは，学生の消費者への転換です。「出世払い」とはいえ，卒業と同時に，授業料ローン，生活費ローン併せて約700万円のローンを負うことになった学生が大学を厳しく見るようになり，教育に対する要求水準を高めるのは当然です。

また，大学側にとっては，以前は良くも悪しくも決まった定員の枠内で政府からの教育交付金を受け取り「運営」すれば済んでいたのが，学生定員が自由化され，授業料が主要な収入となるなか，他大学と学生の獲得を争うことが強く求められるようになりました。このことは，経営努力により，大学が経営資金を自ら大きく増やすことができるようになったということでもあります。21世紀の約20年間の授業料政策は，大学が，学生を「学び手」であるとともに「経営資源」として捉える目線を作り出したとも言えます。

この約20年間には，さらに，留学生の獲得競争，大学ランキングの出現など，大学を世界に開き，積極的に「経営」を展開することで，大学の国際的な評価を高めることが求められる環境が次々に生まれました。このような「経営体としての英国大学」の在り方については，「経営の章」で改めて詳述したいと思います。

3　本章を通じて

この章では，12世紀のオックスフォード大学の創設以来，900年間にわたり，英国大学がどのように発展してきたかを，概観してきました。

1990年代の英国大学のヒエラルキーの確立により，英国大学の秩序はいったんの完成を見ました。20世紀最後の約20年間は，サッチャリズムのもと，大学進学者の急増と不十分な財政投入の組み合わせにより教育の質が低下しました。21世紀の20年間は，進学を阻害しない「工夫」を行いながら，原則公費負担から原則私費負担へと教育負担政策の舵を大きく切り，進学率向上と教育財源増，一人当たりの教育費増加（教育の質の向上）が図られました。

この約20年間，オックスブリッジを頂点とした英国大学のヒエラルキー構造は確固として存在しており，英国大学の「見た目」に大きな変化はありません[112)]。ただし，「中身」は大きく変わりました。最も大きく変わったのは，学生の目線です。1997年以前，学生には，「教育サービスを買っている」という感覚はありませんでした。授業料が約130万円となり，教育コストを自ら支払うことになった学生は，支払う額に見合ったサービスを求める「消費者」になりました。

それでは，このような学生の要求を満たすような教育を英国の大学は提供できているでしょうか。英国の教育にはどのような特徴があり，教育の質を保つためにどのような方策が取られているでしょうか。

このような疑問に応えるため，次章では，英国大学の教育について扱いたいと思います。

コラム① 英国における宗教改革・宗教論争の歴史

英国における宗教改革・宗教論争の歴史は複雑ですが，興味深くもあります。英国における宗教勢力と，それらがどのように時々で権力を握ったかを少しだけ紹介すると，次のようになります。

まず，当時のヨーロッパの宗教勢力は，大きく，次の2つに分けられます。

・中世ヨーロッパのキリスト教世界を長く支配していたカトリック（バチカンの法王を頂点）
・16世紀に起きたカトリック教会に対する宗教改革運動によって成立したプロテスタント

後者のプロテスタントは，単一の教派ではなく，カトリック教会に抗議（プロテスト）した諸教派の総称で，様々な教派を含んでいます。それでは，英国におけるプロテスタントはどうなっているかと言うと，次のように，大きく2つに分かれます。

・英国国教会（カトリック教会がヘンリー8世の離婚を拒否したことを契機に，1534年に設立）
・非英国国教会（清教徒や長老派など英国国教会以外のプロテスタント）

すなわち，基本的に，英国には，カトリック，英国国教会，非英国国教会という3つの大きな宗教勢力が当時（現在でも）あると考えれば分かりやすいと思います。

ヨーロッパ大陸でプロテスタントが生まれた後，16世紀〜17世紀の英国では，国王が変わる度に，この3つの宗教勢力の力関係が入れ替わります。これも概括的に整理すると，以下のようになります。

・1534年のヘンリー8世による英国国教会の設立（＝カトリックからの離脱）
・1553年のメアリ1世（別名ブラディ・メアリ）によるカトリックへの復帰
・1558年のエリザベス1世による英国国教会への復帰と他宗派への柔和政策
・1603年のジェームズ1世による他宗派への非寛容的政策
・1642年のクロムウェルによる非英国国教会（清教徒）の権力掌握（清教徒革命）
・1660年のチャールズ2世による英国国教会への復帰（王政復古）
（※実は，チャールズ2世はカトリックの復興をもくろんでいたが，英国議会が阻止）
・1689年の英国議会による英国国教会優位のもとでの宗教対立の終結（名誉革命）
（※ただしカトリックは寛容法の対象でなく，非英国国教徒が公職に就けない状況も継続）

国王・教会をパトロンとし，また聖職者の供給をその最大の役割としていたオックスブリッジは，この目まぐるしい王権・宗教勢力の入れ替わりにより，本論で述べたような多大な影響を受けました。

コラム②　サッチャーの英国

第二次世界大戦終結後，クレメント・アトリー首相（労働党，在任：1945～1951年）の政権下で，無料で医療サービスを受けることができるNHS（国民保健）制度が創設されました。手厚い失業保険や年金制度も設けられるなど，英国には，「ゆりかごから墓場まで」という言葉で代表される手厚い社会保障制度が確立します。また，戦後，保守党と労働党の２政党が交互に政権を担当しますが，特に労働党政権下では，石炭，電力，鉄道，鉄鋼，自動車など，広範囲に渡る産業の国有化が進められました。

1960～70年代に入り，英国は，経済成長の不振と労使紛争の多さから，「ヨーロッパの病人」と呼ばれるようになっていました。国有企業が経営改善の努力をしなくなったこと，税制の累進性の高さや失業保険の充実により国民の労働意欲が低下したこと，賃上げを求めてストライキが慢性化したこと，オイルショックなどがその背景とされます。1978年の年末から翌年始めにかけては，公共サービスの労働者がストライキに入ったことで，病院の機能が止まり，学校は休校し，清掃人がいないため街中にゴミが積み上がったとされます（「不満の冬」）。

このような危機的な状況を背景に，1979年に労働党から保守党に政権が変わり，マーガレット・サッチャーが首相となりました。

サッチャーは，イングランド東部の田舎町の小さな食料雑貨店の娘として産まれました。一家は規律正しい生活を重んじる宗派に属し，サッチャーは，地元から厚い信頼を得ていた真面目で働き者の父親のもとで育ちます。「個人が節約し，努力すれば，無駄は減らせる」というのが，幼いときから受けてきた父の教えであり，サッチャーの信念だったとされます[113)]。子どもの時は公立の進学校（グラマースクール）に通い，その後オックスフォード大学へ進学しています。

首相就任後，「英国病」の克服をミッションとしたサッチャーは，10年以上にわたり，国有企業民営化，規制緩和，財政支出削減，労働組合の弱体化など，いわゆる新自由主義的な「サッチャリズム」を強力に推し進めました。大学も，財政支出削減の対象の例外ではありませんでした。サッチャーが大学への政府支援を大きく減らしたことを理由に，母校たるオックスフォード大学が，慣例となっていた首相就任者への名誉学位授与をサッチャーには行わなかったことは有名です[114)]。

サッチャーの後を継いだメージャー首相，その次のブレア首相の頃に，英国は「英国病」から脱し，経済は上向きますが，サッチャーの任期中には不況は改善せず，失業者はむしろ増加していました。

英国人の中でのサッチャーの評価は二分されます。経済低迷に苦しむ英国を再生したとする人もいますし，弱者を切り捨て，貧富の差を拡大させたとする人もいます。サッチャーは，1990年の首相退任から23年経った2013年４月８日に87歳で亡くなりました。死去の翌日，映画『オズの魔法使い』の楽曲「鐘を鳴らせ！悪い魔女は死んだ

(Ding Dong ! The witch is dead)」が，突如，英国楽曲ダウンロード数１位になりました。トップチャートを紹介するBBCの音楽番組は，悩んだ末に，この曲を異例に短い時間だけ流しました。このエピソードからは，英国におけるサッチャーの巨大な「存在感」を垣間見ることができます[115]。

コラム③　英国は衰退していなかった⁉

19世紀に産業革命を起こした英国は，20世紀に入ってその栄光に影が見え，20世紀半ばから長い冬の時代を経験した，20世紀終盤のサッチャリズムを経て21世紀に金融の力で経済を回復させた，というのが，概ね一般に描かれている英国経済の大きな流れだと思います。

他方，20世紀，英国は衰退していなかったという見方があります。

確かにフランス，ドイツ，日本から見ると，20世紀後半の英国の停滞は明らかです。GDPを確認すると，1950年から73年の間に，フランスは5.0％，ドイツは6.0％，日本に至っては9.3％の成長を達成しています。同じ間の英国の成長は年率3.0％です。また，1973年のオイルショック後，先進国の急成長は軒並み鈍化し，1973年から93年の間の成長は，フランスは2.3％，ドイツは2.3％，日本は3.8％です。この間の英国の成長は一層低い1.6％です。このように確かに他国と比べて20世紀後半の英国の成長は見劣りするのですが，仮に19世紀初頭から20世紀後半の約200年の成長を均すと，西ヨーロッパ全体の成長率と英国の成長率はほとんど変わりません。こう考えると，早い遅いはあっても英国を含むヨーロッパの国々は同じように成長してきたと見ることもできます。

また，英国の資本主義は，土地・金融により不労所得を得るジェントルマン資本主義であり，金融業は20世紀後半においても一貫して元気だった以上，衰退したと捉えるのはおかしいという見方もあります。この見方に立てば，製造業を基軸に「世界の工場」となっていた時代は，英国の「常態」に照らせば極めて例外的な，「ほんのひとときの歴史エピソード」であったにすぎないこととなります[116]。

コラム④　公的負担と私的負担の境目

政府の負担で賄っていたことを，個人のお金で賄うこととした結果，自己負担が増えた個人のことを「かわいそうだ」とするコメントをしばしば聞くことがあります。

この感覚には違和感を覚えます。公費の大本は，国民が納めた税金なので，結局，公費も私費も「我々」のお金から来ていることに変わりはないからです。

それでは公費で賄う場合と私費で賄う場合とで何が違うかと言うと，その行為をみんなが出し合ったお金で賄うのか，その人自身のお金で賄うのかということに尽きます。「みんなのお金で賄う価値がある行為」であれば公費を使い，「その人自身のお金で賄うことが適切な行為」であれば私費で賄うということです。例えば，道路やダムを作る，国を守るといった行為は「みんなのお金で賄う価値がある行為」だと考えられることが多く，その結果，公費が使われます。逆に，自分の服を買ったり，日々の食事をしたりする行為は，「その人自身のお金で賄うことが適切な行為」だと捉えられ，個人で支払うことが通常です。

より正確には，公費で賄われるのは，「みんなのお金で賄う価値がある行為」というより，「みんなのお金で優先的に賄う価値がある行為」です。みんなのお金で賄ってもよさそうな公共性がある事柄は社会の中に無限にありますので，優先順位をつけないと税負担が無限に膨らんでしまうからです。私を含め公務員が行う最も大事な仕事の一つは，この優先順位付けについて考え議論し調整することです。なお，国家公務員は，国家試験合格後，自ら省庁を選んで面接を受け，入省（庁）しており，文部科学省を選んで入った職員の多くは，他分野よりも，教育，文化，スポーツ，科学技術が「みんなのお金で優先的に賄う価値がある」分野だと思っている人たちです。

難しいのは，「みんなのお金で賄う価値がある行為」と「その人自身のお金で賄うことが適切な行為」がキレイに分かれない場合が多いということです。大学教育はその典型です。

大学教育を受けた人は，培った能力を活用して，その国や地域に貢献することができます。この意味では，大学教育は社会全体が便益を享受する「みんなのお金で賄う価値がある行為」です。他方で，大学を修了することが，その人自身の就職可能性や待遇を高めることも確かです。この点では，大学教育は本人が便益を享受する「その人自身のお金で賄うことが適切な行為」だと言えます。

大学教育が，公的便益，私的便益，どちらの便益をどれくらい高めると考えるかは，国，地域によって異なります。そして，その考え方の違いが，大学教育を公費（みんなのお金）で賄うのか，私費（その人自身のお金）で賄うのかという判断を左右することとなります。

例えば，同じ英国の中でも，スコットランドでは「教育は商品ではない」とし，授業料を無料としています[117)]。また，ドイツ，フランスをはじめ，ヨーロッパの多くの国で大学教育は無償あるいは低廉で提供されていて，授業料を相当程度徴収している英国（イングランド）はむしろ例外です。

ただし，本論でも触れたように，授業料が約130万円となった現在の英国においても，大学教育が全て私費で賄われているわけではありません。政府は，「出世払い」の仕組みの結果返済されないと想定される支出額（利子を含む）と，教育コストの高い一部分野（医学など）への教育交付金を負担しており，教育コスト全体の 3 ～ 4 割は，今でも公費で賄われています。

第１章　注

1）　吉見俊哉『大学とは何か』岩波新書，2011年，第Ⅰ章

2）　ヴィヴィアン・H. H. グリーン（安原義仁訳）『イギリスの大学――その歴史と生態』叢書ウニベルシタス，1994年，第Ⅰ部

3）　当時の英国王ヘンリー二世は，政敵だったイングランドカンタベリーのトーマス・ベケット司教とフランスに強い結びつきがあることを嫌った。

4）　https://www.ox.ac.uk/about/organisation/history#:~:text=As%20the%20oldest%20university%20in, attending%20the%20University%20of%20Paris.

5）　https://en.wikipedia.org/wiki/Town_and_gown

6）　https://www.oxfordstudent.com/2013/02/11/the-ultimate-town-vs-gown/

7）　https://www.ox.ac.uk/about/organisation/history#:~:text=As%20the%20oldest%20university%20in, attending%20the%20University%20of%20Paris.

8）　http://plumafronteriza.blogspot.com/2011/02/st-scholastica-day-riot-and-town-and.html

9）　https://hyamamoto.com/%E5%AD%A6%E6%A0%A1%E6%A6%82%E8%A6%81/

10）　例えば，英国の学生の増加に伴い，ダラム大学のあるダラムの街に住む学生の数は，この30年間で３倍（６千人→１万７千人）に増え，今後も増え続けるとされている。2027年にはさらに4000人増えると推測されている。

11）　HMO（House in multiple occupation）と呼ばれる集合住居。

12）　https://www.theguardian.com/education/2018/sep/23/town-v-gown-is-the-student-boom-wrecking-communities

13）　大学が提供するカレッジ等以外の住居のこと。

14）「The Oxford Local Plan 2001-2016（adopted November 2005）set a target for each university that the number of full-time students living in Oxford in accommodation not provided by their university or college did not exceed 3,500 in the academic years up to 2008 and 3,000 after that date. The Oxford Core Strategy 2026（adopted March 2011）rolls forward the same target of 3,000 for each university. Both universities have worked hard to reduce the number of students living outside university provided accommodation. This is in order to reduce the resulting pressure on the housing market. Furthermore, both Universities are keen to offer prospective students attractive accommodation since this helps them to compete with other universities for high calibre students.」

出典：Student Numbers in Oxford（Report of Tim Sadler, Executive Director Community Services April 2012）

15）　UCL とダラム大学とキングス・カレッジ・ロンドンのいずれが「３番目」に設立された大学かには，争いがある。

https://www.wikiwand.com/en/Third-oldest_university_in_England_debate

16）1209年のケンブリッジ大学設立から1826年の UCL 設立まで。

17）例えば，1261年に，サウサンプトンに英国３番目の大学が設立されているが，オックスフォード大学の介入により，４年間で大学の資格をはく奪された。

https://www.bbc.co.uk/news/uk-england-northamptonshire-37165019

18）大学数は増えなかったが，学生数は増えた。両大学はカレッジを増設し，教育を行った。

19）アダム・スミス（大内兵衛・松川七郎訳）『諸国民の富』岩波文庫，1959年

20）Willetts, D., *A University Education,* Oxford University Press, 2017, p. 19

David Willetts は，2015年から貴族院議員，2010年から2014年までは大学科学大臣。本レポートの内容は，ウイレッツのこの著書に多くを拠っている。

21）https://en.wikipedia.org/wiki/Dissenting_academies

22）吉見俊哉『大学とは何か』岩波新書，2011年，第Ⅱ章

23）ヴィヴィアン・H. H. グリーン（安原義仁訳）『イギリスの大学――その歴史と生態』叢書ウニベルシタス，1994年，第６章

24）1558～1603，歴代９位。

25）1952～，2022年時点で70年間。

26）https://www.britain-magazine.com/features/royals/queen-victoria-role-british-empire/

27）（第一次）産業革命は，1760年代から1830年代に，世界に先駆けて英国で漸進的に進展した工業化プロセス。輸出先としての広大な植民地市場の存在，農地「囲い込み」や食料生産増による賃金労働者の大量確保，綿織物工業における技術革新，製鉄業や蒸気機関の発達などが，その特徴とされる。

28）https://ja.wikipedia.org/wiki/%E7%94%A3%E6%A5%AD%E9%9D%A9%E5%91%BD#:~:text=%E7%94%A3%E6%A5%AD%E9%9D%A9%E5%91%BD%EF%BC%88%E3%81%95%E3%82%93%E3%81%8E%E3%82%87%E3%81%86%E3%81%8B,%E5%A4%89%E9%9D%A9%E3%81%AE%E3%81%93%E3%81%A8%E3%81%A7%E3%81%82%E3%82%8B%E3%80%82

29）https://ja.wikipedia.org/wiki/%E3%82%A4%E3%82%AE%E3%83%AA%E3%82%B9%E5%B8%9D%E5%9B%BD

30）非国教徒はオックスフォード大学に入学できなかった。ケンブリッジ大学は非国教徒が学ぶことは許したが，卒業することは許さなかった。

31）授業料により運営する方式は，スコットランドの大学の影響を受けている。

32）http://www.news-digest.co.uk/news/features/10582-choshu-five-and-satsuma-students.html

33）https://alexanderwilliamsonmonumentcommittee.org/

34）http://www.news-digest.co.uk/news/features/10582-choshu-five-and-satsuma-students.html

35）これらの学位授与は，1836年に設立されたロンドン大学の名前のもとで行われた。現在，

UCL，キングス・カレッジ・ロンドン大学を含め，ロンドン大学傘下の大学は，27を数える（インペリアル・カレッジ・ロンドン大学は2009年に脱退）。ただし，現在では，ロンドン大学は連合体の傘の役割を担っているに過ぎず，学位授与権はそれぞれの大学にある。なお，このような学位授与主体と教育を行う主体が分離している構造は，大学（University）が学位授与を，カレッジが教育を行うオックスブリッジの姿が原型だとされる。

ロンドン大学と同様の構造を持っていたものとして，マンチェスター大学，リバプール大学，リーズ大学が傘下にあった20世紀はじめのビクトリア大学がある。

36)　Red brick 大学の分類の仕方は諸説ある。例えば，英国教育省の分類（2016年）では，1800年から1960年設立の大学を全て Red brick 大学と呼んでいる。また，1914年以前に設立された Red brick 大学を「第一期 Red brick 大学」，1914年から1960年の間に設立された Red brick 大学を「第二期 Red brick 大学」と呼ぶこともある。

https://www.ukuni.net/articles/types-uk-universities

37)　Independent より。

https://www.independent.co.uk/student/news/sussex-university-right-wing-attitudes-staff-workshop-classroom-lecture-seminar-a7593116.html

38)　国立というわけではない。

39)　オックスフォード所在のオックスフォード大学，マンチェスター所在のマンチェスター大学。

40)　サセックス郡にあるサセックス大学。

41)　開発学で世界的に著名なサセックス大学の開発学研究所は，大学設立後間もなく開設されている。

https://note.com/sarthakshiksha/n/n4481c74d4419

42)　同時期に，工科大学の設立も行われている。その実態は，もともとあった工学系のカレッジ（CAT: college of advanced technology）を1966年に大学に昇格させたもので，現在のラフバラ大学やバス大学など，10大学が設立された。分類の仕方により，工科大学を Plate Glass 大学としてカウントすることもある。

43)「教養ある知性，洗練された趣味，率直で公正かつ冷静なる精神，人生に処して高潔かつ礼儀正しい態度」によって特徴づけられるとされる。

44)　吉永契一郎「ジョン・ヘンリ・ニューマンの『大学論』」『広島大学 高等教育研究開発センター大学論集』第42集，2011年：265-278．https://ir.lib.hiroshima-u.ac.jp/00031446

45)　https://successatschool.org/advicedetails/860/what-is-further-higher-education

https://www.engineeringuk.com/news-media/engineeringuk-supports-campaign-to-change-the-image-of-engineering/

46)　大学と実学の関係は国によって異なる。例えばアメリカの大学は，英国同様，当初は聖職者養成と教養教育を中心とした機関だったが，アメリカ特有のプラグマティズム（実用主義）を背景に，19世紀後半から設置された州立大学は，農業，工業，保健医療など実学分野の人材養成を主要なミッションとしている。

47)　https://www.f-eng.chiba-u.jp/research_study/educating_engineer/data/01_definition.pdf

48)　秦由美子『イギリスの大学——対位線の転位による質的転換』東信堂，2014年

49)　サッチャリズムは，競争により経済を活性化させることを主眼とし，市場原理を重視するものだったが，大学授業料の有償化に踏み込むことはなかった。ただし，民間企業や同窓会組織などから大学が自己資金を得ることは強く推奨された。

50)　「白書（white paper）」は，政府としての政策内容が固まり，議会への法案提出などのために作成される文書。これに対し，世論の反応を見るための協議文書的な性格を有する文書（必ずしも政府としての方針が確定していない内容を含む）である「緑書（green paper）」も存在する。

51)　Willetts, pp. 35-36

52)　もともと，オックスブリッジに自然科学の伝統がなかったわけではない。特にオックスフォード大学に比べれば新しい大学であるケンブリッジ大学には，数学の伝統があり，17世紀にはアイザック・ニュートンが教授として優れた教育研究を行っている。現在でも，ケンブリッジ大学はオックスフォード大学に比べて「科学寄り」の大学だと言われる。

しかしながら，現在我々が大学について想像するような，自然科学が人文・社会科学と両輪を占める（見方によっては，自然科学が人文・社会科学を凌駕する）ような大学の在り方と，当時のオックスブリッジの在り方は大きく異なっていた。ジェントルマンを育成する教養教育の基盤をなしたのは古典や哲学，歴史学といった人文学だったし，英国国教会の正統主義者にとって科学は「うさんくさいもの」だった。科学は「手を使う」中産階級や労働者階級に必要なものであって，オックスブリッジがパトロンとしていた上流階層に必要なものではなかったと言える。

19世紀半ば以降，英国政府の中で科学に対する関心が徐々に強くなっていく。この時期は，「世界の工場」たる英国の覇権が徐々に失われていったタイミングに当たる。英国に取って代わるようになったのは，19世紀後半に石油と電力をエネルギー源とする第二次産業革命を発展させたドイツとアメリカの両新興国である（※英国で生じた第一次産業革命の中心は，綿織物，製鉄，機械器具工業だった）。世界工業生産に占めるシェアは，1870年から1913年の間にイギリスが32％から14％へ低下したのに対し，ドイツは13％から16％へ，アメリカは23％から36％へ躍進している。さらに，航空機，毒ガス，戦車などの新兵器が使われ，工業力が各国の命運につながることが明らかになった第一次世界大戦の経験は，自然科学の時代の到来を決定付けた。

英国政府は，英国の科学力が他国の後塵を拝していることに危機感を強めるようになった。

もう一つ起きていた重要な動向は，19世紀はじめの敗戦を契機に，ドイツに新しい発想の大学が誕生していたことである。その特徴は，それまで教育を中心としていた大学に，ゼミナールや実験室といった研究志向の仕組みを導入し，知識は教師と学生の対話の中で生成されていくという考えのもと，学生にも研究を行わせるとしたことにあった。いわゆ

る「フンボルト理念」（※大学の目的は，自己発展的な研究とそれに基づく教育にあるとする）に基づくドイツの新しい大学は，ドイツの産業革命を牽引するとともに，現在に続く研究主体の大学像を生み出し，英国やアメリカの大学はもちろん，現在に至るその後の大学の在り方に決定的な影響を与えた。

この頃には，大学に資金を提供するパトロンは，王権・教会から国民国家に代わっており，オックスブリッジ（特にオックスフォード大学）は，科学力や科学研究に関心を強めた国民国家の要請のもと，しぶしぶ科学を取り入れていく。オックスフォード大学では，戦間期に科学研究を取り入れていくが，伝統的な人文学に固執する保守的な勢力からの強い抵抗にあったとされる。

UCL やロンドンの大学，Red Brick 大学にとって，もともと自然科学系の学問分野は取り組むべき中心的な学問だった。聖職者養成や教養教育の伝統を持たず，医学，工学，生理学といった科学に基づく専門教育を中産階級に提供することを主眼としていたからである。自然科学系の学問分野に，権威と財政力に勝るオックスブリッジが本格的に取り組むようになっていくことで，結局，最もレベルが高い研究は，オックスブリッジを筆頭としたいくつかの大学（UCL，インペリアル・カレッジ・ロンドン，キングス・カレッジ・ロンドン，マンチェスター大学など）を中心に遂行されるようになっていく。

自然科学は，究極的には紙とペンだけで研究ができる人文学や理論数学と異なり，莫大な投資を必要とする。大規模施設を建造し，高価な装置を備え付け，多くの研究従事者を雇用する必要があるからである。このことは，科学研究を拡張するためには，国家による巨額の費用負担が必要であることを意味し，オックスブリッジを含め英国大学と国家との関係は強まっていった。大学に本格的に介入した初めての首相は1979年就任のサッチャーだが，それ以前から，英国大学と国の間の関係は変わりつつあったと言える。

https://www.kinokuniya.co.jp/f/dsg-01-9784830945182

Science at Oxford, 1914-1939 Transforming an Arts University (2011, Jack Morrell)

https://oxford.universitypressscholarship.com//mobile/view/10.1093/acprof:oso/9780198206576.001.0001/acprof-9780198206576

53）マーティン・トロウは，英国では，「エリート機関がすべての英国高等教育の特性を形作り，他のモデルを作り出すスペースを与えることなく，全ての大学がオックスブリッジのようになろうと希求する転倒したピラミッドを作り出してしまっている」と批判している。

このことについて，ウイレッツは，アメリカのカリフォルニアの州立大学を引き合いに，カリフォルニアの３層構造が公の力により確保されているのに対し，英国では大学は全てプライベートセクターに属し，その自律性が強いが故に，アカデミックな単一の尺度に基づくオックスブリッジ化が進まざるをえない，「自律性（Autonomy）」と「多様性（diversity）」の間には緊張関係があるとしている。

Willetts, p. 53

54）A. H. ハルゼー（潮木守一訳）『イギリス社会学の勃興と凋落』世織書房，2011年，pp. 249-250

55)　このための財源は，財政の健全性を前提とするならば，他分野から持ってくるか，税金を上げて追加的に確保する必要がある。

56)　Dearing, R. et al., Higher Education in the learning society [Dearing Report], Leeds, England: National Committee of Inquiry into Higher Education, 1997.

57)　1977～1996年。

58)　Dearing, R. et al.

ここでは，「GCP 比の高等教育への公的支出は変わらない」とされており，国の経済成長が学生増に追いついていない状況だったことが分かる。

59)　Willetts, p. 64

60)　1000ポンド。

61)　https://journals.openedition.org/osb/1757?lang=en

62)　https://core.ac.uk/download/pdf/236178952.pdf

63)　https://www.mizuho-ri.co.jp/publication/research/pdf/argument/mron0501-4.pdf

64)　http://markethack.net/archives/51941457.html

65)　https://www.bbc.co.uk/news/education-49841620

66)　公益財団法人未来工学研究所「所得連動型教育費負担制度による 高等教育費の家計負担の軽減に関する調査研究報告書」，2018年，p. 93

67)　国立教育政策研究所「国立教育政策研究所報告書」，イギリス2001，p. 55

68)　国立教育政策研究所「国立教育政策研究所報告書」，イギリス2003，p. 38

69)　政府白書（「高等教育の将来」）The future of higher education, 2003

70)　シュライヒャー OECD 局長の言葉。

71)　授業料ではなく生活費については，1998年からこの仕組みがすでに導入されていた。

72)　オーストラリアと英国の最大の違いは，英国では分野別の授業料の設定が行われていないことである。

73)　You're on Plan 2 if you're: an English or Welsh student who started an undergraduate course anywhere in the UK on or after 1 September 2012

74)　The earliest you'll start repaying is either:

the April after you leave your course

the April 4 years after the course started, if you're studying part-time

75)　税等を引く前。

76)　Repaying your student loan: How much you repay - GOV. UK（www.gov.uk）

77)　利子は，学生がはじめに支払いを受けて以降ローンに追加される。在学中の利子は4.1%。卒業後はその年の収入により変動。

78)　家庭の経済状況による進学への制約を緩和する持つ方法として，授業料は徴収する一方，低所得世帯の学生については，授業料を減免するか，授業料分を支給するという方法もある。理屈上，「出世払い」の仕組みを採用した場合，このような減免等の方法を取る必要はない。「出世払い」の仕組みであれば，減免等を行わないでも低所得世帯の進学が制約されることはないからだ。卒業後，大学での学びを生かして十分な収入を得たのであれば，在学時の所得環境に関係なく，授業料を払うべきというのは筋が通っているし，減免等を行う場合，その原資には通常税金が使われるため，大学に行かない人が，どうして大学に入学し，私的なメリット（知識・スキルや就職可能性の向上）を受ける人をサポートしなければいけないかという論点も生じる。

こういったことから，英国では，授業料導入当時は減免制度が導入され学生の約半数が減免されていたが（2006年時点。国研，イギリス2008，p. 100），「出世払い」の仕組みが導入されるなか，数度の変遷を経て，減免制度は撤廃されている。

他方，格差縮小のためには，「出世払い」の仕組みに加えて，減免制度といったプラスアルファが必要といった見方もある。例えば，OECD のシュライヒャー局長は，低所得世帯で育った子どもには，高等教育がもたらす利益について十分情報が行き渡っておらず，高等教育を過小評価する傾向があるというエビデンスが数多くあることから，ローンの仕組みに減免等を組み合わせて実施することには意味があるとしている（https://oecdedutoday.com/the-sustainability-of-the-uks-higher-education-system/）。

79）自営業者の場合，海外に在住している場合は自己申告。意図的に申告しなかった場合は，告訴を含め制裁措置が存在している。

80）公益財団法人未来工学研究所「所得連動型教育費負担制度による 高等教育費の家計負担の軽減に関する調査研究報告書」，2018年，p. 98

81）約130万円（現在の最高授業料金額の9250ポンドで計算）× 3 年（英国の学部は 3 年制）＝390万円

82）毎年約110万円，3 年間で約330万円。

83）https://oecdedutoday.com/the-sustainability-of-the-uks-higher-education-system/

84）岐部秀光『イギリス　矛盾の力　進化し続ける政治経済システム』日本経済新聞出版，2012年，pp. 23, 100

85）https://tradingeconomics.com/united-kingdom/government-debt-to-gdp
https://tradingeconomics.com/japan/government-debt-to-gdp
https://www.mof.go.jp/zaisei/current-situation/situation-comparison.html
数値は中央政府，地方政府双方を含む。

86）この総選挙は，英国では珍しい「ハング・パーリアメント（どの政党も過半数を握っていない状況）」となった。これを受け，選挙後，保守党と第三政党の自由党が連立を組んで政権を担った。実は自由党は，この総選挙で，授業料無償を掲げて戦っていた。連立を組み，この方針を180度変換し授業料を値上げする政権となった自由党の「裏切り」は，英国民に鮮烈な記憶として残り，自由党はいまだに党勢を回復できていない。

87）2011年の総選挙後に，議会に 3 倍値上げを提言した。https://assets.publishing.service.gov.uk/government/uploads/system/uploads/attachment_data/file/31384/11-944-higher-education-students-at-heart-of-system.pdf

88）https://www.france24.com/en/20101209-coalition-parliament-votes-triple-university-fees-9000-pounds-libdems-student-protests

https://www.bbc.co.uk/news/education-15646709

89) Participation measures in higher education, Academic Year 2018/19 - Explore education statistics - GOV. UK (explore-education-statistics. service. gov. uk)

90) https://www.theguardian.com/world/2016/jun/04/tuition-fees-germany-higher-education

91) 国内学生のフルタイムの学士課程への新規入学者数。なお，1994年は，1992年のポリテクニクの大学昇格後，1998年の授業料徴収開始前。

92) https://www.bbc.co.uk/news/education-49841620

現在英国教育省は，進学率は，「17歳から30歳人口の中で高等教育に進学している割合」として計算している。

Participation measures in higher education, Academic Year 2018/19 - Explore education statistics - GOV. UK (explore-education-statistics. service. gov. uk)

93) 公益財団法人未来工学研究所「所得連動型教育費負担制度による 高等教育費の家計負担の軽減に関する調査研究報告書」，2018年

94) 公的支出計上分の約半分が，「出世払い」の仕組みの結果，返済されないと想定されているコスト（利子を含む）であり，「RAB チャージ（Resource Accounting and Budgeting charge)」と呼ばれている。残りの約半分が教育コストの高い一部分野（医学など）等への教育交付金である。

例えば，2017/18年度には，英国の高等教育部門に63億ポンド（約9,100億円）の公的支出が投入されている。この内，後者の教育交付金（teaching grants）が約35億ポンドで，残りが，学生ローンへの補助金である。

https://dera.ioe.ac.uk/29339/1/HEFCE2017_05.pdf

https://www.brookings.edu/wp-content/uploads/2017/04/es_20170427_scott-clayton_evidence_speaks.pdf

95) 政府が授業料を42万円に値上げした2012年と現在とを比較すると，公的支出は減っている。これは，2012年の値上げに伴い，授業料収入だけで教育の質は保たれるとして，教育交付金を大幅に減らしたからである。

また，2018年時点においては，卒業生の収入が高かったこと等により，2012年以降，「RAB チャージ」も低下していた。

出典：Augar, P. et al., Review of Post-18 Education and Funding [the Augar Review], the Secretary of State for Education, 2019.

96) 教育交付金が削られたことにより2012年以降政府からの収入は減っているが，授業料値上げと学生増による収入増が，政府からの収入の減少分を大きく凌駕している。

97) Augar, P. et al.

98) 公益財団法人未来工学研究所「所得連動型教育費負担制度による 高等教育費の家計負担の軽減に関する調査研究報告書」，2018年，p. 91

99）　第４章で紹介する TRC によれば，国内学生からの教育収入は，教育支出と見合っている。これは，増加した財源が，他のセクターに回されるのではなく，教育の質の確保のために使われていることを意味している。

100）　2011～2015年の間に，所得層を５段階に分けた中の最も低い層の進学率が，13.8％から17％に上昇。

101）　公益財団法人未来工学研究所「所得連動型教育費負担制度による 高等教育費の家計負担の軽減に関する調査研究報告書」，2018年，p. 79

102）　医学分野は例外。

103）　2011～2015年の間に，所得層を５段階に分けた中の最も低い層の進学率が，7.3％から9.7％に上昇。

104）　Willetts, p. 86

公益財団法人未来工学研究所「所得連動型教育費負担制度による 高等教育費の家計負担の軽減に関する調査研究報告書」，2018年，p. 80

105）　なお，1998年以前に行われていた無償高等教育で最も恩恵を受けていた層は中～高所得世帯の生徒であり，大学進学前の学力格差の結果，高所得層（上位 10％）と低所得層（下位 10％）の大学進学率の格差は，1981年から1999年の間に倍増したとされている。

公益財団法人未来工学研究所「所得連動型教育費負担制度による 高等教育費の家計負担の軽減に関する調査研究報告書」，2018年，p. 59

106）　https://oecdedutoday.com/the-sustainability-of-the-uks-higher-education-system/

107）　Augar, P. et al.

108）　2大政党のもう一方の雄である労働党は，2019年の総選挙で授業料無償を訴えている。

109）　日本の18歳人口は，2020年に約117万人だが，これが20年後の2040年には約30万人減少し，約90万人になると予想されている。この間に大学進学率が高まれば，ある程度，学生数の減少は緩和されるが，すでに５割を超えている大学進学率が今後どこまで上昇するかは未知数である。仮に大学進学率が高まらず，留学生も増えず，社会人学生も増えなければ，日本の大学は，今後の20年間に，４分の１の学生数を失うこととなる。

https://www.mext.go.jp/content/1413715_013.pdf

110）　施設整備費を含む。

https://www.mext.go.jp/a_menu/koutou/shinkou/07021403/1412031_00002.htm

111）　例えば，ICU の授業料は約140万円。

https://www.icu.ac.jp/admissions/finance/

112）　大学数は1992年のポリテクニクの大学昇格時には約２倍になっているが，その後は1.5倍程度。ランキング上位の大学の顔ぶれに変わりはない。

https://en.wikipedia.org/wiki/List_of_universities_in_the_United_Kingdom_by_date_of_foundation

113）　https://www.japanjournals.com/life/ukdirectory/it/166-culture/3907-margaret-thatcher.html?limit=1

114) http://news.bbc.co.uk/onthisday/hi/dates/stories/january/29/newsid_2506000/2506019.stm

115) https://www.afpbb.com/articles/-/2938190
https://www.bbc.co.uk/news/entertainment-arts-22145306

116) 川北稔『イギリス近代史講義』講談社現代新書，2010年，pp. 236-255

117) https://www.snp.org/standing-up-for-students/

Ⅱ　教育の章

――「狭く深い教育」vs「広く浅い教育」――

前章では，オックスフォード大学の誕生に始まる英国大学の歴史と発展を追ってきました。

本章では，まず，前半で，英国大学の教育がどのような特徴を持っているか見てみたいと思います。英日の大学では教育のコンセプトが両極端と言えるほど異なっており，この点を重点的に説明します。

その上で，後半では，英国がどのように大学教育の質を確保しようとしているか，政府や大学の取組を紹介したいと思います。

1　英国大学の教育の特徴

1　日本の大学教育との類似点（入口）

英日の大学教育は，大学への入口である入学者選抜の仕組みは似通っています。何が似ているかというと，大学に入学する際，「学力」を測る一発試験に基づく選抜が行われていることです。

英国の子どもが大学に行くかどうかを決めるのは，多くの場合中学校[1]を卒業した16歳の時です。大学に行こうと思う場合は，日本の普通科高校に当たる教育機関（「sixth form」等であり，以下「高校」と呼ぶ）に入ります。18歳までの２年間です。高校で勉強するのは，３～４科目のみです。例えば２年間，「文学，歴史，哲学」の３科目だけを学び続けます。

生徒は，２年間の最後に，政府認定の外部試験機関が実施する高校卒業認定試験（通称「A-level 試験」[2]）を受けます[3]。この結果がどこの大学に入れるかを左右します。

表２-１は，英国の４つの大学の入学要件（歴史学科，2020年）を並べたもの[4][5][6][7]です。

ここで，「AAA」，「AAB」等というのは，高校で学んだ３科目[8]について受けた高校卒業認定試験の結果です。高校卒業認定試験は６段階（A＊，A, B, C, D, E）で結果が評価されており，例えば「AAB 以上」という要件は，３科目中２科目で A，1科目で B 以上の成績が入学に必要ということを意味します。高校卒業認定試験で「ABB」（例えば「文学：A，歴史：B，哲学：B」）の成績を取った生徒は，サセックス大学の歴史学科には入学できますが，マンチェスター大学の歴史学科には入学できないことになります。

表２－１　英国の４大学における入学成績要件（歴史学科，2020年）

	高校卒業認定試験（A-level 試験）要件	追加要件	THE ランキング（国内，2020）
オックスフォード大学	AAA 以上	面接，歴史適性試験（HAT），エッセー	1
マンチェスター大学	AAB 以上	なし	7
サセックス大学	BBB 以上	なし	17
ノッティンガム・トレント大学	BBC 以上	なし	52

注：オックスフォード大学，マンチェスター大学は，「歴史」科目の受験を推奨

出願は，複数大学の５つの学科[9]まで可能です[10]。英国の大学には通常二次試験はありません[11]ので，「ABB」等の高校卒業認定試験の成績要件を満たしていれば，基本的に合格となります[12]。

なお，オックスブリッジについては，特別ルールがあります[13]。まず，オックスフォード大学とケンブリッジ大学の併願はできません。また，表２－１にあるように，高校卒業認定試験の結果に加え，面接や独自試験を課しています。これは，「オックスブリッジに相応しい学生を」ということもありますし，現実的に，オックスブリッジを受験する生徒の多くはAAA以上の成績を取ってしまっている[14]ので，選抜のために追加要件が必要だからです。

以上から，英国大学がその入口において一発試験で決まる選抜的な仕組みを設けていることが分かると思います[15]。また，表２－１からは，選抜性の高さが，オックスフォード大学を頂点とする英国大学のヒエラルキー構造に沿っていることも分かると思います。

英国の大学における入学者選抜の仕組みの大枠は，東大を頂点としたヒエラルキーのもと，大学入試センターが実施する共通テスト等に基づき入学者選抜を行う日本の仕組みと大きな差はありません[16]。

なお，後述のように，入学者選抜の「中身」（試験の内容）については，次に扱う英日の教育コンセプトの違いを反映し，英日で大きく異なります。

図2－1　マンチェスター大学(学部)「政治・近現代史学科」における3年間の科目履修例

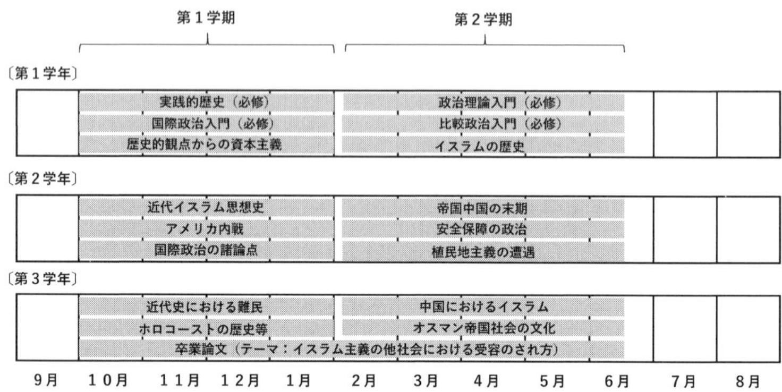

2　日本の大学教育との相違点①（教育コンセプト）

入口において似ている英日の大学教育は，教育のコンセプト（教育を実施する際の発想の仕方）においては，両極端と言えるほど異なっています。その違いを端的に表現すると，「狭く深い」教育を行う英国と，「広く浅い」教育を行う日本の違いということになると思います。

なお，以下では主に人文・社会科学（いわゆる「文系」）の教育について扱っていることに注意してください。

英国大学の「狭い」教育

英国の学生が大学で取得する科目[17)]数は，日本の学生が大学で履修する科目数の3分の1から4分の1程度です。これは，沢山の科目を履修し幅広く知識を得る日本の学生に比べ，英国大学の学生が学ぶ教育内容の幅は，圧倒的に「狭い」ことを意味します。

例えば，図2－1は，マンチェスター大学（政治・近現代史学科[18)]）に入学したある学生が，3年間の英国大学のカリキュラムで，どのように科目を履修するかを例示的に示したものです。このマンチェスター大学のカリキュラムは，英国大学の一つの典型例と考えてもらってよいと思います（大学によって，3

図2－2　日本の大学における学期当たりの科目履修数

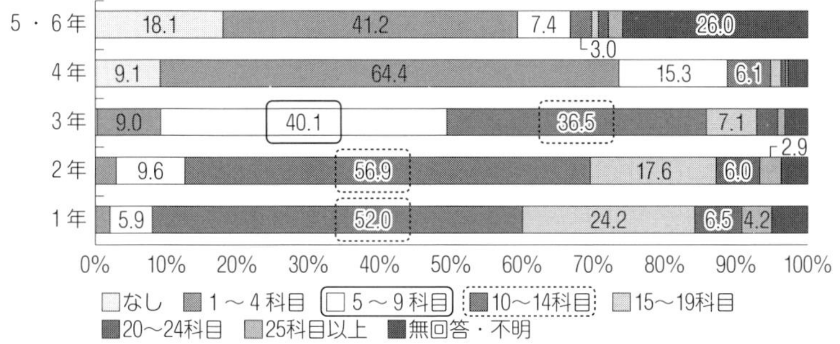

学期制[19]を取っているなど，多少のバリエーションはあります)。

この学生は，第1・第2学年においては，各学期3科目，年間で6科目を履修しています。また，第3学年は，各学期2科目ずつと，通年科目（卒業論文作成）1科目を履修しています[20]。学生のその時々の体感で考えると，各時点で，英国の学生は3科目のみ学んでいることとなります。

日本の場合はどうでしょうか。日本の学生の科目履修数は多く，第1学年から第3学年まで，各学期12科目程度，年間で24科目程度を履修しています（図2－2)[21]。学生のその時々の体感で考えると，（第4学年を除く）各時点で，日本の学生は12科目を履修しており，英国の学生の4倍です。

英日の学生の体感の違いがより分かるよう，英日の学生のある1週間を例示的に比較してみたのが，図2－3です[22]。英国の学生は1週間の間に同じ科目の授業を3回受けており，その結果，この1週間で学んでいる科目は3科目です。これに対し，日本の学生は1週間に入れ替わり立ち替わり多様な授業を受けており，その結果，12科目を学んでいます。1週間の中で学んでいる教育内容の種類が，日本に比べ英国では圧倒的に少ないことが分かります。1コマの授業時間は英国が60分，日本が90分なので，1週間に授業を受けている時間も，英国では日本よりずっと少なく，半分以下です[23]。

仮に大学学部の3年間（英国の大学は3年制）で比較すると，日本は60程度の科目を履修し幅広く学びます。それに対し，英国の学生が学ぶ科目数は18科目程度です。

図２－３　学生の１週間の時間割例

学生の1週間の時間割例（英国の大学）
（※1コマ60分）

	月	火	水	木	金
1	近代イスラム思想史（講義）		近代イスラム思想史（ゼミ）		
2					近代イスラム思想史（ゼミ）
3		国際政治の諸論点（講義）	国際政治の諸論点（講義）		国際政治の諸論点（ゼミ）
4					
5	アメリカ内戦（講義）			アメリカ内戦（ゼミ）	

学生の1週間の時間割例（日本の大学）
（※1コマ90分）

	月	火	水	木	金
1		英語音声学			
2	国際援助論	教育本質論	国際協力上級演習		体育
3	多文化社会研究	国際法	国際交流上級演習		企業と社会
4				メディア文化研究	
5	日本国憲法			専門ゼミ	

違いの一因は，日本の多くの大学では，入学後の１～２年間，専攻の学問分野以外の科目を取得したり，英語や体育の科目を必修として学んだりするなど，様々な教養的な学びが用意されていることです。これに対し，英国では，入学直後から専攻分野の学習に入り，そのままそれを続けるため，専攻分野以外の科目を取る機会はほぼありません。政治・近現代史学科に入った学生が，外国語や体育，経営学，あるいは，自然科学系の科目を取る余地は基本的にないということです。

英国の大学教育の学習の幅は，「狭い」のです。

英国大学の「深い」教育

日本と比べ「狭い」教育が行われる英国の大学ですが，その教育は学生に「深い」学びをもたらしていると考えられます。その鍵は，「深い」学びにつながる集中的な学習循環が形作られているところにあります。

授業は，日本の大学では「講義」形式が主体なのに対し，英国の大学では，「講義」と「ゼミ」の組み合わせで構成されています。改めて図２－３を見ていただくと，英国の大学では講義とゼミが交互に行われていることが分かると思います。講義とゼミの組み合わせ方は，講義2回につきゼミ1回や，講義1回につきゼミ2回など，科目によりバリエーションがありますが，「講義が行われた後には，講義内容に関連したゼミが来る」というのが，学生の学習感覚になります。ゼミでは，教員と学生が少人数で集まり，前回の講義内容や出された課題について，教員が問いを投げかけたり，学生が質問をしたり，議論をしたりします。講義が100人規模で行われることもあるのに対し，ゼミは10～20人程度で行われます。

この「講義→ゼミ→講義→ゼミ」という授業循環に加わるのが，学生に課される「課題」です。課題は主に2つの方法で出されます。1つはリーディング（読解）です。毎週，教員は，授業内容に関連した論文や記事を複数指定し，次の授業の前に読んでおくよう求めます。分量は，10ページ程度の論文を2つといったところで，学生は，毎週3科目の授業を受けていますので，週に約60ページを読む計算になります[24)]。時に難解な論文をこれだけの分量読むのはかなり大変で，大学の至るところに論文を読み耽る学生がいます。

学生に大量のリーディングを要求するのは，自分の考えを持つためには，まず先人が残してきた「知」を知り，理解する必要があるというアカデミックな信念からです。「我々は巨人の肩に乗っている」というニュートン（ケンブリッジ大学教員）の言葉[25)]はこの信念を端的に表していますし，英国で「大学で何を学びましたか？」と聞くとき，「What did you read in uni?」と質問するのは，リーディングが学びの中心に置かれていることを物語っています。

もう1つの課題形式は，小論文（「エッセイ」）です。授業の内容を踏まえつつ，自らの意見を展開する小論文を書くことが求められます。多くの場合，各学期で数回，小論文を提出することが求められます。また，小論文の代わりに，グループで話し合い，プレゼンを準備・発表するというグループ・ワークが行われることもあります。

英国大学の授業は，出された文献を読んできたこと，小論文を書いてきたことを前提に行われます。特に少人数のゼミの時間では，「読んでいないこと」は立ちどころに露呈します。講義を聞いていればよい日本の大学の学生と異なり，英国の大学の学生は，講義の後にゼミの時間が待ち受けていることが分か

図２－４　大学の１科目の

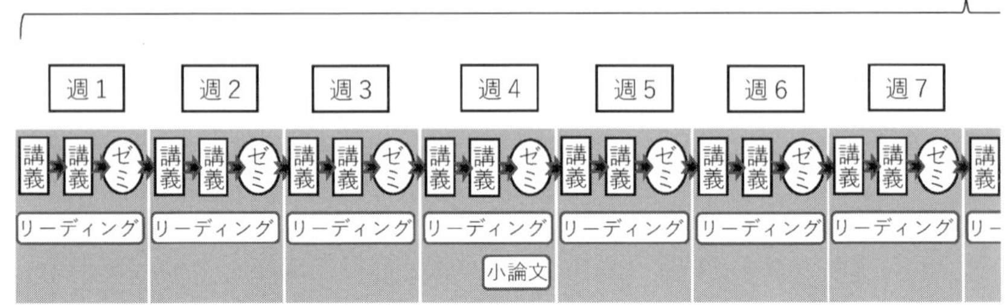

っているので，学生間の議論に参加できるよう，教員からの質問に答えられるよう，そして自分なりの理解を表現できるよう，講義を理解し，文献を読み，自分の意見を練り上げておくことが求められます[26)]。

最終的な科目の成績は，最終試験結果，小論文やグループワークの出来，ゼミでの発言などの組み合わせで付けられます（例えば，試験60％，小論文25％，ゼミでの発言15％[27)]）。

このような，多くのリーディング，講義とゼミの組み合わせ，小論文や最終試験による学習成果の確認という学習循環により，英国の学生は，先人の「知」に触れ，自分の考えを持ち，対話や書くことを通じて考えを表現する，「深い」教育を受けています。

■英国大学の「狭く深い」教育

英国大学の「深い」教育を可能にしているのは，実は，英国大学の「狭い」教育です。学生の時間は有限ですので，日本の大学のように１週間に12科目取るような学習スタイルでは，英国大学のように１つの科目について掘り下げる時間を十分取るのは困難です。

このことは授業と課題の双方について言えます。

授業については，英国では，１科目の中で，講義→ゼミ→講義という組み合わせを繰り返すことで，学びを深めていきます。大量の科目履修を行う日本で

学習循環例（文系）

の授業期間＋試験期間

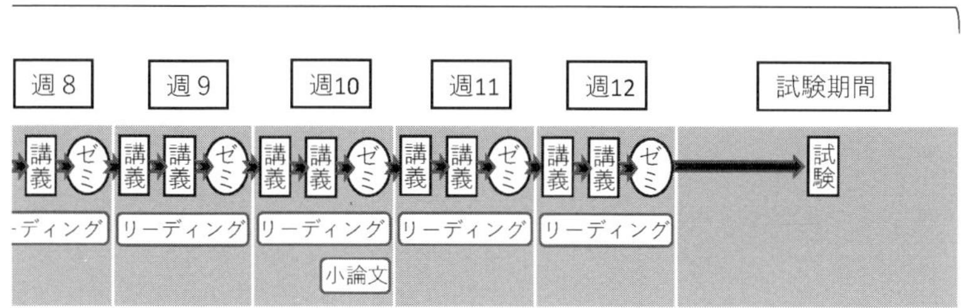

は，１つの科目にこれだけの時間を割くことはできません。実際，１科目に割く典型的な時間は，英国では日本の大学の３倍になっています[28]。

また，英国の教員が大量のリーディングを課すことができるのは，学生が１週間に３科目程度しか履修していないことが分かっているからです。１週間に12科目取っている学生に，各科目の教員がそれぞれ大量のリーディングを課したら学生はパンクしてしまいます。

英国大学は，教育内容の幅を限定することで，「深い」教育を行う時間を生んでいます。英国大学の教育の「狭さ」と「深さ」はセットになっているということです。

■「狭く深い」教育 VS「広く浅い」教育

英国大学が「狭く深い」教育を行っているとすると，それとは対照的に，日本の大学は「広く浅い」教育を行っているということになります。どちらが良いのでしょうか。

「大学生のどのような力を伸ばしたいかによる」というのが回答だと思います。

前提として認識する必要があるのは，学習の「幅」と「深さ」の双方を，同時に，どこまでも追い求めることはできないということです。学習者の時間は無限ではないからです。多くの分野に学習時間を振り分ければ，必然的に，一つの分野を掘り下げる時間は少なくなります。

教育の議論をすると，日本の学校教育では「考える教育」ができていないと言う人（や集団）が，同時に，ICT 教育や消費者教育，環境教育など，いわゆる「○○教育」を増やすべきと無邪気に仰ることがあります。あるいは，「考える教育」を増やす必要があるが，これまで教えてきた内容（例えば特定の教科や歴史用語）を「捨てる」ことは，「けしからん」と仰ることもあります（背後に「既得権益」的な感覚が潜んでいることもあります）。趣旨は分かりますが，学習の「幅」と「深さ」を，同時に，どこまでも追い求めるのは，いわゆる「無理ゲー」の類です。

有限な学習者の学習時間の中で，学習の「幅」と「深さ」はトレードオフの関係に立つことを前提として，それではどのような「幅」と「深さ」の組み合わせが，その時代の，その国の，その学習者にとって望ましいのかを考え，教育をデザインすることとなります。

この組み合わせを考える際に重要なのは，学習者（この場合は大学生）のどのような力を伸ばしたいかということです。

「大学生の時に，幅広い分野にまたがる知識，情報を獲得することが重要だ」ということであれば，「広く浅い」教育が適合的です。

他方で，「大学生の時に，特定分野に関する知識や物の見方を掘り下げたり，議論しながら問題を解決する力を伸ばしたりすることが重要だ」ということであれば[29)30)]，学習分野の「幅」を狭め，そのような力を付けるための時間を割かなければなりません。例えば，リーディングや議論を行う時間です。

「幅」と「深さ」の組み合わせは，バランスの問題です。

例えば，アメリカの大学における組み合わせ方は，英国と日本の中間に位置します。典型的な３年間の取得科目数は，アメリカは30科目[31)]であり，英国の18科目程度，日本の60科目程度の中間です。学習内容の「幅」は，英国より広く，日本より狭い，その分，１科目にかける「深さ」は，英国より浅く，日本より深いこととなります。なお，１週間の中で同じ科目の授業を３回受ける学習循環は，英国もアメリカも共通です[32)]。

また，学習者の長期の学習期間の中で学習の「幅」と「深さ」のバランスを取ることも考えられます。例えば，小中学校では学習の「幅」を重視し，高校では「幅」と「深さ」をある程度ずつ求め，大学では「深さ」を重視するといったことです。[33]

▒教育に求めるもの（英国の教育全般の特徴）

英国と日本では，教育に求めるものが大きく異なり，それが教育の「幅」と「深さ」に関し両極端と言えるような違いを作り出していると感じます。教育の目的は，「沢山のことを知るようになることだ（日本）」という発想と，「特定分野の学びを通じて，筋道を立てて考え，自分の意見を述べられるようになることだ（英国）」という発想の違いです。というのも，「狭く深い」教育，「広く浅い」教育は，大学に限らず，英日の教育全体の特徴だからです。このことは高校教育の違いに端的に現れています。

図２-５は，英日の高校２年生の１週間の時間割を例示的に比較したものです。[34]

見ていただけると明らかなように，英国の高校生は，この１週間で生物，地理，物理の３科目のみ学んでいます。実はこの１週間に限らず，英国の高校生は２年間の全教育課程を通じて，３科目（多くて４科目）しか学びません。文理にまたがることもなく，数十の科目群[35]の中から３科目を選び，学ぶのが，英国の高校生の通常の姿です。例えば，ある生徒は，図２-５にあるように「生物」「物理」「地理」の３科目を，ある生徒は「歴史」「行政」「政治」の３科目を２年間学び続けるといったことです。[36]

科目数が少ないのみならず，各科目の中で扱われる学習内容も限定されていて，例えば「歴史」の科目を取った生徒は，複数テーマ（例えば，「十字軍」「チューダー朝」「ロシア革命」「大英帝国」「冷戦」など）から２～３テーマだけを教わることとなります。

このような英国の高校教育の在り方は，日本の高校生が，現代文，古典，数学，世界史，政治・経済，倫理，化学，物理，英語，体育，保健，音楽，社会と情報など，10分野を優に超えて幅広く学ぶことを考えれば，恐ろしく学習内容の「幅」が「狭い」ことが分かります。

図2－5　高校2年生の1週間の時間割（例）

英国の高校2年生

	月	火	水	木	金
1 10:00～12:00	生物	物理	地理	自学自習	自学自習
2 12:45～14:15	地理	自学自習	自学自習	生物	物理
3 14:30～16:00	自学自習	生物	物理	地理	自学自習

日本の高校2年生

	月	火	水	木	金
1	現代文B	現代文B	現代文B	古典B	古典B
2	世界史B	世界史B	古典B	日本史B	日本史B
3	数学Ⅱ	数学Ⅱ	数学Ⅱ	政治・経済	政治・経済
4	体育	化学基礎	化学基礎	数学Ⅱ	数学B
5	コミュ英語Ⅱ	体育	保健	数学B	化学基礎
6	英語表現Ⅱ	コミュ英語Ⅱ	コミュ英語Ⅱ	コミュ英語Ⅱ	英語表現Ⅱ
7	社会と情報	社会と情報	総合学習	LHR	

英国の高校生が教わる分野は狭い代わりに，教わった分野に関して得られる知識は深く，また授業の中では議論や論述に多くの時間が割かれます。また，日本の高校生が朝から夕方まで隙間なく授業を受け続けることに比べ，英国の高校では，調べものをしたり小論文を書いたりするための「自学自習」の時間が多く取られていることも，図2－5から見て取れると思います[37]。

先述のように，英国では高校教育の成果は，高校卒業認定試験で確認されることになります。英国の高校教育が生徒に求めているのは，深い知識を基に自ら論を立てる力を伸ばすことなので，そのような力が十分評価されるよう，高校卒業認定試験は完全記述式です。

高校卒業認定試験で求められている力は非常に高く，東大の二次試験を解くときのような思考力と筆力が必要とされます。例えば，2018年の「歴史（テーマ：冷戦)」では，次のような問題が出題されています。[38)]

- 1980年代の米国による中央アメリカ介入に関する3つの情報（政府声明や新聞記事など）を読んだ上で，それら3情報の意義を述べさせるもの。
- 「米国は，1949年のドイツ分割に責任を有する」という見解の妥当性を評価させるもの。
- 「1980年代後半のサミット外交は，ミハイル・ゴルバチョフのおかげで成功した」という見解の妥当性を評価させるもの。

英国の若者の半数は，このような試験で力を発揮できるよう，学習を積み重ね，大学に入学していくことになります。[39)]

いつ深く学ぶのか

日本で，採点の客観性への懸念などから，大学入学共通テストを記述式にすることを断念したのは記憶に新しいところです。このことを念頭に，英国のある校長[40)]に，「英国の高校卒業認定試験は記述式となっているが，採点者の主観によって採点結果にかなり差が出るのではないか」と聞いたことがあります。

校長は，「記述式とはいえ，採点の仕方は標準化されていて，それを基に採点者の訓練が綿密に行われ，採点中には採点をチェックする責任者もいる。また，採点に異議がある場合の申し立ての仕組みも整備されている」と制度の概況を説明してくれた上で，「それでも記述式による採点に，主観性が全く入らないわけではないのは，その通りだと思う。それが分かりつつどうして記述式にしているかというと，一つは小学校の時から大学まで我々は記述式で採点しているので，すでに感覚がそれに馴染んでいるということ。それから，特に政治や歴史，哲学といった分野では，『これは正しい，正しくない』というものはない。こういった分野で生徒に求められているのは，何かを知ることではなく，議論する力を持つことだ。どれだけ自分の議論に必要な証拠を適切に提示できるか，どれくらい妥当性のある議論を展開できるかが問われているのであって，「正しいこと」を言えることが問われているわけではない。そういう力を確認するには，書かせなければならない。」と話してくれました。

このコメントには，英国の教育の根底を流れる考え方がよく現れているように感じました。

日本では，物事を幅広く知ることが教育だという発想が強いように感じます。もちろん，幅広い知識の獲得を重視する発想は，おかしいものではありません。この発想を支えているのは「若い時に幅広くいろいろな知識に触れておけば，すぐにその知識は使えなくとも，その後の長い人生の中で，思い出したり，使えたりする機会が来る可能性がきっとある」という考え方で，それはそれで分かります（実際，英国の教育は，16歳の時点で学習分野の「幅」を狭めすぎているのではとも思います）。

問題は，それでは，いつ，先人の「知」に触れ，自分の考えを持ち，対話や書くことを通じて考えを表現する，「深い」教育を経験するのかということです。現在の日本の学校教育では，このような学びを経験する機会が，小，中，高，大学を通じて，ほとんどないのではないかと思います。

■英国大学の「狭く深い」教育の実現コスト

英国大学の「狭く深い」教育は，頻繁なゼミの実施や，小論文に対する丁寧なフィードバックにより実現しています。このような教育を実現するには，大量の教員数（つまりは人件費）が必要だと言われることがあります。

これは必ずしもそうではありません。日本の大学教育と比べると，教員が負担する１科目当たりの時間が少ないからです。

まず，英国大学（文系）の授業回数は少ないです。英日ともに大学の全学習時間は，授業を受ける時間と自学自習の時間の２つで構成されているのですが，英国大学は，日本の大学に比べ，自学自習に充てるとされている時間の割合が圧倒的に多いことが，その理由です。この結果，１科目当たりの授業回数は，日本の大学の半分以下になります[41)]。また，ゼミの時間が授業の約半数を占めますが，実は，その実施を TA（Teaching Assistant）として雇用した大学院生に任せることもしばしば行われています（この点は，アメリカでも同様です）。そうすると，教員が１科目当たりで担当する授業回数は，日本の４分の１程度になると考えられます。

課題についても，リーディングの文献を指定することは教員の役目ですが，小論文の採点やフィードバックは，TA に任せることもあります。

日本の大学教員の大きな負担となっている大学入試業務は，英国大学には基本存在しません（高校卒業認定試験は外部機関が実施していて，二次試験も基本ないため）。

1科目当たりの授業回数は日本の半分以下，ゼミの実施や小論文の採点は時に TA に任せ，入試業務もない。こういった英国大学教員の実態を聞いた日本の大学の教員が，「そんなんでいいのか」と叫ぶのを耳にしたことがあるくらいです。

もちろん，だからといって英国の大学の教員が「楽」なわけでは必ずしもありません。1科目当たりの教育負担が少ない分，担当している科目数が多い教員もいると思います。最終試験へは丁寧なフィードバックを行う必要があります。また，空いた時間は研究に充てています[42)]。

ただ経営的な目線に立った際，英国流の「狭く深い」教育を実現するための学生当たりのコストは，日本の感覚で想像するのに比べ，ずっと少ないだろうとは言えると思います。実際，英国大学は基本，約130万円の授業料収入の財源だけで，このような教育を行っています[43)]。

▒オックスブリッジのチュートリアル

このように「高すぎない」コストで教育を実施している英国大学ですが，その顕著な例外が，オックスブリッジです。

オックスブリッジの教育方式は「チュートリアル」と呼ばれ，世界的に有名です[44)]。苅谷剛彦先生の『イギリスの大学・日本の大学』の中で，チュートリアルについてこれ以上ないくらい分かりやすく紹介されていますので，ここでは，少し長くなりますが，該当部分を引用させてもらおうと思います[45)]。

チュートリアルとは，

> 一言で言ってしまえば，それは学部レベルで行われる個別指導による教育である。オックスフォードのすべての学部学生は，いずれかのカレッジに所属する。そして，自分の専攻に応じて，そのカレッジの所属する教員（ドン）を中心に，この個別指導を受けるのである。チュートリアルは，たいてい週に1回1時間，学生1人か2，3人

に１人の教員がついて行われる。学生の専攻や担当する教員による違いもあるが，そこでは，毎週課題文献のリストが渡され，それを読んだ上でレポート（エッセイ，毎回 A4で10枚くらいの分量）を執筆し，そのエッセイをもとに教員との間で質疑や議論が行われる。この，多くを読んだ上で書き，質疑や議論をするという学習を，教師１人に学生が２，３人といった恵まれた環境のもとで毎週繰り返す。これだけの少人数指導であれば，学生も手を抜くことはできない。ましてや出席などとる必要もなく，学生と教員との都合に合わせて毎回の時間を決めていく。そういう読み書きを中心とした個別学習を通じて，「批判的な思考」が育つと考えられるのである。

このオックスブリッジのチュートリアルの仕組みには，英国の教育の最も純粋な形が表れていると思います。毎週，圧倒的な知力をもつ先達から，１～２時間，対面で，「なぜそう思うの？」「それって本当？」と質問を受け続け，文献や理論，的確な例を引いて自分の意見をどうにか述べるという濃厚な経験[46]を持てることは，オックスブリッジに通うことの最大の利点です。居住空間でもあるカレッジの中で教員や学生が近しく結びつき，紅茶や，時にはビールを飲みながら対話するこの営みが，創設時から連綿と続くオックスブリッジ特有の濃密な「学問共同体」を作り出しています。

オックスブリッジ以外の大学でも，オックスブリッジを「模範」として，チュートリアル（と呼んでいる取組）を行っているところはあります。ただ，オックスブリッジほどの濃密さはなく（例えば，教員１人に対し学生５人），通常のゼミ形式の授業を，オックスブリッジにあやかって「チュートリアル」と呼称しているケースもあります。

どうして他の大学も，オックスブリッジのような濃厚な個別指導を行わないのかと言うと，これは単純な話で，したくてもそこまでのお金の余裕がないからです。

一度，オックスフォード大学マートンカレッジの No. 2に当たる財務会計責任者（Bursar）[47]にインタビューをさせてもらったことがあります。その中で彼が，「オックスブリッジのきめ細かいチュートリアルは，各カレッジが有する大規模な財産があって初めて出来るものであり，他の大学では不可能だ」と話してくれたのは印象的でした。

オックスフォード大学に39，ケンブリッジ大学に31あるカレッジは，両大学の原型であり，大学を構成しながら，大学本体とは独立した自律的な組織として，大学本体と別会計で財産を所有しています。オックスブリッジの全カレッジの総資産は合算で約３兆円に上るとされ，これは大学本体の総資産約１兆３千億円を凌ぎます[48)]。カレッジの伝統等によりカレッジ毎の財産規模は異なりますが，例えば，ケンブリッジ大学のトリニティカレッジは，英国女王，英国国教会に次ぐ英国第３位の財産を所有していると言われるほどです。ケンブリッジ大学キングズカレッジの最も成功した財務責任者として知られているのがジョン・メイナード・ケインズであること[49)]や，インタビューを受けてくれたマートンカレッジの現財務会計責任者の「オックスフォード大学を卒業，ハーバードビジネススクールを修了，メリルリンチ銀行の企業融資部局長を経て，マートンカレッジの財務責任者に就任」という「ピカピカ」の経歴を見ても，各カレッジがどれだけ力のある組織なのかが分かります（彼は，私が人生の中で出会った最も「頭が切れる」人間の一人でした)。大学本体での授業と別立てで行われる，カレッジによるチュートリアルの実施は，600年に渡る二頭独占体制のもと各カレッジが積み上げた財産やその運用で支えられています。

少し長くなりましたが，ここでは，英国の教育というとまっさきに例に出されるオックスブリッジのチュートリアルは特殊事例であること，ただし，オックスブリッジ以外の英国大学においても，その「贅沢さ」の違いはともかくとして，チュートリアルを陰に陽に意識しながら，先人の「知」に触れ，自分の考えを持ち，対話や書くことを通じて考えを表現する深い学びを志向していることを押さえていただければと思います。自他ともに認める英国のトップ大学であるオックスブリッジが，対話に基づく「深い」教育を行っているからこそ，英国の他の大学はそのモデルを「追いかけ」，英国全体の教育の質が高められていると言ってもいいかもしれません（我が国のトップ大学とされる東京大学や京都大学は，そのような役割を果たしているでしょうか[50)]？)。

なお，オックスブリッジは，ここでも筆が乗ってしまったように，国際的な名声の高さ，各カレッジの魅力的な個性など，非常に引き合いに出したくなる大学なのですが，12世紀からの連綿とした歴史，カレッジ制，莫大な財産，単位制を取らないこと，全学集会に基づく意思決定など，特殊性が強い「外れ値」ともいえる大学なので，英国の各大学がオックスブリッジをある種の「理想」として意識していることを念頭に置きつつも，オックスブリッジを英国大学の「典型例」として参考にすることは難しい場合が多いと思います。

■他の学科

ここまで，英国大学の「狭く深い」教育について説明してきました。人文・社会科学系の中でも学問分野が変われば，指導方法にバリエーションはあります。例えば，覚える必要がある知識が多い法学では，ゼミよりも講義の割合が少し増えますし，小論文がなく最終試験のみで評価が行われるケースもあります[51]。ただし，リーディングを前提に，講義とゼミの繰り返しで思考を深める教育スタイルは基本形として維持されています。

自然科学系分野，いわゆる「理系」学科ではどうでしょうか。ざっくり言うと，「実験・実習」の時間が，講義とゼミの学習循環の中に加わる，あるいはゼミを一部置き換えるイメージになります[52]。また，一般に，「文系」科目に比べて，授業時間（講義，ゼミ，実験・実習）が増える傾向にあります[53]。その分，自学自習の時間割合は短く，また，理系の教育コストは文系よりも高くなります。ここには，実験・実習を繰り返すことで，科学的な分析・考察力を養う「理系」分野の特徴が出ています。

このような実験・実習を要とした理系の学び方は日本の大学も同様です。英国では理系でも「書くこと」を通じた教育が盛んに行われているという違いはありますが，文系の教育スタイルが大きく異なることに比べて，理系の教育スタイルは，英日の共通性が高いかもしれません[54]。

3　日本の大学教育との相違点②（出口：大学成績がもたらす影響）

■学生の学習意欲の源泉

ここまで見てきた英国大学での学び方からは，学生にかなりの学習負荷がかかっていることが分かります。

英国の学生たちは，どうしてそんなに学ぼうとするのでしょうか？

まず，学び自体の楽しみがあります。考えることを重視する学びは，苦しみもがいた末に，何か大事なことを摑んだ「喜び」を生むことがあります（「エウレカ！」）。考えたり調べたりすることは，やり始めると止まらないこともしばしばあるので，底無しに時間がかかる学び方でもあります。対話がもたらす友人からの知的刺激や，教員と対峙する緊張感も学生を学びに向かわせていると思います。

これらに加え，英国の学生の学習意欲に影響しているのは，「良い成績を取って，その後のキャリアパスを良いものにしたい」というモチベーションです。どういった成績を取ったかは，どこの大学を出たかと同じくらい，学生に付いて回るからです。これは，どこの大学を卒業したかは評価しても，どのような成績を取ったかは評価されない日本との大きな違いです。

成績の付け方

英国大学の成績は，まず科目毎の成績が付けられ，最後に全科目の成績を踏まえた学位成績が付けられます。

科目毎の成績は，最終試験結果，小論文やグループワークの出来，ゼミでの発言などの組み合わせで付けられます（例えば，試験60％，小論文25％，ゼミでの発言15％[55)]）。最終試験結果だけ，あるいは，小論文だけで成績を付けるなど，科目によりバリエーションはあります。成績の付け方はシラバスに事前に明示されています。教員から学生へのフィードバックの中で，最終成績に影響するものとしないものも，区分の上，明示されています[56)]。

科目の成績は，一般に100点満点です。ただし，英国の学生の科目成績を見る時に注意しなければならないのは，点数の付け方が非常に「辛い」ということです。日本では比較的容易に90点や100点を付けますが，英国の大学では滅多に80点以上の点数を付けません。40点以上あればその科目の単位を得ることができ，50点以上であれば「まあまあ」，60点以上であれば「十分悪くない」成績だとされており，もし80点の科目成績を取っていたら，その科目でのその学生の成績は「非常に良く」，90点以上であれば，教員を唸らせるような並外れたエッセイを書いたということだと思ってもらえれば良いと思います（※英国人の頭にはこの大学成績のイメージがあるので，例えば面接評価などの際も，なかなか80点以上を付けたがらなかったりします）。

各科目の成績は合算され，最終的に４つの段階で表される学位成績に結実します。上から，「1st」，「２：１」，「２：２」，「3rd」です[57]。２番目，３番目の「２：１」，「２：２」（※「トゥーワン」，「トゥートゥー」と発音）という成績は，第２段階目の成績を２つに分割したもので，要は「２段階目の上」と「２段階目の下」に当たる成績だということです[58]。

■大学での成績がキャリアパスに与える影響

英国では，人を採用する際，大学成績の提出を求めます。私は，大使館で英国人面接官とともに毎年約1000名の採用・選定プロセスに携わりましたが，英国では，大学成績が，採用・選定の成否に，かなりの影響を及ぼしていると感じました。

たとえば，大学成績が「3rd」，時には「２：２」であっても，面接の足切りにあうことがあります。また，大学成績により，面接での見方が変わります。例えば「1st」を取った学生については，かなり期待をもって「乗り出して」見ることになりますし，「２：１」の場合は，通常モードという感じです。「２：２」であれば，「まあ，ちょっと分からないけど，まずは話を聞こうか」という気の持ち方になります。仮に面接の点数が同じであれば，大学成績が良い方を選ぶこともあります[59]。

時に話題になるのが，大学名と大学成績のどちらをより重視するかについてです。例えば，オックスフォード大学の「２：２」の学生と，中堅大学の「1st」の学生のどちらをより高く評価するかということです。評価者による個性が出るところではありますし，結果的には面接の応対により決まるところが大きいのですが，個人的には，大学でがんばって「1st」を取った学生は，可能な限り高く評価することとしていました。

英国において，大学成績がその後の収入に与える影響についての調査も行われています。それによると，この20年間，採用時に「２：１」以上の成績を求める雇用主が増えた結果，大学で「２：１」を取った学生と「２：２」を取った学生のその後の収入差が大きく開いたとされています[60]。

成績インフレ

大学成績が卒業後のキャリアパスにかなりの影響を与えることは，学生の学習意欲につながる一方，大学にとっては，ある種のプレッシャーとなって作用しています。学生を奪い合っている英国大学にとって，「あの大学は成績付けが厳しい」という評判は必ずしも好ましいものではないからです。

こういった中で問題になっているのが，成績インフレです。実際，2010年から2017年にかけて，「1st」を取った学生の割合は，UCL で24％から40％に，マンチェスター大学で18％から36％に，サセックス大学で18％から32％に上がるなど，英国大学の成績は軒並み上がっています。もちろん学生や教員の「がんばり」が成績を押し上げている面はありますが，それだけでは十分説明が付かず，大学の成績付けが「甘く」なっているのではないかと言われています[61]。

成績インフレは，インフレ前の卒業生に不利に作用し，大学成績への信頼性を損なうことから，改善の必要性が叫ばれています。このように成績インフレが論点となることは，英国では，大学の成績が，社会の中で評価要素として機能していることを示しています（大学成績を「気にしない」日本では，このような論点自体浮上しません）。

2　教育の質確保のための取組

1 概　　要

ここまで，英国大学の教育の特徴について見てきました。入口（入学者選抜）の仕組みは日本と似ているが，中身（教育コンセプト）については両極端であり，出口（大学成績）については社会での扱われ方に大きな差があると，まとめることができると思います。

社会が大学成績を評価しているということは，英国人は，大学教育の中身，すなわち教育の質に，一定の信頼や期待を寄せていることを意味します。大学教育の質に対する信頼や期待は，大学教育の質の確保を，学生や保護者，社会の関心事とします。ここでは，英国が，大学の教育の質をどのように確保しようとしているかを見てみたいと思います。

研究志向の大学教員

大学が，教育の質を確保しようとするのは，一見，当然のことのように思います。主に小中高等学校の教育に携わってきた私自身の経験からは，教員が教育の質を高めることに全力を注ぐのは当たり前のことのように感じます。

しかしながら，大学の場合，そう単純ではありません。

大学は教育と研究の二重の使命を持ち，個々の教員は，教育者の側面と研究者の側面を併せ持っています。各教員にとって1年は365日，1日は24時間しかないなか，教育と研究それぞれに割く時間は，トレードオフの関係にあります。学生への指導に時間を割けば割くほど，研究に割ける時間は減ります。

多くの教員は教育への関心をある程度持っていますが，研究をやりたくて教員になっている場合が多いことも事実です。日本の教員は研究志向に強く偏っていることが知られていますが[62]，英国においても，教員の研究志向が強い傾向は変わりません。教員への評価の中核が研究業績にあることが，この傾向を一層強めています。

教育学者の天野郁夫氏は，「大学教員は，放っておけば研究重視に傾斜するというのが，アカデミック・プロフェッションとして当然のこと」だとします[63]。このことは，大学教育の質を確保するためには，教員を教育に向かわせる何らかの人為的な「装置」が必要だということを意味します。

英国における教育の質確保の取組の概要

1990年代以前の英国大学は，「手のかからない」少数の学生だけを教育するエリート育成機関でした。それが，1990年代以降，ポリテクニクの大学昇格と進学率の上昇で，学力幅が広い「手のかかる」マス層を迎えるようになりました。1990年代後半から授業料を取り始めたことで，学生（保護者）の消費者意識が高まり，大学教育に注がれる目も厳しくなりました。

また，1991年のソ連崩壊後，経済がグローバル化し，知識基盤社会が到来するなか，大学の人材育成機能に対する政府や社会からの期待も高まりました。

これらを背景に，1990年代以降，英国で大学教育の質を確保することへの関心が高まり，大学教員を教育に向かわせるための様々な「装置」が開発されていきました。

躊躇うことなく新しい仕組みをドラスティックに導入し，「トライアンドエラー」を繰り返す英国らしく，教育の質を確保するための諸装置は，多彩かつ（良し悪しはともかく）先進性が高いものとなっています。ここでは，教育の質を確保するための手法を以下の３つの類型に分けた上で，英国の装置を紹介することとしたいと思います[64]。

１つ目の類型は，大学外の者から教育への評価を受けることにより，教育の質を確保しようとするものです。これを「外部教育評価」と呼びたいと思います[65]。

２つ目の類型は，大学が自ら教育への評価を行い，検証・改善のサイクルを回すことを通じて，教育の質を確保しようとするものです。これを「内部教育質保証[66]」と呼びたいと思います[67]。

３つ目の類型は，授業を展開する力や課題の与え方，フィードバックの仕方など，教員の教育力の向上を図ろうとするもので，大学教員に「教育力向上プログラム」の履修を義務付けることなどにより行われます。

１つ目と２つ目の類型は，評価を通じて質を確保する手法です。

評価は，世の中に溢れかえっています。ただ，一言で「評価」と言っても，大きな問題がないかを確認する程度のものもあれば，個々の事柄を吟味する「手厚い」評価もあります。また，外部の者が入る評価もあれば，内部の者だけで行う評価もあります。英国の評価の特徴は，総じて，学科単位の「手厚い」ものであること，また，外部の目を入れる傾向が強いことです。

以下，まず，１つ目の類型に関する，① 英国で伝統的に行われてきた学外試験委員制度，② 1990年代にサッチャリズムのもとで導入された授業視察・評価システム，③ 2015年から始まった教育成果に基づく「格付け」評価の３つを，それらの変遷とともに紹介した上で，２つ目の類型，３つ目の類型に関する英国の取組を紹介したいと思います。

2　外部教育評価①（伝統的な学外試験委員制度[68]）

学外試験委員（「external examiner」）制度は，他大学の教員に試験委員になってもらうもので，英国大学が伝統的に設けてきた，教育の質を確保するための独自の仕組みです。1830年代創設のダラム大学が，学位水準を証明するためオックスフォード大学に依頼したのが最初とされ，その後変遷を経ながら，現在でも行われています[69]。

学外試験委員のほとんどは，他の大学に所属する大学教員です。各大学は，概ね４年程度の任期で公募を出し，非常勤の形で来てもらいます。

学外試験委員が担う中心的な役割は，学生への成績評価が公正で妥当なものになっているかを確認することです。具体的には，まず，最終試験前に，教員から試験問題を見せてもらい，適正な水準になっているか検証します[70]。試験実施後には，採点された答案用紙をチェックし[71]，採点の仕方がおかしいと考えた際には，その旨，試験委員会に報告します。報告は重く受け止められ，実際に成績が変わることもあります[72]。

英国では，試験の採点は，公正性を保つため科目の担当教員以外の教員を含む複数の教員によって行われているのですが，教員間で判断が割れることもあります。これを裁定するのも学外試験委員の役目です。授業を担当したわけではない学外試験委員が採点結果に介在できるのは，考える力を評価する英国大学の試験では，「たとえ専門外のエッセイでも，どれだけ明晰に問いが立てられ，論理的に思考を展開しているか，それがどれだけ説得的な文章で書かれているかの判断はできる」からだとされます[73]。

最終試験はあらゆる学科で行われますので，大学は，数多くの学外試験委員に来てもらう必要があります。実際，中規模大学[74]で，100名を超える学外試験委員が，80以上の異なる大学等から任命されています。報酬は，些少の額が謝金の形で支払われるに過ぎないので[75]，この仕組みは，英国大学が，互いに他大学の「目」を入れることで教育の質を確保しようとする「互助」的な活動と捉えると良いと思います[76]。全学科の採点を学外の者に検証してもらう「網目の細かい仕組み」だとも言えます。

学外試験委員は，試験の検証を行うだけでなく，試験問題や答案内容，授業観察や教員・学生との対話に基づき，効果的な教育が行われているかについても報告することとなっています[77]。たとえば，ある大学の外部試験委員は次のようなレポートを行っています[78]。

> 明らかだったのは，教員が学生に責任を持って働きかけていたことだ。良いことだと感じた。年度初めに，実習の様子を見に大学を訪問した際には，学生の取り組み方のレベルの高さと部局の雰囲気の良さに感銘を受けた。とても良好で創造的な場になっているように見受けられた。

この記述からは，教育活動に関する学外試験委員からの報告は，「評価」というより，同僚教員としての「感想」や「助言」の性格が強いことが見て取れます。

伝統的に英国大学の教育質保証は，大学間で実施するこの外部試験委員制度を中核とし，政府との関係では自由放任（「レッセフェール」）的な状況にありました。[79]

3　外部教育評価②（1990年代の授業視察・評価システム）

■サッチャリズム

学外試験委員制度は，最終試験の公正性・妥当性の検証を中心とし，また，大学同僚間の「互助」的な性格を有します。これに飽き足らず，政府方針のもと，全大学・全学科の徹底的な授業視察・評価を行うこととしたのが，サッチャリズム下の1990年代です。

契機となったのは，1992年のポリテクニクの大学昇格です。

ポリテクニクの大学昇格により，大学はそれまでと学力レベルが異なる学生を受け入れることになり，大学全体の教育の質が低下するのではないかと懸念されました。問題意識を高めていた政府が注目したのは，ポリテクニクに対して行われていた，（地方）政府による教育査察の仕組みです。[80]政府は，この仕組みを下敷きとして，ポリテクニクの大学昇格を契機に，全大学を対象とした徹底的な外部教育評価の仕組みを作り上げました。

■制度の概要

制度の始まりは1993年です。その嚆矢となったのは，ポリテクニクの大学昇格を用意した1991年の政府白書（「新しい枠組み」）でした。この白書の中で政府は，大学の教育の質を確保するには，ポリテクニク同様，授業等[81]を直接観察し評価する仕組みが必要だとします。[82]評価は，政府関係法人が行い，[83]評価員は，アカデミックな経歴を有するフルタイムの専門家が中心に担うとされました。さらに，評価結果は大学への助成額に影響するとされました。[84]

この白書により，それまで政府方針に基づく教育評価を受けたことがなかった大学が，1993年から，授業視察を受け入れ，評価結果により大学予算に影響が及ぶという劇的な変化を経験することになりました。

視察は，1993年から2001年まで，都合９年間にわたって行われました。それも，大学単位ではなく，学問分野を50以上に類型化し，５年程度で全学問分野について学科単位で視察・評価を行う「手厚い評価」でした。例えば，マンチェスター大学は，1995年に言語学分野や社会学分野など概ね11学問分野，1996年から1998年の２年間に農学，アメリカ研究，歴史学など概ね21分野の学科が視察を受け入れ，その結果が評価員によりレポートにまとめられ，点数化されました。[85]

評価は，６観点×４点の24点満点です。[86][87] 評価の結果，１観点でも最低点の１点を付けられ，１年以内に実施される再視察でも改善がみられなかった場合は，助成はカットされます。

視察の具体的な態様

視察の具体的な態様は，以下のようなものだったようです。[88]

- 評価対象の学問分野を専門とする大学教員（及び一部経済人）から構成される５人程度の評価チームが形成。[89] 大学訪問前に，３日間程度の研修・訓練を実施。
- 大学の学科等は，統計データを含む自己評価報告書を提出。
- 評価チームが大学を４日間程度訪問。期間内に，30程度の授業や研究室を視察するほか，学生や教職員（教員，図書員，技術員など）から話を聞き，教育状況を出来得る限り把握。
- 訪問の最後に，視察による気付きを口頭で伝達。２週間程度で，正式な評価レポートを作成。

要は，教員が授業を行っている間中，評価員がノートを片手に教室の後ろに座り，観察・評価を行ったということです。[90]

なお，日本では，このような授業を評価し指導する取組は，小中高校段階においては教育委員会による授業訪問として行われ，日本の初等中等教育の質の確保に貢献しています。他方，日本の大学で，学外の者が評価権限をもって授業を視察・評価するといった取組は聞いたことがなく，このような取組を約10年間にわたり，全大学，全学科を対象として組織的に行ったのが，英国だということになります。

効　果

この授業視察・評価システムが及ぼした効果については，様々な議論があります。

当時一連の評価に関わった識者[91]は，「研究志向の強い大学が教育に注目する契機となり，教育の質を高めた。特に評価員となった教員の教育力の向上につながったことは間違いない。」とします[92]。その上で，「政府は，点数化により大学間に差異を付け説明責任を果たすことに拘ったが，教育の質の改善を促すことの方に主眼を置くべきだった[93]。また，10年近い時間が経過するにつれ，大学は評価への対応の仕方を学習し，評価の意義が失われていった」としています[94]。

また，この強烈な仕組みは，2002年から学科単位ではなく大学単位の評価になるなど「緩和」されることとなりますが，2010年に行われた教員インタビュー調査では，「外部教育評価が授業改善につながった」と回答した教員のほとんどは，学科毎に授業視察を受け入れていた，「緩和」前の評価を受けた者だったとされます。このことにつき，この調査を行った研究者は，「同じ専門分野のピア（同僚）による授業観察等を含む分野別レビュー（評価）は，教員個々人にとってプレッシャーも大きかったが，その分，大学教員の仕事の現場を対象とし，評価プロセスに関与しているとの認識をもたらした。これに対し，機関監査（大学単位の評価）は，機関（大学）レベルで内部質保証メカニズムが整備され，機能している証拠を示すことが根幹なので，一般教員にとっては負担が軽い反面，教員の仕事からは遠い官僚的なペーパーワークであり，コンプライアンス業務であるとみなされる傾向に」あったとしています[95]。

教育学者のマーチン・トロウは，1994年にその著書の中で，大学に対して進められている教育・研究評価のことを「hard managerialism」（厳格な管理主義）と呼んだ上で，「学問共同体に対する政府からの信頼の低下が，このような評価を生み出した。政府は評価により継続的な改善を促そうとしているが，大学のエネルギーが官僚的なレポート作成に向かうことで，逆説的に，大学の質を低下させる可能性がある」という趣旨のことを述べています。これへの反論として，当時の英国大学教員は，「教育評価は，『大学の執行部が教育の質に責任を有しているのだ』ということを，遅まきながら明らかにした。これに伴い，時に，見つかった欠陥を取り繕うため，その場しのぎで書類を作成したり，評価機関をスケープゴートにしたりすることが起きる」と述べています。[96)]

▒制度の「緩和」

このような「手厚い」評価を実施するには，膨大な手間とお金がかかります。実際，この９年間，62の学問分野について，2904回に及ぶ実地調査が行われ，5700名以上の分野別の評価員が研修・訓練を受けたとされます。その評価コストは，当時のレポートでは少なくとも約42億円に上るとされています。直接視察に基づく評価の仕方は，大学の学問の自由を侵害するものだという大学人からの批判もありました（※「教育の質確保のためのものであり，ピアレビューを主体に行われている評価だ」という反論がされています)。

こういったなか，2002年から，政府は，授業等を直接視察して評価するのではなく，「各大学が教育評価の仕組みを整備し機能させているか」を検証する評価へと舵を切りました。[97)] また，評価対象も，学問分野単位ではなく大学単位の評価としました。直接的な，網目の細かい評価ではなく，間接的な，大括りの評価に切り替えたということです。

約10年間にわたる「手厚い」授業視察・評価システムは，終わりを告げました。

4　外部教育評価③（2000年代の教育成果に基づく評価の開発と展開）

▒教育成果に対する評価を求める声

2002年から政府が採用した評価方法は，「大学が教育評価の仕組みを整備し機能させているか」を検証するもので，大学の内部教育質保証（大学内部の教員の手で自らを評価し，教育の質を確保しようとする取組）がうまくいっているかを確認することに主眼がありました。この評価方法の最大の「弱点」は，分かりにくいことです。評価しているのが大学の「取組」，それも教育の「取組」ではなく質保証の「取組」であるため，学外の者にとって，結局のところ教育の質が十分かどうか，俄かには分からないからです。

1998年に授業料徴収が始まり，2006年に3倍，2012年にさらに3倍と値上げされるなか，学生（保護者）は，大学教育により得られる実益はいかほどかを知りたいと思うようになっていました。学生（保護者）が評価に求めていたのは，「大学が教育の質を確保する取組を行っているか」ではなく，「大学教育から得られる学びの効果はいかほどか」，さらには，「どの大学に行くと一番効果があるか」を教えてほしいということでした[98]。

私は「食べログ」をよく使うのですが，「食べログ」に求めている情報は，「その居酒屋が味を上げるためにがんばっているか」ではなく，「その居酒屋の料理は美味しいか」，そして「他の居酒屋より美味しいか」という情報だということと似ているかもしれません。

英国政府も，授業料徴収を始めた1998年以降[99]，適切な情報に基づく学生の大学選択が大学教育の質を上げるとし，情報提供の重要性を強調するようになっていました[100]。

「内部教育評価の評価」ではなく，「教育成果の評価」を行い，情報提供してほしいという声が強まっていきました。

問題は，比較できる形で，大学教育の成果を測ることが難しいということです。全国的なカリキュラムの共通性が高い小中高校では，子どもたちの学力を測る共通テストを実施することができます。共通テストの結果が良い学校や成績が伸びている学校[101]は，（他の学校よりも）教育の質が高い，教育成果を上げている学校だと捉えられます。

一方，大学生に対して共通テストを行うことは困難です。小中高校と比べて，教育内容が非常に多様で，統一的なテスト問題を作成することが難しいからです[102]。ただ，共通テストの結果を通じて教育の質を把握・比較するのは難しくとも，大学の教育成果を「代理的に」示す指標がないわけではありません[103]。その代表格は，「その大学（学科）が提供した教育に満足したか」を示す学生満足度データや，「その大学（学科）の卒業生の就職状況や収入はどれくらいか」を示す卒業後の就職・収入データです。これらは共通テストの結果ほど直接的

図2－6　全国学生調査

○対象：最終学年の学部生
・2019年度には，最終学年の学部生の約7割が回答
（※なお，本データのTEFへの活用後，教育の市場化への反対から，オックスブリッジなど複数大学の学生組合がボイコット活動）
○頻度：毎年
○調査方法：オンライン
○調査項目：共通項目（9つの分野にまたがる27の質問＋自由回答）と，大学による追加質問項目
・9分野：①指導方法，②学習機会，③評価とフィードバック，④教育サポート，⑤コース運営，⑥学習リソース，⑦学習コミュニティ，⑧学生の声の反映，⑨総合的な満足度
・質問に対する回答方法：「全くそう思う」，「概ねそう思う」，「どちらでもない」，「あまりそう思わない」，「全くそう思わない」，「あてはまらない」のいずれかで回答
○質問例：
・教員の説明は良かった。（「①指導方法」の分野）
・このコースで，意見や考えを深く探究する機会を得られた。（「②学習機会」の分野）
・採点基準が事前に明確にされていた。（「③評価とフィードバック」の分野）

出典：https://www.thestudentsurvey.com/

なものではありませんが，大学の取組状況を教えられることに比べれば，ずっと直接的で分かりやすい情報だと言えます[104]。

英国政府は，2000年代初頭から，これらの代理指標を使った情報提供を開始し，取組の蓄積を経て，2016年からは，教育成果に対する評価を大学教育の質を確保する取組の中心に据える，世界でもまれな国になりました。

全国学生調査

まず開発されたのは，学生満足度を測る全国学生調査です。政府の主導により，2004年から始まりました[105]。毎年，最終学年の学生を対象に調査が行われ，結果が集計・公表されています。全大学の約7割の学生が回答をしており[106]，現在でも，英国の教育成果データの中核をなしています。

2020年現在の全国学生調査の概要は，図2－6の通りです。「教員の説明は良かったか」，「意見や考えを深く探究する機会を得られたか」，「採点基準は明確だったか」，「全体として，学科の教育の質に満足しているか」など27の質問[107]がオンラインで行われ，「全くそう思う」，「概ねそう思う」など5段階で回答，

図２－７

BA (Hons) Politics and Modern History

University of Manchester

1 Location : Main Campus

Bookmark course

Course details

Study mode	Length	Distance learning	Placement year	Year abroad	Foundation year
Full time	3 year course	Not Available	Not Available	Not Available	Not Available

What you need to know about this course

This course has information and data for more than one subject. The tabs below are there to help you see which subject the data relates to.

Read more about courses with multiple subjects

− Student Satisfaction

Politics　History

77%

"Overall, I am satisfied with the quality of the course"

Source: NSS (National Student Survey)

Data from 210 students (51% of those who were asked)

All final year students are asked to complete the National Student Survey.

The data displayed is from students on this and other courses in Politics.

There was not enough data to publish information specifically for this course. This may be because the course size is too small or not enough students responded to the survey. This does not reflect on the quality of the course.

その結果は学科単位で公表されています。

大学学科別教育成果公表ウェブサイト（「Discover Uni」）

また，同時期に，各大学の教育成果を公表するウェブサイトも開発・公開されています。現在「Discover Uni」と呼ばれるサイトで，各大学の学科別にデータを提供しています[108]。中核的な情報の一つである学生満足度のデータには，全国学生調査の結果が使われています。図２－７，図２－８は，マンチェスター大学の政治・現代歴史学科について検索した際に表示されるサイト画面の一部を掲載したものです（2020年に検索）。

同サイトには，卒業生の就職状況や収入に関連した情報も多く掲載されています[109]。例えば，この学科を卒業した学生が，卒業してから15カ月後，３年後，５年後にどれだけ収入を得ているか，どういった仕事をしているか（ビジネス，教員，メディア関係，芸術関係など），「意味ある仕事をしていると思っているか」，などの調査結果がわかりやすくデータで示されています（図２－９～12）。

図2－8

教育成果を中心とした外部教育評価への移行

2004年以降，学生満足度データや就職状況データなど，教育成果に関するデータが蓄積され，その扱い方にも習熟するなか，2016年，政府は，大学の教育の質を確保する取組の中心に，教育成果に着目した外部教育評価を据える方向へと舵を切ります。現在に続く，TEF（Teaching Excellence Framework：教育卓越性評価）の仕組みの導入です。

それまで行われていた大学の内部教育質保証の取組を検証する仕組みは，引き続き継続されますが，事実上縮減され[110]，新しい評価の仕組みを一元的に所管する教育規制庁（Office for Students）[111]が，2018年に新設されました。

2016年の政府白書（「知識経済における成功」）は，教育成果を中心とした評価へと移行することとした理由を，非常に明確に述べています[112]。

まず，全国学生調査で，６割以上の学生が「学科の教育に期待を下回る部分

図 2－9

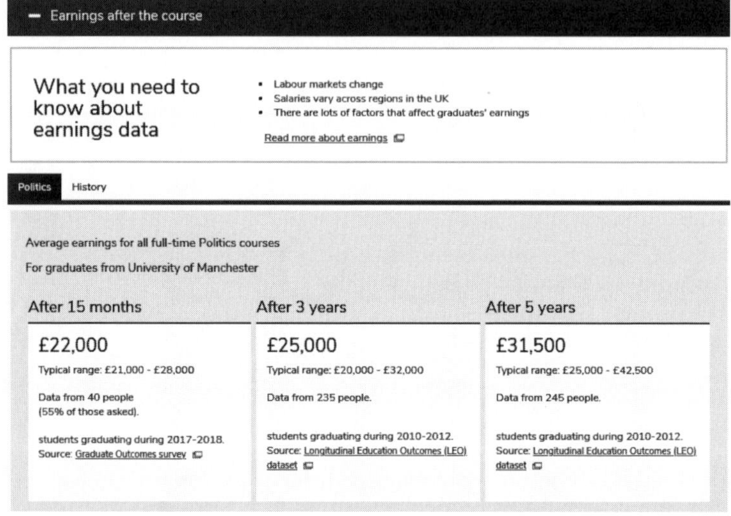

図 2－10

があった」と回答したこと，また，その３分の１は，「教育の質にその原因がある」と回答したことを挙げ，大学教育には「一層行われるべきことがある（more to be done）」とします。これを解決し教育の質を上げるためには，大学間競争と情報公表の一層の推進が重要であると示唆した上で，

●教育の「質」の違いは，明らかに教育成果の差を生むにもかかわらず，政府は余りにも長い間，教育の「質」ではなく教育の「量」に着目して

図2－11

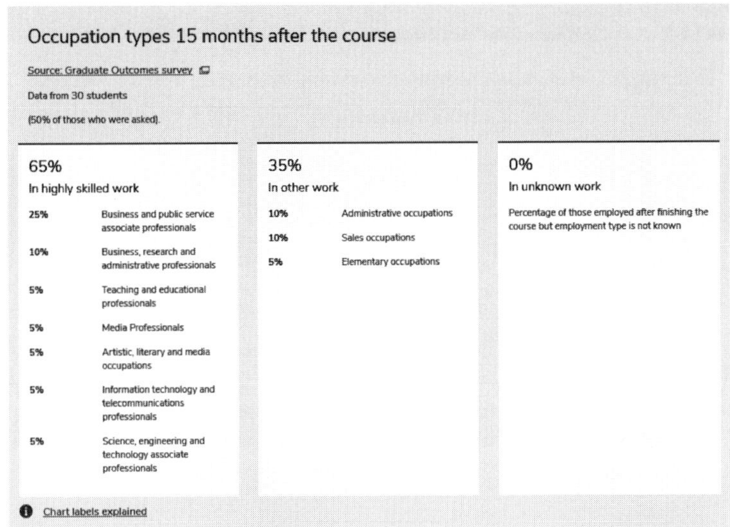

きた。

- これは，研究の「質」に着目してきた研究評価と際立って対照的である。

とし，

- 教育の「質」を測ることは難しいが，不可能ではない。
- 学生は学んでいる学科の満足度を評価することができるし，学生定着率は学生の関与（engagement）を測るための良い代理指標となる。教員の学生への接触時間や学生の雇用率も測ることができる。
- これらは，学生や納税者が教育に求めている最も重要な教育成果の一部を直接的に測定するものであり，これらを繋ぎ合わせることで，高等教育機関がステークホルダーから求められている教育の大まかな絵を示すことができる。

としています。

図 2－12

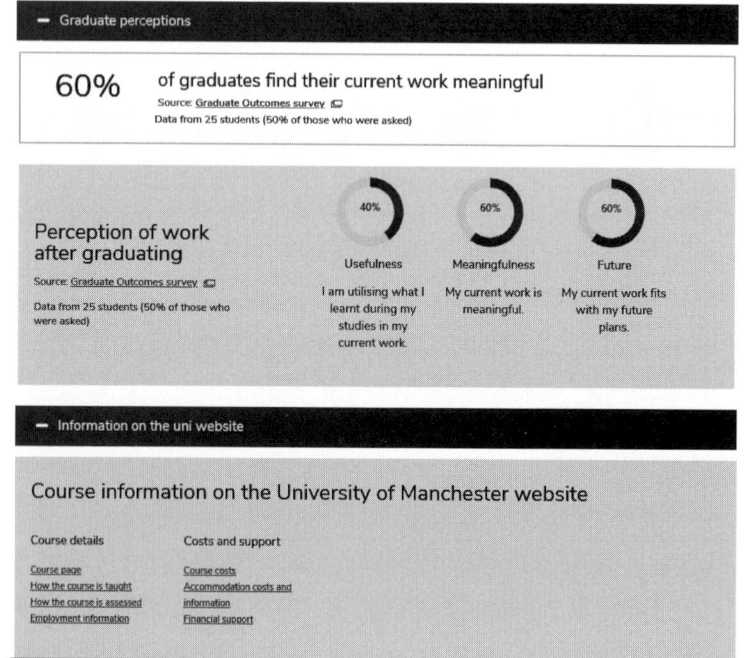

TEF ①（仕組みの概要）[113)]

英国政府が，教育成果を中心とした評価を行うための中核的なツールとして開発したのが，TEF です。

TEF は，教育成果の評価に関する世界初の大規模な実験です。その性格は，教育成果の評価結果に基づき，各大学が行っている教育を 3 段階に「格付け」するものだと考えてもらえばよいと思います。全大学を点数付けし上から並べるランキング形式ではなく，各大学の教育を，「優」「良」「可」のいずれかに分類するイメージです。

制度上，全大学の参加が事実上必須化されていて，2016年以降毎年評価が行われています。評価結果は最長 3 年間継続するので（※不満な場合は次の年にやり直しも可），各大学が，3 年に 1 回，教育成果の「格付け」を得る仕組みだということになります。

「格付け」に使われる評価項目（「コア指標」）は，以下の６つで[114]，それぞれの評価項目に複数の教育成果データが紐づいています。

① 学科の教育に関する満足度[115]

② 成績付けの明確性・公平性やフィードバックに関する満足度[116]

③ 学生支援に関する満足度[117]

④ 学生定着率[118]

⑤ 卒業後の就職あるいは継続学習率[119]

⑥ 卒業後の高技能職への就職あるいは継続学習率[120]

また，大学は，データに現れない教育の強みや，改善中の取組などを記載する「詳述資料」を提出することができます（最長15ページ）。

これら６つの評価項目及び「詳述資料」に基づくピアレビュー（大学教員による評価）により，大学は，「金」「銀」「銅」「条件付き TEF 称号」，の４つのいずれかに判定されます。概ね２～３割の大学が「金」，５～６割が「銀」，２割が「銅」と判定されると想定されています[121][122]。

何よりデータが物を言いますが，「詳述資料」も一定の重みを持っており，全体の４分の１の判定は，「詳述資料」の内容に基づき，データに基づく判定から上あるいは下に変更されています[123]。

先に紹介した「Discover Uni」は，生データを分かりやすくグラフ化することによる情報提供でしたが，TEF は，「金」「銀」「銅」という３段階の「格付け」を行うことで，大学に「まとまった評価」を付与し，分かりやすさを一層高めました。

▒ TEF ②（重要な工夫）

TEF では，各大学の教育成果データを「金」「銀」「銅」の「格付け」に転換するに当たって，重要な工夫が行われています。

それは，「格付け」の判定の仕方を，「その大学の数値が，他大学の数値と比べてどうか」ではなく，「その大学の数値が，その大学の環境であれば満たすべき数値を越えているか」で判定しているということです。ここで大学の環境とは，その大学の学生の平均的な入学年齢，民族性，性別，障害の有無，入学要件，提供している学問分野，教育態様（フルタイム・パートタイム）を指します。[124]

例えば，６つ目の評価項目である「卒業後の高技能職への就職あるいは継続学習率」を例にとってみましょう。この項目は，卒業後，高技能職へ就職[125]した学生の割合により，教育成果を測るものです。高技能職とは，マネージャー職や医師，弁護士などの専門職だと定義されています。[126]高技能職への就職には高い学力（スキル）を必要としますが，そもそも，入学要件を高く設定し，学力が優秀な学生を取っている大学と，そうではない大学では，スタート時点で，在学生が卒業後に高技能職に就職できるポテンシャルに差がついています。そういったことを考慮せずに，各大学を，高技能職への就職割合の数値が高い順に上から並べ「格付け」しても，学生の属性を評価しただけで，大学が提供した教育の成果を評価したことには必ずしもなりません。[127]

学生（保護者）が知りたいのは，必ずしも「その大学が英国内の全大学と比べて教育効果が高いか」ではなく，「同じようなランクやタイプの大学の中では，どこの大学がより教育効果が高いか」のはずです。各大学のランクやタイプについては，様々な情報があり周知の事実ですので，教育評価に求められているのは，そのランクやそのタイプの大学として，質の高い教育を行っているかです。このため，まず，その大学の環境であれば乗り越えるべきハードルを，個々の大学について明らかにした上で，そのハードルを大きく越えていれば「金」，大きく下回っていれば「銅」に格付けするという方法が行われています。

具体的には，まず６つの各評価項目について，その大学環境であれば平均的に求められる水準を数値で算出します（「ベンチマーク数値」と呼ばれます）。その上で，各評価項目について，その大学の数値とベンチマーク数値を比較し，有意に高いかを確認します。[128]最後に，６つの評価項目中，「３つ以上の評価項目でベンチマーク数値より数値が高く，かつ，ベンチマーク数値より数値が低くなった評価項目がない大学」を「金」と判定，対照的に，「２つ以上の評価項目でベンチマーク数値より数値が低い大学」を「銅」と「格付け」しています（これらの中間は全て「銀」と判定[129]）。

「論より証拠」で，例えば大学の環境の一つである入学要件について，オッ

表2－2　TEF が公表している環境（context）データ例

		オックスフォード大学	ノッティンガム・トレント大学
入学要件	高い	88%	12%
	中間	1％	45%
	低い	0％	26%
	なし	10%	17%
民族性	White	74%	72%
	Black	1％	7％
	Asian	8％	14%
	Other	5％	5％
	Unknown	13%	2％
障害の有無	あり	9％	10%
	なし	91%	90%

注：数字は，全学生に占める該当分類の学生数割合（※同じ大学でも学科により入学要件の難易度は異なる）

クスフォード大学とノッティンガム・トレント大学を例にとって見てみたいと思います。両大学では，表2－2で見られるように，入学要件[130]に差があり，オックスフォード大学の方が，はるかに入学が難しい大学です[131)132]（○囲みをした数字は，それぞれの入学要件の高さで入学した学生が，同大学の全学生に占める割合）。

これを踏まえ[133]，オックスフォード大学の「⑥卒業後の高技能職への就職あるいは継続学習率」のベンチマーク数値は，ノッティンガム・トレント大学よりも10ポイント以上高く設定されています（表2－3）（77.9％と63.7％）。

この評価項目についての実績数値は，両大学ともそれぞれのベンチマーク数値を有意に超えていて（85.3％と67.7％。「フラッグが立っている」と表現される。），それが両大学の「金」の格付けにつながっています。しかしながら，仮にオックスフォード大学のベンチマーク数値（77.9％）を使ってノッティンガム・トレント大学の実績数値（67.7％）を評価すると，この評価項目に関するノッティンガム・トレント大学の実績は，「有意に低評価」となり，結果，ノッティンガム・トレント大学の格付けは，「銀」に落ちることになります。

表2-3　6つの評価項目（コア指標）評価例

○オックスフォード大学（2017年6月8日）（フルタイム学生：11,445人）TEF Gold

評価項目	実績数値(a)%	ベンチマーク数値(b)%	差(a)-(b)*	フラッグ
①学科の教育に関する満足度	92.7	89.7	3.0	++
②成績付けの明確性・公平性やフィードバックに関する満足度	71.4	72.1	-0.6	
③学生支援に関する満足度	84.6	82.5	2.1	+
④学生定着率（※ドロップアウト率）	1.6	2.1	0.5	+
⑤卒業後の就職あるいは継続学習率	92.9	93.8	-0.9	
⑥卒業後の高技能職への就職あるいは継続学習率	85.3	77.9	7.3	++

○ノッティンガム・トレント大学（2017年6月8日）（フルタイム学生：20,250人）TEF Gold

評価項目	実績数値(a)%	ベンチマーク数値(b)%	差(a)-(b)*	フラッグ
①学科の教育に関する満足度	87.4	86.2	1.2	
②成績付けの明確性・公平性やフィードバックに関する満足度	78.5	72.7	5.8	++
③学生支援に関する満足度	84.3	81.4	3.0	+
④学生定着率（※ドロップアウト率）	5.5	7.5	2.0	
⑤卒業後の就職あるいは継続学習率	93.1	92.7	0.4	
⑥卒業後の高技能職への就職あるいは継続学習率	67.7	63.7	4.0	++

※フラッグの見方
++：The indicator is above benchmark at the 3 standard deviation and 3 percentage point level
+　：The indicator is above benchmark at the 1.96 standard deviation and 2 percentage point level

このような方式は，偏差値などに基づく一元的なランキングシステムに慣れてしまっている目からは一瞬戸惑いますが，実は，日常の中で我々はこのような評価の仕方をしていると思います。

また食べログの例になりますが，我々が食べログに求めているのは，美味しさを基準に，全国に数万以上あるだろう料理店を上からランキングしてもらうことではありません。想定している料金レンジ（例えば3千円～5千円）の中で，「その料金レベル」を上回る料理を出しているお店を教えてほしいと思っています。食べログは，料金レンジと☆の数を組み合わせて表示することで，このような評価を可視化しています[134)]。日常，我々は，実は，「料金に見合った美味しさ」という期待値（＝ベンチマーク指標）と比べながら，「美味しい」，「普通」，「いまいち」という評価をしているのだと思います。

ベンチマーク方式は，大学ランキングで上位に位置する大学に「あぐらをかかせない」効果もあります。上位大学では，入学生の優秀な属性の故にベンチマークが高く設定され，「金」の格付けを得るためには高いハードルを超える必要があるからです。大学の教育の質は，入学生の属性ではなく，提供した教育の質で評価されるべきという視点からは，ベンチマーク方式は，教育の本旨に沿っていると思われます。

▒ TEF ③（結果の具体例）

TEF 評価の結果の具体例としては，たとえば，マンチェスター大学は，「多くの学生がドロップアウトせず大学での学業を継続しており，就職や進学の成果も出ているが，いくつかの学生グループでは就職や進学の成果がベンチマークを下回っている。学生は教員の指導については満足しているが，評価やフィードバックの満足度はベンチマークを下回っている」等とされ，「銀」の「格付け」を与えられています。

また，ノッティンガム・トレント大学は，「あらゆる属性の学生が継続的に良い成果を挙げている。評価とフィードバックや教育サポートについては，ベンチマークを優に上回っており，教員の指導に学生は非常に満足している。就職や進学の成果も高いレベルで上げられている」等とされ，「金」の「格付け」を与えられています。

他の大学では，オックスフォード大学が「金」，UCL が「銀」，サセックス大学が「銀」の称号を得ています。

他方，世界的に著名な LSE[135)]（ロンドン・スクール・オブ・エコノミクス）は，「高技能の就職・進学を達成する学生が多くいる一方，就職や進学全般の成果は，大学のベンチマークを大きく下回っている。また，教員の指導，評価とフィードバック，教育サポートについての学生の満足度は，大学のベンチマークを大きく下回っている」とされ，「銅」とされています。LSE の 6 評価項目に関する結果は，表 2 - 4 の通りです。「銅」の基準である「 2 つ以上の評価

表２-４　LSE の６評価項目に関する結果

○ LSE（2017年６月８日）（フルタイム学生：4,065人）TEF Bronze

評価項目	実績数値 (a)%	ベンチマーク数値 (b)%	差 (a)-(b)＊	フラッグ
①学科の教育に関する満足度	81.4	85.7	-4.3	--
②成績付けの明確性・公平性やフィードバックに関する満足度	63.7	71.6	-7.9	--
③学生支援に関する満足度	69.1	80.5	-11.4	--
④学生定着率（※ドロップアウト率）	3.9	2.2	-1.6	
⑤卒業後の就職あるいは継続学習率	89.2	91.4	-2.3	-
⑥卒業後の高技能職への就職あるいは継続学習率	81.3	75.8	5.5	++

※フラッグの見方
＋＋：The indicator is above benchmark at the 3 standard deviation and 3 percentage point level
＋　：The indicator is above benchmark at the 1.96 standard deviation and 2 percentage point level
－　：The indicator is below benchmark at the 1.96 standard deviation and 2 percentage point level
－－：The indicator is below benchmark at the 3 standard deviation and 3 percentage point level

項目で有意に低評価」に該当していることが分かります。

大学ランキングで上位に位置する UCL や LSE が「銀」や「銅」であるのに対し，研究業績主体の大学ランキングでは中位以下に甘んじるノッティンガム・トレント大学が，UCL や LSE を上回る「金」の評価を得ているのは，新鮮です。TEF は，ベンチマーク方式を採用したことで，伝統的なヒエラルキー構造に収斂しない教育の質評価を実現していると言えます。

TEF ④（目的・批判・見通し）

TEF の主要な目的は，学生への情報開示を通じた教育の質の向上です。大学間で学生獲得競争が行われている中，各大学の教育の卓越性（excellence）を評価し情報提供することが，教育の質向上に向けた各大学のインセンティブを向上させるとされています。

結果の違いにより政府からの収入が増減するといった資源的な影響は，現時点ではあまりありませんが[136)]，大学ブランドに影響を及ぼす TEF の評価は，大学の学生獲得力，ひいては大学経営に一定の影響を及ぼします。実際，駅などの英国大学のポスターに，「2018 TEF GOLD」といった言葉が大きく踊っているのを見ることがあります。

また，現在は大学単位の評価ですが，分野単位の評価が可能か，UCL やキングスカレッジなど45大学において試行的に取組が行われました[137]。例えば，「マンチェスター大学の教育は，大学全体として「銀」だが，医学分野は「金」，文学分野は「銅」だ」といった評価結果を出すことが適当かということです。結果的には，現在のところ，分野別に評価するにはデータ量が足りないという結論が出されています（なお，既述の通り，全国学生調査や「Discover Uni」の結果は学科単位で公表されています[138]）。

2016年に始まった TEF は開始からすでに５年を数えましたが，創設前から現在に至るまで数多くの批判を受けています。批判の内容は，「評価の基となっている諸データは教育の質を測るものにはなり得ない」といったものから，「公による大学ランキングの創設だ」という批判，「金・銀・銅という区分は高等教育を過度に単純化するものだ」という批判まで様々です[139]。

UUK（英国大学協会）は，2019年に，

- TEF は確かに大学の教育戦略に影響を与えているものの，就職・進学状況結果に評価の重点が偏っており，学生としての経験や，教育が社会に与えるインパクトが十分反映されていない
- 未だ評価手法や実施費用，学生にとってのメリットが十分検証されていないなか，分野別評価を推し進めることは適当ではない

としています[140]。

教育質保証の仕組みである TEF への最も本質的な問いは，TEF が，「情報に基づく選択」を通して，大学の教育の質を向上させているか，という点だと思います。

たとえば，2017年のガーディアン新聞紙の記事は，TEF による評価は，３～５年程度は教育の質の向上に資するかもしれないが，いずれ大学は「ゲームのプレイの仕方」に慣れ，データ操作が行われるようになる。労働文化や同僚性や学問の自由といった測りにくいものは脇においやられ，「本当の」教育の質に対して悪影響が及ぶのではないかとしています。「ゲーム化」や学問の自由侵害への懸念は，外部教育評価の取組に対し，これまでも繰り返し提示され

てきた論点です。ただ，左寄りの新聞紙であるガーディアンが「しばらくの間はTEFが教育の質の向上に資するかもしれない」としているのは，教育情報の分かりやすい提供が，教育の質向上に一定程度寄与すると一般に考えられていることも示唆しています。

実際，全国学生調査で示される学生満足度の結果について，大学関係者は「神経質になっている」とされており[141]，学生満足度を中核的なデータの一つとするTEFの「格付け」は，大学関係者に教育の質を高めるプレッシャーを一定程度与えていると思われます。

2019年度の入学生のうち，TEFのことを知っていたのは2割程度（23%）です。そのうち，約7割がTEFは重要と回答し，約4割が実際に大学（学科）を選ぶ際に活用したとしています[142]。TEFの認知度は徐々に上がっている（2018年の認知度は17%だった）ので，今後認知や活用が一層進み，それに伴い，一層，教育の質を高めるインセンティブとして働くと思われます。

識者は，この道程は始まったばかりで，データを一層蓄積することによる改善の余地は大きく，今後そのような試みが続けられていることになるだろうとしています[143]。

世界で初めて教育成果を中心とした教育評価の全面導入を始めた英国は，これまで同様，制度の見直しを積み重ね，時にドラスティックな改革を行いながら，教育の質を確保するための外部教育評価の仕組みを「先進的に」構築していくのだろうと思います。

5　内部教育質保証

さて，ここまで，学外の者から教育に対する評価を受けることにより，教育の質を確保しようとする「外部教育評価」の取組について紹介してきました。それでは，大学内部の教員の手で自らを評価し，検証・改善のサイクルを回すことを通じて教育の質を確保しようとする「内部教育質保証」についてはどうでしょうか。

英国大学では，1990年代以降，内部教育質保証も充実しました。その理由の一つは，教育の質を「外部」から確保しようとする政府のこれ以上の介入を阻むため，大学教員自身による検証・改善を進めようとしたからです。実際，1990年代の介入的な授業視察・評価システムが「緩和」されたのは，内部教育質保証の取組が進んだことも一因だったと思われます。

現在，各大学には，内部教育質保証を行うための体制が常設されています[144)]。概ね学科ごとに置かれている，教育の実施状況や教育成果を検証する教育プログラム評価委員会はその代表です。

この委員会は，毎年度，その学科の全科目について，在籍学生数や学生の成績分布，学生満足度などを検証しています[145)146)]。前に挙げた例でいうと，マンチェスター大学の政治・現代歴史学科に置かれた評価委員会が，「近代イスラム思想史」などの各科目について，登録状況や学生満足度はどうたったかなどを，データを踏まえて検証することになります。この際，学外試験委員のレポートも，学外の目による実証的な資料として参照されます。

学科ごとの取組に加え，数年ごとに，全学的な評価も実施されています。この全学的な評価では，学科が行っている教育質保証の取組が適切に機能しているかが確認されます。

各大学の内部教育質保証を支援する詳細なガイドラインも開発されています。例えば，47の学問分野それぞれにおいて，学位取得者が身に付けることを期待されている知識・技能や能力（例：論理的思考力）を明らかにしたガイドラインです[147)]。英国大学の内部教育質保証や，内部教育質保証を検証する外部教育評価は，このガイドラインのもとで共通性を持たせながら行われています[148)]。ただし，こういった評価アプローチについては，「大学では，経営陣レベルの名目的なポリシーにとどまってしまい，教育組織の営みや一般教員の意識に実質的なインパクトをもたらしていない」という指摘もあります[149)]。

現在でも，内部教育質保証は大学の教育の質を確保する重要な取組の一つとして各大学で実施されていますが，内部教育質保証を検証する外部教育評価については，TEF の登場により実質的に縮減されたのは，先述した通りです。

重要なことは，教育の質を持続的に改善するためには，外部教育評価と内部教育質保証の双方が必要だということです。

全国学生調査などに基づく外部教育評価により学科等の課題がある程度見えても，それだけでは教育は良くなりません。教育プログラム評価委員会のようなチームを設け，学生の成果物や各種データを「真ん中」に置いて，教職員が協働的に議論すること，そのことを通じて，教育上の課題に組織として向き合い，教育実践を，一歩一歩，着実に改善しようとすることがなければ，教育の質が上がることはありません。時に PLC（Professional Learning Community）という名前で呼ばれる，このような教育改善に向けた協働的な取組は，大学の外からは「見えにくい」ですが，教育の質を上げる上で最も大事なのは，外部の「目」を使いながら，このような組織的で探究的な改善サイクルを回し続けることだと思います。

外部からのプレッシャーである外部教育評価と，教職員集団で教育改善を協働的に進める内部教育質保証は，教育の質を改善するための「両輪」であり，政府と大学の緊張関係の中で，1990年代以降，英国では双方の充実が同時並行で進んだと言えると思います。

6　教育力向上プログラムの全面展開

▒「当然の規範」としての共通教育スキルの獲得

英国における教育の質の確保の取組として最後に紹介したいのは，個々の教員の教育力を高めるための英国大学全体の取組です。

小中高校の先生は，それぞれの個性を発揮しつつ，ある程度同じような形で，教育課程を作成したり，板書や机間指導をしたり，授業を進めたりしています[150)]。時に旧態依然だと批判されることもありますが，こういった共通の教育スキルが，各学校の教育の質をベーシックに保証し，教育を発展させる基礎になっていることも事実です[151)]。こういった教育スキルを獲得し，またその背後にある考え方（児童生徒の発達への理解など）を理解するため，小中高校の先生には，教員免許の取得が義務付けられています。

他方，大学では，教員が共通の教育スキルをもつこと，あるいはそのように教員に求めることへの抵抗感があります。この背景には，個々の教員の独立性が高い大学文化や，エリート段階の大学には「手のかからない」学生しかいなかったという事情が挙げられます。

この変革を強く訴えたのが，1997年のディアリング・レポートです。このレポートは，「世界トップレベルの教育の実現」を国としての目標に据えるべきとした上で，そのためには教育より研究を重視する大学の価値観を抜本的に変革し，大学教育を「プロフェッション」（※一定期間の訓練と公的資格を要する職業）[152]として確立する必要があるとします。そして，その実現のため，大学教育を推進する組織を設立し，あらゆる常勤の大学教員は，この組織が認証した教育プログラムを受けることが「当然の規範」となるべきとしました。

ディアリング・レポートは授業料徴収に舵を切ることを提言したレポートとして著名ですが，教育の私費負担に道を開く以上，大学には教育の質を高める取組を行う責任があるとし，そのための具体的な取組を提案した，教育改革の道筋をつけたレポートとしても有名です。

▒教育力向上プログラムの内容

ディアリング・レポートの提言は，21世紀の20年の間に徐々に形を成し，現在の英国大学では，ほぼ提言通り，新任の大学教員が教育スキルを学ぶ教育力向上プログラムを履修することが「当然の規範」として確立されるに至っています。

その仕組みはシンプルで，各大学には，全国的な大学教育推進機関（「高等教育アカデミー」）が認証した教員向けの教育力向上プログラム[153]が用意されており，新任の大学教員は，３年間の仮採用期間中に，これを修了しなければならないこととなっています。新任教員は通常，無料でこれを受けられます[154]。

同プログラムの難易度は修士号レベルに設定されています。典型的な新任教員の姿としては，学生を教えたり研究を行ったりしつつ，２年間にわたり，同プログラムが提供する授業に，毎週２回出席するイメージです[155]。リーディングなどの自学自習も含め，合計で600時間の学習が必要とされています。

授業の中では，教育理論などを教わるとともに，カリキュラムの設計方法，ディスカッションの誘導方法，成績評価の付け方，フィードバックの仕方などの教育スキルが扱われます。20名程度の少人数で行われ，ディスカッションや研究成果発表，ミニ授業をやってみる等の方法で行われ，講義形式で行われることはほぼありません。プログラムの軸の一つは，自分が実践している（してきた）教育実践を振り返り省察することです。他の受講者の授業を視察し，観察・分析することもあります。[156)]

同プログラムを修了した教員の名前は，高等教育アカデミーに報告され，同アカデミーの「正会員」だと名乗ることができます。[157)]

参加者からの評判は様々で，「自分の授業を振り返る良い経験になった」という声もあれば，「取り出し型の研修は，授業改善につながりにくい」という声を聞くこともあります。[158)] 少なくとも，教員が，授業力を向上させることについて継続的に意識する機会となっていることは確かだと思います。

▒教育力向上プログラム修了の必要性と教育資格保有人数

このプログラムを修了し高等教育アカデミーの正会員となることは，法定義務ではありませんが，正規採用の条件としている大学が多く，実質的に新任教員に必須化されています。[159)] 新任教員以外の教員，例えばこの仕組み導入前に雇用された教員や他大学からの異動教員などについては，すでに一定の教育経験があるとして大学が受講を求めることは基本ありません。ただ，教育力を上げたり証明したりするため，望んで受講することもあるようです。[160)]

各大学において，全教員のうち何人が，この会員資格をはじめとした「教育資格」[161)] を保有しているかは，毎年，公表されています。[162)]

表２-５は，ターゲット大学についての2014/15年度の状況と2018/19年度を比較したものです。この５年間で，「教育資格」保有者数や全体教員に占める「教育資格」保有者の割合が上がっていることが見て取れます。マンチェスター大学，サセックス大学，ノッティンガム・トレント大学では，現在，教員の半数以上が教育資格を有しています。TEF が当初，評価の基礎データとしてこのデータを使う動きを見せていたことも，この増加に寄与したと思われます。[163)]

表２-５　教育資格保有者数の比較

大学名	年度	教育資格保有教員数	教育資格非保有教員数	不明教員数	全体教員数	割合
オックスフォード大学	2014/15 2018/19	320 505	460 645	1,080 890	1,860 2,040	17% 25%
UCL	2014/15 2018/19	615 1,165	435 435	2,205 2,445	3,250 4,040	19% 29%
マンチェスター大学	2014/15 2018/19	1,855 2,050	50 685	845 230	2,755 2,965	67% 69%
サセックス大学	2014/15 2018/19	475 835	285 360	615 395	1,380 1,590	34% 53%
ノッティンガム・トレント大学	2014/15 2018/19	1,050 1,370	0 625	570 200	1,620 2,190	65% 63%

▒教員の教育力向上に関する日本の状況

教育とは，結局のところ，何万，何千万の個々の教室で行われている教育を足し合わせたものです。そして，個々の教育を良くする（あるいは悪くする）キーパーソンが，それぞれの教員であることも論を待ちません。教育を組織論や制度論ばかりから見ていると，この当たり前のことを忘れそうになりますが，英国の教育の質を確保する取組の中には，こういった教育現場に根差した視点が組み込まれているように感じます。

少しだけ日本の状況を紹介すると，日本の取組[164)]は，英国のはるか後方にあるといってよいかと思います。ある大学教員は，日本の大学では，新任教員向け研修はあっても短時間開催されるものがほとんどであるとともに，取組への低い認知度や忌避感・負担感の中で，教育改善に向けた士気を保つことが難しいとしています[165)]。新任教員に教育・研究・マネジメント全般にわたり合計100時間のプログラム受講を義務付ける愛媛大学[166)]など，関係者の努力により取組が進んでいる大学もあるものの，稀な例です。日本でも2000年代から内部教育質保証の「体制整備」は進んだものの，教員の教育力を上げるための組織的な取組は英国と較べてなかなか進んでいないというのが，実態のように思われます。

3　本章を通じて

英国（大学）の教育の課題

この章では，英国大学の教育について見てきました。まず，英国大学の教育の特徴が，「入口」の仕組みは日本と似ていること，「中身」においては「狭く深い教育」を行っていること，「出口」においては大学成績が社会的に機能していることを紹介しました。その上で，英国大学が，外部教育評価，内部教育質保証，教育力向上プログラムを通じて，教育の質を確保しようとしていることを取り上げました。

英国（大学）の教育については，様々な課題が指摘されています。たとえば，その顕著な特徴である「狭く深い教育」については，「さすがに狭すぎるのではないか」という指摘があります。英国大学でも，哲学，政治，経済の3分野にまたがって幅広く学ぶ学科[167)]もありますが，稀な例です。アメリカの大学で広く行われている，2つの学問分野を主専攻・副専攻として同時並行で学ぶような教育手法[168)]も，英国大学ではメジャーではありません。

また，大学入学前，16歳の高校入学時点で，文理にまたがることなく3分野だけを選ぶのは「過度な専門化（super-specialization）」であり，若者のポテンシャルを狭めているのではないかという声もあります[169)]。このような声に応えるものとして，一時期，より学習内容が幅広いIB（インターナショナルバカロレア）カリキュラムを採用する高校が増えましたが，あまり広がらず，現在，減少しつつあります。

その当否はともかく，日本が，「浅く広い教育」を長年変えられないのと同様に，英国には「狭く深い教育」という教育コンセプトが，変え難く，根を下ろしているように思われます。

また，英国大学の授業時間が少なすぎるという声もあります。実際，英国の文系学科における3年間の授業時間は，日本やアメリカの大学の半分で，その分，学習時間の多くは学生による自学自習に委ねられることとなります。これに対し，オックスブリッジの学生などならともかく，多様な学生が在籍する現在の英国大学において，学生を「自律した学習者」と扱いすぎているのではないかという声です。実際，自学自習は想定されているほど行われていないという調査結果があります[170)]。

あらゆる国の（大学）教育には課題があります。大切なのは，教育の目的についての社会的な合意があること，そして，課題が，大学関係者に見えるようになっていることです。この点では，英国人の間では，教育は「議論する力」を高めるものだという認識が広く合意されているように感じます。トップ校であるオックスブリッジの対話に基づく教育の在り方が，この社会的合意を強力に後押ししています。また，英国で進められている学習者の声を反映した教育評価の試みは，大学に課題を突き付ける効果を持っているように見えます。例えば，全国学生調査で学生から教育満足度やフィードバックをネガティブに評価され，TEF「銅」の格付けに甘んじたLSEは，（渋々ながらも）教育に課題があることを認めるとともに，改善を進めていく旨，言明しています[171)]。

▒網目の細かい装置

一般に，大学には強い研究志向の文化があります。これに抗するように，英国大学には，教育の質を高めるための網目の細かい装置が組み込まれています。

評価単位は，細かいほど，対象者にとって脅威となります。伝統的に行われている学外試験委員制度や1990年代の授業視察・評価制度は，各学科の成績評価や，さらには各教員の授業を評価するものでした。全国学生調査や就職・進学状況調査の結果も，「Discover Uni」において，大学単位でなく，学科単位で公表されています。また，全ての（新任）教員に，教育力を高めるための2年分に及ぶプログラム履修が事実上義務付けられています。このような状況は，強い研究志向の大学文化を持ちながら（あるいはそれだからこそ），教員を教育に向かわせる装置づくりに成功していない日本の大学の状況からは驚くべきものに映ります。

評価活動には，常に「ゲーム化」（ゲームに慣れ，効果が失われること）の批判が付きまといます。それが念頭にあるのか，英国政府は，完全無欠な評価は存在しないことを前提に，ゲームの中身を随時変え，あの手この手で，大学に教育の質確保のプレッシャーをかけています。

ただし，振り返ればある程度綺麗に整理できる，英国における教育の質確保の軌跡は，実際には，政府と大学との強い緊張関係の中で，政府，大学双方が議論と努力を積み重ね，七転八倒しながら構築されてきたものであることは，念頭に置いておく必要があると思います[172)]。

▒教育の質がもつグローバルな意義

本レポートの目的は，英国大学がどうして「キラキラ」して見えるかを解き明かすことにあります。それでは，英国における教育の質を高める取組は，英国大学の「キラキラ」や「グローバルな位置付け」を高めることに貢献しているでしょうか。

経営の章で扱うように，この20年間，英国大学は，留学生からの授業料により収入を拡大する経営モデルを構築してきました。オックスブリッジのチュートリアルに代表される対話を重視した深い学びや，様々な装置による教育の質の向上が英国大学の教育イメージを高め，留学生授業料を増やし，英国大学のグローバルな位置付けを向上させる連鎖反応は，発生していると思います。

しかしながら，仮に我々が，オックスフォード大学の「輝き」をはじめとして，英国大学にグローバルなプレゼンスを感じているとするならば，それは何より英国大学の研究力の強さにより生み出されています。大学の教育の質の高さを測る国際的な尺度は開発されておらず，大学の「国際的な卓越性」は，教育効果ではなく，研究実績に著しく依拠して，「見える化」されているからです。

次章では，英国大学の研究力について，考えてみたいと思います。

コラム⑤　英国で過ごす中で，つらつら考えたこと

BBC の報道

英国の国営放送 BBC の朝の報道番組を見ていて，驚かされたことがあります。

すでにコロナワクチンが開発・普及していた2021年の秋の話です。来たる冬の感染増に伴う学級閉鎖を回避するため，英国政府は，それまで16歳以上を対象としていたワクチン接種を，12歳から15歳へも行う方針を出しました。

ワクチン接種について積極，消極両方の立場の人がいることもあり，BBC は，この政府方針を受けた対応について，15分近くの時間を使って報道しました。

番組では，２人の生徒を映します。１人は「接種しない」という生徒，もう１人は「接種する」という生徒です。横に自分と反対の主張をする生徒がいるなか，２人はそれぞれ冷静に自分の意見を述べます。

次に，保護者を映します。画面に保護者が出てきた時，私は，生徒の時と同様に，賛成，反対の意見をもつ保護者を紹介するのだろうなと思いました。

違いました。

順に出てきた２人の保護者は，双方とも，悩みながらも，「この年齢層であれば，子どもたちには多様な情報を受け取り判断できる力がある。最終的には子ども自身が決めることであり，自分は子どもの判断を尊重する」と話したのです。

BBC の報道の仕方は大きな影響力をもちます。この報道を見て，「確かに最後は子どもの判断」と思った保護者は多いのではないかと推測します。

この BBC の報道の仕方の背景には，避妊権をめぐる1985年の訴訟の中で，英国で確立された考え方があります。提供された情報を理解できるほど十分に成熟している（意思決定能力がある）と判断されれば，16歳未満の子どもであっても，両親の許可を要さずに医療処置に同意できるとするものです[173)]。BBC は，この考え方を念頭に置き，最後は子どもに自己決定させるのが英国社会の「通例」だと考え，２人の保護者の声を紹介したのだと思われます。

日本で，中学生がワクチンを接種するかどうかは，最後は本人が判断する事柄だという政府見解や NHK 報道があったらどうでしょうか。「無責任だ」「中学生にそのような判断はできない」といった批判が殺到するような気がします。

自己決定に基盤を置く英国社会の「強さ」を見た気がしました。

自己決定と社会性

英国の子どもや若者を見て感じるのは，総じて，「しっかりしている」ことです。自分や社会を客観視して，しっかり意見を述べる印象があります。その背後には，子どもが育つ過程で，大人が先回りしすぎず，子ども自身が自分で考え，判断し，行動することを尊重しようとする英国大人社会の合意があるように思います。

「自己決定」が重んじられるのであれば，「社会性」には欠けるのではないかと思われる向きもあると思います。これは，「社会性」とは何かということによると思います。

仮に「社会性」というのが，「場の空気を読み，極力対立を起こすことなく，コンセンサスを作る力」だとすれば，（実は英国人も持ち合わせているものの，）日本人の方が高いレベルで備えているように思います。

仮に「社会性」とは，「対話し，冷静に論点を戦わせた上で，一定の合意を作る力」だとすれば，英国人の「社会性」は日本人より高いように思います。説得力があるストーリーを作り，タイミングよく主張し，状況を見て主張を引っ込めるといった巧みさには，時に驚かされます。議論の結果採択されたルールには従いますが，すぐに検証の議論を始めるのも英国人の特徴です。

英国の知人が，学校で子どもに，

- ・「ヒーローは男であるべき」という観点からの主張を２つ
- ・「ヒーローは男女どちらもあるべき」という観点からの主張を２つ
- ・「自分なりの主張」を１つ書け

という宿題が出て，子どもがいろいろ考えていると教えてくれました。５つ分の主張を作り出し，学校に行き，先生のファシリテーションのもと，みんなで議論するのだと思います。

社会的な事柄について，様々な立場で考え議論する，こういった日頃からの経験の積み重ねが，「しっかりした」子どもたちを作り，社会の変革を準備するのだと思います。

主体性を後押しする取組

英国では，大人社会が若者の主体的な行動を後押ししたり，社会の意思決定への参画を促したりする取組が幅広く見られます。

例えば，1956年に，故フィリップ殿下（女王エリザベス２世の配偶者）が設立したデューク・エディンバラ・アワードは，14～24歳までの若者が，ボランティア，身体活動，スキル，冒険の４つの分野において行った活動に対し，その大変さにより，「金」（１～１年半の活動），「銀」（６～９か月の活動），「銅」（３～６か月の活動）で表彰しています。いずれも，少なくとも１週間に１度は活動していることが求められ[174]，活動内容は，自分で考えることになっています。例えば，ある子どもは，老人ホームの入居者が寂しさを抱えているかもと思い，全員に誕生日カードを書くことを思いつき，500枚のカードを書き上げ，届けています[175]。

このデューク・エディンバラ・アワードには毎年約30万人の英国の若者が新しく挑戦しています。私が行った採用面接の際には，自己履歴書の中に「デューク・エディンバラ・アワード：金」といった記載を見ることもけっこうあり，この仕組みは確かに，若者の行動を後押しするものとなっていると感じました。

大学の運営にも，随所で学生が関わっています。例えば，大学の執行部には学生自治会代表が名前を連ね，大学経営に参画するのが通常です[176]。また，クラスメイトの声を代弁し大学側と意見交換する代表学生を選出する仕組みもあります。学生自治会の活発さは大学によりますが，例えばダラム大学では，学生自治会と大学との数年にわたる協議の結果，学生に影響が大きい取組を決定する際には，必ず学生から意見募集を行うという枠組みが公式に設けられています[177]。

英国の若者たち

もちろん，英国の若者の中には，いろいろな人がいます。

仕事で，毎年100人以上，20代の英国人の面接を行ってきましたが，正直，何て「頭が空っぽ」なんだと思ってしまう若者もけっこういます。英国人に言わせると，「十分勉強してないのに，褒められて育つから，無闇に自信過剰なやつが多いんだよ」とのことです。

他方で，日本では滅多に見ることができないような，説得力と対話力とエネルギーを兼ね備えた若者に出会うこともしばしばあります。

早期から細かく習熟度別に分けた教育が行われるからか[178]，知識やスキルの「差」が，日本人よりも大きいのかもしれません。

日本社会

日本社会では，自ら考え，議論することがあまり好まれないとしばしば指摘されます。それは，英国で暮らしていると，やはりひしひしと感じるところではあります。

日本では，年長者や上位者の権威への忖度が求められ，健全な議論の前提となる「心理的安全性[179]」が低いことが往々にしてあります。そもそも，発言権が，能力よりも年齢に依存する状況は，英国では考えられません（世界でも稀だと思います）。観念的な「べきだ論」や同情論を好み，感情やその場の空気に流されず論理的に議論を展開すると，「生意気だ」というレッテルが貼られがちです。

デューク・エディンバラ・アワードのような表彰や大学運営への学生参画といった，若者の主体性や社会性を伸ばすための取組も，英国ほど活発ではありません。

よく「最近の子どもは自立心がない」と仰る方がいますが，我々が作っているこのような社会の中で子どもが育っていること，大人社会が，若者の声を受け止める力を備えようとして来なかったことを，まずは胸に手を当てて考えてみる必要があると思います（自戒を込めて）。

日本での挑戦

このような日本社会の傾向は，子どもたちが自分で考え，判断し，行動することや，対話し議論することを通じて社会性を育むことに対して，「逆風」となっていることは間違いないと思います。

だからといって，日本において，自ら考え，行動する力を育む教育を行う余地がないということでは，全くありません。

たとえば，元麹町中学校校長の著書[180]では，生徒間のトラブルの際，表面上の和解ではなく「主体的に仲直りするプロセスを体験させる」生徒指導や，対立を恐れず意見をぶつけ合うグループプロジェクトの実施，生徒たちが「企画者」として修学旅行を行う「取材旅行」など，無数の取組を通じて，保護者や地域社会とともに子どもが自律する力を高めていった具体的な事例が豊富に挙げられています。

認定 NPO 法人カタリバの「ルールメイカー育成プロジェクト」では，生徒たちが主体となり，校則の見直しに不安を抱く学校や教員と何度も議論を重ねたうえで，校則の見直しにチームで取り組む実例を積み重ねています。

日本と世界の若者を結び付け，多様な価値観に触れさせながら，世界をより良くしようとする若者を育てる教育機関や団体もありますし，若者の主権者意識を高めようと日々格闘している人もいます。

もちろん，多くの学校，大学の中にも，対話したり経験を振り返ったりする時間を設け，物言い，行動する若者を育成しようとする先生方がいらっしゃいます。

実は，日本社会の中には，子どもの主体性を受け入れる素地がすでにいろいろなところに埋まっていて，若者の自立を支援しようとしている大人たちも，少なからずいるのだと思います

求められているのは，社会を変革しようとする若者の決定や行動を，「面倒に思うことなく」尊重し，促そうとすること，そして，大人自身が，社会を良くしようと取り組むことなのだと思います。それは新しい「何か」を付け加えるということではなく，我々の中にすでに埋まっているものを掘り出したり，広げたりすることなのではないかと思います。

コラム⑥　教育観の転換

本論を前提にすると，仮に日本で「考える教育」を実現しようとすると，科目数を減らし，ディスカッションの時間を取り，リーディングや小論文を課す「狭く深い教育」へと教育を転換することが必要となります。こういった転換を行う上で根本的に必要なのは，我々の教育観の転換だと思います。

たとえば，教員が，「知識を与える権威者」という教育観ではなく，「知識を与えるとともに，学生の探究を導き，学生とともに探究する者」だという教育観をもつことです。

この意識の転換は，必然的に指導スタイルの転換を伴います。「自分が知っていることを教えようとする」指導スタイルから，「知識を授けるとともに，未解決の課題を設定し，考えを深める方法を教え，問いを投げかける」指導スタイルへの転換です。結果，良い教育者とは，知識を効率的に教えられるとともに，学生の探究を導く教育理念や教育スキルをもっている教員だということになります。

こういった教員観の転換が行われなければ，仮に教育内容を「狭く」したところで，結局は「狭い」分野の中で非常に細かい知識を教える「タコつぼ」的な教育が行われるだけで，「深い」教育は生まれません。

英国では，義務教育の段階から，考えさせることが教員の重要な役割だと認識されています。このことがよく分かるのは，中学卒業時に生徒が受ける統一試験（GCSE試験）です。例えば，「社会」を例に取ると，GCSE 試験で測ろうとしている生徒の力は，

① 社会学的な理論，コンセプト，事実，方法論についての知識や理解があるか
② これらの知識や理解を適用できるか
③ これらの知識や理解を分析したり評価したりすることにより，議論を構成できるか

だとしています[181)]。そして，たとえば，「『今日でも英国では婚姻制度は重要である』という考え方について，社会学者がどの程度同意するか論じよ」というかなりの分量の記述を求める問題が出されます[182)183)]。

教員は，日常の義務教育の中で，生徒がこのような質問に回答できるよう，「正解がない問いを投げかけ，生徒の考えを深めさせる教育スキル」を磨いていますし，生徒は，そのような教育に小さい頃から接しています。

恐らく，小中高大学を通じて，日本で「考える教育」を実現しようとする場合の一番の難しさは，このような教育観をもつ教員から，このような教育を受けた経験に乏しい日本の教員にとって，「転換を」と言われても，転換後の指導スタイルやイメージをもつことが難しいという点だと思います。

ただし，日本の中でも，探究的な学びにチャレンジし，一定の成功を収めている教

育事例はあり，ロールモデルがないわけではありません。新しい学習指導要領が「主体的・対話的で深い学び」を実現することを目指し，探究科目を複数設定したこともあり，日本全体で「探究的な学び」に挑戦しようとする意識も高まっています。

重要なのは，教員がこのような指導スタイルを「自分のもの」とできるような，教員自身の質の高い学びの機会が存在することだと思います。

コラム⑦ 「手厚い」評価の是非

本論では，1990年代の英国の授業・評価システムについて，「日本では，このような授業を評価し指導する取組は，小中高校段階においては教育委員会による授業訪問として行われ，日本の初等中等教育の質に貢献しています」としました。

この点につき，私の初等中等教育での行政経験について，紹介したいと思います。

私は，2012年から2015年まで大分県教育委員会の教育改革・企画課長として出向していました。当時大分県は，2018年に起きた教員採用汚職事件を契機として，徹底した教育改革を進めようとしていて，私のミッションは，先陣を切ってこれを進めることでした。大分県の課題の中心は，学校の組織文化がばらけすぎていて，学校組織として目標を絞り，教員集団がまとまって取り組むことができていない点にありました。結果，教育には緩みが見え，十分子どもたちを伸ばしきれていない状況にありました。学校の組織体制を強固なものとすること，それにより，全国学力・体力調査で47都道府県中40番台に沈んでいた学力・体力を向上させることが求められていました。このような中，「芯の通った学校組織の構築」という看板を立て，県教育委員会を挙げてパッケージで教育改革を進めました。

その教育改革の大きな柱が，県教育委員会による小・中学校への直接的な指導・助言の強化です。それまでは，県教育委員会が学力向上などについて行う指導・助言は，主に市町村教育委員会が対象でした。学校の設置者たる市町村側の抵抗感もあり，県教育委員会が学校を直接訪問し指導・助言を行う機会は限定的でした。待ったなしの課題がある中，評価コストはかかっても，各学校で行われている教育の状況を把握・検証し，学校の組織体制構築の取組や具体的な学力向上方策を直接伝える，きめ細かい関わりが求められていると感じました。

このため，市町村教育委員会との連携を深めつつ，年間３回，県教育委員会が全ての学校を訪問し，直接指導・助言することとしました。毎学期に１度，県教委のしかるべき職員が学校を訪れ，各学級を視察した上で，学校の学力・体力データを参照しながら，校長と対話し，評価した点や改善が必要と考える点を伝え，学校の方向性や今後の取組などについて膝詰めで話すこととなりました。県教委では，県内約450校の状況を，毎月の会議で共有し，より効果的な指導・助言の在り方を模索しました。学校や教員の受け止めは様々だったと思いますが，訪問を継続してほしいという声も聞かれました。取組が功を奏したのか，大分県の学力・体力は大きく向上しました。

こういった直接的な「手厚い」手段を用いて教育の質を確保しようとする取組は，「大学の自治」のもとにある大学行政には馴染まず，初等中等教育段階に特有なものだと思われる向きがあるように思います。

本論で見たように，これを実際に行ったのが，1990年代の英国です。

このような「手厚い評価」は素晴らしい，是非行うべきだと思われる向きもあるかもしれません。問題は，「手厚い評価」を行うには膨大な手間と時間がかかることです。評価する側は，事前準備，大学訪問，公表資料作成に多くの時間をかける必要がありますし，評価される側は，提出資料の作成，受け入れ準備，訪問応対，時には事前の評価演習などに時間と神経を使います。英国の授業・評価システムがそうだったように，大学の教育評価では，教育内容の専門性の高さのゆえに，評価員の主体は大学教員になると想定されます[184)]。そうすると，評価する側，される側，いずれも教員なので，「手厚い評価」を行うための教員の時間コストは大きく，その時間分，教員が本業たる教育，研究に割ける時間は減ります。評価にかかる人件費もかさみます。

教科書的には，質確保の効果が評価コストを上回る仕組みを実現すればよいということになると思います。ただ，評価コストはある程度数量的に測ることができても[185)]，質確保の効果がどれくらいかを捉えることは簡単ではありません。

あえて考慮すべきポイントを一つ挙げるとすると，それは，どういった「手厚さ」で評価を行うべきかは，評価対象にどれくらい大きな課題が生じているかによって考える必要があるということです。大きな課題が生じていないのに，多大な時間をかけて「手厚い評価」を行うのは「資源の無駄遣い」です。他方，大きな課題があるのに，「軽めの評価」で対応した場合には，往々にして表面をなぞるだけで本質的な変化をもたらすことができず，この場合も「資源の無駄遣い」となる危険性があります。

コラム⑧　事前規制（設置認可）に基づく教育の質の確保

本論では，① 外部教育評価，② 内部教育質保証，③ 大学教員の教育力向上の 3 つの類型に整理して教育の質の確保のための「装置」を紹介しました。これらは，すでに存在している大学（や大学内の教育組織）の教育の質を確保しようとするものです。

これに対し，大学（や大学内の教育組織）の立ち上げ前に，教育の質を確保しようとする装置もあります。代表的なものが，政府による事前の設置の認可（＝設置認可）です。大学や学部などの教育組織を新しく作ろうしている設置主体に書類を提出させ，教育の質が十分確保されると見込まれるか，教育課程や教員組織，施設・設備，財産状況などを審査するものです。

日本では，大学の質の確保は，文科省が行うこの設置認可に多くを依拠する状況が長く続きました。2000年代はじめの規制改革の動きの中で，大学の質保証を「事前規制から事後チェックへ」と方向転換することが謳われ，これが緩和されるとともに，大学に対する事後的な評価制度（「認証評価制度」）が立ち上げられ，大学に義務付けられました。ただし，質保証の全てを事後チェックに委ねてしまうと，大学選択のリスクを学習者の自己責任に帰することになってしまうとの考えから，設置認可の仕組みもかなり残っています（事前規制と事後チェックの「適切なバランス」により質保証を行うとされた[186]）。結果，新しい大学を作る場合や，既存の大学がこれまで置いていなかった学問分野の学部，学科を設立したり，収容定員を増やしたりする場合には，今でも文科省による設置認可が必要です。

これに対し，英国の場合は，新しく大学を作る場合のみ事前の認可が必要で，ひとたび大学としての地位（学位授与権と「大学」の称号）が与えられれば，学部・学科や研究科・専攻など，新たな教育組織・学位課程の設置に対する認可は要しません。本論で扱ったように，英国では，教育成果に関する外部教育評価が発展しており，日本と比較すると，英国の装置は，事前規制より事後的な評価に重点化されていると言えます[187]。

第2章　注

1）　Secondary School。

2）　General Certificate of Education Advanced Level のこと。なお，16歳の義務教育段階修了時点では，そのことを証明する General Certificate of Secondary Education（GCSE）を受けている。

3）　Ofqual という政府系機関（日本の大学入試センターのようなもの）の監督のもと，複数の外部団体が試験作成・採点を行っている。

4）　https://www.ntu.ac.uk/course/social-sciences/ug/ba-hons-politics

5）　https://www.manchester.ac.uk/study/undergraduate/courses/2021/00255/ba-history/entry-requirements/#course-profile

6）　https://www.sussex.ac.uk/study/undergraduate/courses/history-and-politics-ba

7）　https://www.ntu.ac.uk/course/social-sciences/ug/ba-hons-politics

8）　4科目取った場合は，成績が良かった3科目。

9）　英国の「コース」のことを「学科」と訳している（日本でも「学科」のことを「コース」と呼ぶことがある)。英国大学では一般に，学生はコースに，教員はデパートメントやスクールに所属しており，この点では，学生，教員ともに「学科」に所属することが多い日本と異なる。

　なお，アメリカでは「コース」と言うと個々の授業を指すことが多い。英国や日本の「コース」は，アメリカでは通常，「(学位）プログラム」と呼ばれる。

　引用元：京都大学ウイルス研究所／再生医科学研究所合同「附置研って何？」調査チーム『大学の研究組織・研究所に関する国際調査（―基本組織と研究所との関係から研究体制を考える―)』京都大学ウイルス研究所／再生医科学研究所，2017年，p. 56

10）　例えば，

・UCL の「哲学・政治・経済」コース，

・マンチェスター大学の「歴史」コース，及び，「政治・近現代史」コース，

・リーズ大学の「歴史」コース，及び，「政治」コース

の計5コースへの出願が可能。

11）　医学など特定の分野については，追加の面接等が行われる。

12）　他の要素として，志望動機書や推薦書も存在する。

13）　医学系の場合も，人物性を見るための面接や追加的試験を受ける必要がある。

14）　2015年度に，AAA 以上を取った生徒は，全体の13％である。中でも中国人の生徒は24％が AAA 以上を取っている。

　https://www.ethnicity-facts-figures.service.gov.uk/education-skills-and-training/a-levels/draft-percentage-of-students-achieving-3-a-grades-or-better-at-a-level/latest

15）　以前は，学校での成績が高校卒業認定試験の結果とともに大学進学時の評価対象となっていたが，2000年代の教育改革により，高校卒業認定試験の結果が事実上大学合格を左右

するようになった。

16）　なお，英日のもう一つの類似点は，純粋に成績を基に入学者選抜を行っていることである。このことは当然のことのように感じられるかもしれないが，例えば，アメリカでは，多額の寄付を行った保護者の子弟を成績に関わらず入学させることが，その寄付を低所得者層の奨学金に充てるというロジックにより正当化されている。また，カリフォルニア州では，州内の各高校の成績上位９％に入る生徒は必ず入学を認めることしている。地域ごとの学力差が大きい中，広く生徒の学習意欲を高めるとともに，大学内の多様性を確保しようとするためである。

英国もアメリカと同様経済的格差は小さくないが，日本と同様，能力主義（「メリトクラシー」）に沿わない方法への許容度は低く，学業成績に基づき「上から取っていく」単一の尺度に基づく入学者選抜を行っている。

オックスフォード大学は低所得者層からの入学が少ないことを長年批判されている。その解決策として2019年に用意した仕組みは，学力を不問にすることではなく，入学要件を満たせなかった低所得家庭の学生に，入学「前」の１年間の学習（ファウンデーションコース）を提供することだったことからも，メリトクラシーの発想の強さが伺われる。

https://www.ox.ac.uk/news/2019-05-20-two-new-oxford-initiatives-help-students-under-represented-backgrounds

Willetts, D., *A University Education,* Oxford University Press, 2017, p. 173

17）　英国では「科目」のことを「モジュール」と呼ぶことが多い。

18）　マンチェスター大学には500以上の学科が開設されている（法学コース，経済学コース，政治・近現代史コース，日本研究コース，化学コース，数学コース，物理学コース，植物学コース，ファッション・マーケティングコースなど）。

19）　ここでいう「学期」は「semester」のこと。ややこしいのは「term」という言葉も使われていることである。英国における「term」は，学習のまとまりとしての「学期」のことではなく，「長期休みの間の期間」のことを指している。通常，３つの長期休みがあるため，冬 term，春 term，夏 term の３つの「term」がある。「学期（semester）」としては２学期制，「term」としては3term というのが，大学のカレンダーの一つの典型である。

https://catoolkit.herts.ac.uk/toolkit/study-load-understanding-and-managing-your-studies/#:~:text=1%20credit%20%3D%2010%20hours%20of,credit%20module%20is%20600%20hours

なお，オックスブリッジやUCLのように３学期制のところもある。その場合は，第３学期の最後に，年間の学習成果全体に対して試験を行い，評価するのが通常である。

https://www.ox.ac.uk/admissions/undergraduate/courses/academic-year

https://www.UCL.ac.uk/news/2015/mar/UCL-student-and-registry-services-term-3-examination-timetable-reminder

https://www.manchester.ac.uk/study/undergraduate/teaching-learning/semester-dates/

20）　第１学期に，「実践的歴史」と「国際政治入門」，第２学期に「政治理論入門」，「比較政治入門」の４つの科目を必修で取得。これに加え，第１学期，第２学期とも，このコースで開設されている第１学年用の科目の中から通常もう１科目を選択して取得（※ここで「第１学年用」と書いているのは，科目のレベルが各年次に応じ３段階に分かれているため）。この学生は，第１学期は「歴史的観点からの資本主義」を，第２学期は「イスラムの歴史」を取得。従って，第１学期３科目，第２学期３科目，年間６科目を取ったことになる。

第２学年は，必修科目はなく，全て選択科目になっている。政治・近現代史コースでは，第２学年用に約50科目が用意されていて，この学生は，第１学期に「近代イスラム思想史」など３科目，第２学期に「帝国中国の末期」など３科目の計６科目を取得。

第３学年は，最終年度。学生は，約50の選択科目の中から第１学期２科目，第２学期２科目を取るとともに，自らテーマを決め，年間を通じて卒業論文を書く。この学生は，第１学期に「近代史における難民」など２科目，後期に「中国におけるイスラム」など２科目を取るとともに，在学を通じて強い興味を惹かれた「イスラム主義の他社会における受容のされ方」をテーマに論文を書いた。卒業論文の作成は２科目分に当たると評価されているので，第３学年も６科目分を取ったことになる。

21）　文部科学省国立教育政策研究所，「大学生の学習実態に関する調査研究について（概要）（平成28（2016）年３月）

なお，日本の学生は，就職活動等の影響から，第３学年終了時点までに必要な単位の大部分を習得する。第４学年では，（卒業論文・卒業研究に多くの時間を割く理・工・農を除くと，）取得単位数（「１～４科目」とした学生が最も多く（64％），履修登録なしの学生も１割近くに及ぶ）も，授業以外の学習時間も大きく減少する。日本の大学が，実質３年制となっているといわれる所以である。

22）　英国では，授業期間は12週間であり，後述のように人文・社会科学では１科目当たりの授業時間は約30時間である。３科目を履修していることから授業時間90時間を12週間で割ると，１週間に概ね８時間授業を受けている計算になる。

なお，１週間の日本の時間割例は，このサイトを参考に作成している（https://hatakenblog.com/student-get-credit/）。

23）　モデルケースでは，１週間に受けている科目数は英国８科目に対し日本は12科目だが，英国は60分授業，日本は90分授業（45分授業×２）なので，時間に直すと，英国は８時間，日本は18時間の授業を１週間に受けていることとなる。

24）　https://k72pearik.hatenablog.com/entry/2017/10/08/174025
https://wakuwork.jp/archives/37531

25）　これまで蓄積された人類の叡智の上に立っているということ。英国の２ポンド硬貨の縁には，この言葉がぐるりと刻印されている。

26）　https://www.rochokyo.gr.jp/articles/ab1501.pdf

27）　https://www.manchester.ac.uk/study/undergraduate/courses/2022/00353/ba-politics-

and-modern-history/course-details/CAHE20062#course-unit-details

28)　英国のガイドラインでは，１単位を与えるためには10時間分の学習時間が必要とされている。マンチェスター大学の例では，１科目は20単位であり，１科目当たりの学習時間は，10時間×20単位＝200時間である。

これに対し，日本の大学設置基準では，１単位を与えるためには45時間の学習時間が必要とされている。日本の大学の１科目は多くの場合２単位であり，１科目当たりの学習時間は，45時間×２単位＝90時間である。ただし，日本の大学では１単位時間は45分で計算されている。このため，90時間に3/4を乗じると67.5時間となる。

200時間と67.5時間を比較すると，約３倍である。

なお，英国大学には，１科目15単位の科目や10単位の科目も存在するが，いずれも日本の２単位よりも学習時間は長い。

29)「深い教育」の中には，「狭い」学問分野に関する「深い」知識（当該分野に関する詳しい知識やその分野特有のものの見方）を学習することも含まれている。インターネットでいくらでも知識を得られる時代に，「知識を得ること」には意味がなく，「考えるスキル」さえ獲得すればよいという議論をしばしば聞くが，一定の知識なしに，インターネット検索をしようもない。「学びて思はざれば則ち罔し。思ひて学ばざれば則ち殆ふし。」という格言通り，知識なしに深く考えることは不可能である。

スポーツを使って比喩的に表現すると，「知識」は，「体力・筋力」のようなものかもしれない。スポーツで勝つには，そのスポーツ特有の技術（ボールのけり方やラケットの振り方など）や心を読む力，チームメイトと協働する力，的確に状況を判断する力，俯瞰的にゲームを眺める大局観などが必要だが，たとえこれらのスキルをもっていても，体力・筋力がなければ勝つことはできない。逆に体力・筋力だけを鍛えても試合に勝つこと（≒実社会で複雑な物事に対処し解決していくこと）はできない。

30)　大学生に付けたい力を考える際に参考になるのが，OECD 各国が集まって，「人々が心身共に幸せな状態（ウェルビーイング）」にある社会を作り上げていくために，どのような力が必要なのかを整理した「OECD Education2030」の学習枠組み「ラーニング・コンパス」である。

「ラーニング・コンパス」は，育むコンピテンシーを「知識」「スキル」「態度及び価値観」に分類。この記述との関係では，「特定分野についての詳しい知識」は「教科の知識」に，「その分野特有の物の見方」は「エピステミックな知識」に，「議論しながら問題を解決する力」は「認知スキル」に当たる。この他，「社会・情動的スキル」である「他者への共感力」，「メタ認知スキル」（や学習法略としての「AAR（Anticipation – Action – Reflection）サイクル」）である「学習の見通しを持ち，表現し，振り返りを通じて自らの学びを客観視できる力」，「身体・実用的スキル」（パソコンによる学習や表現を通してアプリケーションを使いこなせるスキルなど）や「態度及び価値観」（他者や他の文化に対する敬意，公平，責任，誠実さなど）も，重要なコンピテンシーである。

「ラーニング・コンパス」では，これら「知識」「スキル」「態度及び価値観」を組み合わせて活用することによって，「新たな価値を創造する力」「対立やジレンマに対処する力」，「責任ある行動をとる力」の3つからなる「変革をもたらすコンピテンシー」が発揮されるとされる。また，「ラーニング・コンパス」の中核的概念には，「変化を起こすために，自分で目標を設定し，振り返り，責任をもって行動する能力」と定義される「エージェンシー」が位置づけられており，多様な能力の集合体であるこの「エージェンシー」が発揮されることにより，「人々が心身共に幸せな状態（ウェルビーイング）」にある社会を作り上げていくことができるとされている。

https://www.mext.go.jp/b_menu/shingi/chousa/shotou/142/shiryo/__icsFiles/afieldfile/2019/01/28/1412759_2.pdf

白井俊『OECD Education2030 プロジェクトが描く教育の未来――エージェンシー，資質・能力とカリキュラム』ミネルヴァ書房，2020年

31）アメリカでは，4年間で120～130単位を履修することになっており，これは1年間に30単位，1学期に15単位取得することを意味する。アメリカでは，1科目の単位数が概ね3単位（時に4単位）に設定されているため，1学期に5科目程度，1年間で10科目程度，3年間では30科目程度を取ることとなる。

栄陽子『留学・アメリカ大学編入への道』三修社，2014年

32）アメリカでは1学期に5科目を履修，各科目で1週間に3回授業時間が設定されている。したがって1週間に15回の授業を受けている。英米で3年間に求めている学習時間がほぼ同じであるにもかかわらず，1週間当たりの授業時間が英国は8～9回，米国は15回となるのは，英国（文系）が設定している授業時間数が米国に比べ圧倒的に少ないためである（その分，英国では，自学自習の時間が多く設定）。

なお，アメリカの学生の典型的な1週間の時間割を図示すると，以下の通りとなる。

学生の1週間の時間割例（アメリカの大学）

（※1コマ50分）

	月	火	水	木	金
1	英文学		英文学		英文学
2		テニス		テニス	
3	スペイン語		スペイン語		スペイン語
4	生物		生物		生物
5	芸術	英会話	芸術	英会話	

33）私自身は，とりわけ，高校，大学の教育は，現在よりも学習の「深さ」を重視し，逆に学習内容の「幅」をある程度狭め，特定の分野の知識やものの見方を会得し，論理的に物事を考えたり，自分の意見を言葉で表現したりする力を伸ばすことに，これまでよりも時間を割く方が良いのではないかと考えている。社会に出てからは，いずれにしても幅広い知識（情報）を得続けることとなるが，先人の「知」にじっくり触れ，教員，友人と議論し，自分なりに知識を咀嚼する「視座」を得る機会は，高校や大学といった学びに没頭で

きる空間が適合的だと思うからだ。また，現実問題，現在の日本の高校生・大学生は，非常に幅広い学習を行っているので，幅を多少狭めても，「狭すぎる」ことにはならないのではないか。今後の社会を発展させるのは，「論理的に考え，物言い，行動する若者」であり，そのような若者を育てるには，今よりも「深い」教育が必要だと感じている。

34）　https://www.stclares.ac.uk/our-courses/international-baccalaureate/

35）　英国の高校は，歴史，哲学，政治，心理学，地理，生物，物理，食物，日本語など約50の科目を教員の確保状況に応じて用意，大学入試もそれぞれの科目について作成。

36）　各国では，新たなニーズの発生や教員自身の希望により，教える内容が多くなりすぎて，学校や教員，生徒に過大な負担がかかる「カリキュラム・オーバーロード」が発生しているとされている。この点で，英国は稀な例外かもしれない。なお，アメリカの初等中等教育では，「幅1マイル，深さ1インチ」と揶揄される「浅く広い」教育が行われているとされる。

白井俊『OECD Education2030 プロジェクトが描く教育の未来――エージェンシー，資質・能力とカリキュラム』ミネルヴァ書房，2020年

37）　英国の大学（学部）は，世界的に珍しい3年制を採用している（世界的にも，欧州においても，4年制が一般的）。3年制が取られている理由は，高校での「狭く深い」教育があるからだとされる。「大学で物理や歴史を学ぼうとしている18歳の英国の生徒は，他の西欧諸国の18歳の生徒の誰よりも，すでに物理や歴史について分かっている」とされる。英国の高校教育は，大学教育の予備教育としての性格を持っていると考えられる。

実際，例えば日本の高校生は，高校卒業後，英国の学部にそのまま入学することはできない。英国の高校か IB（インターナショナル・バカロレア）課程を修了しない限り，英国大学（学部）に入学するためには，入学前に1年間，「大学進学準備コース（ファウンデーションコース）」という予備的なコースに在籍して，希望学科の学問分野に沿った基礎知識や，論文を書く技術などのアカデミックスキルを学ばなければならない。このような在り方は英国大学に特有のもので，例えば4年制の課程であるアメリカの大学は，このような要件を課しておらず，日本の高校卒業後，そのまま入学が可能である。

Willetts, p. 175

38）　Revision World-Free GCSE & A-Level Revision Resources

39）　高校以前の初等教育学校，中等教育学校では，文理にまたがる「幅」をもった教育が行われている。ただし，ナショナルカリキュラムは概括的で，教科書もないため，各教科の中で教員が教える内容の裁量は広く，教員は自らが大事だという学習内容を深堀りして教えることが通常である。

例えば，ナショナルカリキュラム「歴史」（National curriculum in England: history programmes of study）の Key stage 3（Year7，Year8，Year9，11歳から14歳の間）では，「生徒は，歴史に関する知識や歴史的な事象間の関係性を理解するとともに，実証性をもった歴史理解を行い，歴史に関して対照的な議論がなされる理由を理解すべき。このため，以下の内容により，総括的かつ深い学びを提供する。」とした上で，近現代史で教える

内容を，以下のように示している。

Challenges for Britain, Europe and the wider world 1901 to the present day.
In addition to studying the Holocaust, this could include:
Examples（non-statutory）

・women's suffrage
・the First World War and the Peace Settlement
・the inter-war years: the Great Depression and the rise of dictators
・the Second World War and the wartime leadership of Winston Churchill
・the creation of the welfare state
・Indian independence and end of Empire
・social, cultural and technological change in post-war British society
・Britain's place in the world since 1945

ここに見られるように，Examples にわざわざ non-statutory（非法定）という言葉を付加し，具体に何を教えるかは教員に任せることが強調されている（なお，ホロ・コーストだけは Examples ではなく必修内容となっており，例外的な扱いになっている）。

https://www.gov.uk/government/publications/national-curriculum-in-england-history-programmes-of-study/national-curriculum-in-england-history-programmes-of-study

これに対して，英国に比べ，日本の学習指導要領は，かなり詳細に教える内容を記載しており，さらに教科書があるので，教員が「どのように」教えるかは教員の創意工夫に原則委ねられている（きた）ものの，「何を」教えるかはかなり細かく決まっている。

例えば，中学社会では，「近代の日本と世界」の項目において，「ア 欧米諸国における市民革命や産業革命，アジア諸国の動きなどを通して，欧米諸国が近代社会を成立させてアジアへ進出したことを理解させる」とした上で，さらにその内容として，「『産業革命』については，『工業化による社会の変化という観点』（内容の取扱い）から，イギリスなどを取り上げ，これを通して資本主義社会が成立したことや労働問題・社会問題が発生したことに気付かせる。さらに，産業革命の進展に伴って，欧米諸国が新たな工業製品の市場や工業原料の供給地を求めてアジアへの進出を強めたことに着目させる」としていたり，「ウ 自由民権運動，大日本帝国憲法の制定，日清・日露戦争，条約改正などを通して，立憲制の国家が成立して議会政治が始まるとともに，我が国の国際的地位が向上したことを理解させる」とした上で，さらにその内容として，「『日清・日露戦争』については，『このころの大陸との関係に着目させ』（内容の取扱い）て，戦争に至るまでの我が国の動き，戦争のあらましと国内外の反応，韓国の植民地化などを扱う」としているなど，扱う内容やその内容を通して何を気付かせるかに至るまで，かなり細かく書かれている。

https://www.mext.go.jp/component/a_menu/education/micro_detail/__icsFiles/afieldfile/2014/10/01/1234912_003.pdf

「学習指導要領」に加えて，法的な拘束力はないが，実態上，学校が沿うことが多い手厚い説明資料（「学習指導要領解説」）も作成されており，何より，教科書会社が懇切丁寧に編み，国の検定を経る教科書が存在している。

このような，教育内容に関するかなり詳細な規則や資料が存在する中，日本の教員の教育内容に関する裁量の余地は，英国に比べると非常に狭い。逆に言えば，全国の学校における教育内容の均一性は高くなる。

教育内容に関する教員の裁量が広い英国において，全国の学校における学習内容に共通性を持たせているのは，Year11の最後に全ての子どもが受けなければならない「中等教育修了試験」(GCSE 試験) である。なお，英国ではホームエデュケーションが認められているが，その場合でも，GCSE 試験を受けなければならない。英国の Year10，Year11の生徒は，GCSE 試験に向けて，学校が提供する GCSE コースを受講する。GCSE コースの内容を決めているのは，GCSE 試験を作成する公益団体 (exam board) である (英国に4つ程度存在)。例えば，ある学校 (教員) では，最も代表的な exam board である AQA の社会 (sociology) を教えると決めた上で，AQA が設定しているコース内容に従い，AQA が作成したテキストを用いて教育を行う。Year10，Year11においては，国定の詳細なナショナルカリキュラムや教科書は存在しないが，exam board が作ったコースのコンテンツとテキストは存在し，これにより全国の学校における学習内容は，かなりの共通性を帯びることとなる。他方，Year9までの教育については，教育内容や教材ともに，各教員に大きく依存する (ただ教員間にはプロフェッションとして培われた一定の共通認識はある)。

https://www.aqa.org.uk/subjects/sociology/gcse/sociology-8192/subject-content

40) 中等教育学校の校長。Mr. Peter Broughton, Headteacher, Westminster City School

41) 日本では法令上，全学習時間の少なくとも33%を授業時間に充てることとされているが，次のように，先のマンチェスター大学の例では，授業時間は全学習時間の15%である。

マンチェスター大学の人文・社会科学の科目の多くは200時間の学習により20単位を取得できるように構成されている (年間6科目，3年間で18科目取ることで，修了必要単位である360単位に達する)。200時間中，どれくらいの時間を講義，ゼミ，自学自習に割くかはホームページの科目説明に明示されている (例えば以下の図の通り)。これを見ると，多くの場合，授業時間 (講義及びゼミ) に充てられている時間は約30時間，自学自習に充てられている時間は残りの約170時間である。

Study hours

Scheduled activity hours	
Lectures	7
Seminars	24

Independent study hours	
Independent study	169

Study hours

Scheduled activity hours	
Lectures	22
Seminars	11

Independent study hours	
Independent study	167

このことは，200時間の全学習時間中，授業時間に充てられる時間が約15％にしかならないことを意味している。

これに対し，日本では，大学設置基準により，45時間の全学習時間（1単位分に当たる）中，講義及びゼミに15時間～30時間（残りは自学自習）を割くことを求めている。このことは全学習時間中，授業時間に33％～66％を充てるよう求めていることを意味する。

単位の尺度から見ても，同様の結論となる。1単位を取得するのに必要な授業時間は，英国1.5時間（※20単位÷30時間）に対し，日本では15時間～30時間である。3年間で取得することが想定されている単位数が，英国360単位に対し，日本は93単位（＊124単位×3/4）であることを考えると，1単位の重みは日本が英国の約4倍である。仮に日本の1単位の重みを英国と同様にした場合には，1単位を取得するのに必要な授業時間は，英国1.5時間に対し，日本では3.75時間～7.5時間となる。

なお，年間，週間に想定されている，自学自習の時間を含む全学習時間は，以下の通りであり，ほとんど変わらない（ただし，英国の時間数は，最終試験期間の学習時間を含むのに対し，日本は含まないことに注意）。

〈英国〉

・年間：120単位×10時間＝1200時間

・週間：1200時間÷30週＝40時間

〈日本〉

・年間：31単位（※124単位÷4年間）×15時間（講義・演習）×3/4（※45分授業）＝349時間であり，これに31単位×30時間（自学自習）＝930時間を加えると1279時間

・週間：1279時間÷30週（※大学設置基準第23条）＝43時間

このことは，学生から見れば，授業に出なければならない時間が，日本の半分程度だということを意味する。授業時間が少ないのであれば，第1学年から多くの科目を登録して，卒業単位を早めに「集めて」しまえばいいのにと思われる向きもあると思う。実際，日本では，1つの学期に大量の科目を登録し，早めにどんどん取れそうな単位を取っておいて，4年生の就職活動の時に講義を聞かないでもよいようにするという学習スタイルが幅広く見られる（私もそうでした）。この結果，すでに本論で見たように，1～3年次においては，1つの学期に12科目，人によっては20科目以上を履修し，入れ替わり立ち替わり様々な授業を受けるという学生の学習サイクルが生じることとなる（https://www.nier.go.jp/05_kenkyu_seika/pdf06/gakusei_chousa_gaiyou.pdf）。

英国でこのようなことは起きない。まず，仕組み上，各単位には難度が設定されていて，それぞれの年次で，それぞれの年次に紐づいた難度の科目しか取れないなど，多くの科目を登録することができない制約がかかっている。ただ，たとえこのような仕組み上の制約がなかったとしても，ゼミやチュートリアルといったディスカッションが頻繁に入り，リーディングや小論文作成などかなりの自学自習が求められる英国の学生生活では，多くの科目を同時に取る時間の余裕は乏しい。実際，学期中，大学の図書館は深夜まで学生でいっぱいになっている。また，仮に科目を多く取って学習が追い付かなくなり，悪い成績で

卒業した場合には，その悪い成績が，長い間付いて回るというリスクもある。結果，英国の学生は，毎学期，想定されている単位数ぴったりを登録するケースが多い。

なお，自学自習の時間が多い英国大学の学習スタイルに対しては，学生を「自律した学習者」と捉えすぎなのではないかという指摘がある。また，アメリカの大学は授業時間と自学・自習の割合は1：2とされており（日本の大学設置基準に類似），英国と比べると授業時間は約2倍である。

〈参考〉

大学設置基準（昭和31年文部省令第28号）（抜粋）

（単位）

第21条　各授業科目の単位数は，大学において定めるものとする。

2　前項の単位数を定めるに当たつては，一単位の授業科目を45時間の学修を必要とする内容をもつて構成することを標準とし，第25条第1項に規定する授業の方法に応じ，当該授業による教育効果，授業時間外に必要な学修等を考慮して，おおむね15時間から45時間までの範囲で大学が定める時間の授業をもつて1単位として単位数を計算するものとする。ただし，芸術等の分野における個人指導による実技の授業については，大学が定める時間の授業をもつて一単位とすることができる。

3　前項の規定にかかわらず，卒業論文，卒業研究，卒業制作等の授業科目については，これらの学修の成果を評価して単位を授与することが適切と認められる場合には，これらに必要な学修等を考慮して，単位数を定めることができる。

42）日本に比べて，授業期間が短期間に集中しているので，教員が研究に集中しやすい環境が作られている面もある。具体的に示すと，次の通りである。

〈英国の大学の例（※各学期は授業12週間，試験期間3週間の計15週間。年間で30週間。）〉

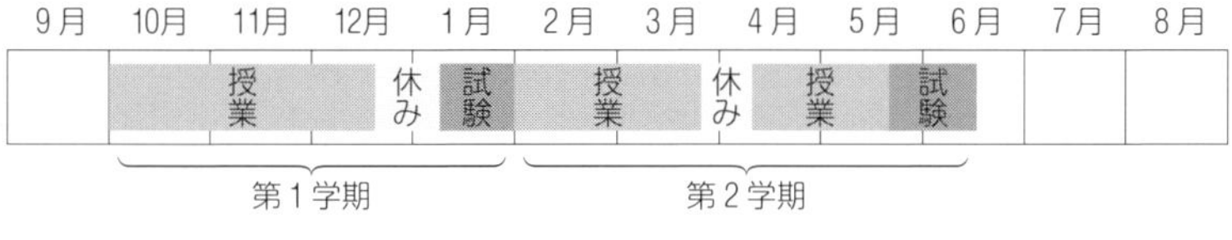

〈日本の大学の例（※各学期は授業15～16週間，試験期間2週間の計17週間。年間で35週間。）〉

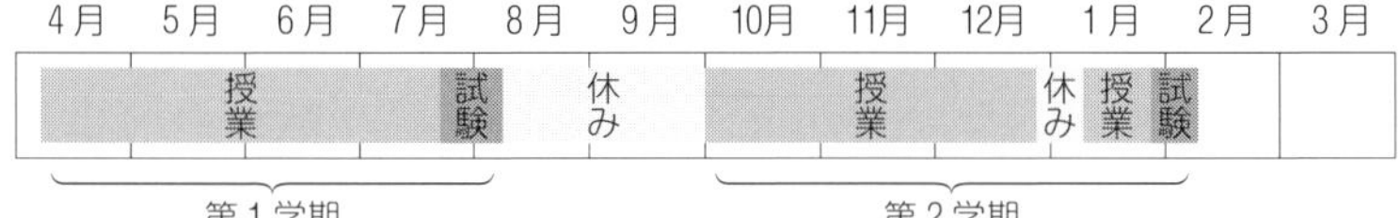

上の図は，英国大学と日本の大学（京都大学）のアカデミック・カレンダーを比較したものである。英国大学の各学期の教育期間は，クリスマス休暇，イースター休暇を各学期に挟みつつ，12週間の授業期間と3週間の試験期間の計15週間で構成され，年間の教育期間は合計30週間となっている。他方，京都大学は同じく2学期制だが，教育期間は35週間となっており，英国の大学の教育期間は年間5週間程度短い。さらに，試験期間が，英国

では3週間，日本では2週間と，英国では長めに取られている。両者の結果，授業期間だけ見ると，英国は年間24週間，日本は30～32週間であり，英国は，日本に比べ，年間で約2カ月分短い。

https://www.kyoto-u.ac.jp/ja/education-campus/curriculum/calender

43）「経営の章」の TRAC を参照。

44）ケンブリッジ大学では「スーパーヴィジョン」と呼ばれる。https://www.undergraduate.study.cam.ac.uk/courses/how-will-i-be-taught

45）苅谷剛彦『イギリスの大学・ニッポンの大学』中公新書ラクレ，2012，pp. 46-47

46）https://gendai.ismedia.jp/articles/-/40995?page=2

47）Charles Alexander

https://www.merton.ox.ac.uk/people/charles-alexander

48）https://www.theguardian.com/education/2018/may/28/oxford-and-cambridge-university-colleges-hold-21bn-in-riches#:~:text=Trinity%20College%2C%20Cambridge%2C%20is%20the, to%20%C2%A3600m%20in%20assets.

https://www.ox.ac.uk/sites/files/oxford/field/field_document/University%20of%20Oxford%2C%20Financial%20Statements%202018-19.pdf

なお，東京大学の総資産は約1兆4千億円（※約6割が土地の評価額），京都大学の総資産は約5千億円である。

https://toyokeizai.net/articles/-/188758?page=2

49）https://www.kings.cam.ac.uk/archive-centre/online-resources/online-exhibitions/college-officers-bursars

50）英国滞在中に，文科省入省直前の学生たち13人に，自身の大学（7割が国立大学，3割が私立大学）での教育経験について，アンケート調査を行ったことがある。全員が文系である。

調査では，取得科目の中で，議論形式の時間が，授業時間の3分の1以上取り入れられていた科目の割合を聞いた。国立大学の学生の回答は，1人を除いて，判を押したように約10%というものだった（私立大学の学生は，一番低い人で25%，一番高い人で50%）。

また，大学での教育について特に感じたことを教えてほしい，という質問もした。これに対し，国立大学の学生数人から，下記のような回答をもらった。

・知識を一から入れ理解することが授業のメインであり，教材を読むことと本質的に変わらないと感じた。

・講義型かつ成績評価テスト100%の授業が非常に多く，大学に来ない学生も一定数いた。これでは専門学校と変わらないのではと感じた。

・大教室で一方的に教授の話を聞く講義型授業が多く，ディスカッションの時間等自分で考える機会がほとんど設けられていないように感じた。

・正直文系の科目ならば大学に行かずとも独学で習得できてしまうと感じた。

51）例えばこの憲法の科目（20単位）では，講義30時間に対し，ゼミ・チュートリアル併せ

Study hours

Scheduled activity hours	
Assessment written exam	1.5
Lectures	30
Seminars	5
Tutorials	10

Independent study hours	
Independent study	153.5

て15時間とされており，成績も最終試験のみで付けるとされている。

https://www.manchester.ac.uk/study/undergraduate/courses/2022/09672/llb-law/course-details/LAWS30252#course-unit-details

52） https://www.theuniguide.co.uk/advice/choosing-a-course/how-much-face-to-face-time-with-tutors-should-you-expect

53） 例えば，マンチェスター大学の物理学学科動力学科目（10単位）では，100時間の全学習時間中，講義が22時間，ゼミ（チュートリアル）が6時間，実験・実習が11時間となっている

https://www.manchester.ac.uk/study/undergraduate/courses/2021/00638/bsc-physics/course-details/PHYS10101#course-unit-details

54） 日本の大学から英国大学に長期留学した者数人にインタビューを行ったことがある。文系で学んだ学生は，英国大学での学習は，日本の大学での学習に比べ，圧倒的に「きつく」「自分の限界に挑戦した」「1年間の留学だけで，日本での3年間より勉強している」と感じた等の感想を持って日本に帰っていた。これに対し，理系の学生は，英日で研究指導の在り方は日本とあまり変わらないという感想を持っていた。

日本の国立総合大学の学長と教育について議論をすると，「かみ合わない」と思うことが多い。日本の国立総合大学の学長のほとんどは医学部や工学部など理系出身である。私をはじめ文科省で教育を担当している者の多くは，文系であり，大学教育について議論を行う時，自分が受けた「授業」のことを念頭において話す。これに対し，理系出身の者は，研究室での「実験」や「論文指導」のことを念頭に置いて話しているのではないか。理系学長は，実験・論文指導を念頭に，「日本の大学の教育に課題がないとは言えないだろうが，自分が受けた教育（≒実験・論文指導）も現在行っている教育（≒実験・論文指導）も，国際的に見て大きな問題があるとは必ずしも思えない」と考えているというのが，私の印象である。なお，理系の友人から聞いている範囲では，実験・論文指導はともかく，「授業が一方通行でつまらない」という点では，理系にも文系と共通の課題があるように思われる。

55） https://www.manchester.ac.uk/study/undergraduate/courses/2022/00353/ba-politics-

and-modern-history/course-details/CAHE20062#course-unit-details

56）最終成績に影響しない評価は「形成的評価（Formative assessment）」，影響する評価は「総括的評価（Summative assessment）」と呼ばれる。例えば，例に挙げているマンチェスター大学の「歴史実践」科目では，ゼミの際，教員が学生に対して行うコメントは「形成的評価（Formative assessment）」であり，あくまで教育指導の一環であって，それで成績が左右されることはないと明示されている。

https://www.imperial.ac.uk/students/success-guide/ug/assessments-and-feedback/methods-of-assessment/

https://www.manchester.ac.uk/study/undergraduate/courses/2021/00353/ba-politics-and-modern-history/course-details/HIST10101#course-unit-details

57）「Fail」もあり，この場合は学位をもらえない。また，大学院では，distinction, merit, pass の3段階となっている。

58）https://www.stir.ac.uk/about/professional-services/student-academic-and-corporate-services/academic-registry/regulations/undergraduate/assessment-and-award-of-credit/

59）大学の成績のみならず高校の成績が参考にされることもある。例えば，高校卒業認定試験で「A, A, A」だった者を高く評価するといった具合だ。

60）They found graduates born in 1970 who had a first or upper second class degree earned 20% more than non-graduates at age 26, compared to a graduate premium of 14% for those with a lower second class degree or below.

The researchers had previously found that the graduate premium has reduced over time. The same comparison for people born in 1990 found that graduates with a first or 2:1 earned 14% more than non-graduates at age 26, while the return to a 2:2 or lower class degree was only 3%.

The study found that the overall reduction in the return to a degree was largely explained by stronger pay growth in non-professional occupations than in professional jobs. They suggest that the accompanying increase in the gap between the returns to higher and lower degree classifications, from 6 percentage points to 11 percentage points, may relate to workplace recruitment focussing on graduates with at least an upper second class degree.

https://www.hesa.ac.uk/news/10-03-2020/return-to-degree-by-class

61）https://www.officeforstudents.org.uk/news-blog-and-events/blog/getting-to-grips-with-grade-inflation/

https://www.bbc.co.uk/news/education-48951653#:~:text=The%20proportion%20of%20students%20in, top%20grades%20are%20%22unexplained%22.

62）2007年調査では，日本の教員は，教育志向の者が約3割，研究志向の者が約7割だとされている。

https://dl.ndl.go.jp/view/download/digidepo_10620447_po_ART0008504355.

pdf?contentNo=1&alternativeNo=

https://core.ac.uk/download/pdf/35149792.pdf

63）天野郁夫『大学改革のゆくえ――模倣から創造へ』玉川大学出版部，2001，p. 94

64）なお，一般に，教育の質を確保する上で，教員1人当たりの学生数（学生教員比率）を出来る限り小さく保つことも，大事な側面である。英国では，サッチャー期の学生数急増と緊縮財政の組み合わせにより，1980年代以降急激に学生教員比率が大きくなり，1980年の9.1が，2000年には18.1となっていた。その後，ブレアの教育投資増や授業料徴収等によりそれ以上の上昇は抑えられ，現在16.1となっている。

ただし，大学によってST比は一様ではなく，ターゲット5大学では，オックスフォード大学が10.3，UCLが10.4，マンチェスター大学が13.1，サセックス大学が17.4，ノッティンガム・トレント大学が14.8となっている（出典：Complete University Guide, League table 2021）。

なお，OECD諸国におけるST比の平均は15～16程度であるため，英国の大学の数字は平均的だと言える。また，日本の大学におけるST比は15程度である（※国公立大学は10，私立大学は19）。

（EAG（図表で見る教育）2019年版：「高等教育の教員一人当たり学生数」（422頁））

（https://www.mext.go.jp/b_menu/toukei/data/syogaikoku/__icsFiles/afieldfile/2019/08/30/1415074_0_1.pdf）

65）いわゆる「高等教育の外部質保証」方策のうち，設置認可など事前規制による質保証ではなく，事後の評価により教育の質を確保しようとする方策を，ここでは「外部教育評価」と呼んでいる。

66）講学的には，しばしば「内部質保証」と呼ばれる。なお，「内部質保証」という言葉は，研究や運営についても「保証」の対象に含まれる場合がある。

67）英国の内部教育質保証の根底には，どこの大学でも，提供する学位の質と水準は等しくあるべきという考え方や，大学が自律性を保とうとするならば提供する教育の質は自ら確保すべきという考えがある。

68）https://www.UCL.ac.uk/academic-manual/chapters/chapter-9-quality-review-framework/section-4-external-examining

69）村田直樹「英国における高等教育質保証制度に関する研究」放送大学　博士（学術）甲第3号，2017年，p. 35

70）http://documents.manchester.ac.uk/display.aspx?DocID=13287　pp. 13，14

71）サンプル2割程度。

72）http://www.u.tsukuba.ac.jp/~tanaka.masahiro.ft/Tanaka/Masahiro_Tanaka_2013_03_30.pdf

73）苅谷剛彦『イギリスの大学・ニッポンの大学』中公新書ラクレ，2012，p. 64

74）学生数1～2万人程度

75）数万円程度と思われる。

https://www.UCL.ac.uk/srs/academic-policy-and-quality-assurance/external-examining/faqs-relating-external-examiner-fees-and#:~:text=The%20board%20fee%20for%20your, System）%2C%20per%20student%20examined.

76）　http://www.u.tsukuba.ac.jp/~tanaka.masahiro.ft/Tanaka/Masahiro_Tanaka_2013_03_30.pdf

77）　http://documents.manchester.ac.uk/display.aspx?DocID=13287，p. 8

78）　https://webcache.googleusercontent.com/search?q=cache:5I9GMLcL4aMJ
https://www.qmu.ac.uk/media/4376/review-external-examiner-reports-2016-17.docx+&cd=1&hl=en&ct=clnk&gl=uk3.1

79）　事前の教育質保証としては，学位授与権の認可や課程認定制度が存在。
村田，pp. 33-35

80）　勅任視学官（Her Majesty's Inspectors: HMI）による実地の視察・審査，5段階の相対評価が実施。

81）　teaching and learning, its management and organisation, accommodation and equipment

82）　The second approach to quality assessment is through external judgements on the basis of direct observation of what is provided. This includes the quality of teaching and learning, its management and organisation, accommodation and equipment. Such judgements are currently made in respect of polytechnics and colleges by HMI.
A quality assessment unit will be established within each Funding Council. Such units will need full-time professional staff with suitable academic backgrounds.
なお，first approach は，「外部教育評価③」で扱う教育成果に対する評価（QUALITY ASSESSMENT through quantifiable outcomes）である。これについては，この段階では，「将来的には役割を担うこととなるが，それだけで教育の質の全体像を描くことはできない」と結論付けている。また，大学の内部教育質保証を検証する手法（QUALITY AUDIT）については，「検証を行う」としている。

83）　大学助成会議（Funding Council）。

84）　ただし，紐づけられた資源配分の額や用途が限られていたことから，その効果は限定的だったとされる（村田，p. 48）。

85）　「Quality Assurance in Higher Education」Roger Brown pp. 92，93

86）　①カリキュラムの企画・内容・構成，②教育・学修・評価，③学生支援・指導，④学修資源，⑤質の維持・向上，⑥学生の進歩・達成状況，の6観点

87）　1995年以降。

88）　https://www.ijee.ie/articles/Vol09-5/090504.PDF
なお，この視察の態様は，英国政府が初等中等教育の学校に対して現在でも実施している Ofsted の視察態様と類似している。

89）　1人の評価員が1年間に行う訪問は5回程度。

90） Willetts, p. 217

91） 高等教育質保証カウンシル（Higher Education Quality Council: HEQC）代表

92） Brown, R., *Quality Assurance in Higher Education The UK Experience since 1992,* Taylor & Francis Ltd., 2011, p. 98.

93） Brown, pp. 29, 160-163

94） Brown, p. 73

95） https://www.nier.go.jp/koutou/seika/rpt_01/pdf/08_chapter_4.pdf　p. 97

96） Brown, p. 89

97） Brown, pp. 131-132

98） 2008年～2010年頃には，メディアや議会などから，英国の質保証の取組は，各大学が達成している教育の「水準」ではなく，教育の質を確保するための「手続き」に焦点を当てた時代遅れで分かりにくい評価に終始しており，結果，国民が新聞の大学ランキング（league tables）を参照する帰結を招いている，という強烈な疑義が突き付けられている。

https://www.nier.go.jp/koutou/seika/rpt_01/pdf/08_chapter_4.pdf　pp. 90-91，94

99） 授業料徴収に舵を切った1997年のディアリング・レポートは，学生に十分な情報を提供すること，それに基づく学生の大学選択を通じて教育の質を確保することを重視した。

100） Dearing, R. et al., Higher Education in the learning society [Dearing Report], Leeds, England: National Committee of Inquiry into Higher Education, 1997

101） 本来，学校の教育の質は，どれだけ生徒の学力が「伸びたか」で測られるべきである。

102） 大学生や成人の能力を比較可能な形で測る取組や議論がないわけではない。例えばOECDでは，成人のスキル（「読解力」「数的思考力」「ITを活用した問題解決能力」）を測り，比較する「国際成人力調査（PIACC）」を実施している。また，アメリカでは，2000年初頭から約10年間，大学生が受ける全国統一テストの導入についての議論が行われた（結局は，「ひとつの物差しで全てを測ることはできない」として実現されなかった）。

https://www.mext.go.jp/b_menu/toukei/data/Others/1287165.htm

http://souken.shingakunet.com/college_m/2018_RCM209_12.pdf

103） 学修（教育）成果の測定方法には，直接評価と間接評価があるとされている。直接評価には英語のTOEICやTOEFLといった標準化テスト，ルーブリック，ポートフォリオなどが挙げられる。間接評価では，アンケートによる学生調査が有名である。両者は相補的な関係にあるとされる。山田（2013）は以下のように述べている。

「直接評価は学習成果を直接に測定し，評価するのに適しているが，学生の学びのプロセスや行動を把握するには限界がある。学びの結果を学習時間や予習，復習を十分に行ったと推定し，成果と結び付けることは可能であるが，試験対策やあるいは標準試験対策としての問題集への対処により高得点をあげるケースも少なくない。そこで，直接評価による学習成果が提示する部分だけでは，教育評価としては十分ではないという視点から見ると，学修行動調査やインタビュー等あるいは授業評価で実施される間接評価は，学生の期待度や満足度，学習行動の把握，関与（エンゲージメント，インボルブメント）や経験を把握することができ，成果につながる教育の過程を評価するという機能を伴っている。その意味で，教育のプロセス評価とも言い換えることができる。学習成果の測定には，試験結果やレポートの評価といった直接評価に，学生の学習行動，大学の教育環境，教員と学生の関係を把握する学修行動調査という教育プロセス評価が効果的に組み合わされ，かつそれぞれの評価結果を結び付けることでより有効になるとまとめられる。」

http://ir.lib.u-ryukyu.ac.jp/bitstream/20.500.12000/44411/1/No3p001.pdf

https://www.jstage.jst.go.jp/article/jsee/61/3/61_3_27/_pdf/-char/ja

山田礼子「学生の特性を把握する間接評価：教学 IR の有用性」『工学教育』，vol. 61-03 本文 5 月号，(2013年 5 月)

104)　なお，「食べログ」が測っているのも，「その居酒屋が美味しいか」ではなく，「その居酒屋の満足度」である（客観的な「美味しさテスト」をしているわけではない）。

105)　日本でも，2019年から，文部科学省において教育成果を測るデータとなり得る全国学生調査を始めている（https://www.mext.go.jp/a_menu/koutou/chousa/1421136.htm）。

106)　https://www.officeforstudents.org.uk/advice-and-guidance/student-information-and-data/national-student-survey-nss/

https://www.officeforstudents.org.uk/media/93a3c382-5258-4ab5-b4ae-5b4eded339a5/nss-2021-core-questionnaire-optional-banks.pdf

107)　https://www.officeforstudents.org.uk/media/0c1595b3-1c8c-4a70-8e79-926af6b9a1a4/nss-2022-questionnaire.pdf

108)　https://discoveruni.gov.uk/

109)　Graduate Outcomes survey などに基づく。

https://www.mext.go.jp/kaigisiryo/content/20210125-mxt_hojinka-000012377_7.pdf

110)　内部教育評価を検証する評価については，それまでの 6 年に 1 回全ての大学をレビュー（調査）する仕組みではなく，リスクが高いと見込まれた大学にのみ，必要に応じてレビューを行う仕組みへと変更した。具体的には，教育規制庁が，学生の増減状況や卒業率，TEF の結果，年次財務報告書などの諸データ（「リード指標」）を基に継続的に大学の観察を続け，異常値があった場合には，当該大学に対する訪問調査を含めたレビューを発動するという仕組みとなった。

2016年の政府白書（「知識経済における成功」）は，この変更の背景として，まず，

・英国の大学に対する国際的評価は，すでに構築されている内部・外部の質保証制度が支えている

・他方，既存の仕組みは，問題が見られない教育機関にまでも不必要な官僚的負担を強いている

・また，各大学が既に有しているステータスをそのまま反映した評価となっているため，本当のリスクや質が評価されていない

とする。

その上で，繰り返し，「リスクに基づく思考（Risk-based thinking）」によるアプローチ

への移行に言及している。このアプローチは，基準を超えていることを形式的に確認してそれで良しとするこれまでのアプローチ（「ルールベースアプローチ」）ではなく，常にリスクは生じるものであることを前提に，状況を観察・分析し続け，予防処置や再発防止措置を講じるアプローチだと解釈される。このアプローチの採用の結果が，リスクの有無にかかわらず全ての大学を定期的にレビューする既存の仕組みの廃止（及びその結果としての評価負担の軽減）であり，継続的にデータを追跡してリスクの評価を行い，必要があればレビューを行う新しい制度の創設である。

白書は，この方法を取ることにより，ほとんどの大学にとっては負担が減り，少数のリスクの高い大学にとっては集中的な確認が行われる結果となるだろうと述べる。なお，モニタリングの結果，要件を満たさない大学は，最終的には大学としての登録から除外されることになる。英国政府は，「競争の結果閉鎖する大学が出てくることは大学マーケットとして健全である」とする。他方，学生については保護されなければならないとされており，各大学には学生の「保護計画」の策定が義務付けられている。

111）　政府外公共組織の位置づけ。政府外公共組織は，「中央政府の政策過程において役割を有しているが，政府府省またはその一部でないものであり，程度の大小はあるが，大臣から「一定の距離を置いて（arm's length）」事業を行う組織とされている。なお，「大臣からの距離」は，「日々の意思決定については 政府から独立しているが，大臣は最終的には，その独立性，効果，効率性について，議会に対して責任を負う」ものだとされている。

（https://www.gov.uk/government/publications/higher-education-success-as-a-knowledge-economy-white-paper）

https://judiciary.asahi.com/outlook/2017041100001.htm

https://www.kantei.go.jp/jp/singi/gskaigi/kaikaku/dai1/siryou3-3.pdf

112）　https://www.gov.uk/government/publications/higher-education-success-as-a-knowledge-economy-white-paper

113）　https://www.mext.go.jp/kaigisiryo/content/20210125-mxt_hojinka-000012377_7.pdf

114）　①，②が「指導の質」，③，④が「学習環境」，⑤，⑥が「教育・学習成果」のカテゴリとして整理されている。（https://www.officeforstudents.org.uk/media/0c6bd23e-57b8-4f22-a236-fb27346cde6e/tef_short_guide_-june_2019_final.pdf, https://www.officeforstudents.org.uk/media/da96d15a-97e6-4732-a2f5-cb2473633932/ofs2018_45.pdf, https://assets.publishing.service.gov.uk/government/uploads/system/uploads/attachment_data/file/658490/Teaching_Excellence_and_Student_Outcomes_Framework_Specification.pdf, https://www.jri.co.jp/MediaLibrary/file/report/jrireview/pdf/11074.pdf）

115）　全国学生調査の「①指導方法」のデータに基づき算出。

116）　全国学生調査の「③評価とフィードバック」のデータに基づき算出。

117）　全国学生調査の「④教育サポート」のデータに基づき算出。

118）　高等教育統計局（HESA）の「学生定着率」のデータに基づき算出（大学入学後1年（full-time students）。または2年（part-time students）の学生を対象として，同じ機関にとどまっているか（コース間の移動は含まない），別の機関に転校したか，どの機関にも属さないかを調査（入学後50日以内の離脱は含まない））（https://www.hesa.ac.uk/data-and-analysis/performance-indicators/non-continuation-1819）。

119） 高等教育統計局（HESA）の「就職・進学状況調査」のデータに基づき算出。

（※卒業後，雇用や学習を継続しているか，また高技能の雇用や学習を継続しているかに関するデータが使われる。）

（「就職・進学状況調査」は，高等教育（大学，大学院等，パートタイム含む）の卒業証書を得た卒業生（留学生等は除く）を対象に，卒業6カ月後と，3.5年後（Longitudinal）に調査（「Destinations of Leavers from Higher Education: DLHE」）。2020年から卒業15カ月後に調査を行う「Graduate Outcomes Survey」となる予定。）（https://www.hesa.ac.uk/data-and-analysis/graduates, https://www.hesa.ac.uk/innovation/outcomes/survey）

120） 上記の通り。

121） 執筆時の実績では，金：77，銀：136，銅：61，条件付き TEF 称号：14。

https://www.officeforstudents.org.uk/advice-and-guidance/teaching/tef-outcomes/#/tefoutcomes/

122） 評価の具体的な手順は，まず6つの評価項目に紐づけられたデータをもとに，

・「金」：3つ以上の評価項目で有意に高評価，かつ，有意に低評価となった評価項目がない大学

・「銀」：「金」にも「銅」にも当てはまらない大学

・「銅」：2つ以上の評価項目で有意に低評価の大学

のいずれかへの格付けが行われ，その後，「詳述資料」に基づき一定の修正が加えられるという流れとなっている。

https://www.timeshighereducation.com/news/teaching-excellence-framework-tef-results-2017

123） https://www.hepi.ac.uk/wp-content/uploads/2017/10/FINAL-HEPI-Going-for-Gold-Report-99-04_10_17-Screen.pdf

124） https://www.officeforstudents.org.uk/data-and-analysis/benchmarking/

125） あるいはそのような職業に向けて学習を継続している者。

126） ONS Standard Occupational Classification（SOC）Hierarchy の Group1，2，3のいずれかに該当する職業。

https://onsdigital.github.io/dp-classification-tools/standard-occupational-classification/ONS_SOC_hierarchy_view.html

https://assets.publishing.service.gov.uk/government/uploads/system/uploads/attachment_data/file/557107/Teaching-Excellence-Framework-highly-skilled-employment.pdf

127） 入学要件の高低は，ドロップアウト率の高低にも影響するとされる。実際，ドロップア

ウト率に関するベンチマーク指標は，オックスフォード大学2.1に対し，ノッティンガム・トレント大学7.5となっている。

Willetts, p. 219

128) 有意に高い状況，低い状況は「フラッグが立っている」と表現される。

129) https://www.officeforstudents.org.uk/data-and-analysis/benchmarking/

130) 高校卒業認定試験の結果に求める要件。

131) 英国では入学要件の難易度を，「高い（high tariff）」「中間（medium tariff）」「低い（low tariff）」の３段階で分類（各大学，各学科により異なる）。図からは，オックスフォード大学の学生のほとんどが「高い（high tariff）」入学要件をクリアして入学したこと，他方ノッティンガム・トレント大学の学生の多くは「中間（medium tariff）」，あるいは「低い（low tariff）」入学要件で入学したことが分かる。

132) 表２-２にあるように，TEF は入学要件以外にも民族性や障害の有無など様々な環境データを，各大学別に集計・公表している。

133) 提供している学問分野なども考慮されている可能性がある。

134) ホテル検索サイトなども同様。

135) The London School of Economics and Political Science

136) TEF で何らかの結果をもらえれば，若干（３万円程度）高めに授業料を設定できる。

137) https://www.officeforstudents.org.uk/advice-and-guidance/teaching/subject-level-pilot-2018-19/universities-and-colleges-that-took-part/

138) https://www.timeshighereducation.com/news/subject-level-tef-scrapped-and-new-grades-be-created

139) https://www.hepi.ac.uk/2017/03/06/3889/

140) https://www.universitiesuk.ac.uk/policy-and-analysis/reports/Pages/future-of-the-tef.aspx

141) 村田，pp. 118, 121-122

142) https://www.gov.uk/government/publications/research-to-support-the-independent-review-of-tef-surveys-of-he-applicants/research-to-support-the-independent-tef-review-surveys-of-he-applicants

143) 例えば，今後，就職状況データは，卒業後６カ月後のデータからより粒度の細かい長期間データに置き換えたり，教育の質を測るデータに，教員の教育資格取得率を加えたりすることなどが考えられるとする。

Willetts, pp. 219-220

144) https://www.niad.ac.jp/consolidation/international/info/uk.html p. 34

145) https://www.jstage.jst.go.jp/article/jaher/16/0/16_243/_pdf p. 245

146) https://www.mext.go.jp/a_menu/koutou/itaku/__icsFiles/afieldfile/2018/02/19/1398412_3.pdf p. 74

147) 「分野別ベンチマーク記述」。

148）先述の通り，2002年以降，政府による評価は，内部教育評価に対する外部からの評価を中心に行われることになった。これに当たり，評価の観点は，それまでの「大学が設定した目標の達成状況に対する評価」から，「評価者が設定した基準の達成状況に対する評価」へと変更されている。この変更は，一朝一夕に行われたものではなく，1993～2001年の後半には政府はすでにこのような観点変更への意図を持ち，作業を進めていた。具体的には，大学を評価するための諸基準（アカデミック・インフラストラクチャー（「高等教育資格枠組み」，「分野別ベンチマーク記述」，「教育プログラム仕様書」，「質保証のための実践規範」））の策定が1990年代後半に開始されている。例えば，「分野別ベンチマーク記述」は，47の学問分野それぞれにおいて，学位取得者が身に付けることを期待されている専門的知識・技能や一般的能力（例：論理的思考力）を明らかにするものである。

これらの基準の策定の中心となったのは，1997年に大学の質保証を担うべく大学関係者を管理運営の中心として設立された「高等教育質保証機関：QAA」である。また，「分野別ベンチマーク記述」が47の学問分野それぞれについて策定されているように，基準の策定や基準に基づく評価は，大学教育の多様性を前提として行われた。

他方，大学が設定した目的ではなく，評価者が設定した基準に即して評価を行うという観点の変更は，果たして各大学は，「評価者が大学に期待している水準」に応えているか，ひいては，「社会が大学に期待している水準」に応えているか，という視点が強調されるようになったことを意味する。このような観点の変更を求めたのは，授業料を取り始めることを宣言した1997年のディアリング・レポートであり，同報告書は，学生に十分な情報を提供すること，そしてそれにより学生が大学を選択することを通じて教育の質が確保されるという考え方に立っていた。

149）https://www.nier.go.jp/koutou/seika/rpt_01/pdf/08_chapter_4.pdf

150）共有スキルの在り方は，国によって異なる（例えば北米で行われる，大きなカーペットにみんなで直に座るといったスキルは日本ではあまり見られない）。

151）各教員が行う教育指導は，各教員の知識，物の見方，性格によって深みや面白みが生まれる「個人的な営み」であると同時に，教員集団が，長年の教育指導の積み重ねの中で獲得したスキルを活用することで質が高まる「共有スキルによる営み」である。

152）「A paid occupation, especially one that involves prolonged training and a formal qualification」（オックスフォード英語辞典）

153）認証される過程で，高等教育アカデミーが策定した基準（「全英教育職能の基準枠組み」（The UK Professional Standards Framework for teaching and supporting learning in gher Education））（※高等教育の専門職に求められるスキル，知識，価値観を枠組みとして示したもの）に適合していることが，確認されている。

http://www.cshe.nagoya-u.ac.jp/publications/journal/no12/14.pdf

154）新任教員は無料，その他の場合は有料が通常。

155）60単位分の構成。前期・後期１科目ずつ履修し，２年間で20単位科目を２つ，10単位科目を２つの計４科目60単位を取得するというのが典型的なイメージ。英国では修士号獲得に180単位が必要なので,「修士号×1/3」の教育プログラムだということとなる。このようなプログラムはPostgraduate Certificate（PGCert）と呼ばれ，定型化されている。また，1単位は10時間分の学習を要するため，修了までの間に，自学自習を含め，合計で600時間の学習が求められることとなる。

156）https://www.jstage.jst.go.jp/article/jaher/11/0/11_145/_pdf/-char/ja

157）正会員とは,「FHEA: Fellow of the Higher Education Academy」のことである。正会員となった大学教員は，その旨CVに書き入れるのが通常である。なお，高等教育アカデミーは，この他に，準会員（Associate Fellow），シニア会員（Senior Fellow），プリンシパル会員（Principal Fellow）の資格も用意している。

158）ネット上には,「授業力向上の大きな手助けになる」としてプログラムの受講を勧めるYouTubeのビデオや，充実した受講の様子を紹介するブログなどが散見された一方，一見したところでは，ネガティブな評価を行うものは見当たらなかった。

https://www.youtube.com/watch?v=bxcQMjQXWFM

https://woodsiegirl.wordpress.com/2017/10/01/pgche-first-impressions/

159）http://johncanning.net/wp/?p=1029

網羅的なデータは見当たらないが，ターゲット大学5大学の中では，オックスフォード大学を除き，全ての大学が設けていることが確認できたので，主要な大学では義務化されていると考えてよいと思われる。

UCL

https://www.UCL.ac.uk/human-resources/sites/human-resources/files/induction_and_probation_policy.pdf

マンチェスター大学

http://documents.manchester.ac.uk/display.aspx?DocID=40

https://www.staffnet.manchester.ac.uk/staff-learning-and-development/academicandresearch/teaching-and-learning/new-academics-programme/

サセックス大学

http://www.sussex.ac.uk/adqe/enhancement/devawardsrecognition/pgcerthe

ノッティンガム・トレント大学

https://www4.ntu.ac.uk/organisational-development/document-uploads/195899.pdf

160）高等教育アカデミーの正会員になるには，このプログラムの受講のほか，教員が自らの教育経験を証拠として提出するルートも設けられている（https://www.advance-he.ac.uk/fellowship#fellow）。正会員の資格が教育力を証明する証拠として扱われるようになる中，中堅教員の中には，このような形で正会員の資格を得るケースも増えている。なお，この別ルートを使い，証拠を提出する場合にかかる時間は30時間程度と見積もられている。

http://johncanning.net/wp/?p=1029

http://johncanning.net/wp/?cat=29

161）teaching qualification

162) 2014/15年度以降，英国高等教育統計局（HESA: The Higher Education Statistics Agency）により公表されている。同アカデミーの会員資格を有すること以外に，海外で教育の資格を取った等も，「教育資格」取得にカウントされる。2012年にHESAがこの数字を集め始めた時は，大学から教員の約半数について「不明」という回答が来ていたが，その後，集計の精度が高まり，現在では3/4の教員についてその状況が分かっている。

https://www.hesa.ac.uk/data-and-analysis/staff/table-10

https://dera.ioe.ac.uk/27983/1/CL2016_33.pdf

163) https://www.timeshighereducation.com/student/news/uk-universities-most-qualified-academic-staff

164) 日本では，FD（Faculty Development）と呼ばれている。

165) http://www.cshe.nagoya-u.ac.jp/publications/journal/no19/02.pdf

166) http://ts.adm.ehime-u.ac.jp/about/tt-01/

http://ts.adm.ehime-u.ac.jp/wp/wp-content/uploads/2019/04/%E6%84%9B%E5%AA%9B%E5%A4%A7%E5%AD%A6%E3%83%86%E3%83%8B%E3%83%A5%E3%82%A2%E6%95%99%E5%93%A1%E8%82%B2%E6%88%90%E3%82%AC%E3%82%A4%E3%83%89%E3%83%96%E3%83%83%E3%82%AF2019.pdf

167) オックスフォードのPhilosophy, Politics and Economicsコース。キャメロン首相など3人の首相をはじめ，多くの英国内外の政治家を輩出。

https://en.wikipedia.org/wiki/List_of_University_of_Oxford_people_with_PPE_degrees

168) 主専攻・副専攻。

169) Willetts, 第8章，第14章

170) https://www.hepi.ac.uk/wp-content/uploads/2016/06/Student-Academic-Experience-Survey-2016.pdf p. 19

例えば，社会学（social studies）では，授業時間9時間，自学自習18時間，物理分野では，授業時間15時間，自学自習17時間という調査結果である。

171) We recognise that we have work to do but we are confident that the education initiatives that we have underway will lead to improvements for our students.

https://www.lse.ac.uk/News/Latest-news-from-LSE/2017/06-June-2017/TEF

172) Roger Brownの著書では，英国の教育評価が，無数の関係者の幾多の議論と試みにより構築されてきたことが，如実に記録されている。

173) 「Gillick competence」と呼ばれる。なお，意思決定能力の有無は，個々の子どもの成熟度合いに応じて判断されるが，13歳以下の子どもについて「意思決定能力有り」と判断されることは，まずないとされる。今回のケースは，12歳から15歳という，ちょうど境目の年齢の子どもたちについてだった。

174) https://www.dofe.org/about/

https://en.wikipedia.org/wiki/The_Duke_of_Edinburgh%27s_Award

175) https://www.dukeofed.org/post/94/giving-back-telias-award-journey-

176) https://www.manchester.ac.uk/discover/governance/structure/board-governors/members/

https://www.UCL.ac.uk/governance-compliance/council/council-membership

https://www.brightonsu.com/studentvoice/coursereps/#:~:text=A%20Course%20Rep%20is%20a, to%20create%20positive%2C%20lasting%20change.

177) https://www.durhamsu.com/articles/update-from-megan-university-approve-student-consultation-framework

178) 英国では，小中学校の段階で，習熟度に応じてグループを分けることに躊躇いはない。

例えば，小学校で主要教科を教える際には，1つのクラスの中に，習熟度で分けた複数のグループが設けられることが多い。30人のクラスの中に，3レベル×2グループの合計6グループ（1グループ5人）が設けられるというイメージだ。教師は，授業前半では，中間グループをイメージして講義を行う。授業後半では，各グループにプリントを配った上で，下グループに行き，再度丁寧に教える。この間，中間グループは普通にプリントを解き，上グループは早く終われば追加プリントを解く。教師に余力があれば，上グループに行って高レベルのことを教える。

中学校になると，クラスの中でのレベル分けではなく，クラス自体が教科毎にレベル別に設けられる。1学年に200以上いるような大きな学校では，8レベルに分けて教えるようなことも珍しくない（8レベル×30人学級＝240人）。生徒は該当するレベルのクラスに行って，勉強する。教科毎なので，得意な数学は上から2番目のクラスに，不得意な国語は下から2番目のクラスに行って学ぶといったことになる。成績が良ければ学年の途中でレベルの高いクラスに上がることもある。このように分けることで，全員が全教科，同じ教育を一律に受けることに比べると，理解が出来ないままに座っている子どもも，もっと出来るのに次に進ませてもらえない子どもも減るとされる。

このように早期から習熟度で分けて教えることが許容されるのは，「人間は生まれつきの能力が違う」という考え方が当然視されているからだと言われることがある。「プラトンは『国家篇』の中で，理想的国家を構成する人間を3つの階層に分け，それらを金，銀，鉄（銅）という金属に喩えている。金の人間は国家の支配者（守護者）であり，銀は守護者の補助協力者となり，そして鉄（銅）は生産労働を行う一般国民である。この階層はカーストのようなものではないが，能力を大きく決定するのは遺伝であり，人間の能力は生得的なものであるとされた。人間は金，銀，鉄（銅）という違う材料によってつくられた特質を持って生まれてくるというこの生得的能力観は，ヨーロッパ社会におけるいわばオーソドックスな人間観であり，ヨーロッパのエリート教育を正当化してきた考え方でもあった」という説明が分かりやすい。

こういった考え方の上に，誰に対しても同じ教育を提供する「equality」（平等性）ではなく，能力に応じた教育を提供する「equity」（公平性）の発想が発展する。日本の教育に詳しい英国人研究者は，「日本と異なり，英国では，『born to be smart』という発想が普通だ」という。

日本でも，以前よりも習熟度に分けた教育が行われるようになったが，英国のような早期からの徹底した習熟度学習は行われていない。この違いには，英日の根本的な人間観の相違が影響していると思われる。

https://shinko-keirin.co.jp/keirinkan/csken/pdf/54_04.pdf

179）ハーバード・ビジネススクールの組織行動学者であるエイミー・C・エドモンドソン教授が提唱する概念。集団の大多数が「ここではなんでも言えるし，心おきなくリスクがとれる」と感じる雰囲気のこと。心理的安全性が低い組織では，社員は何も情報を出さなくなる一方，心理的安全性が高い組織では，社員は安心して活発に議論するようになるとされる。

180）工藤勇一『学校の「当たり前」をやめた。』時事通信社，2018年

181）https://www.aqa.org.uk/subjects/sociology/gcse/sociology-8192/scheme-of-assessment

182）https://www.aqa.org.uk/find-past-papers-and-mark-schemes

183）https://filestore.aqa.org.uk/sample-papers-and-mark-schemes/2019/june/AQA-81921-W-MS-JUN19.PDF

この質問に対しては，「関連する理論やコンセプト等について，生徒が十分な知識や理解を持っているか」(①)，「これらの知識・理解を，生徒が適切に議論に引用し適用しているか」(②)，「これらの知識・理解に対する論拠のある説得的な批判的分析が行われているか」(③)，という3つの要素それぞれから採点が行われる（それぞれ4点ずつ配点)。このような質問は，認知的スキルの一つである批判的思考力を問う質問だと考えられがちだが，①のような知識的側面についても評価されており，英国で，知識とスキルが，相伴うコンピテンシーだと捉えられていることが分かる。

また，このような記述試験では，生徒の回答の仕方に大きな幅が出る。一義的な正解がない質問形式なので当然であり，その採点は，「正解」が書かれているかではなく，知識や理解の引用の適切さや，説得的に議論が展開されているかを基準に行われている。

184）評価員については教員以外，例えば経済界の者が担うことにすれば評価コストが抑えられるのではという考え方もある。外部の目が一定程度入ることが，評価の信頼性を上げるのはその通りであり，大学関係者以外にも，教育を評価する力をもっている人はいると思われる。

ただ，大学教育の評価には，教育プログラムの設計や採点方法への理解，各専門分野の教育の特徴に対する理解などが求められる場合が多く，教育の質を適正に評価できる者を，大学関係者外から確保することは現実的には簡単なことではない。仮に，浅い理解に基づく見当違いな評価が行われた場合，その評価は教育の改善につながらず，むしろ教員の質を損なう結果を招きかねない。

また，1990年代の英国の授業視察・評価システムがそうだったように，評価員を教員とすることには，他の教員の教育実践を見ることにより自らの教育実践が改善するという教

育効果も大きい。

185）例えば「評価員及び評価された側がかけた人数×時間」で表現することが考えられる。

186）https://www.mext.go.jp/b_menu/shingi/chukyo/chukyo4/gijiroku/04081801/007/007.htm

http://eic.obunsha.co.jp/resource/topics/0501/05015.pdf

https://www.mext.go.jp/component/a_menu/education/detail/__icsFiles/afieldfile/2020/04/16/1368921_02.pdf

187）一般に，教育収入を公費に頼る傾向が強く，大学の自律性が相対的に低い国においては，説明責任の相手方が政府となり，設置認可をはじめ，政府が主体となる入口管理に質保証の重点が置かれる。その一方，教育収入を公費に頼らず，家庭による授業料負担や，企業，同窓会，慈善家等からの寄付などにより教育収入を補っている，大学の自律性が相対的に高い国においては，大学は，政府だけでなく，授業料負担者（家庭）や外部資金提供者（企業，同窓会，慈善家）に対して説明責任を果たすことが求められる傾向にあるとされている。

https://www.nier.go.jp/05_kenkyu_seika/pdf_seika/h23/h23-(4)(1).pdf

Ⅲ　研究の章

――世界に冠たる研究力を形作るもの――

英国の大学は，世界に冠たる研究力を有しているとされています。
この章では，まず，英国大学の研究力の分析を行います。
その上で，英国大学の研究力が強いとすれば，何がそうさせているのかを，「人」（研究者）に着目して考えます。
最後に，英国の研究力の課題を取り上げます。
コラムでは，英日の研究環境の比較を行っています。

1　英国の研究力の分析

1 研 究 力

研究力とその測り方

研究とは，平たく言えば，「新しい事実や情報，理解を発見しようとする営み」のことです[1)2)]。それでは，研究者は，その発見が「新しい」ことをどのように証明するのでしょうか。

それは，同じ分野を中心とした他の研究者から認めてもらうことで行われます。「新しさ」を判定できるのは，その分野の最先端を理解できる研究者以外にはいないからです。

このために行われる方法は，自身の研究成果を論文の形にまとめ，他の研究者に読んでもらった上で，研究雑誌や学会に公表し，新しい発見であることを認めてもらうことです。

その論文の発見が革新的であれば，その後に続く研究は，その発見の上に進められることとなります。研究者コミュニティには，他者の発見を自分の論文に使う場合には，その発見が掲載された論文名を明示的に引用しなければならないルールがあります。他の研究者から注目される顕著な発見があった論文は引用されることが多く，このような被引用数が多い論文は，「質が高い」論文だとみなされます。

教育と研究の大きな違いの一つは，教育成果が数量的に把握しにくいのに比べ，研究成果は，産出した論文数[3)]や論文の被引用数を「数える」ことにより，数量的に量と質を測ることが可能だという点です。

▒論文データベース

世界では，日々無数に論文が産出されています。これらを集め，研究成果の量と質を表示するサービスを提供しているのは，民間企業です。データベースの構築を専門とした世界的な民間企業がいくつかあり[4]，いずれも，世界の数万に上るジャーナルや数多くの著書，学会をフォローし，それらで発表された論文等が，どの国，大学，研究者のものか，また，何人の研究者によって引用されたかを明らかにしています[5]。

また，これらのデータベースは，各論文の「質の高さ」を表示する際，一定の工夫を行っています[6]。代表的な工夫が，「Top10％論文」「Top1％論文」という表示方法です。これらは，他の論文に引用された回数が，その分野[7]の全論文中，上位10％，上位１％に入る論文のことを指します。例えば，「A 論文はTop1％論文だ」と言った時には，A 論文はその分野での被引用数が上位１％に入る「人気論文」だということになります[8]。

この他，論文の質を表示する方法としてFWCIという指標が有名です[9]。これは，他の論文に引用された回数が，「世界平均よりどれくらい上，あるいは，下にあるか」を表す表示方法です[10]。FWCIの数値が1.0以上であれば，その論文の被引用度は，その分野において世界平均以上，1.0以下であれば世界平均以下ということとなります[11]。

論文データベースを用いて研究力の高さを分析・比較する試みは，政府や大学ランキングをはじめ幅広く行われています。

他方，論文データベースによる研究力の分析には限界があるとも言われています。特に，人文・社会科学の分野（なかでも芸術学，文学，法学といった分野）については，研究の成果が論文ではなく，創作活動や書評，判例注釈などとして現れることが多く，これらは民間企業のデータベースに必ずしも捕捉されません[12]。

こういったこともあり，以下では，論文の量と質に基づき研究力の分析を行いますが，その対象は基本的に自然科学分野に限られていることに注意してください。

2 英国の研究力の分析

ここからは，英国の研究力の状況を分析します。文部科学省科学技術・学術政策研究所から，日英独の研究力を比較した格好のレポートが出ていますので，主にこれらに拠った分析です。[13]

なお，欧州の中での研究力のトップ2は英国とドイツで，両国は互いの状況を見ながら研究力向上の方策を探っているところがあります。

論 文 数

まず，論文数について見てみると，図3－1の通りとなります。[14]

現時点の日英独の論文数は，同じ程度です。[15]世界で，日英独より論文を多く産出している国は，アメリカと中国の2カ国しかないので，論文数について，日英独は3番手争いをしているということになります。

日英独の違いは，英国とドイツの論文数が，右肩上がりに増えているのに対し，日本の論文数は1990年代後半から停滞していることです。世界で産出されている論文数[16]はこの40年間で約4倍に増えていて，唯一の例外である日本を除き，主要国の研究活動は英独に見られるように，一貫して拡大傾向にあります。[17]

この図からもう一つ分かるのは，英国では，論文産出主体が圧倒的に大学に集中しているということです。日独では大学以外の主体（研究開発法人や民間企業）が一定の割合を占めているのに対し，「英国の研究力」は，ほぼほぼ「英国大学の研究力」とイコールです。

論文の質

次に，英国大学の論文の質について見たいと思います。

図3－2は，日英独の大学[18]による論文産出数を横軸に，それらの論文に占めるTop10％論文の割合を縦軸にマッピングしたものです。全体として英国大学のTop10％論文割合は，日独を上回っています。

日英独で論文の総産出数は同程度ですが，英国大学の論文の質は，日本やド

図3－1　日英独の論文産出状況

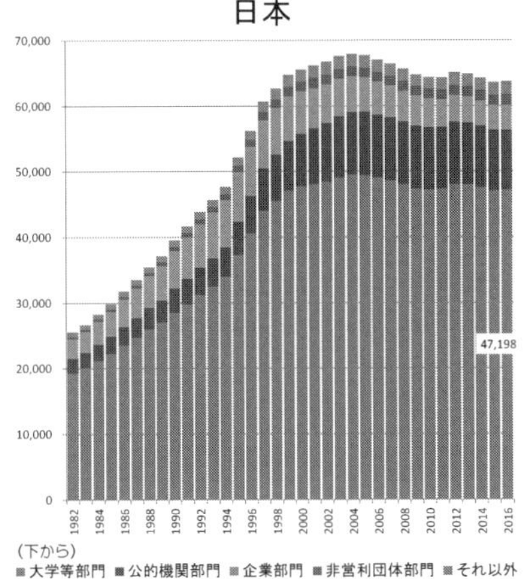

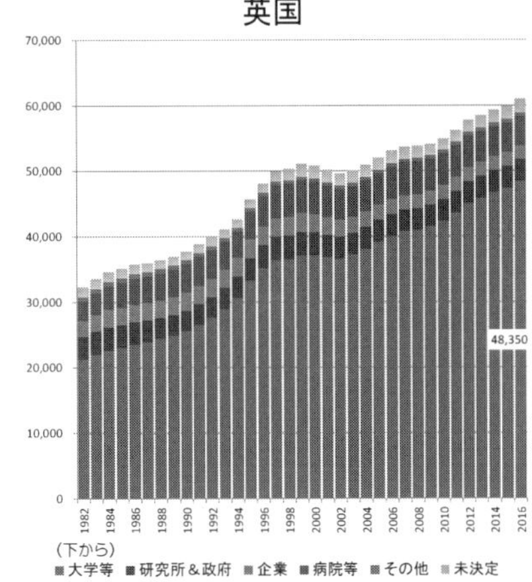

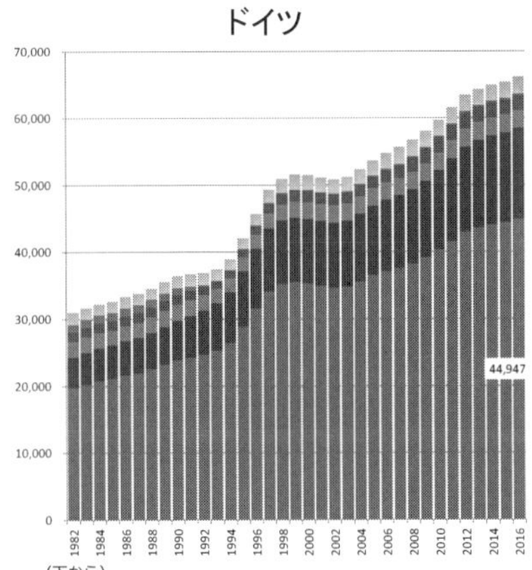

注1：Article, Review を分析対象とし，分数カウント法により分析。3年移動平均値（2016年は，2015～2017年の3年平均値）である。

注2：日本と英国及びドイツのセクター分類が異なる点に注意が必要である。

注3：日本の部門別データについては，2019年8月公表の「調査資料―284，科学研究ベンチマーキング2019（2019年8月）」時点から，個別大学の名寄せを詳細に確認し，データベースの修正を行ったため，大学等部門の論文数では年単位で最大0.1％以内の僅かなずれが生じている。

出典：クラリベイト・アナリティクス社 Web of ScienceXML（SCIE, 2018年末バージョン）をもとに，科学技術・学術政策研究所が集計。

図3－2　日英独の論文数とTop10％論文割合

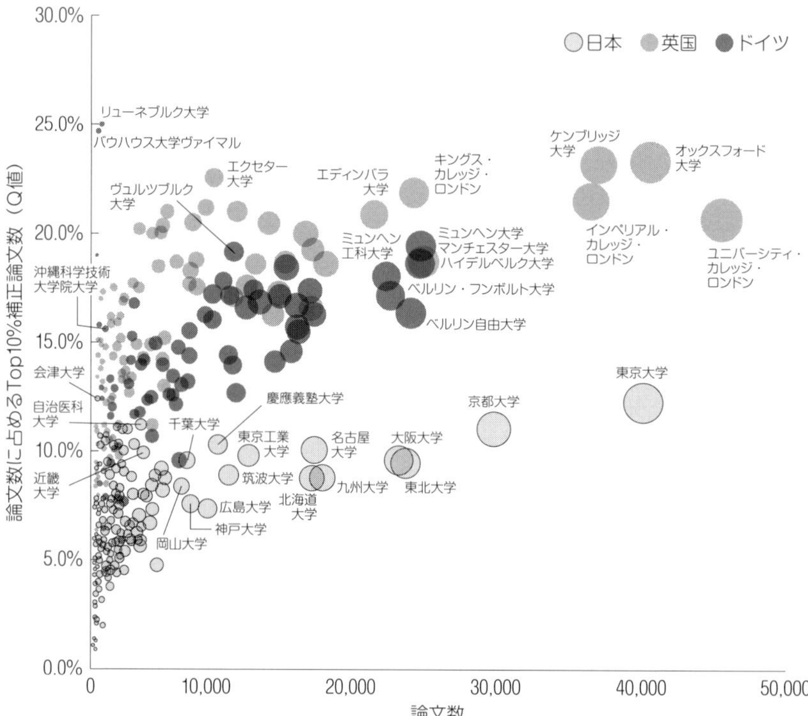

注1：Article, Reviewを分析対象とし，整数カウント法により分析。2013～2017年の5年合計値を用いた。円の大きさは論文数規模に対応している。

注2：大規模な国際共同研究の論文の影響を除くため，著者数100人以下の論文で分析した結果である。

出典：クラリベイト・アナリティクス社 Web of ScienceXML（SCIE, 2018年末バージョン）をもとに，科学技術・学術政策研究所が集計。

イツ以上だということです。[19)20)]

論文の量・質

論文の質・量双方の経年の状況を教えてくれるのが，Top10％論文数の産出を順位付けして経年に並べた表3－1です。[21)] これを見ると，世界2位だった英国の順位は近年中国に抜かれ3位となったものの，Top10％論文の数は，増え続けています。ドイツもTop10％論文数を増やしながら英国を追随していま

表 3 - 1　各国の Top10％論文数の 3 時点での推移

(①1996～1998, ②2006～2008, ③2016～2018)

全分野	1991-1998（PY）（平均）		
	TOP10%補正論文数		
国・地域名	分数カウント		
	論文数	シェア	順位
米国	30,791	44.0	1
英国	5,880	8.4	2
ドイツ	4,619	6.6	3
日本	4,237	6.1	4
フランス	3,432	4.9	5
カナダ	2,939	4.2	6
イタリア	1,955	2.8	7
オランダ	1,755	2.5	8
オーストラリア	1,539	2.2	9
スイス	1,247	1.8	10
スウェーデン	1,228	1.8	11
スペイン	1,192	1.7	12
中国	803	11.0	13
イスラエル	654	0.9	14
ベルギー	648	0.9	15
デンマーク	642	0.9	16
フィンランド	542	0.8	17
インド	531	0.8	18
台湾	474	0.7	19
ロシア	447	0.6	20
韓国	440	0.6	21
オーストリア	385	0.5	22
ノルウェー	343	0.5	23
ニュージーランド	290	0.4	24
ブラジル	283	0.4	25

全分野	2006-2008（PY）（平均）		
	TOP10%補正論文数		
国・地域名	分数カウント		
	論文数	シェア	順位
米国	35,516	36.0	1
英国	7,086	7.2	2
中国	6,598	6.7	3
ドイツ	6,079	6.2	4
日本	4,461	4.5	5
フランス	4,220	4.3	6
カナダ	3,802	3.9	7
イタリア	3,100	3.1	8
スペイン	2,503	2.5	9
オーストラリア	2,493	2.5	10
オランダ	2,352	2.4	11
インド	1,704	1.1	12
スイス	1,698	1.7	13
韓国	1,582	1.6	14
スウェーデン	1,252	1.3	15
台湾	1,173	1.2	16
ベルギー	1,052	1.1	17
デンマーク	842	0.9	18
ブラジル	823	0.3	19
イスラエル	744	0.8	20
トルコ	744	0.8	21
オーストリア	629	0.6	22
シンガポール	629	0.6	23
フィンランド	597	0.6	24
ギリシャ	556	0.6	25

全分野	2016-2018（PY）（平均）		
	TOP10%補正論文数		
国・地域名	分数カウント		
	論文数	シェア	順位
米国	37,871	24.7	1
中国	33,831	22.0	2
英国	8,811	5.7	3
ドイツ	7,460	4.9	4
イタリア	5,148	3.4	5
オーストラリア	4,686	3.1	6
フランス	4,515	2.9	7
カナダ	4,423	2.9	8
日本	3,865	2.5	9
インド	3,672	2.4	10
スペイン	3,539	2.3	11
韓国	3,213	2.1	12
オランダ	2,854	1.9	13
イラン	2,541	1.7	14
スイス	2,236	1.5	15
ブラジル	1,687	1.1	16
スウェーデン	1,634	1.1	17
シンガポール	1,326	0.9	18
デンマーク	1,308	0.9	19
ベルギー	1,303	0.8	20
台湾	1,077	0.7	21
ポーランド	1,008	0.7	22
トルコ	925	0.6	23
サウジアラビア	875	0.6	24
オーストリア	834	0.5	25

図３－３　英国の各分野の FWCI（2010～2014年）

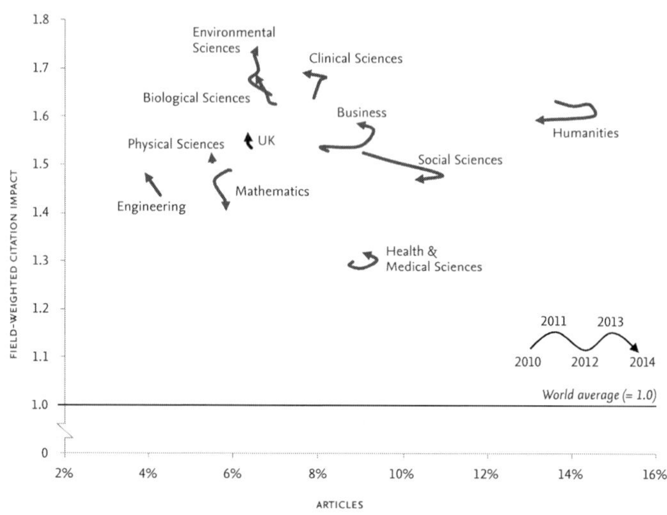

す。なお，日本の Top10％論文数は近年減少しており，順位も下がりつつあります[22]。中国の Top10％論文数は，今やアメリカに迫る勢いです。

▒深掘り視点①：強みのある分野

ここからは，英国の研究力について，２つの視点から，もう少し深掘りしてみたいと思います。

１つ目の視点は，英国が強い研究分野はどこかということです。

英国政府は，英国の研究の特徴は，自然科学の諸分野，人文・社会科学全てに渡って，全方位的に優れていることだとします[23]。図３－３は，英国の各分野の FWCI を見たもので，確かにいずれの分野においても FWCI の数値が世界平均である1.0を大きく超えていることが見て取れます[24]。

一つ英国の特徴を挙げるとすると，それは，基礎生命科学や臨床医学といったライフサイエンス分野に強いということです。英国は，ライフサイエンス研究における世界のリーダーであり，この分野における英国の研究生産性は，米国の２倍，ドイツの約３倍だと言われています[25]。2020年にオックスフォード大学がアストラゼネカ社と共同で COVID-19のワクチンを開発したことはよく知られていますが，その背景には英国のライフサイエンス分野の傑出した強さがあります。

逆に，全方位的に活発な研究の中でも，英国で比較的産出論文数が少ないのは，工学，材料科学の分野です[26)]。

■深掘り視点②：研究力が強い大学の集中度合い

2つ目の深掘り視点は，どこの大学で研究が活発に行われているかです。英国には約150の大学がありますが，英国の研究成果は，一部の大学を中心に生み出されているのか，それとも約150の大学から満遍なく生み出されているのかということです。

結論から言うと，英国の大学における高い研究成果は，一部の大学にかなり集中しています。図3-4は，横軸に論文産出数に基づく大学順位を，縦軸に各大学が産出した論文数をマッピングしたものです。日本ほどではないものの，英国も一部の研究大学に論文産出が集中していることが分かります。

このことは，ドイツの状況と比較するとより鮮明になります。図3-5は日独で同様の趣旨で比較したものです。これで見ると，ドイツはなだらかな線を描いていて大学間の論文産出差が小さいことが分かります[27)]。

ここで改めて図3-2を見ると，英国と日本の大学のマッピングは横に広がり，大学間のばらつきが大きいこと，一方，ドイツの大学は，図の左側に集中していて，大学間のばらつきが小さいことが分かります[28)]。

さらに，分野ごとの強さを見ることで，ばらつき具合をより詳細に分析してみます。

表3-2は，国内での総論文数（「全分野」での論文産出数）が多い順に大学を上から並べ，それぞれの大学の，各分野における論文産出数の国内順位を数字で表したものです。(「1位」，「2位」，「3位と4位」，「5～10位」の順に，濃いグレーから淡いグレーで色分け，11位から20位に入る場合は数字を斜体で表示)。

これを見ると，日本では総論文数トップ2の東大，京大が，全分野の8割以上において，1位あるいは2位になっています。なかでも，総論文数トップの

図3－4　英日大学の論文数分布

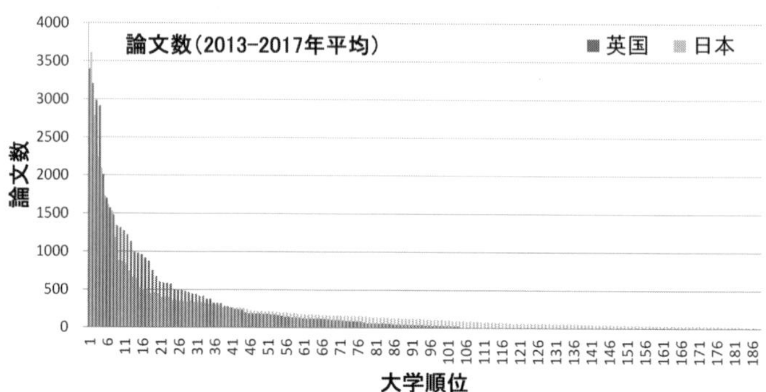

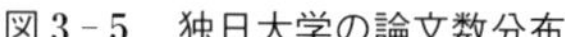
図3－5　独日大学の論文数分布

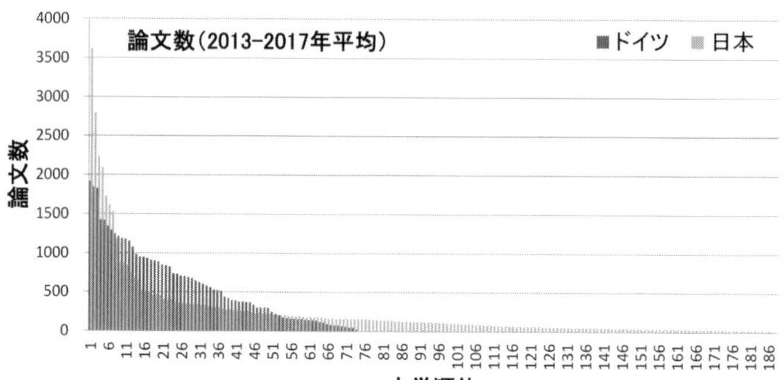

東大は，実に8研究分野中6分野において1位になっています。[29)]

他方，英国では，総論文数トップ1，トップ2のUCL，オックスフォード大学が，各分野で1位あるいは2位にランクインする割合は4割に過ぎません。[30)]他方，総論文数トップ4まで見ると，UCL，オックスフォード大学，ケンブリッジ大学，インペリアルカレッジ大学が，各分野で1位あるいは2位にランクインする割合は約8割となります。[31)]

以上から，日本では東大が圧倒的なトップ1として君臨，東大，京大のトップ2が強固な地位を確立しているのに対し，英国では，4つの大学が英国トップの座を巡ってしのぎを削っているということが分かります。

図3-6　日英独の論文数と Top10%の論文割合

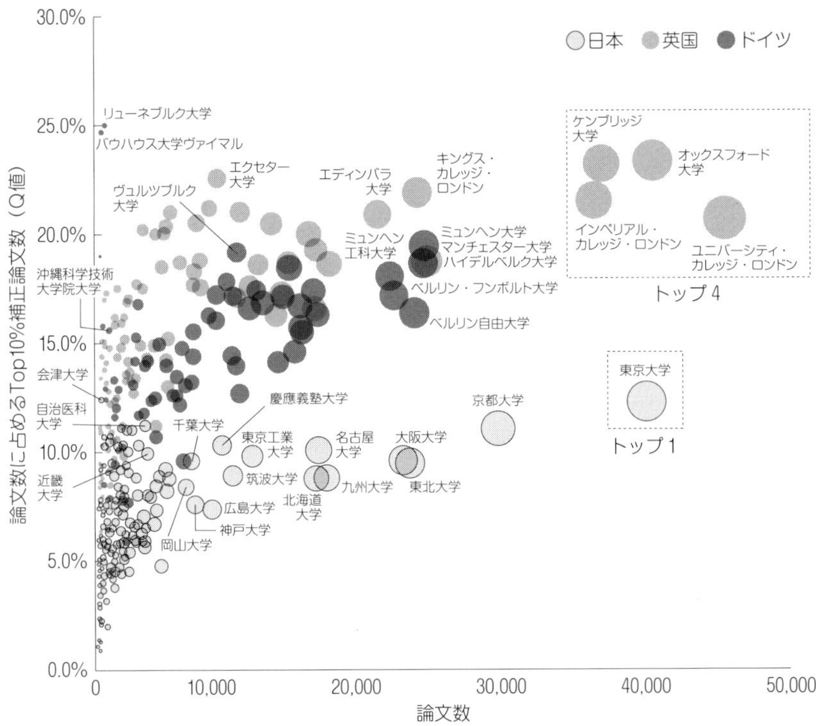

注1：Article Review を分析対象とし，整数カウント法により分析。2013〜2017年の5年合計値を用いた。円の大きさは論文数規模に対応している。

注2：大規模な国際共同研究の論文の影響を除くため，著者数100人以下の論文で分析した結果である。

出典：クラリベイト・アナリティクス社 Web of Science XML（SCIE 2018年末バージョン）をもとに，科学技術・学術政策研究所が集計。

実際，英国でよく聞かれるトップ研究大学の構図は，

- オックスフォード大学，ケンブリッジ大学，UCL，インペリアル・カレッジ・ロンドンがトップ4
- このトップ4をキングス・カレッジ・ロンドンとマンチェスター大学が追っかけている

というものです（図3-6参照）。

さらに詳細に見ると，英国では，総論文数では10位以下のウォーリック大学，

表３－２　日英の論文産出数上位40大学における分野ごとの論文産出の集中・分散

大学名	全分野	化学	材料科学	物理学	計算機・数学	工学	環境・地球科学	臨床医学	基礎生命科学
東京大学	1	2	2	1	1	1	1	1	1
京都大学	2	1	4	3	2	3	2	2	2
東北大学	3	4	1	2	4	4	4	5	6
大阪大学	4	3	3	4	3	6	*19*	3	4
九州大学	5	6	5	7	6	5	5	4	5
北海道大学	6	7	7	8	*13*	8	3	9	3
名古屋大学	7	8	8	5	8	7	6	6	7
東京工業大学	8	5	6	6	5	2	7	92	30
筑波大学	9	*11*	9	9	*11*	*13*	8	23	8
慶應義塾大学	10	*13*	*17*	10	*12*	10	53	7	*11*
広島大学	*11*	10	*15*	*11*	10	*11*	9	*14*	9
神戸大学	*12*	*15*	34	*14*	*14*	*12*	*14*	*12*	10
千葉大学	*13*	*12*	28	*16*	*19*	24	*12*	*13*	*13*
岡山大学	*14*	*19*	29	*18*	33	28	*13*	*11*	*12*
早稲田大学	*15*	*14*	*13*	*13*	7	9	21	83	36
金沢大学	*16*	*18*	38	27	39	29	*11*	*17*	21
日本大学	*17*	30	45	28	*18*	31	36	*15*	*14*
東京医科歯科大学	*18*	61	41	115	105	103	147	8	24
東京理科大学	*19*	9	*11*	*12*	9	*14*	68	93	38
熊本大学	*20*	29	21	43	32	47	23	*19*	*20*
新潟大学	21	42	54	24	*17*	27	26	30	25
長崎大学	22	37	65	93	99	59	33	21	*16*
信州大学	23	21	*14*	29	26	51	30	36	31
徳島大学	24	36	40	47	57	34	66	29	23
近畿大学	25	22	72	69	62	69	47	31	22
東京農工大学	26	*16*	31	31	36	20	*17*	98	*18*
大阪市立大学	27	33	76	26	*16*	82	40	26	48
大阪府立大学	28	*17*	*12*	*15*	24	*19*	41	100	34
順天堂大学	29	152	169	126	148	157	136	10	27
北里大学	30	60	106	95	112	102	82	27	*15*
岐阜大学	31	32	46	66	48	56	28	50	*17*
群馬大学	32	35	50	34	43	35	67	28	39
鹿児島大学	33	69	39	70	54	79	24	34	*19*
富山大学	34	27	37	52	70	37	35	60	26
愛媛大学	35	46	33	41	47	71	10	62	28
横浜市立大学	36	63	127	101	117	112	70	*18*	33
山口大学	37	44	55	60	28	36	29	53	29
山形大学	38	23	*18*	32	45	49	44	72	59
静岡大学	39	26	*20*	*19*	35	*18*	*18*	120	54
東海大学	40	64	22	53	41	33	38	46	50

大学名	全分野	化学	材料科学	物理学	計算機・数学	工学	環境・地球科学	臨床医学	基礎生命科学
ユニバーシティ・カレッジ・ロンドン	1	5	7	4	5	7	8	1	1
オックスフォード大学	2	1	4	2	1	11	1	4	2
ケンブリッジ大学	3	2	2	1	3	2	2	7	3
インペリアル・カレッジ・ロンドン	4	3	1	3	2	1	3	3	4
マンチェスター大学	5	4	3	7	6	4	10	5	7
キングス・カレッジ・ロンドン	6	26	34	17	15	36	36	2	6
エディンバラ大学	7	13	22	8	8	16	7	9	5
ノッティンガム大学	8	8	6	9	13	5	24	8	8
ブリストル大学	9	7	9	12	7	14	5	16	9
サウサンプトン大学	10	10	8	5	9	3	11	12	19
バーミンガム大学	11	17	10	24	10	13	15	6	13
シェフィールド大学	12	14	5	11	12	6	14	14	14
リーズ大学	13	9	11	16	17	9	4	17	16
グラスゴー大学	14	21	25	13	25	25	26	11	10
ニューカッスル大学	15	23	21	35	24	15	20	10	12
リバプール大学	16	20	16	22	19	17	18	18	11
カーディフ大学	17	16	27	30	21	18	19	13	15
ウォーリック大学	18	6	12	10	4	22	51	25	23
ロンドン大学クイーンメアリー	19	27	14	23	18	27	41	15	18
エクセター大学	20	42	26	20	41	29	6	24	21
クイーンズ大学ベルファスト	21	22	23	21	30	24	27	26	25
ダラム大学	22	18	29	6	22	31	12	44	37
アバディーン大学	23	32	42	40	36	35	13	23	20
ヨーク大学	24	19	41	19	16	41	22	27	27
パース大学	25	11	15	28	20	19	40	39	32
ストラスクライド大学	26	15	17	15	32	8	45	53	38
レスター大学	27	35	39	25	37	52	23	22	29
セントアンドリュース大学	28	12	28	14	29	70	21	61	28
ロンドン大学衛生熱帯医学大学院	29	82	96	90	80	97	60	19	24
ラフバラー大学	30	24	13	32	31	10	38	33	47
ダンディー大学	31	46	47	48	52	51	48	20	17
サリー大学	32	30	20	18	14	23	37	35	35
レディング大学	33	28	44	41	38	34	9	54	26
イーストアングリア大学	34	29	55	52	43	47	17	30	31
スウォンジー大学	35	36	18	31	26	26	31	31	33
サセックス大学	36	33	74	26	42	53	42	42	30
ヘリオット・ワット大学	37	25	30	29	27	20	30	92	62
ランカスター大学	38	38	33	27	11	30	32	52	51
プリマス大学	39	58	56	57	51	37	16	32	34
クランフィールド大学	40	56	56	56	56	56	56	56	56

サウサンプトン大学，リーズ大学が，それぞれ，計算機・数学，工学，環境・地球科学の分野において３位あるいは４位となっており，特定の分野で高い研究力を有する大学があることが分かります。[32)33)] このような総論文数で10位以下の大学が，特定の分野でトップ５に「食い込む」状況は，日本では見られません。

以上から，研究力が強い大学の集中度合いについて，英国では，

- 日本と同様，一部の大学に研究力が集中する傾向がある
- 日本では「トップ１（＋１）」，英国では「トップ４（＋２）」が，トップの座を争っている
- 日本以上に，英国では特定の分野で高い研究力を有する大学がある

ことが分かります。

英国も日本も，ヒエラルキー構造が強い大学システムを有していますが，英国の状況は日本よりは分散していて，逆に日本における集中度合いは非常に強いということです。

3　英国の研究力についてのまとめ

ここまでの分析で，

- 英国大学の論文数は，日独とともに世界の３番手争いをしていること
- 英国大学の論文の質は，日独を上回っていること
- 英国大学の研究は，全分野的に強いこと
- 英国では，一部の大学に研究力が集中する傾向があること

が分かりました。[34)]

論文の量・質を分析する限り，「英国大学が世界に冠たる研究力を有している」ことは，明らかです。

「２」～「５」では，このような英国大学の研究力の高さがどのように形作られているか，考えてみたいと思います。

2　英国の研究力を形作るもの ①
――「人」に着目した分析――

比較的少ない研究資金

英国大学の研究力の高さを形作るものは何でしょうか。日本の半分の人口の英国が，どのようにして世界第３位の地位を占めているのでしょうか。

研究力が国力の要の一つとされるなか，ある国の研究力がどうして高いか（あるいは低いか）というのは，研究力の低下が叫ばれる日本においてはとりわけ，大事なテーマです。

研究力を上げるために必要なものの筆頭は，研究資金です。研究資金がふんだんにあれば，世界から最高の研究者を集めたり，最高峰の研究施設・設備を用意したりすることは，比較的容易です。

実際には，研究資金は無限ではありません。福祉をはじめお金がかかる公的サービスは数多くあり，パトロン（＝国民）は研究資金にそんなに寛大ではいられません。であれば，限られた研究資金の中で，どれだけ高い研究成果を上げられるかが重要になります。

このことは，英国についても当てはまります。というのも，英国の研究資金は各国に比べて少ないからです。具体的には，図３-７の通りで，英国の研究開発費（※研究開発業務を行う際に使用した経費）総額は，他国より少ないことが分かります。[35)36)]

英国は，このような比較的少ない研究資金で，高い研究成果を上げていることとなります。実際，英国政府の2016年報告書は，英国の研究開発費は世界全体の研究開発費総額の2.7％を占めるに過ぎないにもかかわらず，世界の研究成果の6.3％，被引用数の10.7％，トップ１％論文数の15.2％を占めているとし，各国の中で際立って研究の費用対効果が良い国だとしています（図３-８参

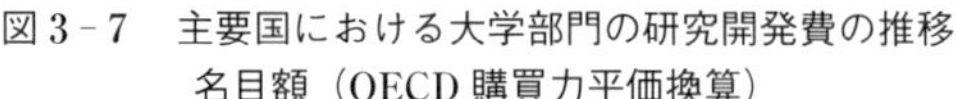

図3-7　主要国における大学部門の研究開発費の推移
名目額（OECD 購買力平価換算）

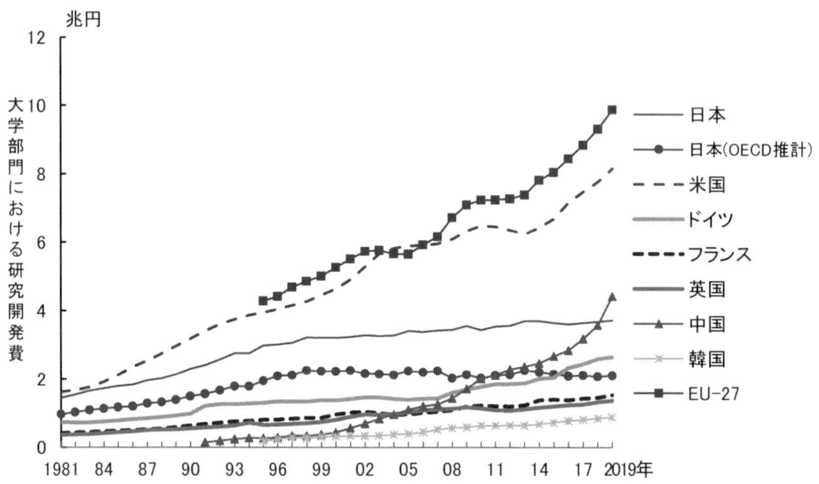

図3-8　英国の研究成果

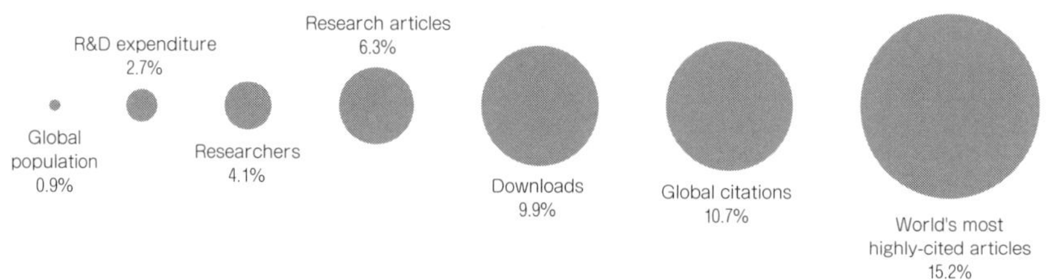

Global population 0.9%　R&D expenditure 2.7%　Researchers 4.1
Research articles 6.3%　Downloads 9.9　Global citations 10.7%
World's most highly-cited articles 15.2%

照）。[37]

現在，英国政府は，他国と比べて低位の研究開発費総額の対 GDP 割合を引き上げる目標を設定しています。英国政府が，英国の研究費は少ないと認識していることは確かで[38]，私自身，ある大学関係者向けの会議に参加した時，英国政府の経済担当大臣が，「少ない費用でこのような高い成果を上げてくれていることに感謝する」とスピーチしていたのを聞いたことがあります（大学関係

図3－9　英日の研究者のキャリアパスイメージ

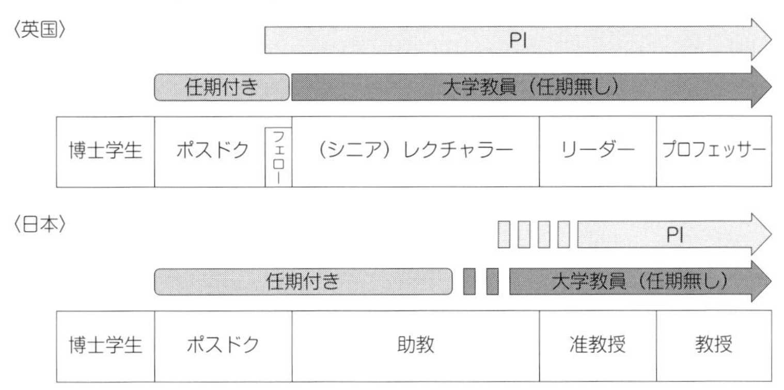

注1：日本の助教の中にも，テニュアトラックに乗っている実質的に任期無しの助教が存在し，PIである場合もある。
注2：日本の准教授は基本的にPIと言えるが，教授の意向によってはPIと言えないケースもある。

者は苦笑していましたが)。

「人」に着目した分析

比較的少ない研究資金の中で，英国が世界に冠たる研究効果を上げられるのはどうしてでしょうか。

研究力の高さを分析する際には様々な切り口があると思いますが，以下では，「人」，すなわち研究者に着目した説明を試みたいと思います。結局のところ，その国の研究力とは，その国の研究者の日々の研究活動の蓄積であり，その国の研究力を左右するのは，その国における研究者の在り様だと思うからです。

「人」（研究者）に着目して分析するに当たり，まず，英日の大学の研究者のキャリアパスの典型的な姿を図示します[39)]（図3－9）。

博士学生からポスドクになり，その後うまくいけば，大学から任期無しの終身ポストで雇用されるという研究者のキャリアパスの大枠は，英国，日本を含め，世界の研究者コミュニティで，概ね共通しています。なお，このレポートでは，大学で教育や研究を行っている者のうち，終身雇用の扱い[40)]で大学に雇用された者を「大学教員」と呼んでいます。英国では，レクチャラーの職階以上が大学教員に当たります（日本では，助教の一部からが大学教員）。

博士学生は研究者か

図3－9から分かる通り，ここでは，博士学生も研究者として扱っています。

博士学生は「学生」であって「研究者」ではないのではと思われる方もいらっしゃるかもしれません。確かに，博士学生は大学教員の論文指導（＝教育）を受ける立場にあります。しかしながら，博士学生は，実は，大学の研究室の一員として研究プロジェクトの一端を担う「研究の実働部隊」としての性格を持ち合わせています。

博士学生は，日々，大学教員の指示や助言のもと，研究室での研究遂行に欠かせない実験やモデリングなどを行っていて，その結果は，研究室の研究実績に貢献しています[41)]。大量の実験データを必要とする自然科学系の学問分野では，大学教員は，日夜実験しデータを取ってくれる「研究の実働部隊」が必要であり，このような役割を担う博士学生なくして研究を進めることは困難です。

博士学生は，学生の顔と研究者の顔の両方を併せ持っているということになります。

このような研究者としての博士学生の在り方は，英国，日本，世界で共通です。その「研究の実働部隊」としての貢献を評価し，欧米では博士学生は「採用」され，給料[42)]が支払われるとともに，授業料は免除されるのが通常です。これに対し，日本では，博士学生を学生としてだけ扱い，給料を支払わないことが常態化してきましたが，これは世界的には顕著に例外的です。

ポスドクとは何か

この図であまり馴染みがないのが，ポスドクだと思います。ポスドクは，「博士課程修了後の研究者（postdoctoral researcher）」を略した言い方です。

大学教員のポストは限られていて，研究実績を上げ，研究力があることを証明しなければ，大学は，大学教員として採用してくれません。このため，「ものすごく」優秀でない限り，博士学生は博士課程を修了後，大学が公募する任期付きのポスドクのポジションに応募し[43)]，大学を転々としながら，研究成果を上げようとします。

ポスドクは，研究室に雇用され，博士学生と同様，研究室を回す業務（例えば物品の発注や予算の管理，実験，ホームページ管理など）を行っています。大学教員の目線からは，ポスドクは博士学生と同様の（ただし博士学生より責任が重ための）研究室のスタッフに見えていて，博士学生からは，近い将来自らがそうなるかもしれない先輩研究者に見えているはずです。

ポスドクが，晴れて大学教員として採用されるためには，研究成果を出す必要があります。このためポスドクは，雇用主たる大学教員の指示のもとで実験などを行いつつ，時間を作って自分の研究も行わなければなりません。自分自身の研究を進めることができるかは，雇用のされ方や大学教員の裁量に大きく依存します[44]。

任期付きの雇用で食いつなぎながら，どうにか自分自身の研究も進め，大学教員ポストを獲得しようと「就職活動」を行っているのがポスドクです。

大学教員の狭き門

それでは，博士号を取得した若手研究者のうち，ポスドクを経て，終身雇用の大学教員として就職する者はどれくらいいるでしょうか。

英国の研究者のキャリアを量的に示したのが，図３－10です。

これによると，博士号取得者のうち，大学教員になるのは3.5％です[45]。大学教員が，非常に狭き門であることが分かります。英国大学は，博士学生やポスドクを大量に採用した上で，大学教員として終身雇用する段階では，「ぎゅっと」その枠を絞っているということになります[46]。

この構造は，大学にとって一定の合理性をもっています。まず，若い研究者を任期付きで，安めの給料で雇用し，大量の労働力を確保することができます。また，いったん博士学生やポスドクとして採用することで，能力が不明な者を，終身雇用のポストに雇用するリスクを避けることができます。「研究の実働部隊」を安価に確保しつつ，その中から研究力が確かな者を選抜し，長期雇用する仕組みだということです。

研究者キャリアパスに沿った取組

「人」に着目して分析すると，研究力を高めるため，英国は，以上見て来た

図３－10　英国の博士号取得者のキャリアパス

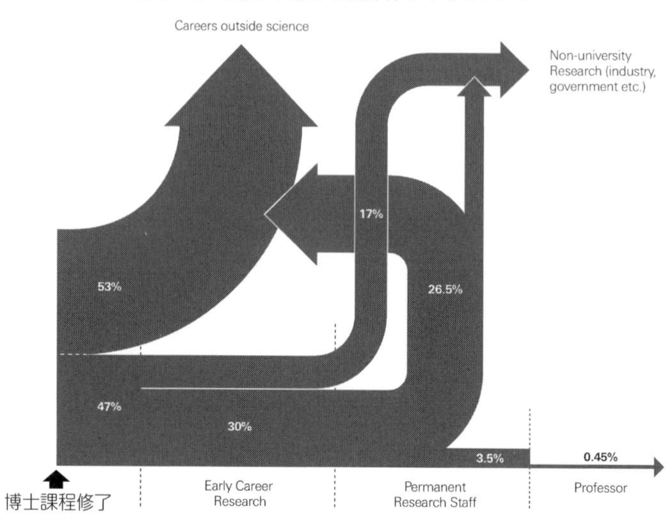

出典：Royal Society, The Scientific Century: securing our future prosperity, 09/March/2020.

研究者のキャリアパスに沿って，次の３つのことに取り組んでいることが分かります。

１つ目は，可能な限り多くの若者に研究者になる道を目指してもらうとともに，早期に若手研究者を独り立ちさせることです。

２つ目は，終身雇用の立場で採用され身分が安定した大学教員に，研究成果を上げるよう，インセンティブを与えたり，プレッシャーをかけたりすることです。

３つ目は，若手研究者，大学教員双方について，国外から，優秀な研究者を集めることです。

次節からは，これら３つについて，それぞれ「若手研究者」「大学教員」「国外からの研究者の獲得」と項目立てし，順に見ていきたいと思います。

3　英国の研究力を形作るもの ②

——若手研究者——

1 博士学生

挑戦しやすい環境①（博士学生の給料）

研究者の入口は博士課程です。英国の博士課程は，通常３～４年で，英国の最短の学業ルート（学部３年，修士１年，博士３年）を歩んだ場合，25歳で博士号を取得することとなります[47)]。博士学生は，大学教員の研究指導のもと，実験などを行い，研究室の研究成果に貢献するとともに，博士論文を書き上げます。視野を広げるため，複数の大学教員から研究指導を受けたり，他の研究室の博士学生と共同で研究を行ったりすることもあります。

英国では，博士学生，特に自然科学系の博士学生のほとんどは，給料（stipend）を得るとともに，授業料を免除されています[48)]。給料の額は概ね年額250万円程度（１万５千～２万ポンド）です。この額は英国の最低賃金と同程度ですが，一般の給料と異なり税金や保険料がかからないため，悪くない額だとされます[49)]。なかには年額400万円を超える給料をもらっている場合もあります。

限られた研究資源で研究力を上げるためには，まずは沢山の将来性の高い若者に研究者になろうとしてもらう必要があります。博士学生の給料は，博士学生が「研究の実働部隊」の役割を担っていることを評価し，成人年齢に達し，親元を離れたり，時にはすでに家族を持っている博士学生に生活費を与えることで，若者が研究者の道に挑戦しやすい環境を提供する機能を果たしています。

挑戦しやすい環境②（就職力の向上とジョブ型の雇用文化）

英国の博士号取得者で，大学教員になれるのは3.5％です。このことは，若者に博士課程に挑戦してもらうためには，博士課程に進むことが，修了後，研究者以外の道に進んだ場合にもプラスになる，少なくともマイナスにならないと思ってもらう必要があることを意味しています。博士課程が，就職力（employability）を高めるものでなければならないということです。

このため，英国大学では，例えば，博士学生が他専攻の学生とともに社会課題の解決について考える機会を提供するなど，コミュニケーション力や批判的思考力といったソフトスキルを伸ばす取組が行われています[50)]。実際，英国では，博士号取得者は修士号取得者よりも就職できる割合が高く，給料も高いというデータがあります[51)]。また，７割の民間企業が，データ分析能力，問題解決能力，プロジェクトマネジメント力などへの期待から，博士号取得者の採用に前向きだとされます[52)]。

日本の博士学生と異なり，英国の博士学生が，民間企業に就職しやすいのは，こういった大学の取組とともに，あるいはそれ以上に，英国の雇用文化によるところが大きいかもしれません。

英国の民間企業は，新卒を一括で採用し，様々な職場を経験させることでジェネラリストを育成する日本と異なり，数年単位で人が辞め入れ替わることを前提に，年齢ではなく，専門性による中途採用を基本としたプロフェッショナル志向の高い雇用を行っています（いわゆる「ジョブ型」）。このような専門性を重視する雇用文化においては，研究活動への従事を通じてデータ分析能力や問題解決能力などを高めた博士号取得者の専門的能力を評価し，雇用するのは自然な流れです。

若者の受け止め

以上を踏まえ，英国の若者に，英国大学の博士課程がどう見えているかというと，以下のようなことかと思います。

> 「博士課程に進学すると，民間就職した同期に比べれば多少安いものの，３～４年生活給をもらいながら研究をすることができる。博士課程を終えたらできれば大学教員になりたい。ただ，在学中に，研究の才能がないことが分かったり，研究以外の方面に関心をもったりするかもしれない。そ

の場合も同期より高めの給料で民間就職できるようだ。そんなに悪い話にはならなさそうだし，研究は面白そうなので，博士学生の公募に応募してみよう」

どの国でも，研究者の道を志す若者は一定数います。知的好奇心を追求することに価値を見出すのは，人間がもつ特性の一つだと思います。

英国では，研究者の道に魅力を感じている若者に，生活の糧や汎用性のある就職力を培う機会を与えることで，この道に進んでもらえるよう取り組んでいると言えます。

博士学生の「選抜」

それでは，誰でも博士学生になれるかというと，そうではありません。英国大学の博士学生は誰でもなれるものではなく，挑戦して採用されることで獲得する「ポスト」です。

英国大学で博士課程に進みたければ，通常，大学の奨学制度（「studentship」）に応募し，採用される必要があります。図３－11はインペリアル・カレッジ・ロンドン大学の公募例で，年間約200万円の給料で，材料科学分野の博士学生を募集しています。博士課程に進もうとする学生は，インターネット上に数多く掲載されているこういった募集に応募し，面接などを経て採用される必要があります。特に著名な大学の人気のある分野の公募には，応募が殺到します。国外向けの公募も行われる場合は，世界の若者と競う必要もあります。[53)]

博士学生が競争性の高い選抜ポストとなっている一因は，博士学生に給料が出るからです。学生としては，給料の出る面白そうな「職」に応募するという感覚になりますし，英国大学としては，給料を支払う対象を無制限に増やすわけにいかないということにもなります。

公募ですので，応募しても採用してもらえないケースが生じます。それでは公募プロセスを経ず，博士学生給料をもらわずに，博士学生になっている若者がいないかと言うと，自然科学系でも少数ですが存在します。実際，英国政府は，英国の研究やイノベーションを支えるために博士学生は不可欠だとし，給

図3－11　英国大学のPh. D.公募例

Imperial College
London

PhD Studentship: Designing Printable Alloys for Additive Manufacturing

Imperial College London - Department of Materials

Qualification Type:	PhD	**Placed On:**	10th February 2021
Location:	London	**Closes:**	10th April 2021
Funding for:	UK Students, EU Students, International Students		
Funding amount:	Tuition fees at the home rate plus a stipend of £17,609 per annum		
Hours:	Full Time		

注：インペリアル・カレッジ・ロンドン大学の材料科学分野
　　授業料の支給＋年間200万円の給料（stipend）の支給
出典：jobs.ac.uk ホームページ（https://www.jobs.ac.uk/job/CEB805/phd-studentship-designing-printable-alloys-for-additive-manufacturing）

料を獲得できなかった場合でも博士課程に通えるよう，2018年から博士学生向けの「出世払い」の授業料ローンの仕組みを始めています[54]。ただし，このような自費博士学生[55]は「質が低い」として雇用しない研究室も多くあり，自費で博士課程に進学したことが，その後も「スティグマ」として研究者のキャリアパスに影を落とすこともあるとされます[56][57]。

このように博士学生に「選抜」があることは，授業料を払えば基本，誰でも博士学生になれる日本との大きな違いです。

英国の大学教員は，なるべく多くの若者に博士課程に挑戦してほしいと思っていますが，同時に，自分の研究室に，意欲や能力が低い若手を「抱え込みたくない」とも思っています。給料を提供し博士課程の魅力を高めつつ，博士課程に進む若者を事前に選抜できる奨学制度（「studentship」）は，この両方の要請に応える仕組みだと言えます。

博士学生の雇用資金

博士学生を雇用する奨学制度を設けるには，そのための資金が必要です。こ

図3－12　博士学生への給料（stipend）支給の流れ

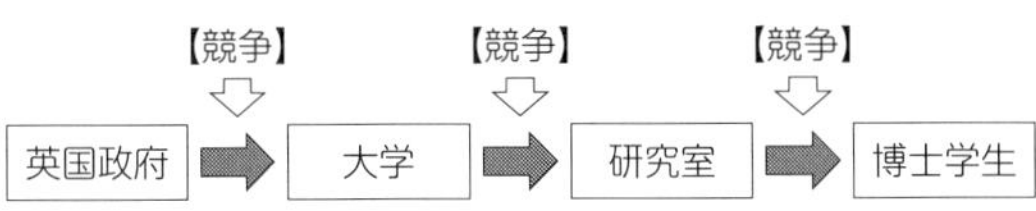

の資金を拠出しているのは，主に政府と大学です。[58]

政府は，大学に博士学生の雇用資金を提供する際には，大学間を競わせます。大学は，申請書を提出し，研究の意義や博士学生の育成方法をアピールし，他大学との競争に勝つことで，博士学生雇用用の政府の競争的資金から一定の枠を確保することとなります。[59]

さらに，大学の中では，各研究室が，大学が確保した枠の中から出来る限り博士学生を配分してもらうよう競い合います。[60]研究室が研究を進めるに当たって，「研究の実働部隊」たる優秀な博士学生を多く獲得することは，死活問題です（実際，英国の大学教員と話をすると，「今年は，どうにか○人博士学生を確保できた」といった会話が頻繁に出てきます）。

以上の結果，図3－12のように，博士学生の給料は，それぞれの段階において競争が行われた上で学生の手元に渡っています。

近年，英国アカデミアは博士学生の雇用資金を増やしており，英国の博士号取得者は，この20年間で2倍以上に増えています。[61]さらに，現在，英国政府は研究開発費のGDP比を大きく高める目標[62]を掲げていて，今後，国内外から2万人以上の博士学生を追加雇用することとなると試算されています。[63]

2　ポスドク（その最終段階としてのフェロー）

ポスドクの最終段階としての「フェロー」

博士課程を修了した若者の約半分は民間企業に就職します。残りの半分の大半は，ポスドクとして，数年単位で大学を転々としながら研究力を上げ，次の道を模索します。アカデミアでの研究者キャリアを目指す若者が，博士号取得後にポスドクとなる流れは，英日で共通です。英日で異なるのは，英国では，ポスドクの最終段階で，政府や公益団体，大学が提供する「フェローシップ」

図3－13 英国の研究者のキャリアパスイメージ

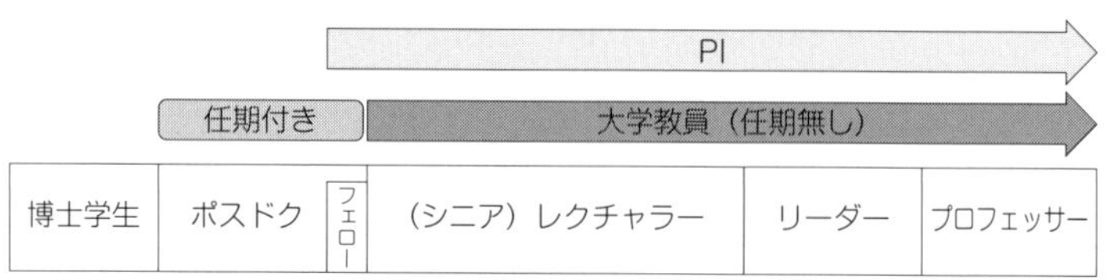

の支援を受ける「フェロー」として，研究を行う機会が幅広く設けられていることです[64]。フェローのようなポジションは，日本にもありますが，多くはありません[65]。

フェローシップは，政府等が研究資金を提供し，若手研究者に，思う存分研究を「やらせてみる」取組です[66]。

博士号を取得した若者は，概ね２年から10年間のポスドク期間を経た後，フェローシップに応募し，認められれば，フェローとして支援を受けられます。年齢的には，30歳前後で，任期は，５年程度です[67]。フェローは，ポスドクの一種ですが，一般のポスドクと本質的に違う点があります。それは，大学教員の指示の下で研究を行うポストである一般のポスドクと異なり，フェローは，自ら掲げた研究テーマのもと，「研究室を率いるリーダー」として独り立ちして研究を進めるポジションだという点です。

PI：研究室リーダー

欧米では，このような「研究室を率いるリーダー」のことを「PI（Principal Investigator）」と呼んでいます。「研究責任者」などと訳されます[68]。

日本では，研究者と聞くと，「教授か，准教授か，それ以外か」といった視点で見ることが多いように思います。英国では，一番の分岐点は，「PI かどうか」です。例えば，ある記事には次のように書かれていて，英国で研究者がどのように区分けされているかがよく分かります[69]。

「アカデミックキャリアの一番の難所はポスドクから PI になる地点だ。誰かのために研究する立場から，誰かを使って研究する立場になるということだ。PI とポスドクはたまたま同じ環境の中に居合わせているが，PI であるということはポスドクであることと本質的に異なる。PIの肩書はどこで研究しているかによって様々で，例えばフェロー，レクチャラー（助教），リーダーやアソシエイトプロフェッサー（准教授），シニア研究者（教授）などがある。PIであるかどうかを判定する一つの方法は，Xグループとして研究を行っているという時のXに自分の苗字が入るかどうかだ。」

この記事では，教授や准教授，助教，フェローであることは，PIの肩書の一つに過ぎないとされています。PIは，その肩書が「教授」であれ「准教授」であれ「助教」であれ，「フェロー」であれ，各研究室のリーダーであり，研究者としての関係性は対等です。英国では，フェローや助教，准教授は，教授に「使われる」立場ではありません。というより，教授もPIの1人なのです。

ここは日本人によく誤解されるところで，ある時，英国大学に勤める日本国籍の先生が，「ある日本の政府機関の職員から，『先生の教授はどなたですか？』と聞かれたのだけど，分かってないんだなあと思った」という笑い話をしてくれました。彼は准教授（リーダー）なのですが，研究室を率いるPIです。プロフェッサーも，リーダーも，レクチャラーも，フェローも，それぞれがそれぞれの研究室を率いるPIなので，それぞれが独立しており，「彼の教授」なる人は存在しません。

PIは研究室のリーダーなので，研究室が出す論文では筆頭格として名前が記載されます[70]。PIになるということは，世界の学術界に研究を代表する「プレイヤー」として参加する資格を得ることを意味し，逆にPIでない研究者が世界の学術界から「プレイヤー」として認められることはありません。

フェローが活躍できる環境づくり

フェローがPIとして活躍するためには，研究成果を上げられる研究環境が必要です。フェローシップは，フェローにそのための資金を与えています。自分自身の給料，ポスドクや博士学生を数名雇用する資金，研究装置の購入資金などです[71]。

また，フェローは，いずれかの大学[72]に籍を置き，その大学の研究室や設備を使っています。フェローシップには，政府や公益団体が資金提供する「外部フェローシップ」と，大学が資金提供する「大学フェローシップ」があり，大学フェローシップから資金提供を受けているフェローは通常その大学に籍を置くことになります。他方，外部フェローシップから資金提供を受けている外部フェローは，自ら大学に打診し，そこに籍を置きます。外部フェローは，大学にとって給料を支払うことなく研究実績に貢献してくれる「有り難い人たち」なので，希望すれば喜んで籍を置かせてくれます[73]。

これらにより，フェローは，研究チーム，研究する場，研究設備を手に入れ，自らの独創性のもと研究に専念できる準備が整います。

PIであるフェローは大学教員の指示を受ける立場ではありませんが，駆け出しの若手研究者にとって，経験豊富な大学教員から助言を受ける機会があることは，貴重です。このため，多くの若手PIには，相談に乗ってくれるメンター（大学の先輩研究者）が指名されています。また，フェローシップ提供団体が主催するネットワークイベントに参加し，助言やサポートを受けることもできます[74]。

■英国の豊富なフェローシップ

英国には，フェローシップが数多くあります。表3－3には，政府や公益団体が提供している約100種類の英国のフェローシップのリストを挙げました（これでも網羅的ではありませんし，これらの他に大学が提供するフェローシップも数多くあります[75]）。政府と公益団体が同じくらい，フェローシップの提供に貢献しており，公益団体では，英国最大の公益団体である「ウェルカムトラスト」など医学系が多く見られます[76]。

フェローシップの具体を見てみると，例えば，政府系機関[77]の「UKRI Future Leader フェローシップ」は，各フェローに，4年間，総額約2億円を資金提供しています[78]。政府は，このフェローシップにより，2018年から2021年の3年間で，計500人のフェローに対し，総額約1300億円の支援を行うとしています[79]。もう少し小さめの政府系フェローシップもあり，例えば，自然環境研究会議[80]（NERC）の「Independent research フェローシップ」は，各フェローに，5年間，総額7千万円程度を提供しています[81]。

公益団体のフェローシップの中では，例えば，ウェルカム・トラストと英国王立協会が共同で出資する「Sir Henry Dale　フェローシップ」は，各フェローに，５年間にわたり，総額約1.7億円を支援しています[82)83)]。

▒フェローシップの機能①（選抜機能）

５年程度のフェローシップの期間の中で研究業績を上げ，大学に実力を認められたフェローは，レクチャラー（助教）などの終身の大学教員ポストに応募し，雇用されれば，引き続き PI として活躍していくこととなります[84)]。若手研究者の中には，そもそもフェローシップを取れない場合や，フェローシップを取っても大学に採用されるほどの業績をあげられない場合もあります。この意味で，若手研究者にとって，フェローシップは「関門」のような存在です。なお，フェローシップを経ずに大学教員になる道もありますが，フェローシップを経ることが，その後の研究者キャリアパスで有利に働くとされています。

大学は，フェローシップにより，研究者の研究力を確認しようとしています。大学にとって，終身の大学教員として採用することは，限られた研究資源を投資し続けることを意味し，その前に任期付きの雇用であるフェローシップで若手研究者の研究力を確認できることの意義は小さくありません。それでは，フェローシップを通じて，大学が確認しようとしている研究力とは何でしょうか。

日本では，研究者といえば，日夜一心不乱にビーカーを振っているイメージや，お茶の水博士[85)]や阿笠博士[86)]に代表される「独創的な発明家」のイメージがあります。このような根気強さや独創性は重要ですが，自然科学系で PI として活躍していく上で決定的に必要な力があります。それは，マネジメント力です。自然科学系の研究の多くは，チームでの取組が不可欠です。研究室のリーダーは，研究内容をアピールして研究資金を取り，ポスドクや博士学生に適時適切な指示を出し，期間内に研究論文に結実させるといった，研究室のマネジメントを行わなければなりません。優秀で相性の良いスタッフを獲得する人を見極める力も必要です。PI は，研究者であると同時に，マネージャーだということです。

フェローシップは，一般のポスドクでも，終身雇用の大学教員でもない，

表3-3 政府や公益団体が提供している英国のフェローシップ

- Academy of Medical Sciences Clinician Scientist Fellowship
- Alzheimer's Research UK Clinical Research Fellowship
- Alzheimer's Research UK Clinical Research Training Fellowship
- Alzheimer's Research UK Research Fellowship
- Alzheimer's Research UK Senior Research Fellowship
- Alzheimer's Society Clinician and Healthcare Professional Training Fellowship
- Alzheimer's Society Research Fellowship (previously Junior Fellowship)
- Alzheimer's Society Senior Fellowship
- Arts and Humanities Research Council (AHRC) Leadership Fellow - Early Career Researcher route
- Arts and Humanities Research Council (AHRC) Innovation Fellowship - Leadership Fellow Scheme Early Career Researcher route
- Arts and Humanities Research Council (AHRC) Research, Development and Engagement Fellowship - Early Career Researcher route
- Biotechnology and Biological Sciences Research Council (BBSRC) David Phillips Fellowship
- Biotechnology and Biological Sciences Research Council (BBSRC) Discovery Fellowship
- Biotechnology and Biological Sciences Research Council (BBSRC) Future Leader Fellowship
- Breast Cancer Now Career Development Fellowship
- Breast Cancer Now Clinician Scientist Fellowship
- British Academy Postdoctoral Fellowship
- British Heart Foundation Advanced Training Award
- British Heart Foundation Career Re-entry Research Fellowship
- British Heart Foundation Clinical Research Training Fellowship
- British Heart Foundation Immediate Postdoctoral Basic Science Research Fellowship
- British Heart Foundation Intermediate Clinical or Intermediate Basic Science Research Fellowship
- British Heart Foundation Senior Clinical or Senior Basic Science Research Fellowship
- Cancer Research UK-AACR Transatlantic Fellowship
- Cancer Research UK Advanced Clinician Scientist Fellowship
- Cancer Research UK Career Development Fellowship
- Cancer Research UK Career Establishment Award
- Cancer Research UK Clinician Scientist Fellowship
- Cancer Research UK Clinical Trial Fellowship Award
- Cancer Research UK Population Research Postdoctoral Fellowship
- Cancer Research UK Postdoctoral Research Bursary for Clinical Trainees
- Diabetes UK Harry Keen Intermediate Clinical Fellowship
- Diabetes UK RD Lawrence Fellowship
- Diabetes UK Sir George Alberti Fellowship
- Economic and Social Research Council (ESRC) Future Research Leader
- Economic and Social Research Council (ESRC) New Investigator Grant
- EMBO Advanced Fellowship (if host organisation is located in the UK)
- EMBO Postdoctoral Fellowship/Long-Term Fellowship (if host organisation is located in the UK)

- EMBO Young Investigator Programme Award (if host organisation is located in the UK)
- Engineering and Physical Sciences Research Council (EPSRC) Early Career Fellowship
- Engineering and Physical Sciences Research Council (EPSRC) Postdoctoral Fellowship
- Engineering and Physical Sciences Research Council (EPSRC) Manufacturing Fellowship
- Engineering and Physical Sciences Research Council (EPSRC) - Science and Technology Facilities Council (STFC) Stephen Hawking Fellowship
- Engineering and Physical Sciences Research Council (EPSRC) UKRI Innovation Fellowship
- ERC Consolidator Grant (PI only; if host organisation is located in the UK)
- ERC Starting Grant (PI only; if host organisation is located in the UK)
- ERC Synergy Grant (PIs only; if host organisation is located in the UK)
- HEE/NIHR Clinical Lecturer
- HEE/NIHR Senior Clinical Lecturer
- Human Frontier Science Program Cross-Disciplinary Fellowship (if host organisation is located in the UK)
- Human Frontier Science Program Long-Term Fellowship (if host organisation is located in the UK)
- Humboldt Foundation Feodor Lynen Research Fellowship - for postdoctoral researchers (if host organisation is located in the UK and 12+ months only)
- IIASA - Natural Environment Research Council (NERC) Collaborative Fellowship
- Leverhulme Trust Early Career Fellowship
- Leverhulme Trust Research Leadership Award
- Marie Skłodowska-Curie Actions (MSCA) Individual Fellowship (if host organisation is located in the UK)
- Medical Research Council (MRC) Career Development Award
- Medical Research Council (MRC) Clinical Research Training Fellowship
- Medical Research Council (MRC) Clinician Scientist Fellowship
- Medical Research Council (MRC) New Investigator Research Grant
- Medical Research Council (MRC) Senior Clinical Fellowship
- Medical Research Council (MRC) Senior Non-Clinical Fellowship
- Natural Environment Research Council (NERC) Independent Research Fellowship
- Natural Environment Research Council (NERC) UKRI Industrial Innovation Fellowship
- Natural Environment Research Council (NERC) UKRI Landscape Decisions Fellowship
- NIHR Advanced Fellowship
- Parkinson's UK Clinical Research Training Fellowship
- Parkinson's UK Senior Research Fellowship
- Parkinson's UK and The Scottish Government Health and Social Care Directorate Joint Career Development Fellowship
- Royal Academy of Engineering Enterprise Fellowship
- Royal Academy of Engineering IC Postdoctoral Research Fellowship
- Royal Academy of Engineering Research Fellowship
- Royal Commission for the Exhibition 1851 Research Fellowship in Science or Engineering (if host organisation is located in the UK)
- Royal Society/British Academy/Academy of Medical Sciences Newton International Fellowship

- Royal Society-CNR/-K. C. Wong/-Kohn/-Sino British Fellowship Trust/-Shooter International Fellowship
- Royal Society Dorothy Hodgkin Fellowship
- Royal Society Industry Fellowship
- Royal Society University Research Fellowship
- <u>Royal Society/Wellcome Trust Sir Henry Dale Fellowship</u>
- Royal Society of Edinburgh Enterprise Fellowship (post-PhD only)
- Royal Society of Edinburgh Personal Research Fellowship (if host organisation is located in the UK)
- Science and Technology Facilities Council (STFC) Ernest Rutherford Fellowship
- <u>UKRI Future Leaders Fellowship</u>
- Versus Arthritis Career Development Fellowship
- Versus Arthritis Clinical Research Fellowship
- Versus Arthritis Foundation Fellowship
- Wellcome Trust Career Re-entry Fellowship
- Wellcome Trust Clinical Research Development Fellowship (Stage 1)
- Wellcome Trust Clinical Research Career Development Fellowship (Stage 2)
- Wellcome Trust Investigator Award in Science
- Wellcome Trust Investigator Award in Humanities and Social Science
- Wellcome Trust Research Fellowship for Healthcare Professionals (post-PhD only)
- Wellcome Trust Research Fellowship in Humanities and Social Science
- Wellcome Trust Sir Henry Wellcome Postdoctoral Fellowship
- Wellcome Trust University Award in Humanities and Social Science

注：下線は，本文中に例示したフェローシップ。

「任期付きのPI」という時限付きのマネージャーポジションを提供しています。これにより，大学に，若手研究者の独創性やPIとして研究室を率いるマネジメント力をもっているかを確認する判断材料を提供しています。

フェローシップの機能②（育成機能）

フェローシップは，同時に，若手研究者の研究力を伸ばすことに貢献しています。ここでの研究力は，独創性とマネジメント力の両方を意味します。

フェローの期間は，誰かの指示を受ける必要も，学生に教育を行う必要もほぼなく[87]，一心に自らの研究に専念できる貴重なタイミングです[88]。世界に研究者としての名乗りを上げ，初めて自分のアイディアを存分に実現できるワクワクした期間であり，同時に，研究者として生き残るために，研究チームを率いて，どうにか研究の成果を上げようと死に物狂いでがんばるタイミングでもあります。

誰しも，重要なポジションを得て，それまでにない緊張感と高い挑戦意欲のもと毎日を過ごす中で，急激に成長する経験をしたことがあると思います。フェローシップは，若手研究者に，このような飛躍的な成長を促す機会を与えています。

フェローシップの特徴は，大学教員としての採用に至る選抜過程であるとともに，若手が研究力を伸ばす育成過程ともなっているところにあると言えます。

3　英国アカデミアの発想①――若手 PI の大量育成

英国アカデミアは，どうして若手 PI を育成しようとするか

若手研究者は，博士学生，ポスドクを経て，フェローシップという「関門」を通る中で，PI として独り立ちする力を培っていきます。実際，英国の研究者は，30歳頃にはすでに，フェローやレクチャラーの立場で，PI として自ら研究室を率い，教授などと対等の立場で研究を行っています。これを可能としているのが，若い研究者が PI として独り立ちすることを支援する英国の豊富なフェローシップです。

ただ，支援したフェローが研究実績を出せず，捨て金になることも少なくありません。どうして英国は多額の資金が必要なフェローシップを数多く設け，捨て金を作ってでも，若い PI を数多く育成しようとするのでしょうか。

それは，30代を中心とした若い研究者は，豊かな独創性を有していると考えられていること，その力が十分発揮されるためには独立した研究環境が必要だと考えられているからです。

若手研究者の豊かな独創性

研究者にとって若い時期，特に30代が重要だというのは，よく知られている事実です。例えば，表 3 - 4 にあるように，ノーベル賞を取った世界の研究者が，ノーベル賞につながる研究を行った年齢は30代に集中しています[89]。ノーベル化学賞を受賞した吉野彰氏[90]は，ノーベル賞につながった研究を始めたのは33

表３−４　ノーベル賞受賞につながる研究をした年齢と受賞までの年数及び平均受賞年齢

受賞年代	ノーベル賞につながる研究をした年齢	受賞までの年数	平均受賞年齢
1940年代	35.3	18.5	53.8
1950年代	36.3	15.1	51.4
1960年代	35.5	18.3	53.8
1970年代	36.7	20.1	56.8
1980年代	37.0	21.9	58.9
1990年代	36.4	24.5	60.9
2000年代	40.0 (37.9)	26.2 (30.3)	66.1 (68.1)
2010年代	36.6 (42.3)	29.2 (25.3)	65.8 (67.5)
合計	37.1 (40.1)	22.0 (27.8)	59.0 (67.8)

注：１．括弧内に記載している数値は2000年以降ノーベル賞を受賞した日本人の値。
２．「ノーベル賞につながる研究」とは，ノーベル財団のウェブサイトに，ノーベル賞受賞の対象となった成果として記載のある研究。

資料：科学技術・学術政策研究所及び政策研究大学院大学科学技術イノベーション政策研究センター（SciREX センター）調査結果を基に文部科学省作成。

出典：平成30年度科学技術白書，第1-1-42表。

歳の時だったとし，「35歳前後が新しいことにチャレンジするのに非常に重要な年代」だとコメントしています[91)]。

我々は，日本人研究者が比較的高齢でノーベル賞を受賞されている姿を見て，研究者は歳を重ねてから研究業績を出すと考える傾向があります。これは，科学的発見から受賞まで通常20数年もかかるノーベル賞の審査の在り方が引き起こしている「錯覚」に過ぎません[92)]。

なお，日本では，よく「若手研究者」という言葉が使われます（ここでも使っています[93)]）。この言葉には，よく注意する必要があると思います。

「若手」という言葉には，中堅層やシニア層より「未熟」で，「これから成長していく」という響きがあります。このため，例えば，「若手研究者支援」施策は，これからの若者を「手助けしてあげる」施策に聞こえます。実際には，30代を中心とした若手研究者たちは，「将来が楽しみな」研究者ではありません。むしろ，この年代の若手研究者こそが，ノーベル賞につながる研究を行っている，国の研究生産を中心的に担っている研究者たちです。

若手研究者にとっての独立した研究環境の重要性

若手研究者が，豊かな独創性を存分に発揮するには，誰かから指示を受けることのない研究環境が必要です。

UCL の副学長（研究担当）は，英国の研究力の強さは，30歳の時には PI として自ら研究テーマを設定し研究することを可能とする，若手研究者の早期からの「独立性」にあるとします[94]。大学の資源を使いつつ，あくまで独立性をもって研究をすること，その研究成果や人間性が的確に評価されることが，若手研究者の研究力を高め，英国の研究力を形作るとします。

英国アカデミアは，若手研究者を早期に PI として独り立ちさせることで，若手研究者が豊かな独創性を発揮できる研究環境を形作ろうとしています。豊富なフェローシップは，その現れです。実際，英国では，政府の競争的研究資金の 4 分の 1 は，20代，30代の研究者が獲得しているとされます[95]。

なお，このような30代から40代はじめの人間が，シニアに従属するのではなく，シニアと対等のプレイヤーとして活躍する状況は，大学業界に限らず，英国社会で一般的に見られる傾向です。

4　英国アカデミアの発想②── PI 主義

英日の研究環境のイメージ

日本では，研究者を早期に PI として育成する発想は，強くありません。教授を筆頭としてシニア研究者を頂点とした「大きなピラミッド構造」の研究室（「講座制」と呼ばれる）を作り，若手研究者を独立させるのではなく，その中に「囲い込む」発想が強いからです[96]。

これとは対照的に，英国では，若手フェローから教授に至る各 PI をチームリーダーとした小さな研究室が，並立しています。英国の研究室は，平均 7 人（PI1 名，ポスドク 2 名，博士学生 3 名，テクニシャン 1 名）で構成されているとされます[97][98]。

英日の研究環境をイメージ化してみたのが，図 3 - 14と図 3 - 15です。

図３－14　英国大学の研究体制イメージ（PI 主義）

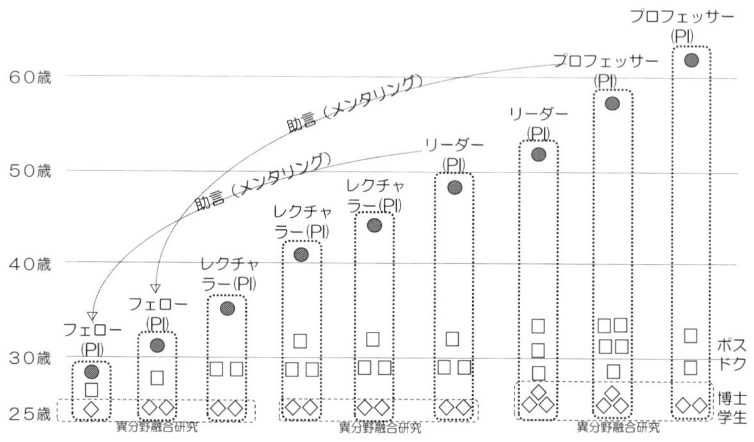

図３－15　日本（国立大学）の研究体制イメージ（講座別）

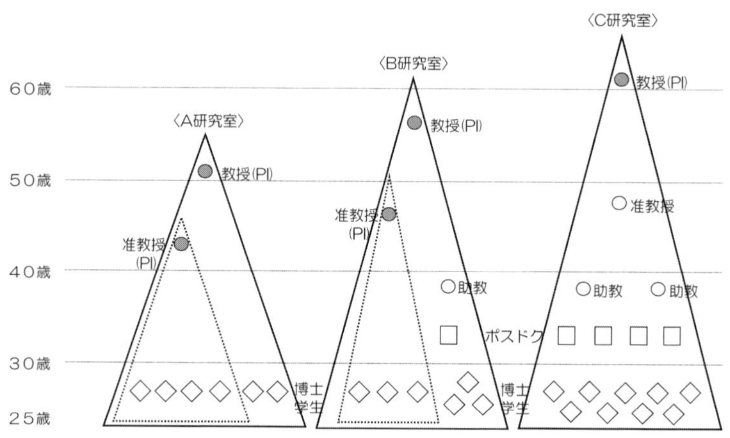

注：日本の大学，特に伝統的な国立大学における自然科学分野の研究体制は，教授を頂点に，教授１人，准教授１人，助教２人，その下にポスドク，博士学生，修士学生というような大きなピラミッド構造を形成。研究室の研究内容は，少なくともその大枠は教授が決定。教授は PI だが，准教授は，教授の意向により，PI の場合も PI ではない場合もある。助教は通常 PI ではなく，結果，同じ研究者数でも，英国より PI の数は少ない（２つの図を比較すると，大学教員の数は同じく９名だが，PI の数は，英国では９名なのに対し日本では５名）。「講座制[99]」と呼ばれるこの研究環境は，「大きなピラミッド構造」の中で，教授（及び准教授）が，若手研究者を保護・指導する徒弟制的な仕組みである（PI 主義を一部採用している日本の大学もある）。

▒英国の「PI 主義」

「PI 主義」とでも呼ぶべき英国大学の研究環境の特徴は，その機動性にあります。「組織」ではなく，個々の「人」を起点とした発想であるため，日本の大学にありがちな「○○教授研究室を守ろう」といったしがらみからは無縁で，研究室が，泡のようすぐに潰れ，すぐに生まれ，常時，新しい学問分野への進出が行われています。

英国の研究者は，新しい学問領域への挑戦を盛んに行うことで知られています。実際，図 3 - 16にあるように，国際的に注目を集めている研究領域を見ると，日本の研究者は 3 割程度の研究領域にしか参画していない一方，英国の研究者は 6 割程度に参画しています[100]。これは，学問分野や研究組織を「継承」していく日本の研究体制と，各々の PI が，自らの好奇心や戦略に基づき，独立して研究を進めていく英国の「PI 主義」の違いが一因だと考えられます。

また，若手のマネジメント力を培うには，マネジメント経験が必要です。若手の豊かな独創性をフルに活用しようとするならば，有望な若手に早い段階から PI のポジションをやらせてみて，独り立ちしてその独創性を追求していけるよう，研究マネジメント力を高める経験を早期に積ませるのが近道です。

一点，留意が必要なのは，英国の若手研究者は，PI として独立しつつ，しばしば先輩研究者からメンタリングを受けていることです。英国のように対等な立場で対話する文化が必ずしも発達していない日本では，年長者や先輩は，指導的なスタンスで関わるか,「それが良くない」あるいは「自分の直下にいない」となると，今度は放任するか，どちらかになる傾向があります。若手が独創性を保ちつつ伸びていくには，若手の自律性を損なわないよう，同時に，経験者にしか分からない知見がうまく伝わるよう，教授を含めた先輩研究者が，若手研究者を「サポートする」組織文化を醸成していく必要があります。

英国人は，このような関わり方が絶妙に巧く，メンタリングも，必ずしもメンターとして任じられていなくても，若手研究者の様子を見ながら，適切な人が，適時に行っています。

英国の「PI 主義」を成り立たせているのは，(英国) アカデミア全体の発展のためには，若手研究者に，その自律を前提としつつ，資金的な投資やメンタ

図3－16　国際的に注目を集めている研究領域への参画

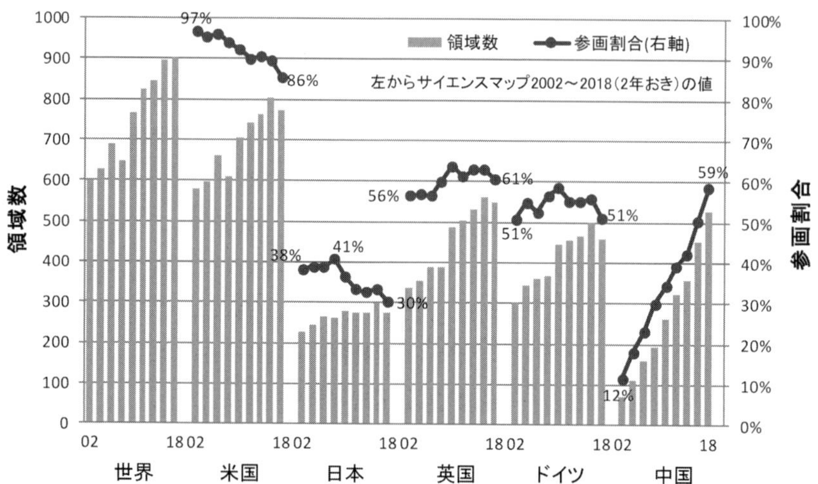

出典：科学技術・学術政策研究所がクラリベイト社 Essential Science Indicators（NISTEP ver.）及び Web of Science XML（SCIE, 2019年末バージョン）をもとに集計・分析を実施。

リング的サポートを行うことが不可欠だと考える，「人材育成」に対する英国研究者の高い理解だと思います。

5　英国の若手研究者に関する課題

ここまで，英国のアカデミアが博士学生への給料の支給（及びその増額）や博士課程の魅力化により，可能な限り多くの若者に研究者になる道を目指してもらおうとしていること，また「PI 主義」のもと，早期に若手研究者を独り立ちさせることで，その豊かな独創性を発揮させようとしていることを見てきました。

この10年，英国の博士学生は増え続け，英国のアカデミアに豊かな独創性をもたらしています。ただし，英国の若手研究者を巡る状況が，「バラ色」かと言うと，そうではありません。

最も大きな課題の一つは，若手研究者，特に博士学生やポスドクの給料が，グレードの高い民間企業に負けていることです。最低賃金と大差ない若手研究者の給料が，シティ（ロンドンの金融業界）やグーグルに勤めている同期を超えることはありません。学術知に魅せられ，上司の指示や時間管理に縛られない自由さを求め，大学で研究することを望む若手が絶えることはないとしても，英国アカデミアの中には，「最も優秀な若い頭脳」は民間企業に行ってしまう（すでに行ってしまっている）のではないかという危機感があります。「大学は，博士学生のことを，安価で，やる気が旺盛な，使い捨てできる労働力だと捉えている[101]」という見方には真実の一面があり，この見方が強まれば，英国大学は優秀な若手研究者を失っていくことになります。

こういった危機感から，英国では，現在，博士学生の給料を全体に上昇させることが議論されています[102]。また，2018年には総額1300億円を投じて「Future Leaders フェローシップ」を創設するなど，優秀な若手を英国アカデミアに惹きつけようとする取組が続けられています。

4　英国の研究力を形作るもの ③

――大学教員――

博士，ポスドク（フェローを含む）を経て，終身の大学教員のポストを得た研究者は，どのような立場に置かれているでしょうか。ここでは研究者のキャリアパスを志す若手研究者が，「晴れて」大学に終身雇用されて以降の「大学教員」の状況を見てみたいと思います。

■大学教員の職階・職務

英国の大学教員の典型的な職階は，以下の通りです（呼び方には，この他にもバリエーションがあります）。

- ●レクチャラー（日本の任期無しの助教・講師，米国の Assistant Professor に相当）
- ●リーダー（日本の准教授，米国の Associate Professor に相当）
- ●プロフェッサー（日本の教授，米国の Professor に相当）

大学教員として初めて採用された研究者の多くは，レクチャラーとして採用されます。レクチャラーには約 3 年間の仮採用期間があり，この間に教育資格を取得するなどした上で，ほとんどの場合，そのまま本採用となります。日本の「助教」と異なり（あるいは2007年以前の日本の「助手」と同様），英国のレクチャラーは，終身雇用のポストです。

ポスドクやフェローと大学教員の職務の大きな違いは，大学教員になると，教育や経営に時間を割かなければならないことです。学部や修士課程の学生を教えたり，大学の委員会に参加したりといったことです。大学教員は，研究・教育・経営という大学の 3 つの職務を，それぞれが一定程度ずつ担うことで，

表３-５　レクチャラー，リーダー，プロフェッサーの年収の中央値

レクチャラー	£32,796	約500万円	
リーダー	£54,928	約800万円	（参考：日本の准教授は約900万円（平均値））
プロフェッサー	£70,984	約1,000万円	（参考：日本の教授は約1,100万円（平均値））

表３-６　５大学のプロフェッサーの年収

オックスフォード大学	£75,818	約1,100万円
UCL	£82,083	約1,200万円
マンチェスター大学	£81,715	約1,200万円
サセックス大学	£79,929	約1,100万円
ノッティンガム・トレント大学	£73,102	約1,100万円

大学を成り立たせています。

３つの職務の中で，レクチャラー，リーダー，プロフェッサーと職階を上がるに連れて，経営の責務が大きくなるのが通常です。例えばプロフェッサーには，学科の教育・研究業績を総括したり，新しい教育プログラムを立ち上げたりすることなどが期待されます[103]。学長や副学長になるなど執行部に入る場合は，職務時間のほとんどは経営に割かれます。

こういった大学教員の職務の在り方の大枠は，英日の大学で基本的に共通していると思います。

大学教員の待遇

民間のウェブサイトによると，英国大学全体のレクチャラー，リーダー，プロフェッサーそれぞれの年収の中央値は，表３-５のようになっています[104]。

また，５つのターゲット大学のプロフェッサーの年収（2015～16）を比較すると表３-６の通りであり[105]，研究大学とその他の大学で大きな差はありません。

日本の大学教員と比較すると，英国の大学教員の待遇は全体として少し低く，アメリカの研究大学のプロフェッサーの年収が２千万円を超えていることと比較すると[106]，英国大学の待遇は「ほどほど」に設定されているように感じます。

実際，お会いすると，「英国大学の教授」といった煌びやかなイメージと異

なり，身に付けている物の慎ましさに驚くこともあります。スタートアップ企業を立ち上げて裕福にしている教員もいますし，待遇が低いわけでは決してありませんが，英国の大学教員には，「沢山お金を儲けられるわけではないけれど，研究や教育が好きでこの仕事をしている」という，ある種典型的な研究者像，教員像が当てはまることが多いように思います。この背景には，民間企業との共同研究が少ないことや医学系の教員が多いこと（※英国の医師の給料は世界的に低い）も影響しているのではないかと思います。

UCL の副学長からは，英国の大学教員の給料は，英国の一般的な給料レベルを勘案しながら，「適度な（adequate）」額に設定されていると聞いたことがあります。また，キングス・カレッジ・ロンドン大学の大学教員（准教授）からは「この給料額は，家賃が高いロンドンではなかなか楽ではない」と伺っています。[107)]

大学教員の解雇

英国でいったん大学と終身契約を結んだ大学教員が，大学から解雇されることがあるかというのはよく聞かれる質問です。結論から言うと，「そうそう起こらないが，あり得ないわけではない」というのが回答だと思います。

1988年以前には，教員に就労に関する強い権利[108)]を付与するテニュア（終身在職権）の仕組みがありましたが，サッチャー政権時に廃止され[109)]，現在の終身契約では，「余剰」を理由に教員を解雇する権限が大学に留保されています。

ただ，大学経営が悪化した場合，大学は，まず事務費の圧縮や新規建設の停止を行い，次に任期付き教員の雇止めや大学教員の昇進・昇給の停止，その次に減給や自主退職の推奨を行い，最後の選択肢として解雇という対応が通常です。英国大学の教職員組合は一定の強さを保持していて，自助努力なしに多くの解雇を行おうとした場合にはストライキを覚悟しなければならないことも大学への抑制として働いています。[110)]特に教員集団の自治性が非常に強いオックスブリッジでは，余剰を理由に解雇するには全教員参加の投票を経る必要があり，大学教員を解雇することはかなり困難を伴うとされます。[111)]

他方で，政府から解雇要件の緩和許可を得て，解雇を比較的容易に行おうとする大学もあります（例：キングス・カレッジ・ロンドン大学，ただし反発も強い)。また，「肩たたき」(自主退職の推奨）も行われているようです。英国では2011年から年齢差別だとして定年制が廃止されているので，自ら辞めない教員には，どこかのタイミングで必ず「肩たたき」が行われるのですが，研究資金を全く取れないような研究者については早期に肩がたたかれ，いつの間にかいなくなっていることもあると聞きます。また，教員解雇に「つながる」方法として，部局全体を廃止するという方法があります。学生が集まらないことや後述の REF 評価の結果が芳しくないことを契機に，このようなことが行われることもあると聞いています[112)]。

▒研究資金を有効活用する仕組み

基本的には終身雇用となった大学教員の解雇は想定されるものではなく，ポスドクやフェローの時と比べると，その身分はずっと安定しています。

ただ，大学執行部や政府としては，研究者に，安定した身分に安住することなく，高い研究成果を出し続けてもらわなければなりません。そうしなければ，研究力が落ち，大学のグローバルなプレゼンスが低下したり，高い研究成果を期待するパトロン（＝国民）への説明に窮したり，国力が損なわれたりするからです。このため，大学教員の研究実績や研究計画を評価し，インセンティヴやプレッシャーを与えながら，高い研究成果を上げると見込まれる研究者に研究資源を集中することで，限られた研究資金の有効活用を図ろうとします。

研究者に直接，インセンティヴやプレッシャーを与える代表的な仕組みが，教員評価と競争的研究資金です。これらは英日いずれにおいても設けられている仕組みです。以下，それぞれについての英国の状況を見てみたいと思います。

▒教 員 評 価

教員評価は，大学が，大学教員の大学への貢献度合いを評価し，その結果によって，大学教員の役割や給料，時には雇用自体に変動を及ぼす仕組みです。

大学教員は，研究，教育，経営の３つの職務を一定程度ずつ担うことで大学を成り立たせていますが，各大学教員が，それぞれの機能にどれくらいの時間的貢献を割くかは，各々で異なります。例えばある大学教員は，全労働時間のうち，「研究５：教育２：経営３」の割合で，ある大学教員は，「研究２：教育６：経営２」の割合で貢献するといったことです。

どういった割合とするかは，大学の執行側と大学教員間の交渉で決まります。大学教員の常として，研究時間を多く確保したいと希望する大学教員が多いと思われますが，だからといって，全ての大学教員の研究時間割合を大きくしてしまうと，教育が成り立たなくなってしまうので，大学としては，誰に研究時間を多く集めるか選択しなければなりません。

この選択が，教員評価の中で行われます。

たとえ本人が研究に多くの時間を割きたいと思っていたとしても，教員評価の結果，研究実績が上がっていないと判断された大学教員については，教育時間の増加を求めることとなります。時には教育に専従することを求める場合もあり，その場合は研究者としてのキャリアは断たれます。こういった場合，「格」が落ちる他大学に移籍して研究を継続しようとすることもあります。

これとは逆に，研究力が高い大学教員が大学との交渉により研究に専従することも想定されますが，英国大学では多くはないようです（コラム⑩参照）。多数ではありませんが，研究，教育，経営いずれの点でも大学への貢献度がほとんど見られない場合には，大学から自主退職の推奨が行われ，消えていく場合もあるようです。

教員評価では，給料の多寡も決定されます。一例を挙げると，ある研究大学では，教授職の待遇を上からA, B, Cの３段階に分けた上で，ノーベル賞級の業績をあげた教員はA，億単位の研究費を勝ち取るなど顕著な実績をあげた教員はB，標準的な業績の教員はCと評価されます。Cで約1000万円程度，Bで約1500万円程度と1.5倍程度の給料差があり，Aではそれ以上の待遇となります。多くの教員はC評価に落ち着きます。

競争的研究資金

英国大学では，大学教員に自動的に研究資金が「落ちてくる」ことは基本ありません。このため，研究を行うには，大学教員が自ら政府や公益財団などに研究計画を提出し，他の大学教員をおさえて，研究資金を勝ち取る必要があります。このような研究資金は，「競争的研究資金」と呼ばれます。

競争的研究資金の主要な供給源は英国政府です[113]。7つの学問分野別（医学，工学，人文学など）に設置された研究会議[114]が，審査の上，研究への助成を行っています。

大学教員は，研究会議から助成を得るため，これから行おうとしている研究の戦略的妥当性や社会的インパクトなどを記した研究計画を提出します。研究会議では，ピアレビュー（研究者による同僚評価）による審査が行われ，採択の可否が決定されます。

競争的研究資金は，税金で賄われる研究資金の有効活用を図るために国が設けている「研究資金獲得競争の仕組み」だと言えます。

大学単位の研究資金獲得競争の仕組み

以上2つは「個々の研究者」を対象とした仕組みですが，英国には，世界的に著名な「大学単位」の評価に基づく研究資金獲得競争の仕組みがあります。「REF 評価（Research Excellence Framework：研究卓越性評価）」による研究交付金の獲得競争です（REF 評価に基づき政府から提供される研究資金は「研究交付金」と呼ばれる）。

教育の章では，2016年に始まった「TEF（Teaching Excellence Framework：教育卓越性評価）」について説明しましたが，これは，1986年に始まったこのREF 評価の「成功」を踏まえて開発されたものです。

競争的研究資金と REF 評価を較べると，学問分野別のピアレビューに基づき，政府から研究資金が提供される点では同じですが，大きな違いが2つあります。

1つ目は，競争的研究資金は，各大学教員が資料を提供し審査を受けるのに対し，REF 評価は，大学が資料を提供し審査を受けることです。REF 評価の結果に基づき交付される資金の使い道も，大学が決めます。

2つ目は，競争的研究資金は，研究「計画」を提出し審査を受けますが，REF 評価は，研究「実績」（過去6年間程度）を提出し審査を受けることです。

図３－17　英国大学の研究収入の収入源（2017～18）

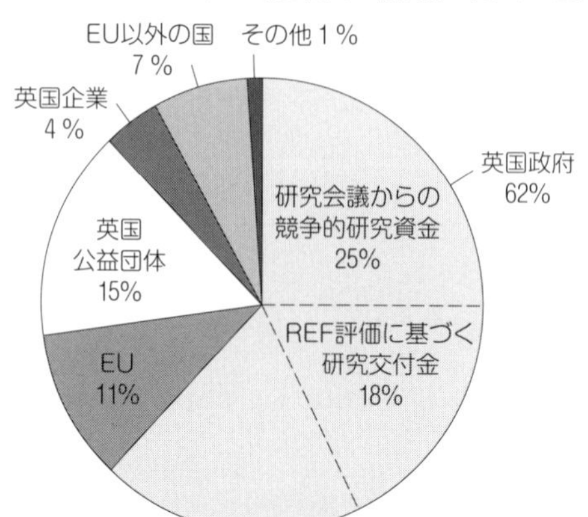

出典：Universities UK, Higher education in facts and figures 2017, 2018, 2019.

競争的研究資金は「大学教員」が「これから」の研究計画の評価を受け資金を提供されるものであるのに対し，REF評価は，「大学」が「それまで」の研究実績の評価を受け資金を提供されるものだということです。

英国大学の研究収入の収入源

図３－17にある通り，英国大学の研究収入の約６割は政府からの資金提供です。全研究収入中，研究会議からの競争的研究資金が約25％，REF評価に基づく研究交付金が約18％であり，研究収入全体の約半分を占めます。[115)]

同図中，EUや公益団体からの研究収入も，競争的に勝ち取る資金であることが通常です。なお，EUからの研究収入は，もともとEU各国（※ブレグジット後は，EUと英国）からの拠出金が基となっており，英国は有数の拠出国ですので，事実上，英国大学の研究収入の収入源の４分の３は英国政府だと言えます。[116)]

REF評価の仕組みの概要

以下，世界的に著名なREF評価について，少し詳しめに説明したいと思います。REF評価は，一見大学単位の評価ですが，実は，個々の大学教員の研究活動に大きな影響を与えていると考えられるからです。

REF 評価は，サッチャー政権下の1986年に導入され，英国ですでに40年近く実施されてきた仕組みです[117]。

概ね 6 年おきに実施され（最近では，2001年，2008年，2014年，2022年），いったん決まった配分額は，次の REF 評価が行われるまで，約 6 年間，基本的に固定されます。大学にとって REF 評価は，この先約 6 年間の政府からの継続的な資金提供額が決まる大事な評価だと言えます。REF 評価に基づき政府から資金提供される研究交付金の額は，毎年，総額約1900億円です（2014～2022年の期）。例えば，マンチェスター大学では，研究収入総額に占める研究交付金の割合は約 2 割，大学の総収入に占める割合は約 1 割であり，一定の重みがあります[118]。

REF 評価の際には，36の学問分野別（物理，生物科学，法学，歴史など）に評価委員会が立てられ，それぞれの委員会に20人程度の委員が所属し，年単位の時間をかけて審査が行われます[119]。

審査は，大学が提出した研究実績に関する資料に基づき行われます。REF2014 からは，研究成果に対する評価に加えて，研究成果が社会にもたらしたインパクトについても評価の対象とされています。

評価結果は，5 段階で表示されます。大学への研究交付金の交付額は，表 3－7 の 5 段階中上位 2 段階に該当すると評価された研究実績の数に応じて決定されます（その他の評価を受けた場合は交付対象とならない）。

大学は，提供された研究交付金の使い方を自由に決めることができます。

REF2014 において研究交付金を最も多く配分された大学は，① オックスフォード大学，② UCL，③ ケンブリッジ大学の順番で[120]，英国の研究大学トップ 3 が順当に他の大学に競り勝ちました[121]。

REF 評価の本当の機能

ここまでが教科書的な REF 評価の仕組みの説明なのですが，この説明では REF 評価が持つ大事な側面が抜け落ちていると考えています。それは，REF 評価が，「大学」の研究実績に対する評価に止まらず，個々の「大学教員」の

表３－７　REF評価の結果

4*	独創性，重要性，厳格性において，世界を先導する質を有していること
3*	独創性，重要性，厳格性において，国際的に優れているが，エクセレンスの最上級の基準を満たしているとまではいえない質を有していること
2*	独創性，重要性，厳格性において，国際的に認識される質を有していること
1*	独創性，重要性，厳格性において，国内的に認識される質を有していること
分類不能	

図３－18　REF評価の具体的な流れ

- 各大学は，評価委員会の各分野に応じたグループを分野ごとに通常１つ作る（各グループは概ね学科（department）に相当）
- 各グループに所属する各研究者が，自らの研究業績（３本程度）を取りまとめ役に提出し，取りまとめ役は，グループとしてのストーリーを付して大学本部に提出
- 大学本部は，全グループの評価資料をとりまとめてREF事務局（リサーチ・イングランド）に提出
- 各大学が作るグループの数は，各大学が有する分野次第なので，総合大学ではグループ数は多くなり，単科大学では少なくなる（例えば，REF2014では，UCLは36グループ，自然科学系の大学であるインペリアル・カレッジ・ロンドンは14グループ）
- 評価委員会では，提出された評価資料を，３つの評価観点（ⅰ研究成果，ⅱその研究成果が社会にもたらしたインパクト，ⅲ大学が設けている研究環境）ごとに，５段階（①国際的に先導的，②国際的に卓越，③国際的に認められている，④国内で認められている，⑤分類不可）で評価
- 最終的には，各大学の各グループが提出した評価資料に３つの評価観点ごとのウェイト（研究成果評価が60%，インパクト評価が25%，研究環境評価が15%）が掛けられた上で，①から⑤のそれぞれの評価段階ごとに，いくつずつあったかがカウントされる
- 大学には，「①国際的に先導的」あるいは「②国際的に卓越」と評価された評価資料の数に応じて，研究交付金が配分される
- 配分割り当て額は，①の評価が②の４倍分に相当し，逆に，③，④，⑤と評価された評価資料は交付金の配分対象にはならない
- 配分割り当ての際には分野間でかかるコストの違いも考慮される
（※ハイコスト分野は1.6倍，ミドルコスト分野は1.3倍，それ以外は1.0倍）

参考文献
https://www.ucl.ac.uk/research/evaluation/research-excellence-framework/ref-2014
https://www.imperial.ac.uk/about/leadership-and-strategy/provost/ref-2014-results-/
https://re.ukri.org/funding/quality-related-research-funding/
https://www.ref.ac.uk/2014/media/ref/content/pub/assessmentframeworkandguidanceonsubmissions/GOS%20including%20addendum.pdf

図3-19　REFの評価結果例

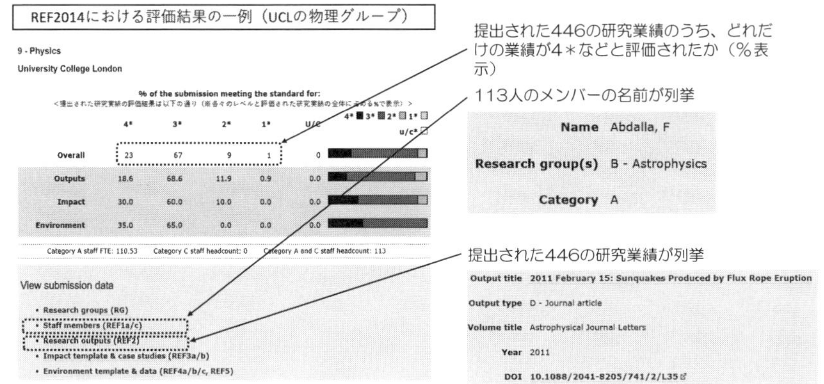

研究実績に対する評価となっていて，結果的に，政府主導の教員評価として機能しているという側面です。

REF評価は，大学に所属する全ての大学教員が学科長等に研究業績を提出するところから始まります。各教員が提出する研究業績は3本程度です。この際，多くの大学では，執行部が教員と面接を行い，研究業績がREF評価の上位2段階に「入る」かどうか議論し，時には「REF評価に耐えうる業績がなかった」として，教育専任教員への転換の推奨や「肩たたき」が行われます。

大学は，教員提出の研究業績を学問分野別のグループ（概ね学科に相当）単位でまとめ，評価委員会に提出します。審査は，提出されたそれぞれの研究業績が5段階のどのレベルか，一つ一つ積み上げることで行われます[122]。例えば，REF2014におけるUCLの物理学グループの評価結果は図3-19のように示されています。これによると，UCLの物理グループ（≒学科）には113名の大学教員が所属し，446の研究業績を提出しています[123]。提出された研究業績を担当委員会で審査した結果，23%を最高評価の「4*」，67%を次点の「3*」，9%を「2*」，1%を「1*」と評価したとされています[124]。「4*」評価は「3*」評価に基づき受け取る資金の4倍分に相当し，「2*」や「1*」の評価に対しては資金配分はありません。

この評価結果に基づき，政府は大学が自由に使える形で研究交付金を配分します。ただし，実際には，大学は，評価が高かった学科等に対し，優先的に資金の配分を行うことが多くあります。逆に低い評価となった学科等や大学教員は，受け取る研究資金や大学内外での評価が下がります[125]。研究資金の低下や評価の悪化は研究の継続可能性に影響し，時には学科等や研究チームが丸ごと無くなったり，研究者の退職を招いたりすることもあるという話を聞きます[126]。

このプロセスから分かるのは，REF 評価は，個々の教員の研究実績が吟味され，個々の教員の研究資源（ポスト，研究時間，研究資金）に影響が及ぶ仕組みだということです。REF 評価は，一見，各大学の研究実績を大学単位で評価する取組に見えますが，実際に評価されているのは，各学科等であり，それぞれの大学教員です。

英国の研究者で，REF 評価を好む人はいません。自分の仕事ぶりを外部から吟味されることを好む人はいないので当然です。評価コストの大きさなどから廃止を望む声もかなり聞かれます[127]。それでは，「REF 評価が英国の研究力向上に役立っているか」と聞くと，多くの人は「役立っているとは思う」と教えてくれます。

また，多くの研究者は，REF 評価を「怖い」と思っています。先にマンチェスター大学の総収入に占める研究交付金の割合は 1 割程度だと書きました。例えば，京都大学で運営費交付金[128]が総収入に占める割合は約 4 割です（図 3-20）。英国の研究交付金は，ある意味では「その程度の額」であるにもかかわらず，REF 評価は恐れられています。自分のポスト・研究時間・研究資金に「響く」可能性があると思われているからです。「REF 評価は 6 年おきだが，そのサイクルの REF 評価が終わった次の日には，次回の REF 評価への対応方針について大学で話し合いが始まる」とコメントした研究者もいました。

REF 評価を大学教員がどう捉えているかについて英国大学組合協会（UCU）が大規模調査を行ったことがあります（2013年）。これによると，自分が REF 評価に貢献できる研究成果を上げなければ，いずれ大学から研究をさせてもらえなくなるだろうと考えている大学教員が約 5 割，教育専任に転換させられてしまうと考えていたり，首を切られたりするだろうと考えている大学教員がそれぞれ 2 割以上いるとされています[129][130]。

図 3-20 京都大学とマンチェスター大学の財源構造

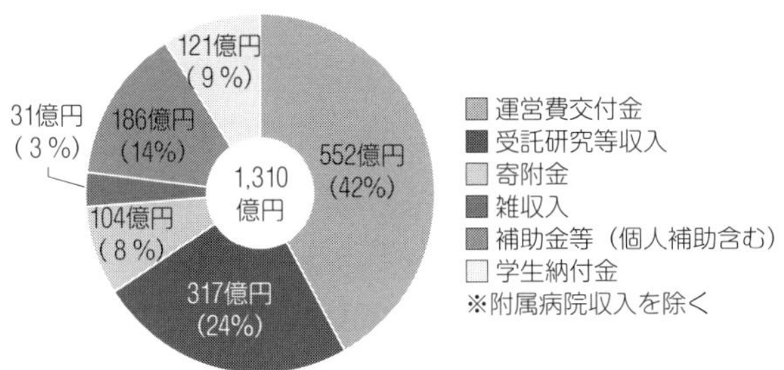

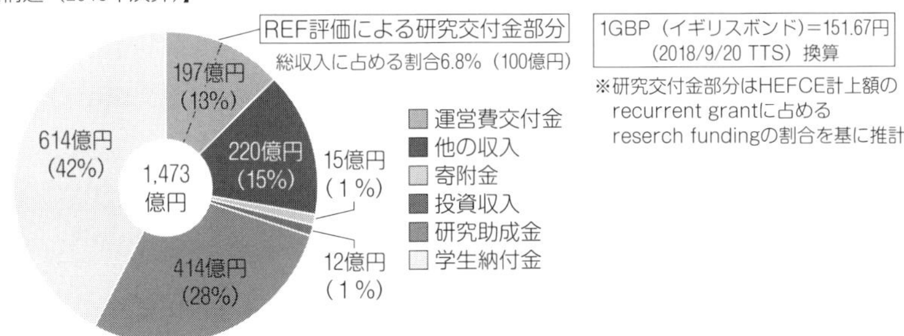

実は，毎回のREF評価に基づく研究交付金受け取り額の大学ランキングを見ると顔ぶれに大した変化はありません。REF2014でも大方の予想通り，英国の研究大学トップ3が上位に並びました。これだけを見ると，REF評価は評価負担が大きいだけで意味がないではないかと思われるかもしれませんが，実際にはそうではありません。大学単位のランキングに影響はなくても，その評価は，大学内部の学科等や研究者に「効いている」からです[131)]。比喩的に表現すると，英国のサッカーリーグで上位に来るチームの顔ぶれは毎年変わらなくとも，それぞれの選手については，試合への貢献度合いにより，年俸が上がったりスタメンに名前を連ねるようになったり，逆に試合に出られなくなったり移籍せざるを得なくなったりする状況と似ているかもしれません。

図3-21　REF評価の流れ

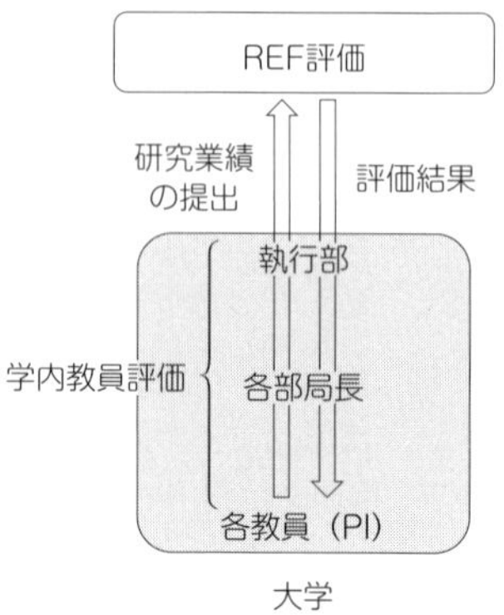

こう考えると，REF評価は，各大学の教員評価とつながることで，「結果的」に，6年おきに行われる政府主導の大規模な教員評価として機能していると考えることができるように思います（図3-21）。

REF評価の6年サイクル，副次的効果

REF評価は，英国大学の研究力に大きな影響を持つ評価の仕組みですが，毎年行われるのではなく，概ね6年おき（5～7年）に行われています。

各大学から提出される研究業績を，ピアレビューにより，学問分野別に審査する方法は，非常に多くのお金がかかります[132)]。また，大学教員が，委員会での審査はもちろん，各大学における評価結果の取りまとめも行いますので，大学教員が研究や教育を行う時間を奪ってしまいます。さらに，大学が長期的な経営見通しを持つためには，交付の安定性も必要です[133)]。

REF評価が概ね6年おきなのは，以上のような理由によります。なお，UCLの副学長（研究担当）は，REF評価が英国大学の研究力向上に寄与してきたとしつつ，仮に毎年の評価とした場合には，「政府の官僚主義が強くなりすぎ，ノイズになってしまう」としています[134)]。

また，REF評価は，研究力が特定の大学に「集中しすぎない」副次的効果をもっているとする指摘があります。この章のはじめに，英国では，特定の分野で強みを有する大学が日本より多いことを紹介しました。これは，REF評

価が，分野単位の評価である結果，全方位的に研究力を高めることが難しい大学も，特定の分野に資源を投入し研究力を高めれば，研究交付金を獲得できるからだとされています[135)]。

▒教員評価，競争的研究資金，REF 評価

教員評価，競争的研究資金，REF 評価は相互に関係しています。研究者は，競争的研究資金の獲得競争において「これから」の研究計画が，教員評価や教員評価につながった REF 評価において「これまで」上げてきた研究実績が評価されます。良い評価であれば，研究資金が増え，研究業績の向上が見込まれます。その結果，教授に昇進したり，給料が増えたり，研究時間を増やしたりできます。他方，評価が悪ければ研究資金を確保できず，研究の続行が難しくなります。その結果，研究者としてのキャリアを諦めざるを得ない結果を招くこともあります。

大学教員の多くは，研究を行いたくて大学教員になっています。そのような大学教員にとっては，好きな研究を続けることを可能とするポスト，研究時間，研究資金は，かけがえのない「研究資源」です。

研究の継続に不可欠な研究資源を揺さぶる（あるいは揺さぶられる可能性があると思わせる）英国の教員評価，競争的研究資金，REF 評価の仕組みは，終身の大学教員が安定した身分に安住することなく，高い研究成果を出し続けるようインセンティヴやプレッシャーとして機能し，限られた研究資金の有効活用に貢献していると考えられます。

5　英国の研究力を形作るもの ④

――国外からの研究者の獲得――

世界の研究者は，若手研究者の時も，大学教員となってからも，グローバルに研究の場を変えながら研究キャリアを歩んでいきます。このため，世界的な研究大学にとっては，いかに世界の優秀な研究者に集まってもらうかは死活問題です。

ここでは，英国大学が，国外からどのように優秀な研究者を獲得しているかを見てみたいと思います。

■英国大学の外国人研究者比率

英国の博士学生の約 4 割は外国から来ています[136)]。また，英国の大学教員に占める外国人の比率は約 3 割[137)]で，多い順に，① イタリア，② ドイツ，③ 中国，④ アイルランド，⑤ アメリカから来ています。

なお，日本の大学における外国人博士学生比率は 3 割に満たず[138)]，外国人教員比率は 5 %程度なので，かなりの開きがあります[139)]。

■研究者が海外に移動する動機

英国王立協会によると，研究者が海外に移動する動機のトップ 3 は，① キャリアを発展させるため，② 専門性が高い同僚と協働するため，③ 特定の研究テーマへ従事するため，となっています[140)]。①を動機として挙げる研究者が約 8 割，②や③を挙げる研究者も 5 割以上を占めます。反面，待遇の向上を動機に挙げる研究者は 2 割未満です。

実際，先述のように，英国の大学に，待遇面での破格的な魅力があるわけではありません。英国大学に世界から研究者が集まるのは，何より，英国には，専門性が高い同僚とともに自らの研究を追求し，研究キャリアを伸ばすことができる研究環境があると考えられているからです。

若手研究者にとっての英国大学の魅力

海外の若手研究者にとって，英国大学は，魅力的な場所です。その理由の一つは，若い時からPIとして活躍できる環境があるからです。

識者は，英国が，他国よりも若い才能を集めることができる理由について次のように述べています[141)]。

「研究室を回りながら，フランス，イタリア，ドイツ，中国など世界から来ている優秀な若い研究者たちに，どうして英国の大学に来たのかと聞くことがある。頻繁に聞くのはこういった回答だ。ドイツやイタリアでは，堂々とした（baronial）教授の保護（patronage）のもとで，ゆっくりと道を上がっていく。教授閣下が研究テーマを決め，若い研究者はスタッフとしてそれを受け入れなければならない。英国では，若い研究者が自ら研究プログラムを開発し，直接研究資金を獲得することが奨励される。名声が成功を左右することはない。……若く優秀であれば，英国では他の多くの国に比べて早くに遠くまで行くことができる。」

ブレグジットの影響もあり，政府も海外からの若い頭脳を集めることに積極的に取り組んでいます。例えば，2021年からは，博士学生に給料を支給する政府機関の博士学生奨学制度（「studentship」）が，必ず外国人学生を対象に含むこととされました[142)]。

大学教員にとっての英国大学の魅力

オックスブリッジをはじめとした英国大学の世界的な評価は，若手研究者はもちろん，世界の大学教員を強く惹きつけます。世界的な大学に在籍することで，研究ネットワークを築きやすく，次のポストも探しやすく，豊富な研究資金・設備も期待できるからです（逆に，名前が知られている大学から，名前が知られていない大学への移籍は，研究者として「格落ち」した印象を与えるリスクを持ちます）。

英国大学も海外大学の大学教員を惹きつける魅力的な研究環境を作ろうとしています。

例えばUCLでは，優秀な研究者を集めるため，研究者が分野の垣根を超えて学際的に交流する機会を意図的に作ってきたといいます。例えばコンピュータサイエンスの理論的発展について研究する傍ら，ITの倫理的側面について他の研究者と共同で研究できる環境を作るといったことです。

また，女性研究者が働きやすい環境を作ってきたといいます。女性が研究者として活躍できる大学は，単純に2倍の才能を得ることができるとし，実際，UCLのポスドクの半数，大学教員の約3割は女性です。

研究者は知的興奮を求めて拠点を変えるものであり，多様で，知的な刺激に満ちた空間を作ることが，優秀な研究者を引き寄せる秘訣だと考えているといいます。

▒「人生」を考えた研究者リクルート

英国大学は，優秀な研究者をリクルートする活動も活発に行っています。未だ研究実績のない若手研究者については「買い手市場」ですが，研究実績を上げている大学教員については「売り手市場」であり，大学側が取りにいかなければ，優秀な研究者の獲得は困難です。このため，英国大学は，リクルート会社を使うなどして，研究実績のある世界の研究者にアプローチをかけ，交渉の上，獲得しようとしています。

リクルートの際には，一般にオーダーメイドで，職務内容や待遇についてのかなり細かい交渉が行われます。交渉の中では，研究，教育，経営それぞれについてどういった役割や時間的貢献が期待されるか，給料や勤務時間，年金などの待遇面がどうなるかなどが話し合われ，決定事項は「ジョブディスクリプション（職務記述書）」に記載されます。

リクルートの際に重要なのは，「研究者」をリクルートしているのではなく，「人」をリクルートしているという視点です。中堅・シニアの研究者の多くは，現居住地に根を下ろし，家族を持っています。他国に移動するのは，本人及び家族にとって，「人生」の選択です（単身赴任文化の強い日本では，この感覚が十分理解されないこともあるように思います)。

このため，英国大学がリクルート活動を行う際には，住環境や子どもの教育環境に至るまで丁寧な説明を行っています。時には，配偶者にも仕事をオファーする配慮が行われることもあると聞きます。

また，中堅の大学教員にとって重要なことは，自らの研究チームのもとで現在進めている研究を中断することなく，より高いレベルで継続できることです。このため，中堅の大学教員をリクルートする際には，秘密裡に交渉した上で，既存の研究チーム数人を丸ごと獲得する引き抜きが行われるのも珍しいことではありません。

研究者人材を巡る好循環

世界の研究者業界は，しばしばプロスポーツ，特にグローバルなサッカー業界に喩えられます。確かにサッカー選手と同様，研究成果はグローバルに競われますし，研究者はより良いポストを目指して世界を飛び回ります。また，サッカーチームが世界のスター選手を集めているのと同じく，英国大学は盛んにリクルート活動を行っています。

有名なサッカー選手が海外移籍する時にメディアが取り上げるのは報酬です。報酬は分かりやすい事柄ですが，少なくとも研究者にとって，報酬は必ずしも海外に移動する主要因ではありません。(恐らくサッカー選手にも同じような面があると思いますが，) 研究者は，自分や家族がそこでどういう生活をすることになるかを想像しながら，研究キャリアを発展させることができる，多様性があり，知的な刺激を受けられそうなところに移動します。

英国大学の研究環境や世界的な評価は，丁寧なリクルート活動と相まって，国内外の優秀な研究者を引き寄せます。引き寄せられた優秀な研究者が形作る多様で刺激のある研究環境は，英国大学を一層魅力的な場にし，さらに人材を惹きつけます。このような相乗効果がもたらす「人材を巡る好循環」が，英国大学の最大の強みではないかと思います。

英国の国としての強み

このような外国人研究者を惹きつける英国大学の魅力は，大学だけで作られているものではなく，英国が，国として，現在の世界の覇権を握る英語圏の国々[143]の一つであることにより，支えられています。

英語は，この社会の「リンガフランカ（共通語）」であり，現在，世界の人口の約3分の1に当たる約20億人が，英語を使ってコミュニケーションを取ることができるとされています[144]。自然科学系の論文の9割以上は英語で書かれているとされ，異母語の研究者間のやりとりは，ほぼ英語で行われています[145]。若手研究者がポストを獲得しようとする際，英語が話せないことはかなり不利になるといった話や[146]，日本人研究者が英語で論文を書くことに非常に苦労している，といった話も耳にします。研究者が，英語力を伸ばせる英語圏の国に住みたいと考えるのは，自然な成り行きです。

研究者にかかわらず，英語などの魅力に引き寄せられ，世界から集った高度人材は，社会に多様性をもたらし，その多様性がさらに外国人を引き寄せます。実際，英国，特にロンドンの住民の約4割は，移民です（東京都の在留外国人割合は約4％）。外国人ばかりのロンドンでは，外国人であることを殊更に意識することはありません[147]。英国の住みやすさには，「放っておいてくれ，困っていれば助けてくれる」英国人の気質も関係していると思います[148]が，外国人が多く住んでいるという物量的な多様性が，外国人にとっての住みやすさを作り出しています[149]。

英国大学の「人材の好循環」は，英語や多様性という，英国の国としての強みに支えられているということです。

仮に，どうしてオックスブリッジに限らず英国大学が大学ランキングで軒並み上位にいるのかと聞かれれば，まずはじめに思い浮かぶ回答は，「英国大学は，世界の覇権を握る英語圏の国の大学として，世界から優秀な人材を吸い寄せることができるからだ」ということかもしれません。

ここまでのまとめ

以上，世界に冠たる英国大学の研究力を形作るものが何なのか分析してきました。分析に当たっては，「人」（研究者）に注目し，「若手研究者」，「大学教員」，「国外の研究者」がどのような状況に置かれ，それぞれについて，英国のアカデミアや政府がどのようなことに取り組んでいるかを見てきました。

「人」（研究者）に着目して英国大学を見ると，世界に冠たる英国の研究力の高さは，以下のような，極めて基本的なことを，アカデミア・政府が積み上げてきた結果だと考えられます。

- 若手研究者：可能な限り多くの優秀な若手を博士課程に誘うとともに，早期にチャンスを与え，独り立ちを促しながら選抜を行う
- 大学教員：終身ポストについた大学教員には，年齢ではなく実力を評価軸に，本人に届くようインセンティヴやプレッシャーを与える
- 国外からの獲得：大学を世界に開き，優秀な研究者を誘えるよう，知的興奮に満ちた大学環境を整えるとともに，「人生」を考えた丁寧なリクルートを行う

裏返せば，日本のアカデミア・政府は，これまで，特にこの20年間，

- 若手が博士課程に挑戦しやすい環境を整え，独り立ちできる機会を与えてきただろうか
- 終身ポストについた大学教員に，実力を評価軸に，本人に届くインセンティヴやプレッシャーを与えてきただろうか
- 大学を世界に開き，優秀な研究者を誘えるよう，多様で知的な興奮に満ちた大学環境を整え，国際的なリクルート体制を構築してきただろうか

と問うことが必要ではないかと思いますし，こういった基本的なことに，今後10年，20年，着実に取り組むことで，日本の研究力は甦るのかもしれません。

さて，一見，死角がなさそうに見える英国（大学）の研究力，研究体制ですが，実は大きな課題があります。この点を次に見てみたいと思います。

6　英国の研究力の課題

論文の量や質に現われる研究力において，英国は世界に冠たる存在です。しかしながら，国としての英国の研究力（あるいは「研究開発力」）に課題がないわけではありません。最大の課題は，英国では，技術革新や製品化などを通して，研究成果を社会に普及させる，いわゆる「イノベーション[150)]を起こす力」が十分ではないということです。

このことは英国大学の課題というより，英国の「国としての」課題です。技術革新や製品化は，大学がその「種」となる知識を提供することはあるにせよ，主に民間企業が担っている機能だからです。

ここでは，イノベーションに関わる各プレイヤー（民間企業，大学，政府）の状況や英国人の気質にも触れながら，イノベーション創出に関する英国の課題と展望について説明したいと思います。

1　英国大学のイノベーション創出に関するデータ

まず，英国大学のイノベーション創出に関するデータを２つ紹介したいと思います。

１つ目は，ロイター社が提供している「革新的大学ランキングトップ100」です[151)]。表３-８からは，THE 世界大学ランキングでは１位に輝くオックスフォード大学も，革新的大学ランキングでは32位となっていること，その他の英国の大学も，革新的大学ランキングでは，ほぼ軒並み順位が下がっていることが分かります[152)]。

THE 世界大学ランキングが論文の量・質に基づく研究力に依拠しているの

表３－８　ロイター Top100 革新的大学ランキング2019

THE 英国内ランキング2020	THE 世界ランキング2020	大学名	ロイター Top100革新的大学ランキング2019
1	1	オックスフォード大学	32
2	3	ケンブリッジ大学	18
3	10	インペリアル・カレッジ・ロンドン	10
4	15	UCL	31
5	27	LSE	—
6	30	エディンバラ大学	—
7	36	キングス・カレッジ・ロンドン	99
8	55	マンチェスター大学	49
9	77	ウオーリック大学	—
10	87	ブリストル大学	—

注：日本の大学：26位東大，35位阪大，43位京大，57位九大，61位東北大，74位東工大
出典：Reuters https://www.reuters.com/innovative-universities-2019

に対し，革新的大学ランキングが主に依拠しているのは，大学が出願した特許数や，大学と民間企業が共同で産出した産学共著論文の数，民間企業の特許にどれだけ論文が引用されたかなどです。大学のイノベーションへの貢献度を基としたランキングだといえます。

２つ目のデータは，英日独の大学の産学共著論文の産出率をマッピングしたものです。図３－22を見ると，英国大学が産出する論文は，被引用率（Top10％論文割合）は高い一方，民間企業と共同して産出した割合は，1990年代においても現在においても，日本やドイツの大学より低いことが分かります。

2　英国大学のイノベーション創出が不活発な背景

これらのデータから，英国大学では，特許を獲得したり，民間企業と共同して技術革新を行ったりする取組，すなわちイノベーションに向けた取組が，他国の大学に比し，必ずしも活発ではないことが分かります。

この背景を，民間企業の状況，大学の状況，英国人の気質の３点から説明したいと思います。

図3－22　英日独大学の産学共著率とTop10%論文割合の散布図

（A）2013-2017年の状況

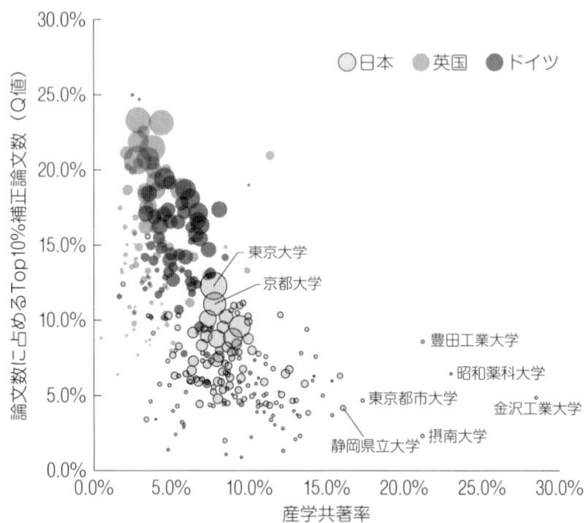

（B）1993-1997年（20年前）の状況

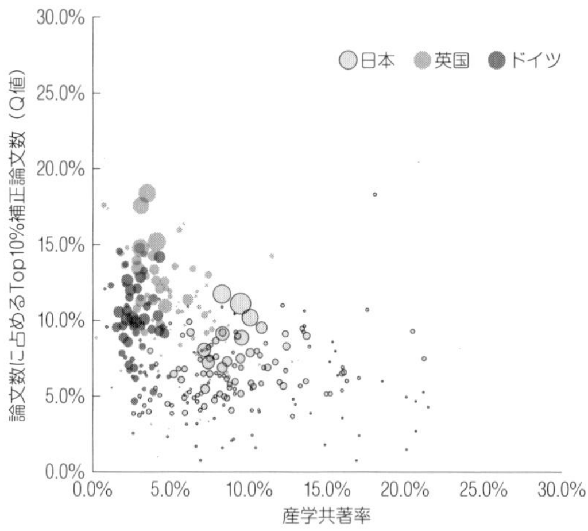

注1：Article, Reviewを分析対象とし，整数カウント法により分析。5年合計値を用いた。円の大きさは論文数規模に対応している。
注2：大規模な国際共同研究の論文の影響を除くため，著者数100人以下の論文で分析した結果である。
出典：クラリベイト・アナリティクス社 Web of Science XML（SCIE, 2018年末バージョン）をもとに，科学技術・学術政策研究所が集計。

図3－23　主要国における研究者数の部門別内訳

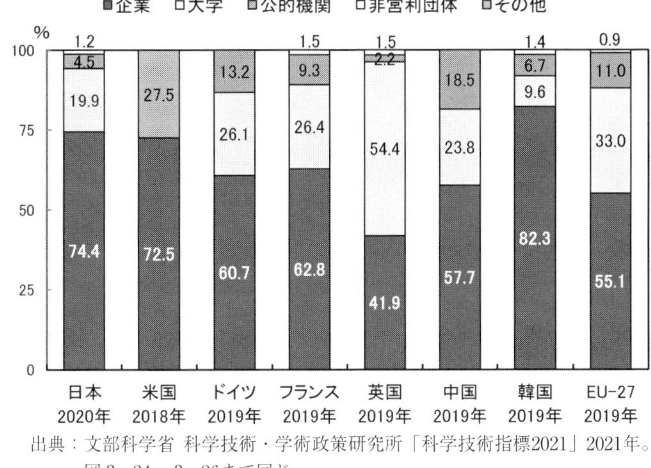

出典：文部科学省 科学技術・学術政策研究所「科学技術指標2021」2021年。
図3－24～3－26まで同じ。

【民間企業の状況】

主要国最低の民間企業の研究開発

イノベーションの創出を中心的に担っているのは民間企業です。民間企業は，資金を投資し技術革新につながる研究開発を推進，その成果により良質な製品やサービスを世の中に送り出し利益を獲得，その利益を研究開発に回して更なる技術革新を図る，という循環によりイノベーション創出を実現しています。

同業他社に勝つ上で，技術革新は民間企業にとって死活的に重要です。このため，多くの民間企業は，自前で大きな研究開発部門を抱えています。例えばトヨタ自動車では，２万人を超える研究技術者が雇用され，車両開発に関わっているとされます[153]。日本最大の国立大学である東大の教員数が４千人程度です[154]あることを考えると，車両開発に特化した研究技術者が２万人いるトヨタの研究開発部門の規模の大きさが窺えます。

実際，日本を含め主要国では，国の全研究者の半数以上が民間企業に所属し，研究開発を担っています。

この唯一の例外が英国です。図3－23にあるように，英国だけは，研究者の半数以上が大学に集中しています。

図3－24　主要国における企業部門の研究開発費
名目額（OECD購買力平価換算）

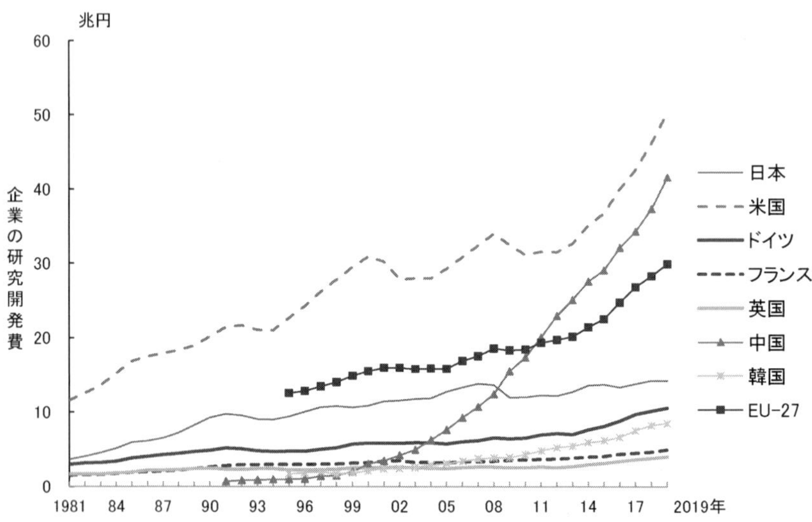

また，すでに見たように，英国大学の研究費は諸外国で最低レベルですが，それに輪をかけて英国の民間企業の研究開発費は少なく，主要国の中で最低となっています（図3－24）。

▒製造業を「捨てた」英国

不活発な民間企業の研究開発は，20世紀の英国の歩みが生み出したものです。

英国は18世紀に産業革命を起こした国ですが，鉄鋼，電力，石油，化学などの重工業分野で起きた第二次産業革命は，英国ではなく，ドイツやアメリカの新興国が担い，19世紀後半，英国の栄光は陰り始めます。

20世紀を通じて，英国が重工業の中心を担え（わ）ない状況は変わらず，さらに20世紀後半には，サッチャー政権[155)]のもと国営企業の民営化や海外からの誘致が積極的に行われたことで，英国内の産業分野の多くは衰退，製造業の主導権を外国資本に任せることとなりました。この典型が英国の主要自動車メーカーです。英国の自動車メーカーといえば，ロールス・ロイスやジャガーが有名ですが，これらを含め英国の主要自動車メーカーは1990年代後半までに全て海

図３－25　主要国における企業部門の産業分類別研究開発費

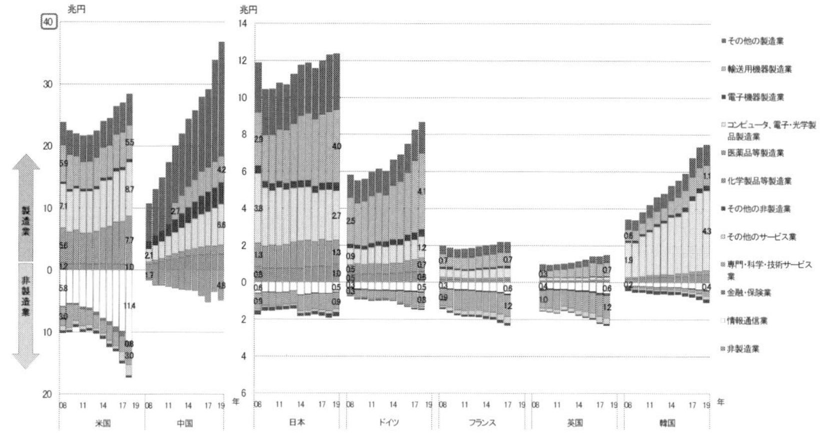

外民間企業に買収されています。[156)157)]

実際，図３－25を見ると，英国が製造業に使っている研究開発費は，主要国の中で圧倒的に少なく，これが英国の民間企業部門の研究開発費総額を押し下げています。これに対し，日本では製造業に非常に大きな研究開発投資を行っており，英国と日本の産業構造は両極と言えるくらい異なっています。

【大学の状況】

民間企業の研究開発が不活発では，イノベーション創出に向けて大学が連携しようにも連携先がなく，連携を働きかけてくる民間企業もなく，英国大学のイノベーション創出に向けた取組が低調なのは不思議なことではありません。

実際，英国大学の2019年度の総収入約６兆円のうち，企業等との産学連携により得た収入は約1000億円，英国にある企業等との産学連携に限定すると，500億円に過ぎません。[158)]

この傾向を一層助長しているのが「エクセレンス」を重視する英国大学の研究文化です。

表３－９　REF評価の結果（再掲）

4*	独創性，重要性，厳格性において，世界を先導する質を有していること
3*	独創性，重要性，厳格性において，国際的に優れているが，エクセレンスの最上級の基準を満たしているとまではいえない質を有していること
2*	独創性，重要性，厳格性において，国際的に認識される質を有していること
1*	独創性，重要性，厳格性において，国内的に認識される質を有していること
分類不能	

「エクセレンス」

REF（「Research Excellence Framework」）の名称に現れているように，英国のアカデミアが研究で追究しているのは，「エクセレンス」です。研究における「エクセレンス」は，「国際的に卓越した研究独創性を有すること」です。[159)]

上記のように，REF評価の結果は５段階で示されますが，[160)] 評価結果に基づき研究交付金の交付を受けられるのは，「世界を先導（4*）」「国際的に優れている（3*）」と評価された研究成果だけです。国際的，国内的に「認識される」(2*，1*）くらいの研究成果では「エクセレンス」とはいえず，支援に値しないとされているということです。[161)]

「エクセレンス」至上主義の弊害

識者は，エクセレンスへの過度の傾倒が，英国におけるイノベーションの創出を阻害してきたという問題提起を行っています。世界に新しい地平を開く「エクセレント」な先端的研究は，イノベーション創出の「種」として不可欠です。[162)] その一方，エクセレンスへの過度の傾倒は，大学が産業界と連携する意欲を殺ぐ側面を持つという指摘です。

大学と民間企業が連携して行う共同研究の中心は，多くの場合，既存の知識の「応用」や「適用」です。産業界が求めるのは，必ずしも人類の知の地平を広げる「基礎的な」知見ではなく，既存の知識をうまく使って研究成果を商品化に結びつける「応用的な」知見です。[163)] このような「応用的な」知見を生み出す応用研究は，世界を先導する研究独創性を求めるエクセレンス重視の視点からは，あまり評価されません。実際，企業と共同した応用研究で成果を出していた研究チームが，REF 評価では低評価に止まり，閉鎖の憂き目にあうといった事例もあるとされます[164)]。エクセレンス至上主義と産学連携はあまり良いマッチではないということです。

また，エクセレンス至上主義からは，特許を取得する気運も生じにくいとされます。得られた発見を出来る限り早く発表し，世界を先導することを至上命題とするエクセレンス重視の発想からは，平均３年程度かかる特許取得の期間，研究成果の公表を伸ばすことは，望ましいことではないからです[165)]。

▒追加資源に基づく研究の多様化

英国大学の研究者の関心が，エクセレンス重視となるのは不思議なことではありません。そもそも大学の研究者は，人類の知の地平を広げる「知の探究」を志向する傾向が強い人達です[166)]。また，世界を先導する発見は，研究者としての国際的な評価や大学内での評価，研究資金の獲得にもつながります。英国政府や英国大学も，ノーベル賞につながるような先導的な発見を行う英国の研究者たちを称賛し，喧伝してきました。

実際，エクセレンス重視の英国大学の研究文化が，世界から知的好奇心に満ちた優秀な研究者を呼び寄せ，英国大学の研究力や大学ランキングを高め，留学生（授業料）の増加をもたらし，英国大学の研究力を一層高めさせるという好循環の根幹にあることは事実だと思います。

識者は，「現在の英国大学の研究力は素晴らしい」，「アメリカと異なる中規模国家の英国がエクセレンスと産学連携双方を追い求めるのは簡単ではない」とした上で，英国がイノベーションを生む国となりたいのであれば，英国大学のエクセレンスを堅持しつつ，追加資源を投入することにより，大学の研究を「多様化」させる必要があるとします。このような追加投資のもと，英国では，2010年以降に産学連携の取組が強化されています（後述）。

【英国人の気質】

日本のような「ものづくり」を大事にする国から見ると，民間企業の研究開発が低調で，製造業が振るわない英国の状況は，「不思議な」感じもします。

この英国の状況をもたらした一因は，英国人の気質にあると思われます。

ジェントルマン文化

よく指摘されるのが，ジェントルマン文化です。

「ジェントルマン」は，一般名詞ではなく，16世紀から20世紀初頭の英国社会の支配階層のことを指します。「貴族[167]」と，爵位をもたない有力地主[168]である「ジェントリ」から構成され，全人口の５％程度だったとされます。英国は貴族が支配する階級社会だと考えられがちですが，実は，支配層の大部分は平民身分であるジェントリでした[169]。また，支配構造は比較的柔軟で，商業，金融，交易などで成功した中流階級が，成功の仕上げに土地を買い取り，ジェントリになることもできました。このように，成功した人間を，既存体制への挑戦者とすることなく体制側に取り込む構造があったことが，英国で市民革命が起きなかった理由の一つだとされます。

ジェントルマンでいるためには，一つ条件がありました。それは，肉体労働や人に雇われるような勤務をしないということです。地代をはじめとした不労所得によって，召使いを雇い，政治活動，慈善活動，文化活動を行い，「有閑階級」として教養と生活様式を維持することが，ジェントルマンでいることの条件でした。逆に，肉体労働をして報酬を得れば，ジェントルマンの地位を失うとされていました。

ジェントルマンは，19世紀に，金融投資も収入源とするようになり，ロンドンの「シティ」に集まるようになります[170]。金融業から得られる収入もまた，「手を使わずに稼ぐ」不労所得です[171]。

英国と言えば産業革命の国です。ただ実は英国の「世界の工場」としての機能[172]は早い段階で失われ，国際収支は，利子所得や海運，保険などサービス業の所得により黒字になっていたとされます。このため，「ものづくり」により財を成した産業資本家が英国で政治力を持つことは結局なく，手を使わず，地代や金融投資からの不労所得で生活する「ジェントルマン的な在り方」を理想とする感覚は，失われることなく英国社会に残っているとされます[173]。

英国の製造業が振るわない理由の一つは，「手を使うこと」を下に見るジェントルマン文化が，今でも英国の上流層の意識に根強くあるからだと考えられます（オックスブリッジの卒業生は，金融業には進んでも製造業には進まないと言われます[174]）。

英国人を見ていて思うこと

英国で暮らしていて思うのは，英国の人たちは，「新しいモノ」に対する関心が低いということです。日本人のように，電化製品，鉄道，家，服，小物に至るまで，「新しいモノ」を好む気質が，英国人には乏しいように思います。日本では大きな都市には家電量販店があり，東京には秋葉原があります。ロンドンにも家電量販店はあるものの，日本の家電量販店の盛況ぶりとは比較になりません。大使館での晩餐にも，VIP の方々が，年季の入った慎ましいコートで訪れることは珍しいことではありません。家賃が高い建物にも，手動扉のエレベータが残っていて，エレベータがない建物もあります。地下鉄・鉄道は，全体に古くデザイン性に乏しく，設備が古いからかキーキーと軋み故障しがちで，驚くほど常に遅れます。英国にいて，新しさや便利さを感じるのは，唯一，カード決済をする時だけです。

「新しいモノ」への関心は低い一方，英国の人々が好むのは自然です。湖水地方に代表される地方の自然が美しいのはもちろんのこと，ロンドン市内にはハイドパークをはじめ広大な公園があります。色とりどりの花が咲き，緑豊かなイングリッシュガーデンは，本当に美しいの一言に尽きます。男女問わず，英国人の趣味の代表が，ガーデニングやハイキングなのはよく分かります。

また，「モノ」についても，伝統的なモノは好まれます。むしろ「古いモノ」好きだと言ってよいかもしれません。ロンドンの街並みは，建物の外観を従前のまま残す規則により，昔のままに保たれています。英国で家具を売る時には，うまく汚して古く見せた方が高く売れるという話さえ聞きます。英国は DIY の国ですが，古い家具を DIY で修理して長く使うのは，自然を好み，「古いモノ」を好む英国民の感性に合っているのだと思います（その根底にはジェントルマン文化があります）。英国民のオックスブリッジへの心情的な傾斜も，「古いモノ」好きな国民性が影響しているのかもしれません。なお，英国民が古い

「モノ」を好きなのは，英国が，実は比較的新しい国だからでもあるのではないかと思います。

このような英国人の気質を考えると，「新しい工業製品」を大量生産・大量消費することで盛える製造業は，英国人の「Cup of tea（好きなもの）」ではないのだと思います。

3　近年の変化

▒イノベーションの性質の変化

近年，イノベーションが起きない，起こせないと言われてきた英国の状況に，変化が起きつつあります。この変化は，英国が変わったというより，イノベーションの性質が変わったことによるところが大きいのではないかと思います[175)]。

20世紀のイノベーションは，工業製品の発明や大量生産・大量消費を基軸とします。日本が最も得意だったイノベーションの形です（例えば，新幹線，ウォークマン，液晶ディスプレイなど）。

21世紀に入り，科学技術の進展により新しい製品やサービスを発明する余地は少なくなり，IT やデジタル技術を用いて即時的にサービスを世界展開するイノベーションに重点が移ったとされます（例えば，Facebook, Amazon, Google，メルカリなど）。

20世紀を通して，英国は重厚長大型，大量生産・大量消費型のイノベーションに出遅れ，また嫌ってきました。その代償も大きく，1960・70年代には，冬の時代を経験しました。川北稔氏の著書には，「Japan as No. 1」と言われていた1970年代に，「近頃のイギリスは何もかもが駄目で，それも日本にしてやられているからだ」と隣の婦人からくってかかられた様子が描かれています[176)]。

英国の復活を期したサッチャー政権の施策により，英国の重厚長大型の産業が生まれ変わることはありませんでしたが（むしろ衰退あるいは外国資本に売却），大幅な規制緩和により，ロンドンのシティは世界有数の金融市場としての地位を確立しました[177)]。

21世紀，金融業の好調により英国の経済は回復し，ブレア政権（1997-2007）

図3－26　分類別・国別ユニコーン企業数（2010～2020年）

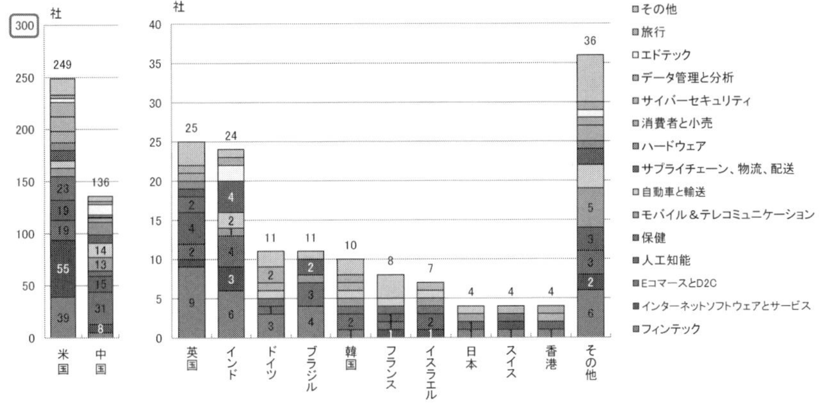

以降，科学技術への投資増が可能になりました。

21世紀型のイノベーションはサービス産業を中心とし，データやAIの活用，世界規模の金融システムが物を言います。これらは英国が金融業で培ってきた知識や技術が生きやすく，また「手を使うこと」を嫌い，ルール作りを得意とする英国の人たちに馴染みやすい分野です。

21世紀における英国のイノベーション

このようなイノベーションの性質の変化の中で，現在，英国でイノベーションが起きつつあり，ユニコーン企業[178)]も誕生するようになっています。図3－26で見られるように，2010年からの約10年間で25社が生まれていて（※同期間にアメリカは249社，日本は4社），その多くはフィンテック[179)]やAIの会社です[180)]。

21世紀のイノベーションのもう一つの特徴は，遺伝子工学の進展などを背景に，生命科学分野でのイノベーションが盛んに起きていることです。故スティーブ・ジョブズ氏は，「21世紀の最大のイノベーションは，生物学とテクノロジーが交差するところで起こる」と予測しています。英国は，医学分野で世界をリードする存在です。その研究力を強みに，英国においても，21世紀に入り，バイオ分野で大学発ベンチャー企業の立ち上げが活発に行われるようになっています[181)]。実際，英国大学発のベンチャー企業の4分の3は2002年以降の創設で，その中で最も多くを占めるのは製薬関係のベンチャー企業です[182]。

現在，世界の研究開発費の約 4 割が IT 関係に，約 2 割が製薬・バイオ関係に流れており，英国のトレンドは，世界の趨勢と一致しています[183]。

▒政府からの働きかけ

英国政府も，イノベーション創出を推進しようとしています。
例えば，2011年から，政府により，英国各地に「カタパルト・センター」という名前のイノベーション拠点が10か所以上設置されました[184]。大学と民間企業の共同研究による技術革新を目指す拠点です[185]。それぞれのカタパルト・センターには，民間企業のエンジニアや科学者が集い，特定の技術分野（細胞遺伝子治療，輸送システム，エネルギーシステムなど）を推進領域として定め，産学連携で研究を進めています[186]。

イノベーション創出を目指す政府の方向性は，大学の研究力に対する評価の在り方にも影響を及ぼしています。2014年の REF 評価では，初めて「インパクト指標」が導入されました。インパクト指標は，各大学提出の事例に基づき，大学の研究成果が社会・経済に与えた影響を評価する指標です。現在でも REF 評価の中心はあくまでエクセレンスにありますが，インパクト指標の設定により，大学のイノベーションへの貢献を評価する観点が加わりました[187]。また，2021 年には，REF, TEF と並んで KEF（Knowledge Exchange Framework：知識移転枠組）も新設されています[188]。各大学の産学連携関係データ，例えば産学共著論文や特許権許諾収入，大学発ベンチャーなどを示すデータプラットフォームです。

さらに2022年からは，新しく「先端研究・技術革新庁」が設置されることも決まっています。米国の機関（ARPA）を参考に作られ，約 1 千億円の予算を投じ，ハイリスク・ハイリターンの研究により，人の生活を変革するような革新的な発見を目指すとされています[189]。

これら政府の施策には，世界的に競争力の高い英国大学の研究力を活用し，イノベーションの創出を推進したいという大学への強い期待が見て取れます[190]。

▒英国人の気質に沿った産業戦略

英国政府は，今後，世界的に低位に止まっている官民の研究開発費を大幅に引き上げ，ターゲットを絞ってイノベーション創出を目指すと宣言しています。

2017年に発表された英国政府の「産業戦略」は，官民合わせた研究開発費のGDP割合目標を設定し，2027年までに2.4%に引き上げること，また長期的には3.0%を目指すと明記されました。2020年の時点で1.7%ですので，かなり野心的な目標です[191)]。

「産業戦略」のもう一つの目玉は，イノベーションを目指す重点分野を明らかにしたことです。具体的には，以下の分野とされています。

- 人工知能（AI）とデータ
- クリーン成長
- 未来の輸送手段
- 高齢化社会

これらは，世界の成長分野であるとともに，英国の強みや社会的価値観に沿っている分野です。

「AIやデータ」は，分析好き，統計好きの英国人が得意とし，フィンテックを中心にすでにイノベーション創出に取り組んできた分野です。

「クリーン成長」は，英国人の自然を愛する感性に訴えます。

「未来の輸送手段」は，電気自動車や自動操縦，カーシェアリングなど移動の効率化による資源の有効活用が目指されており，「クリーン成長」同様，自然環境の保護と経済発展の双方を追求するテーマです[192)]。

「高齢化社会」へのチャレンジは，医療データを一元的に管理する英国NHSの存在が強みになる，英国民の医学への関心の強さに訴えるテーマです。

いずれのテーマも大量生産・大量消費を基調とする20世紀型の重厚長大な製造産業のイメージではありません。国民の関心がこれらの分野を選ばせたということもあるでしょうし，逆に国民の関心を集められる分野を選んだとも言えます。

英国政府は，この「産業戦略」を実現することで，世界で最もイノベーティブな経済を作り上げることを目標としています。

4　英国の研究力の課題と展望

国としての英国の研究（開発）力の課題は，エクセレンスは比類ないほど高いにもかかわらず，イノベーションを起こす力が強くないことです。実際，大量生産・大量消費型の製造業を中心にイノベーションが起きていた20世紀においては，「手を使うこと」を嫌う英国人（上流層）の気質もあり，英国がイノベーションの旗手となることはありませんでした。

近年，イノベーションの性格が変わり，英国の強みと国民気質を生かせる時代になったことで，金融，生命科学分野を中心にイノベーションが生まれるようになっています。政府も，クリーン成長など，世界的な成長分野でもあり英国が得意な分野でもあるところにターゲットを絞り，官民の研究開発費の大幅増を行おうとしています。

英国のイノベーション創出施策の成否は，まだ十分見えているわけではありません。例えば，「未来の輸送手段」にしても，仮に英国で電気自動車を製造することまで行おうというのであれば，製造に携わるエンジニアの力がいずれ不可欠となりますが，英国で不人気なエンジニア部門に有為な若者をどれだけ惹きつけられるのかは明らかではありません[193)]。また，コロナに伴うパンデミックで政府は多額の公的支出を余儀なくされており，研究開発費の大幅増の実現可能性にも黄信号が灯っています。

ただ，この約10年間，英国の産学連携はかなりのスピードで進展していて，研究開発費増がある程度実現するのであれば，エクセレンスを基軸とした英国大学の研究に，イノベーション創出の方向性が加わっていくことも考えられます。英国大学が，エクセレンスを生み出すとともに，イノベーション創出の拠点にもなる日が，いずれ来るのかもしれません。

コラム⑨　道楽と職業

研究とは，どのような営みでしょうか。研究者とは，どういう職業でしょうか。

夏目漱石は，講演で，一般に「職業」とは，他人のために，面倒なことを肩代わりすることで給料を得るものだとした上で，科学者，哲学者，芸術家は，このような，他人のために面倒なことをする「職業」とは違うものだとします[194)]。科学者，哲学者，芸術家は，人のためにすることなど一切考えず，ひたすら己のためだけの実践を貫かなければとうてい成功するものではない。一も二もなく「道楽」本位に生活し，「道楽」の結果が，偶然，人のためにもなった時，結果的に「職業」として成立し，「露命をつなぐ」ことができる「特別の一階級」とでも見做すよりほかにないというのです。

漱石に従えば，研究とは本質的に，芸術と同様，自分が面白いと思うことに熱中する営み，すなわち「道楽」であり，研究者は「道楽者」だということになります。

「道楽」で生計を立てているという意味では，人文・社会科学系の研究者も，自然科学系の研究者も変わりません。ただ，どちらの研究者の方が「露命をつなぎ」やすいかは，時のパトロンの意向次第で変わります。

たとえば，12世紀の創設以来，オックスフォード大学の学術の中心は，長らく宗教学や人文学でした。これらの分野への教会や王権からの関心が強かったからです。逆に，自然科学系の研究は，長らく「うさんくさい」と思われていました。

他方，現在のパトロンたる国民は，人文・社会科学系よりも，自然科学系の研究を好む傾向が強いと言われます。自然科学系の研究は，イノベーションを生み，世の中を便利にしたり，経済的な実益につながる「有用性」が高いと思われているからです。

人文・社会科学系の研究が，社会にとって有用でないわけではありません。例えば，社会科学系の学問は，日頃当たり前と思っている価値を相対化させ（例えばフェミニズム），社会をより公平なところに変えていく高い有用性があるように思います。

人文学はどうでしょうか。英国の小説家ジェーン・オースティンの研究をしている友人がいます。彼女の研究は，イノベーションを生むわけでも，社会の価値を変えていくわけでもありません。ただ，「ジェーン・オースティンは，はじめて自由間接話法を多用した小説家で，実は……」と語り続ける彼女の話を聞いていると，純粋にワクワクします。そのワクワク感は，素晴らしい絵画を見たときと似ていて，研究者と芸術家を同列に扱う漱石の見方は，慧眼だと感じます。このワクワク感を「有用さ」と表現するかどうかはともかく，人文学が我々を「豊かに」していることは間違いないと感じます。

近未来では，AI が多くの「職業」を人間から解放すると予測されています。その時には，古代ギリシア時代のように，改めて，純粋なワクワク感や精神的な豊かさをもたらす「道楽」に，至上の価値が置かれるようになるのかもしれません。

コラム⑩　教育と研究の分担Ⅰ（教員間の分業）

教育と研究機能の教員間での分業

大学教員が教育，研究，経営を一定程度ずつ担うことにより成り立っているというのが，大学の伝統的な姿です。ただし，そうでなければならないわけではありません。各教員が教育，研究，経営を一定程度ずつ担うのではなく，教育専任教員，研究専任教員，経営専任教員といったように「分業」させた方が，大学を効果的・効率的に回せるのではないかということは当然に考えられます。

英国でも以前からこのような発想が登場しています。中でも鮮明に表現しているのが，2003年の政府報告書「高等教育の将来」です。この報告書では，研究力が高い研究者には，教育や大学運営をさせるのではなく，研究に集中してもらうことが重要であり，終身雇用の研究専任教員ポストを増やすべきと提言しています[195]。また，良い教育者である上で，最新の研究成果や思想に通じていること[196]は不可欠だが，研究活動を自ら遂行している必要はないとし[197]，専ら教育活動に従事する教育専任教員がいることはおかしいことではないとしています[198][199]。

こういった中で，政府からの「勧め」も受けつつ，教員が，いずれかの機能に特化する分業モデルが一部導入されつつあります。特に大きな広がりを持つようになっているのが，教育を専ら担う教育専任教員です。

教育専任教員の増加

現在，英国大学には，教育及び研究双方を担う教員，教育を専ら担う教育専任教員，研究を専ら担う研究専任教員の３つのタイプのスタッフ（academic staff：終身雇用と任期付きの双方を含む）が存在します。

図３－27を見て分かるのは，いずれの教員数も伸びている中で，特に教育専任教員の増加が著しいことです。この15年間で，教育・研究双方を担う教員が1.2倍，研究専任教員が1.4倍となっているのに対し，教育専任教員は２倍近くに増えています。なお，この図からは研究専任教員が数多くいるように見えますが，後述の通り，研究専任教員のほとんどは任期付きのポスドクであることに注意が必要です。

教育専任教員の増加の要因は，学生増に伴い教育活動の必要性が高まったことです。急激に高まる教育ニーズに，英国では，教育・研究双方を担う教員数以上に，教育専任教員を増やすことで対応したこととなります[200]。

教育専任教員の位置付け①

日本の大学で，教育を中心に行う教員と聞くと，時間給の非常勤雇用の教員イメージがあります。他方，英国で起きているのは，常勤で任期無しの教育専任教員の増加です。実際，図３－28を見ると，この15年間で最も増えたのは常勤・任期無しの教育

図3－27　英国大学の教員数の推移（役割別）

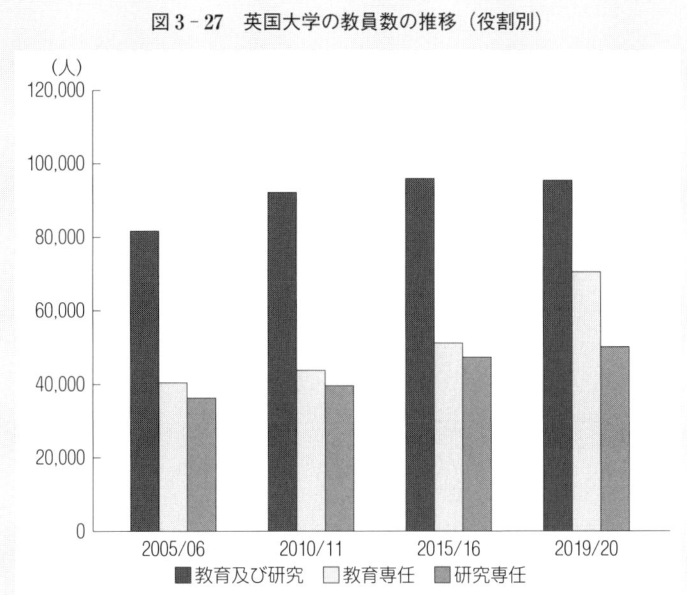

専任教員（約4倍）であることが分かります。

このことは，教育専任教員が，英国大学で確固とした職域を確立しつつあることを意味しています。

それでは，教育と研究双方を担う教員と教育専任教員が「対等の」位置付けにあるかというと，必ずしもそうではありません。今でも，教育・研究双方を担う教員が中核的な教員だという感覚が強いのが実態です。伝統的な教員モデルがそうであるということもありますし，個々の大学教員や大学の評価は，教育力より研究力に依拠する傾向が強いことも影響しています[201)202)]。教育専任教員の役割は，教育・研究双方を担う教員が研究活動や研究指導に集中できるよう，学部生向けの教育プログラムを担うことだと認識されていることが多いことも，補完的な教員としての教育専任教員の性格を強めています。

教育専任教員の位置付け②

ただし，確固たる職域を確立しつつあるなか，教育専任教員を「一段下に見る」感覚も変わりつつあるようです。

例えば，以前より高いレベルの職階への昇進が認められるようになったり，従来の「教育専任教員は，研究を続けられない人が就くポスト」，「教育専任教員はその低い

図３－28　教育専任教員数（４時点比較）

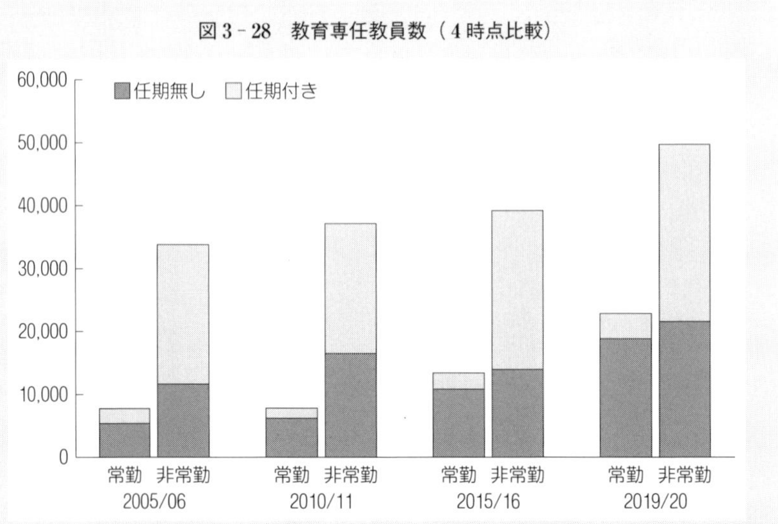

ステータスの故に自らの役割を認めたがらない」といった認識と異なり，現在の教育専任教員は，はじめから教育専任教員としての雇用を志向し，自分の役割をポジティブに捉え，教育への高い情熱を持つ傾向があることが報告されています[203]。

一度，インペリアル・カレッジ・ロンドン大学の教育専任教員にインタビューしたことがあります。通っていた夜間市民講座[204]を担当してくれた教員で，彼女の授業は，知識を的確に伝達しながら，教員，受講者の対話を通して知的関心を高めてくれる素晴らしい内容だったので，どのようにこのような教育力を身に付け，今後どうしていこうと思っているのか，興味があったからです。彼女によると，以下のようなことでした。

- オランダの大学[205]で分子生物学の PhD を取ったが，その過程で，「研究成果が上がるのには，時間がかかる（too slow !)」と感じた。
- 自分の情熱は，自ら研究をすることより，研究に関連した知識を得て，それを基に人の知識を広げていくことにあると思い，教育専任教員の道に進んだ。
- 現在は１年契約だが，更新が決まっていて，いずれ任期無しの教育専任教員のポストに就くことになると思う。現在の収入は，ポスドクをやっているパートナーよりも良い。
- 18歳の時からいろいろな人を教えてきたことが現在の教育実践につながっている。教師に一番大事なのはパッション。「研究がうまくいかないから教育専任教員になる」というのでは良い教育はできない。良い教師であることと良い研

図3－29　英国大学の常勤・任期無し教員（2019/20）

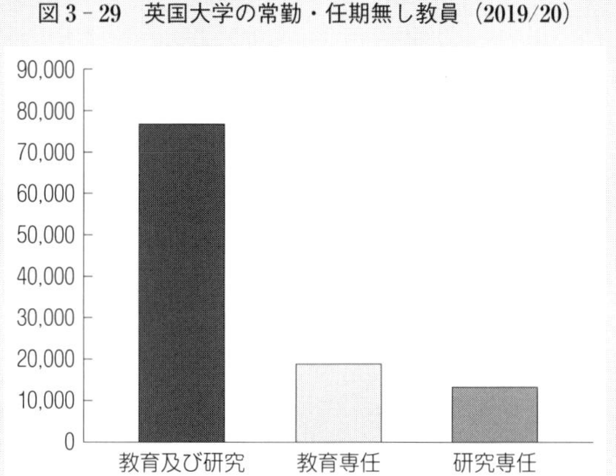

究者であることには，全く相関関係はないと思う。

- 英国大学は，教育専任教員を数多く雇用する方向にある。これまでのインペリアル・カレッジ・ロンドンでの経験では，研究をしている教員から下に見られていると思ったことはない。

教員間の教育と研究の分業は進むか

教育専任教員が増えたことで，教育と研究機能の教員間の分業はある程度進みました。

それでは，今後，英国大学における教員の職は，教育を担当する教員と研究を担当する教員へと完全に分かれていくのでしょうか？結論から言うと，少なくとも近い将来にそうなることはないように思います。

2003年の政府報告書は，研究力が高い教員の教育業務や大学運営業務を減らし，研究に集中させるべきとして研究専任教員の任期無しポストを増やすことを提言しましたが，その広がりは大きくありません[206)]。図3－29にあるように，現在でも，任期無しの常勤教員，すなわち教員のコア層の大多数は教育・研究双方を担う教員です[207)]。

政府の「勧め」にもかかわらず，英国大学の大学教員には，「大学の教員とは，研究を遂行しつつ教育に貢献する存在である」，「研究は学生の若い頭脳から刺激を受けながら遂行するものだ」といった，教育と研究を一体のものとして見る発想が強いように思われます。

（なお，教育専任教員の増員と研究志向の高まりの中で，学部教育は教育専任教員が担い，大学院教育（研究指導）は教育・研究双方を担う教員が担うという役割分担は，より進む可能性があるように思います[208)]。）

コラム⑪　教育と研究の分担Ⅱ（組織間の分化）

大学外の研究所

日本では，学問の最高府は大学だと考えられていますが，高等な教育，研究を担うのが，大学でなければならないわけではありません。

現に，ドイツでは，最高峰の研究を担っているのは，大学ではなく，「マックス・プランク研究所」と呼ばれる，研究の推進をミッションとした研究機関群です[209]。ドイツには多くの大学がありますが，最も優秀なドイツ人研究者は，ドイツ全土に80以上存在し，豊富な研究資金，高い研究の自由，抜群の待遇により「研究天国」と評されるマックス・プランク研究所に集います。

マックス・プランク研究所の設立（1911年）は，ドイツの大学が閉鎖性を強めるようになったこと，また，急速に発展し細分化する研究の遂行には，研究に特化した組織を置くことが効率的だと考えられた結果だとされます。ドイツは，19世紀に「研究と教育の一体化」を謳い，いわゆる「フンボルト理念」に基づく近代の大学を生み出した国ですが，ドイツ自身は，すぐにその理念を「手放した」とも言えます[210]。

日本においても，主に研究開発を行う機関として，理化学研究所をはじめとした国立研究開発法人が約30置かれ，研究成果を産み出しています。

大学内の研究所

教育・研究が一体化している状態から，研究機能を組織ごと引っ張り出し，分化させる方法は，マックス・プランク研究所のように大学外に研究所を設立することにより行われるだけでなく，大学内に研究所を設立するという形でも行われています。

例えば，日本では，大学の中に，「附置研究所」と呼ばれる研究に特化した独立性の高い研究所が，多数存在しています[211]。小柴昌俊氏，梶田隆章氏がノーベル賞を取った「東京大学宇宙線研究所」，山中伸弥氏を所長として2010年に設立された「京都大学 iPS 細胞研究所」などが有名です。とりわけ，東大や京大には，10以上の附置研究所が設置され，全教員の４分の１近くが所属し，研究成果の多くを担っています[212]。このような状況から，日本は教育と研究の組織間分化が進んでいる国だとされます[213]。その背景には，日本では，大学教員は必ず教育に従事すべきという考え方が強くなく，大学の中に，研究に傾斜した大学教員集団を抱えることが許容されるからだとされています。

英国における組織間分化

以上のような組織間分化は，英国ではあまり見られません。図３‐30は日英独の論文産出を比較したデータですが，日本やドイツでは，大学外の研究所が産出する論文数がかなりの割合に上るのに対し[214][215]，英国における論文産出は，圧倒的に大学に

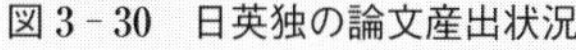
図3-30　日英独の論文産出状況

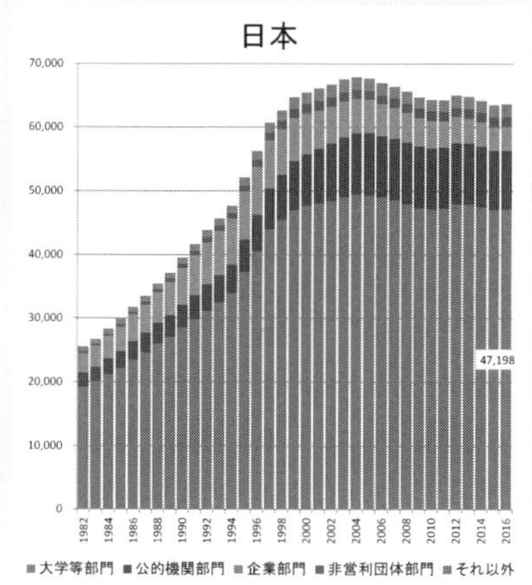

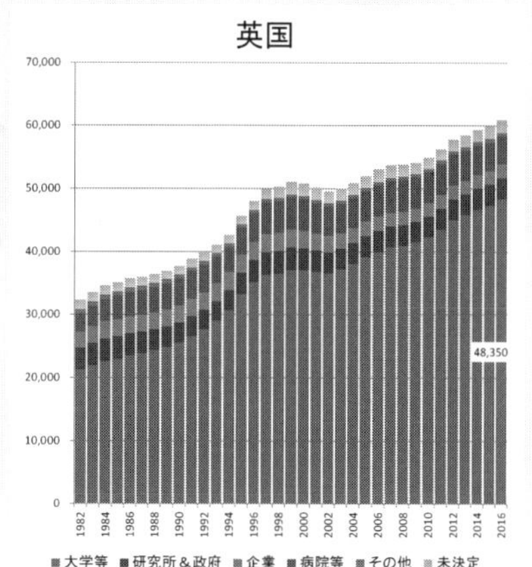

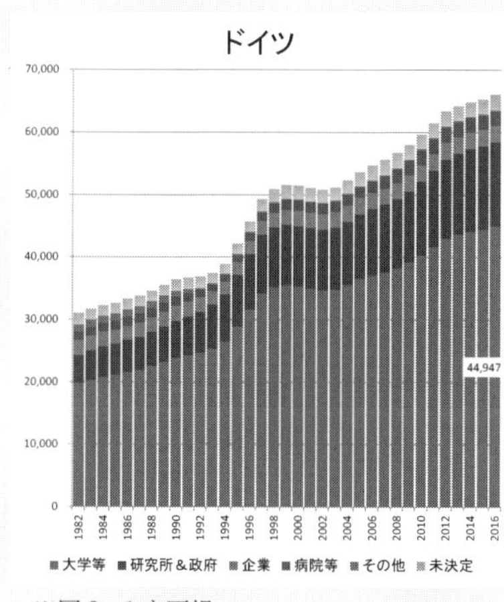

※図3-1を再掲。

偏っていることが分かります。また，英国では，日本のように，大学の中に研究に特化した研究所が多く作られているわけでもありません。

教員の中で教育と研究の分業が必ずしも進まないことを含め，ある意味，英国の大学は，ドイツが発明した「研究と教育が一体化した」近代大学の在り方を，最も正統に引き継いでいると言えるのかもしれません[216)]。

コラム⑫　日本との比較 Ⅰ（若手研究者）

このコラムにおいては，本論における英国大学の分析を踏まえて，英日の比較を試みたいと思います。まず，日本と英国の若手研究者の状況について，比較します。

若手研究者の人数

日本では，博士学生[217]の人数が1980年代から2000年頃まで増えた後[218]，2000年はじめから急減しています。図3－31の通り，この約20年間で実に半減です。各大学は定員割れの博士課程を多く抱えており，博士課程のポストに応募が殺到する英国とは対照的です。博士課程が不人気になったことは，その質の低下も招いたとされています[219]。

これに対し，英国の博士号取得者数は，この20年間で2倍以上に増えています。というよりも，この20年間，博士学生が減っているのは主要国で日本だけです[220]（図3－32）。

また，図3－33に見られるように，日本では，40歳未満の国立大学の教員数が減っています。他方，英国の45歳未満の教員数は，図3－34の通り，増えています[221][222]。

英日の若手研究者の環境の違い

英国と日本の若手研究者の環境の違いとして，以下の4つが挙げられます。

1つ目は，日本では，多くの場合，博士学生に給料が支払われていないことです[223]。博士に給料が出ないことは，日本の若手のみならず，海外から若手を集めることにもマイナスに影響しています。英国大学のある研究者は，「英国の博士学生の中にも日本で研究したいという優秀な人はいて，自分のところに相談に来ることがある。ただ，日本では給与が出ないよと言うと，即座にそれならやめますとなる。」といいます。

2つ目は，日本では，博士号を取得することが，就職で不利になることが多いとされていることです。専門性を軸に，個人が組織を渡り歩く英米の「ジョブ型」雇用では，博士号を持っていることが不利に働くことはありません。実際，英国では博士号を取った者の9割は民間企業に就職しています。他方，1つの民間企業に留まり，人事ローテーションや企業内訓練で当該企業に即したスキルや組織文化を身に付ける日本の「メンバーシップ型」雇用では，専門性よりも，適応力の高さやコミュニケーション能力が重視されます。修士課程修了程度の専門的知識は歓迎されても，博士課程修了となると，専門的知識が高すぎて柔軟性に乏しいのではといった見方がされ，博士課程修了時に年齢が上がっていることもあり，博士号を有することが不利に働くケースが多いとされます[224]。

3つ目は，若手研究者に自立的に研究を「やらせてみる」フェローのポジションが

図3－31　博士課程入学者数の推移

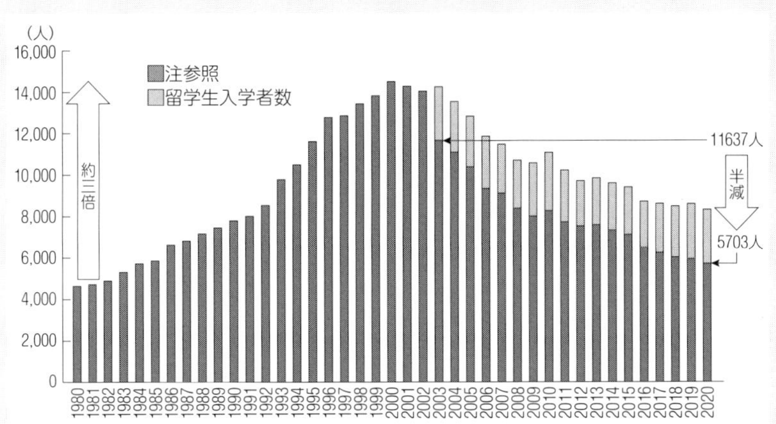

注：濃いグレー部の数字については以下の通り。
・2003年以降は修士課程修了後に博士課程に進学した国内学生。
・2002年より前は留学生入学者数を含む。
・1990年より前は社会人入学者数を含む（※非常に小さい数字と思われる）。
出典：「学校基本調査報告書」の集計データを基に作成。

図3－32　主要国の博士号取得者数の推移

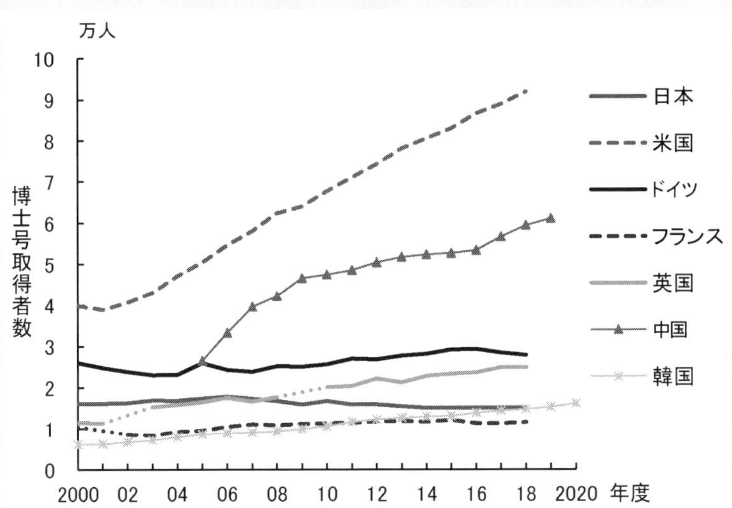

出典：文部科学省 科学技術・学術政策研究所「科学技術指標2021」2021年。

図3－33　国立大学の本務教員数の推移

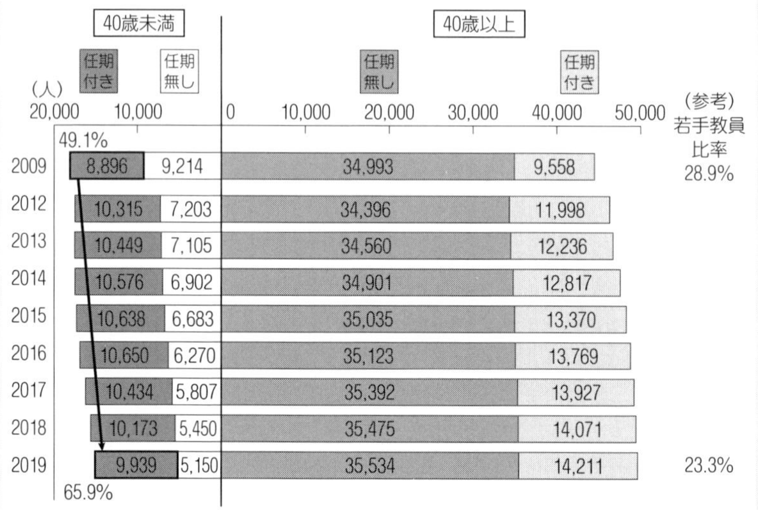

(人)	40歳未満 任期付き	40歳未満 任期無し	40歳以上 任期無し	40歳以上 任期付き	(参考) 若手教員比率
2009	8,896	9,214	34,993	9,558	28.9%
2012	10,315	7,203	34,396	11,998	
2013	10,449	7,105	34,560	12,236	
2014	10,576	6,902	34,901	12,817	
2015	10,638	6,683	35,035	13,370	
2016	10,650	6,270	35,123	13,769	
2017	10,434	5,807	35,392	13,927	
2018	10,173	5,450	35,475	14,071	
2019	9,939	5,150	35,534	14,211	23.3%

Chart annotations: 49.1% (2009), 65.9% (2019). Axis: 20,000 10,000 | 0 10,000 20,000 30,000 40,000 50,000

出典：文部科学省国立大学法人支援課調べ。

図3－34　英国大学の academic staff の年齢構成の推移

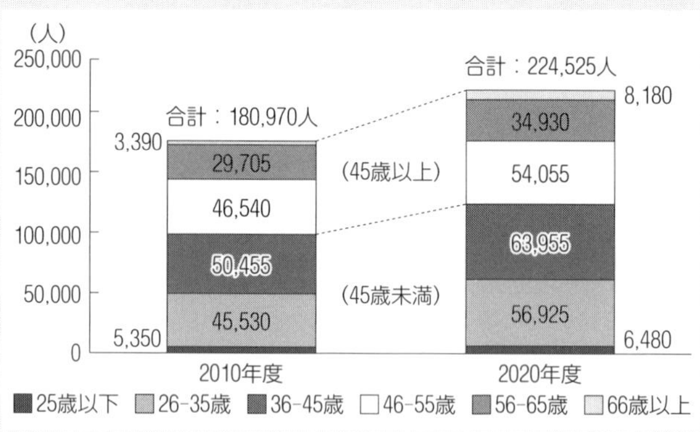

確立していないことです。日本でも英国のフェローシップと類似した枠組みはいくつか存在します[225]。ただ，英国で少なくとも100近いフェローシップがあることと比較すると，その数は非常に限られています。この背景には，機動的な研究環境を念頭に若手を早期にPIにして活躍させようとする英国と，ピラミッド体制による研究環境を念頭に若手を徒弟制的に扱う日本の発想の違いがあります。

4つ目は，英国ではレクチャラーは終身雇用のポストであるのに対し，日本でレクチャラーに当たる助教（や講師）のポストは，多くの場合，任期付きのポストであることです[226]。この結果，日本では，准教授になるまで，若手研究者の身分が不安定なままになっています[227]。例えば，ある若手研究者は，以下のようにコメントしています。

「若手研究者が独立できず，任期付きのポジションが多い。任期無しであっても昇進不可であったり，昇進時には任期付きに戻るなど，若手研究者にとって不利な制度が横行している。また，その状況を見て優秀な学生は博士課程への進学を避ける。そしてモチベーションも能力も低い，モラトリアムの延長で進学する学生が相対的に増える（大学院大学という制度上定員を満たす必要があり，こういった学生の進学を断れない)。そして能力とモチベーションの低い学生の面倒をみるのは時間も労力もかかるので，直接的に指導にあたる若手研究者の負担が増し，研究業績が減少する。そしてその結果として昇進も難しくなる。そういう悪循環が蔓延している[228]。」

英国と比べ，日本の若手研究者の環境が，生活面，民間職への雇用可能性，研究環境の自立性，安定的なポストの確保見通し，いずれについても厳しい環境であることが分かります。こういった状況を察知した日本の若者は，博士課程への進学を避けるようになり，その結果が，博士学生の急減をもたらしたと考えられます[229]。

なお，4つ目のポイントは，終身雇用だった「助手」の「助教」化施策と，同施策及び日本経済の低迷等を背景とした，大学による若手の短期雇用への切り替えがもたらしたと考えられます（注227，230参照）

研究力の低下と施策の転換

バブルがはじけた後，1990年代後半から2000年代前半は，「就職氷河期」と呼ばれるなど，とりわけ若者は厳しい状況に置かれました。このことは日本社会全体に言えることで，日本の大学で起きていた若手研究者の人材育成を十分顧みない状況は，社会で起きていたことの縮図だとも言えます[230]。

ただ若手研究者を失うことは，民間企業以上に大学には打撃が大きかったのではないかと思います。柔らかい頭脳を持つ若手研究者は，「将来の」研究力を作り出す研究者であり，また，「現在の」研究力を担う研究者でもあるからです。日本の研究力低下の一因が，若手研究者を失ってきたことにあるのは間違いありません。

こういった反省に立ち，現在，日本では，若手研究者を取り巻く状況の改善に向けて，大きく舵を切りつつあります。2021年３月に策定された第６期科学技術・イノベーション基本計画[231]では，若手研究者を支援する取組が中心的に取り上げられました。支援メニューの中では，例えば，「2025年度までに博士学生の約３割が生活費相当額を受給する」という目標が掲げられ，将来的に，希望する優秀な全ての博士学生が受給することが目指されています。また，博士学生の雇用可能性を高めるため，博士学生の長期有給インターンシップや優秀な若手研究者を民間企業・大学間でマッチングさせる仕組みの創設が提案されています。若手研究者が，「自らの野心的な構想に思い切って専念できる環境」を長期的に提供する事業の推進も目指されています。若手研究者の人数[232]についても，基本計画期間中に１割増やし，将来的に，全体の３割以上になることを目指す目標が掲げられています[233]。

この計画が順調に進捗し，若手研究者が活躍できる環境を作り出していくことは，日本の研究力を高める上で不可欠だと思います。

また，民間企業からジョブ型雇用システム[234]を採用する方向性が打ち出されつつあることも，博士号取得者にとっては追い風です。今後，高い専門性が採用で重視されるようになることは，博士学生の人気の復活や，日本社会の生産性向上にも寄与するのではないかと思います。

今後の課題

今後の課題の一つは，若手研究者に特化した終身ポストをどれくらい用意できるかということだと思います[235]。博士学生を支援する枠組みが増えたとしても，安定的な助教ポスト（英国のレクチャラーのポスト）の多くが任期付きで不安定な雇用が長く続くままだと，若手は博士課程に進むことをためらうからです。

もちろん研究資源は限られているなか，若手研究者を無限定に採用できるわけではありません。ただ，若手研究者に特化した終身ポストを設けなければ，研究実績を積んだ中堅層が公募された終身ポストを埋めてしまうため，若手研究者の採用を増やすことが難しいのも事実です[236]。

もう一つの課題は，色濃く残る講座制の文化について，どのように考えるかです。英国のPI主義のような，多数の小さな研究チームが並立した「機動的な研究環境」を作ることを目標とするかということです。

今後博士学生をはじめ若手研究者が増えたとしても，講座制文化が残り，若手をPIとして独り立ちさせる方向性に舵が切られない限り，若手研究者は，ピラミッド構造の下層に「スポッと」収まり，自立して活躍する機会を十分得られない可能性もあります。また，PIとして若者が活躍することを阻む傾向が強い日本の講座制文化は，世界の優秀な若手から日本が敬遠される「目に見えない」一因となり続ける可能性もあります。

講座制からPI主義への移行は，制度的なものではなく，組織文化の変革（年功序列の変革）や人材育成に関わるものなので，一朝一夕に進むものではありません。この点について，次のコラムで考えてみたいと思います。

コラム⑬　日本との比較 Ⅱ（講座制と PI 主義）

ここでは，日本の講座制文化と英国の PI 主義を比較してみたいと思います。

英国の PI 主義にはいくつかの利点があります。最大の利点は，その機動性だと思います。

集団主義的な講座制では「○○教授研究室をつぶしてはならない」といった，組織維持，研究内容維持の慣性力が働く傾向があります。これに対し，新陳代謝の激しい英国の PI 主義は，機動性が高く，新しい分野への挑戦が生まれやすいのが特徴です。

実際，国際的に注目を集めている研究領域を見ると，日本の研究者は 3 割程度の研究領域にしか参画していない一方，英国の研究者は 6 割程度に参画しています（図 3－35[237]）。

英国大学の機動的な PI 主義が機能するためには，独創性に加えてマネジメント力を有する多くの若手 PI が必要で，そのためには若手が早期に独り立ちできるよう育てるとともに，研究が軌道に乗るよう資金や設備を割り当てることが必要です。

いずれについても，現状，日本の大学の研究環境は，十分ではありません。若手を早期に PI として育成する取組（例えば英国のフェローシップ）は盛んではなく，また，多くの場合，日本の大学では，高額な研究装置が各研究室に「囲い込まれて」います。

日本の講座制には一定の良さがあります。それは，シニア教員の保護のもとで，若手研究者をじっくり育てられることです。研究計画の監督や研究資金の獲得はシニア教員（教授・准教授）が担い，若手研究者はシニア教員の指示に服しながらも，研究に打ち込むことができます。また，集団主義的講座制では，大学教員が入れ替わっても組織が残るので，研究内容の継続性が保たれる面もあります。

実際，ある程度自由にやらせてくれる面倒見の良い教授のもとで研究力を伸ばした日本の教員には，講座制へのノスタルジーがあるように思います[238]。ただし，「講座制は悪くなかった」という同じ大学教員から，「他の研究室では，教授が若手を奴隷のようにこき使っていたけどね」という声を聞くことは珍しくありません。自らの研究に打ち込むことができるか，あるいは，ひたすら研究室の雑務をこなすことになるかは，教授の人柄に依存する面が強いということだと思います。

誤解を恐れずに言うと，日本の講座制は，日本の学校の「学級」を思わせます。日本の学校では，生徒はクラスの文化に同調することが求められ，自立性が抑制される一方，そのクラスに帰属意識を持つことができ，担任や級友により「保護」されます。

英国の若手 PI は，時に先輩研究者からメンタリングを受けつつ，自由やワクワク感，それと同じくらいの不安感を抱えながら，自立して研究を行い，世界に通用する研究マネジメント力を伸ばしていきます。仮に統計上，同じ10人の若手研究者がいるとして，日本の10人よりも英国の10人の方が「たくましい」のは当然です。

図 3 - 35　国際的に注目を集めている研究領域への参画（再掲）

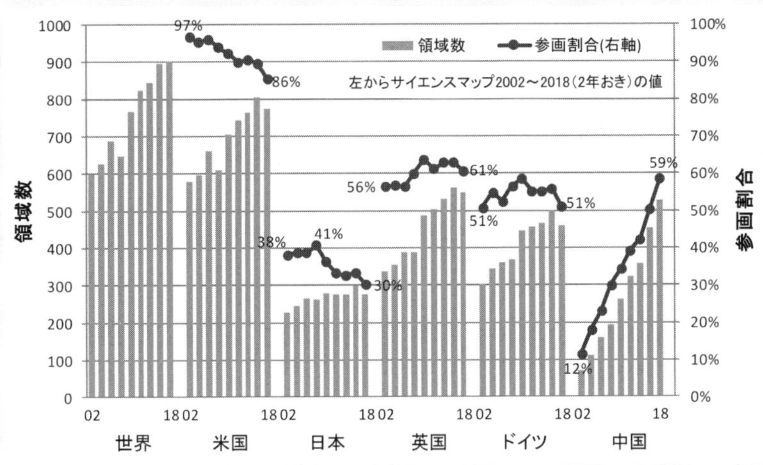

だからといって，講座制を PI 主義へと移行すべきと理念的に叫んでも機能しません。中学生に，大人と同じようにやれと突然言ってもうまくいくことはなく，中学校の教員に指導ではなくメンタリングを求めても，すぐには馴染みません。

講座制から PI 主義への移行は，制度的なものではなく，組織文化の変革や人材育成に関わるものなので，一朝一夕に進むものではありません。

仮に日本の研究環境を PI 主義に移行しようとするのであれば，その方向性を明示的に打ち出すとともに，フェローシップの充実や若手研究者が活躍しやすい研究環境の整備を進め，並行して，「上からの指導」か「放任」かではなく，「メンタリング」を一層大事にする方向へと教員の意識を徐々に変えていく取組を，継続的かつ計画的に行っていくことが必要だと思います[239)240)241)]。

第3章　注

1） a careful study of a subject, especially in order to discover new facts or information about it（the Oxford Advanced Learner's Dictionary）

2）「研究（research）」という言葉は，辞書的には，「ある事柄について注意深く調べること，特にその事柄に関する新しい事実や情報を発見することを目的とする」，あるいは，「ある事柄を詳細に調べること，特に（新しい）情報の発見や（新しい）理解への到達を目的とする」などとされている。

3） 論文の数え方には，整数カウント法と分数カウント法がある。
https://www.nistep.go.jp/sti_indicator/2019/RM283_42.html

4） 中でも，論文検索サービスに加え，論文の質の高さを独自の方法で表示しているデータベースとして，次の2つが有名。
・Web of Science（クラリベイト・アナリティクス社：アメリカ）
・Scopus（エルゼビア社：オランダ）
この他，無料で使える論文検索サービスとしては，Google Scholar や生命科学系の PubMed が有名。また，論文の質を独自の方法で表示するデータサービスとしては，厳選された高品質な科学ジャーナル82誌に注目して，論文の量・質を表示する Nature Index といったものもある。

5） https://clarivate.libguides.com/webofscienceplatform/coverage

6）「この論文は過去50回引用された」という生データだけでは，他の論文と比べて被引用数がどれくらい多いと考えればよいか，判然としないからである。知りたいのは，「その論文が，その分野において，他の論文に比べどれだけ価値があるか」ということである。

7） 例えば，自然科学分野を22分野に分けた中での1分野。分野ごとの測定が重要なのは，分野ごとに，論文の産出数や引用のされ方は異なるので，同じ50回という被引用数でも，その価値は分野によって異なるからである。

8） 数多くの研究者がグローバルに競争している中で，Top10％論文，Top1％論文を産み出すのは大変なことだが，その上を行く論文もある。例えば，2012年にノーベル賞を受賞した山中伸弥教授（京都大学）らによる iPS 細胞の作製に関する論文（「Induction of pluripotent stem cells from mouse embryonic and adult fibroblast cultures by defined factors」）は，出版された2006年から2019年の間に1万2千回以上の引用を集め，この期間のこの分野における被引用数は上位0.001％に入る（「Top0.001％論文」）。世界的に「超人気」のメガインパクトを与えた論文だということが分かる。
https://clarivate.jp/news-releases/2019/Heisei-Breakthrough/

9） Field Weighted Citation Impact，エルゼビア社開発。
研究力を測る方法として特に生命科学分野で話題に上ることの多いもう一つの指標が「インパクトファクター」である。インパクトファクターは論文の被引用度を測る指標ではなく，ジャーナルの影響度を測る指標である。例えば，2019年において，「Nature」というジャーナルのインパクトファクターは42.788,「Current biology」というジャーナルのインパクトファクターは9.601といった具合だ。あるジャーナルのインパクトファクターは,そのジャーナルが掲載した全論文の被引用回数の合計値（＝論文群の総影響度）を，論文の掲載本数で割ることで産出されている。

インパクトファクターは，研究者が投稿すべきジャーナルを選定する際の数値などとして使われる。また，例えば，生命科学の分野では10前後のインパクトファクターを持つジャーナルにコンスタントに掲載される研究者は「かなり研究力がある研究者だ」などと評価されることが多い。

なお，インパクトファクターを開発したクラリベイト・アナリティクス社は，そのホームページにおいて,「インパクトファクターで論文や研究者，大学などを評価できますか？個人や大学・研究機関ごとの業績を示すためには，出版された論文の掲載ジャーナルのインパクトファクター値を単純加算すればよいのですか？」という問いに対し,「インパクトファクターはある特定の一年におけるジャーナルの影響度を示す尺度であり，特定の論文や個人の研究業績を評価するための指標ではありません。したがってインパクトファクターを単純加算しても，個人や研究機関の業績を客観的に示すことはできません。むしろ，ジャーナルあたりの平均的な尺度であるインパクトファクターを用いた場合，優れた研究業績を過小評価してしまう恐れがあります。」としている。

これに関連し，UCL の眼科の教員である大沼氏は，がん分野など研究者人口が多い分野に比べ，眼科はコミュニティが小さいので，インパクトファクターが10以上を超えるジャーナルがなく，分野間のこの不平等をどう解消するかが課題だと述べている。

https://www.jst.go.jp/crds/report/report04/CRDS-FY2019-RR-03.html p. 140

10）具体的には，１論文当たりの被引用数を，同じ出版年・同じ分野・同じ論文タイプの論文の世界平均で割ることで産出する。

11）FWCI は THE ランキングの元データなどに使われているが，平均値を表示するものに留まっており，研究の厚み（論文の産出量）が示されておらず，研究力を適正に測るには，研究の厚みも加味することが必要だという指摘もある。実際，大学の FWCI を見ると，ごく一部の研究者だけが論文を書き，かつその論文が高い被引用度を持つ場合，大学全体としての論文の産出数は非常に少ないにもかかわらず，FWCI が高くなっているケースがあり，大学等の業績を評価する際には，論文産出数も併せ見ることが必要である。

https://www.mext.go.jp/b_menu/shingi/gijyutu/gijyutu4/041/gijiroku/1398836.htm

12）データベースは，英語で書かれた論文を中心に捕捉しているが，人文・社会科学分野では，その分野の特性として，自国・地域を対象とした研究を，自国語によって発表する傾向が強いことも知られている。

https://www.jstage.jst.go.jp/article/tits/23/10/23_10_16/_pdf/-char/ja

https://ir.lib.hiroshima-u.ac.jp/files/public/4/47666/20190530131907664639/RIHE151.pdf

13）村上昭義・伊神正貫「研究論文に着目した日英独の大学ベンチマーキング2019――大学

の個性を生かし，国全体としての水準を向上させるために」科学技術・学術政策研究所，2020年３月

14）　村上昭義・伊神正貫「研究論文に着目した日英独の大学ベンチマーキング2019――大学の個性を生かし，国全体としての水準を向上させるために」科学技術・学術政策研究所，2020年３月，p. 2

15）　なお，人口は，英国（約６千万人）＜ドイツ（約８千万人）＜日本（約１億２千万人）である。

16）　自然科学関係。

17）　文部科学省　科学技術・学術政策研究所，科学技術指標2020，調査資料-295，2020年８月，p. 134

18）　分析対象の大学は，2008年から2017年の10年間で500件以上論文を産出している大学（整数カウント法）であり，日本が188大学，英国が104大学，ドイツが74大学である。また，この分析では，大規模な国際共同研究の論文の影響を除くため，著者数100人以下の論文を用いた結果となっている。

19）　例えばオックスフォード大学と東京大学で産出された論文数は同程度だが，オックスフォード大学の論文はその約24％が Top10％論文であるのに対し，東京大学では約12％に留まる。

村上昭義・伊神正貫「研究論文に着目した日英独の大学ベンチマーキング2019――大学の個性を生かし，国全体としての水準を向上させるために」科学技術・学術政策研究所，2020年３月，p. 11

20）　英国政府は，平均的な研究の質を測ることができる FWCI 指標を使った分析を行っている。それによると2018年の英国の FWCI（※自然科学，人文・社会科学全てを通じた数値。大学セクター以外も含む。）は1.56で，この値は，G7 の国々で最も高い数値である（イタリア：1.51，カナダ：1.49，アメリカ：1.4，ドイツ：1.39，フランス：1.35，中国：1.03，日本：0.95）

なお，論文産出数は少なくなるが，G7 以外の国の中には，英国より FWCI が高い国がある。スイス，デンマーク，オランダなどである。

https://assets.publishing.service.gov.uk/government/uploads/system/uploads/attachment_data/file/660855/uk-research-base-international-comparison-2016.pdf

https://assets.publishing.service.gov.uk/government/uploads/system/uploads/attachment_data/file/815400/International_comparison_of_the_UK_research_base__2019._Accompanying_note.pdf

21）　大学セクター以外も含む。

22）　文部科学省　科学技術・学術政策研究所，科学技術指標2020，調査資料-295，2020年８月，p. 139

23）　https://assets.publishing.service.gov.uk/government/uploads/system/uploads/attachment_data/file/660855/uk-research-base-international-comparison-2016.pdf https://assets.publishing.service.gov.uk/government/uploads/system/uploads/attachment_data/file/815400/International_comparison_of_the_UK_research_base__2019._Accompanying_note.pdf

24）自然科学分野の分野ごとの論文数比率を見ると，英国と世界の状況は直下のようになっていて，英国は，世界的な傾向とほぼ同様の割合で，それぞれの分野において論文を産出している。なお，米独日も同じような形状を描くが，中国（直下）については，化学関係の論文が顕著に多いなど，異なった特徴をもつ。

文部科学省　科学技術・学術政策研究所，科学技術指標2021，調査資料-311，2021年８月，p. 1

英国・世界の自然科学系分野における論文産出割合

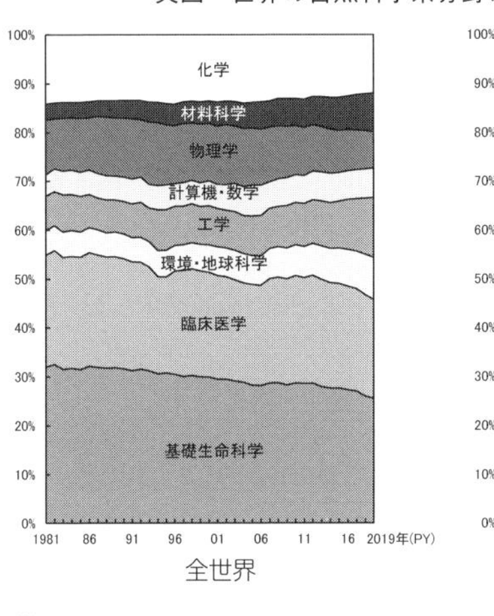

全世界

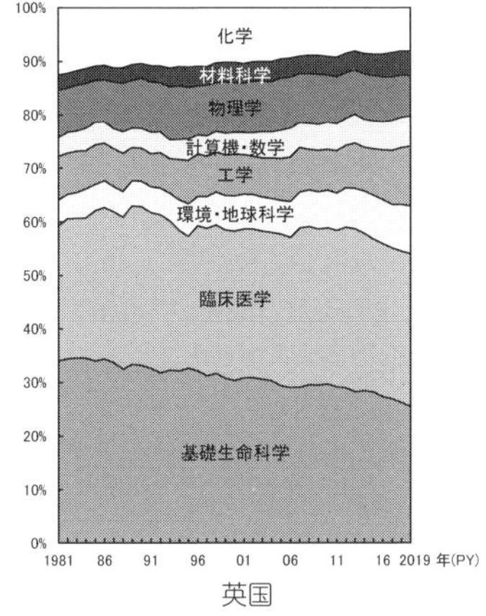

英国

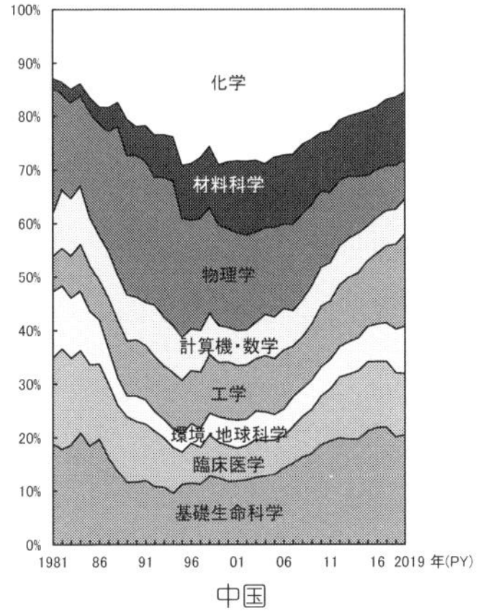

中国

上記８分野は，クラリベイト・アナリティクス社作成の22分野のうち，経済学・経営学，複合領域，社会科学・一般を除く，自然科学系の19分野を８つに集約することで仕分けされている。８分野と22分野の関係は，以下の表の通りである。

研究ポートフォリオ８分野	集約したESI22分野
化学	化学
材料科学	材料科学
物理学	物理学，宇宙科学
計算機・数学	計算機科学，数学
工学	工学
環境・地球科学	環境／生態学，地球科学
臨床医学	臨床医学，精神医学／心理学
基礎生命科学	農業科学，生物学・生化学，免疫学，微生物学，分子生物学・遺伝学，神経科学・行動学，薬理学・毒性学，植物・動物学

25）林幸秀・津田憂子・成瀬雅也・倉田佳奈江『英国の科学技術情勢　産業革命の発祥国はイノベーション立国を実現できるか』丸善出版株式会社，2019年，p. 43

26）特に，臨床医学においては，オックスフォード大学，インペリアル・カレッジ・ロンドン，UCL をはじめ，20近い大学が，高い質の論文を数多く産出している。約23000校ある世界の大学の中で，この３大学は，臨床医学分野で，それぞれが世界の0.5％以上の論文を産出し，当該論文に占める Top10％論文の割合は12％を超える。また，物理学，環境・地球科学でも10大学以上が質の高い論文を多く産出している。他方，工学，材料科学，化学の分野では５大学以下に留まる。

「研究論文に着目した日英独の大学ベンチマーク2019」p. 91，95，98，100における第１層を参照。

27）「研究論文に着目した日英独の大学ベンチマーク2019」p. 5。2008年から2017年の10年間で500件以上（整数カウント法）の論文産出があった大学を対象。該当大学数は，日本が188大学，英国が104大学，ドイツが74大学。

28）最も論文数が多い大学でもユニバーシティ・カレッジ・ロンドン（UCL）の半分程度となっている。

29）16マス中13マス。

総論文数で２位の京大は，１分野で１位，４分野で２位となっている。

30）16マス中７マス。

また，総論文数でトップの UCL が１位になっている分野は２つだけ。

31）32マス中25マス。

32）日本では，総論文数トップ10の大学が各分野の10位までの約84％を占めている（80マス中67マス）。英国ではこの割合が78％（80マス中62マス）なので，トップ10での集中度合いは大きく変わらない。

33）この背景には，後述の REF 評価が，大学単位の評価ではなく，分野単位の評価である結果，全方位的に研究力を高めることが難しい大学も，特定の分野に資源を投入し研究力を高めれば，REF 評価に基づく研究交付金を獲得することができることがあるとされている。

34）ここまでの分析は，主に自然科学分野を対象に行っている。それでは人文学（文学，芸術学，哲学など）や社会科学（経済学，法学，社会学，教育学など）についての英国大学の研究の世界的な位置付けはどうか。

英国の大学において，論文の平均的な質を表す FWCI の数値が，人文・社会科学分野においても高い値を示していることは，図３－３で示した通りである。他方，人文・社会科学分野の研究成果は論文の形で現れないことも多い（※創作活動，新聞などでの書評，判例注釈などとして現れる）ことから，論文の被引用度に依拠する FWCI の値のみで研究の質を十分判断することはできない。

現在，人文・社会科学（とりわけ人文学）の分野について，自然科学分野と同程度に研究力を測り比較する計量的な手法は存在しない。そのような中で，あえて紹介できるものがあるとすると，大学ランキングの中で使われている「学術的名声」調査だと思われる。

世界ランキングの２大巨頭の１つである「QS ランキング」は，世界の研究者約10万人からアンケートを取り，各自の専門分野で研究が優れていると思う大学を選んでもらっている（国内から10大学，国外から30大学，自らの大学は選べない）。自然科学分野では，論文数や被引用度を主要な判断根拠としているのに対し，人文・社会科学分野のランキングを作る際には，このアンケート結果を数値化した「学術的名声」が，判断根拠として大きなウェイトが置かれている。QS ランキングは，人文・社会科学分野の研究の質を，主に研究者コミュニティがどう思っているかで判断しているということとなる。この「学術的名声」調査に基づく，人文・社会科学分野の大学ランキングを表したものが表１である。

これを見ると，人文学，社会科学いずれにおいても，英国大学が世界１位となるとともに，上位40大学の中に６大学が英国からランクインしている。オックスブリッジを筆頭に，人文・社会科学においても英国大学の研究が強いことが分かる。

QS の人文・社会科学ランキングから，英国内の大学上位20校を取り出したのが表２である。自然科学分野の論文数で上位40大学を並べた表３－２では出てこなかった顔ぶれが散見される（濃いグレー：LSE や SOAS，ロンドン芸術大学など）。これらは，人文・社会科学に特化した文系大学である。また，表３－２では20位以下だったダラム大学やランカスター大学などが表２に入っており，自然科学分野では必ずしも強くなくとも，人文・社会科学の名声が高い大学があることが分かる。他方，文系大学を除けば，表３－２と表２で４分の３の大学は重なっていて（淡いグレー），自然科学分野が強い大学の多くが人文・社会科学分野でも強いこと，言葉を換えると，約150ある英国の大学の中で，研究力の高さは，自然科学，人文・社会科学全分野を通して一部の大学に集中する傾向があることが分かる。

35）文部科学省　科学技術・学術政策研究所，科学技術指標2021，調査資料-311，2021年８月

36）博士，ポスドク，大学教員を研究者と定義した場合，英国大学の自然科学系の研究者数

表１　QS ランキング2020（人文・社会科学の上位40大学）

QS ランキング2020〈人文学〉（※「学術的名声」でソート）		QS ランキング2020〈社会科学〉（※「学術的名声」でソート）	
順位	大学名	順位	大学名
1	オックスフォード大学	1	LSE(ロンドン･スクール･オブ･エコノミクス)
2	ケンブリッジ大学	2	ハーバード大学
3	ハーバード大学	3	オックスフォード大学
4	カリフォルニア大学（バークレイ校）	4	スタンフォード大学
5	イエール大学	5	ケンブリッジ大学
6	スタンフォード大学	6	カリフォルニア大学（バークレイ校）
7	ベルリン自由大学	7	MIT
8	フンボルト大学ベルリン	8	シカゴ大学
9	ニューヨーク大学	8	ペンシルバニア大学
10	プリンストン大学	10	シンガポール国立大学
11	エディンバラ大学	11	イエール大学
12	カリフォルニア大学(ロサンジェルス校)	12	ニューヨーク大学
13	コロンビア大学	13	コロンビア大学
14	シカゴ大学	14	ロンドン・ビジネス・スクール
15	東京大学	14	カリフォルニア大学(ロサンジェルス校)
16	シンガポール国立大学	16	ボッコーニ大学
17	メキシコ国立自治大学	17	プリンストン大学
18	UCL	18	INSEAD
18	パリ第１大学	19	メルボルン大学
20	トロント大学	20	オーストラリア国立大学
21	ライデン大学	21	香港大学
22	オーストラリア国立大学	21	ミシガン大学
23	ソルボンヌ大学	21	トロント大学
24	メルボルン大学	24	ノースウエスタン大学
25	香港大学	25	北京大学
26	香港中文大学	26	香港科技大学
27	ブエノスアイレス大学	27	アムステルダム大学
28	シドニー大学	28	ソウル大学
28	パリ第３大学	28	香港中文大学
30	キングス・カレッジ・ロンドン	30	ブリティッシュ・コロンビア大学
30	MIT	31	コペンハーゲン・ビジネス・スクール
30	ソウル大学	31	エラスムス・ロッテルダム大学
33	ミュンヘン大学	33	シドニー大学
34	ブリティッシュ・コロンビア大学	34	ウォーリック大学
35	アムステルダム大学	35	南洋理工大学
36	LSE(ロンドン･スクール･オブ･エコノミクス)	36	東京大学
36	ウィーン大学	37	HEC 経営大学院
38	北京大学	38	UCL
39	ハイデルベルク大学	39	メキシコ国立自治大学
40	京都大学	40	ニューサウスウェールズ大学

表2　QS ランキング2020（人文・社会科学の上位20英国大学）

QS ランキング2020（英国大学のみ）
〈人文学〉（※「学術的名声」でソート）

順位	大学名
1	オックスフォード大学
2	ケンブリッジ大学
3	エディンバラ大学
4	UCL
5	キングス・カレッジ・ロンドン大学
6	LSE(ロンドン・スクール・オブ・エコノミクス)
7	SOAS（ロンドン東洋アフリカ研究大学）
8	ダラム大学
8	セントアンドリュース大学
10	ウォーリック大学
11	マンチェスター大学
12	ロンドン芸術大学
13	バーミンガム大学
14	リーズ大学
14	ヨーク大学
16	ロンドンゴールドスミス大学
17	クイーンメアリ大学
18	グラスゴー大学
19	ランカスター大学
20	シェフィールド大学

QS ランキング2020（英国大学のみ）
〈社会科学〉（※「学術的名声」でソート）

順位	大学名
1	LSE(ロンドン・スクール・オブ・エコノミクス)
2	オックスフォード大学
3	ケンブリッジ大学
4	ロンドン・ビジネス・スクール
5	ウォーリック大学
6	UCL
7	マンチェスター大学
8	エディンバラ大学
8	キングス・カレッジ・ロンドン
10	ランカスター大学
11	エセックス大学
12	グラスゴー大学
13	ダラム大学
13	インペリアル・カレッジ・ロンドン
15	サセックス大学
16	カーディフ大学
16	SOAS（ロンドン東洋アフリカ研究大学）
18	バーミンガム大学
19	リーズ大学
20	クイーンメアリ大学

は，博士約６万人，ポスドク約３万人，大学教員約９万人の合計約18万人と推計される。これに対し，日本の自然科学系の博士，ポスドク，大学教員の人数（頭数）は，博士約５万人，ポスドク約１万人，大学教員約12万人，医局員約２万人の合計で約20万人である。これらの数字を比べると，英日で研究者の人数は，日本が少し多い。

ただ，各国で教員の数え方や働き方が異なることから，研究者の人数については，同じ尺度で国際比較することは非常に難しいことに注意が必要である。一応，上記の数字の根拠を以下に示しておく。

まず，英国の自然科学系の博士の人数は約６万人（＊英国の博士学生は約10万人で，その約６割が自然科学系：https://www.hesa.ac.uk/data-and-analysis/students/whos-in-he)。

また，大学に雇用されている自然科学系の研究者の人数（頭数）は約12万人で，その内，ポスドクとして雇用されている者は３万人ほど。

HESA によると，研究専門（Research Only）の academic staff は約４万人。その約７割が任期付きとなっている。ここでは，ポスドクを研究に専従する任期付きの者と捉えて，４万人×0.7＝約３万人としている。

https://www.hcsa.ac.uk/data and-analysis/staff/working-in-he https://www.hesa.ac.uk/data-and-analysis/publications/staff-2016-17/introduction

なお，このサイトは上記のような計算の結果，ポスドクを全教員の13%と計算していると考えられる。

https://www.liverpool.ac.uk/researcher/prosper/blog/prosper/whos-who-profiling-uk-postdoc-population/

また，HESA における academic staff の定義は以下の通りであり，「L0」の項目に，通常ポスドクと同視される Research Assistant が含まれている（Research assistants (sometimes also described as postdoctoral research assistants, research associates or assistant researchers)。UUKi によると，academic staff の中に salary ではなく stipend で雇用される PhD は含まれていない（例外はホライズンの中の ITNs というプログラムで雇用される場合のみ）とのこと。

https://www.hesa.ac.uk/collection/c19025/combined_levels

https://www.hesa.ac.uk/collection/c19025/a/resast

自然科学系の英国の大学教員，ポスドクの人数（頭数）約12万人という数字は，HESA データに基づき，大学教員約23万人（全分野）から人文・社会科学系及び管理系の96770人を除いた数字である。

https://www.hesa.ac.uk/data-and-analysis/staff/areas

また，約12万人という数字は，頭数（ヘッドカウント）の数字であり，フルタイムの教員，パートタイムの教員全てを含むとともに，教育に特化している教育専任教員の数も含んでいる。研究者数を論じる本稿において教育専任教員もカウントしているのは，教育専任教員は，研究を行う教員の教育負担を引き受けることで，大学全体の研究力に貢献していると考えられること，及び，日本との比較を可能とするためである。なお，教育専任教員は全分野合わせて６万５千人程度である。

教員数をカウントする際には，頭数（ヘッドカウント）ではなく，フルタイム換算（FTE）の数字が使われることがある。英国も FTE 換算による教員数を OECD に報告しており，その場合の教員数は約17万人とされる。問題は，FTE の方法が各国により異なることで，例えば日本では FTE 換算する際，教員が（教育や経営などではなく）研究に専従している時間割合（約３割）を教員の頭数に乗じることで人数を出しているが，英国の FTE について，そのような研究専従時間による計算が行われているようには見受けられない（恐らく，パートタイムの教員の時間数をフルタイムに換算した数字を FTE として提出している）。このため，FTE の数字で比較するのは，特に英日についてはかなり不正確だと思われる。

それでは頭数による比較が正確かと言うと，この場合も，どれくらいパートタイム教員がいるかなど各国で状況が異なることから正確な比較とはならない。どのようにしても教員数の各国比較は困難である中，大学における雇用の在り方には一定の共通性があることを前提に，（FTE の数字を使ってあたかも英日で比較可能な正確な数字があるように示すのではなく，）最もシンプルな頭数による表示を，一応，採用することとした。

次に，日本の教員数については，2020年の科学技術研究調査の結果に基づくと，自然科学系において，教員11万9988人，大学院博士課程の在籍者5万2283人，医局員1万8883人，その他の研究員1万479人の合計20万1633人である。なお，本務者のみカウントし，兼務者はカウントしていない。）

ポスドクの人数については，この資料をもとにしている。同資料では，「ポストドクター等」を「博士の学位を取得した者又は所定の単位を修得の上博士課程を退学した者（いわゆる「満期退学者」）のうち，任期付で採用されている者で，① 大学や大学共同利用機関で研究業務に従事している者であって，教授・准教授・助教・助手等の学校教育法第92条に基づく教育・研究に従事する職にない者，又は，② 独立行政法人等の公的研究機関（国立試験研究機関，公設試験研究機関を含む。）において研究業務に従事している者のうち，所属する研究グループのリーダー・主任研究員等の管理的な職にない者。」と定義した上で，2015年度における延べ人数は1万5910人だとしている。

https://www.mext.go.jp/b_menu/shingi/chousa/shinkou/025/gijiroku/__icsFiles/afieldfile/2018/02/28/1401097_14.pdf

37） 基準データは2014年。

https://www.gov.uk/government/publications/performance-of-the-uk-research-base-international-comparison-2016

https://www.universitiesuk.ac.uk/policy-and-analysis/reports/Documents/International/2020/International-Facts-and-Figures-2020.pdf

38） 2020年時点で，アメリカやドイツ，日本は3％前後，英国は1.7％前後。英国政府はこれを2027年に2.4％まで上げる目標を設定している。なお，これらの数字は，大学セクター以外を含む数字。

https://www.gov.uk/government/publications/research-and-development-macroeconomic-modelling-of-24-target

39） https://academicpositions.com/career-advice/uk-academic-job-titles-explained

40） permanent contract あるいは open-ended contract

41） 博士学生は，研究室（チーム）に所属し，その研究テーマは，同研究室の大きなテーマの枠の中で設定される。例えば，「清川教授研究室」に所属し，同研究室が進めている「動物ホルモン研究」という大きなテーマの中で「ウサギのホルモン研究」などといった細分化されたテーマを設定し，研究を進めるといった具合である。博士学生の研究成果は，博士論文に結実するとともに，清川教授など，同研究室に所属する大学教員の研究論文の「要素」として活用されることとなる。

42） 正確には stipend（「俸給」や「奨学金」と訳される）。給料と異なり，基本的に税金がかからない。

43） 期間が決まっている研究プロジェクト遂行のために大学からの公募が行われることが多く，応募し採用されれば，任期付きで雇用される（例：3年，年間300万円）。

44） https://hontolab.org/tips-for-research-activity/what-is-a-postdoc/

45)　博士号取得者の中で，ポスドクになるなど研究の道に入るのは約半数。このうち，ポスドクなどを経て大学教員として採用されるのは1割程度（博士号修了者全体の3.5%）。博士号取得者の大半（8割以上）は，研究職でもない民間企業ポストに就職している。
https://royalsociety.org/topics-policy/publications/2010/scientific-century/

46)　大学教員の総人数が若手研究者の総人数の3.5%だというわけではなく，推計では，大学教員の総人数と若手研究者の総人数は同程度である。これは，20代半ば～30代半ばを中心とした約10年間の若手研究者の期間よりも，30代半ば～60代半ばを中心とした約30年間の大学教員の在職期間の方が長いことなどによる。先述の通り，博士，ポスドク，大学教員を研究者と定義した場合，英国大学の自然科学系の研究者数は，博士約6万人，ポスドク約3万人，大学教員約9万人の合計約18万人と推計され，全体では，若手研究者の人数と大学教員の人数は同程度になる。非常に単純化したモデルで考えると，博士号取得者約6万人の3.5%は約2千人。2千人に30年間を乗じると6万人。これに外国から来る教員数を加える（英国の大学教員に占める外国人教員の比率は約3割）と，大学教員の総数約9万人程度とおおむね合致する。ポイントは，少数採用した者を長期で終身雇用するモデルであることである。

47)　パートタイムの場合などをのぞき，基本的に3年から4年で博士号を取得する。4年経っても博士号を取得させられない大学は，研究指導が計画的に行われていないとして，政府からマイナス評価を受ける。

48)　自然科学系の博士学生の何割がstipendを受け取っているかについての明確なデータは存在しない。ただ，以下の2つのホームページは，自然科学系（STEM）の博士学生は通常「fully funded」であり，「self-funded」の学生は非常に珍しいとしている。
https://www.findaphd.com/funding/guides/phd-funding-guide.aspx
https://www.thesavvyscientist.com/how-much-does-a-phd-student-earn/#:~:text=Do%20you%20wonder%20how%20the, for%203%20or%204%20years
また，このホームページは，自然科学系と人文・社会科学系の学生に，支援見込みを聞いている。それによると，自然科学系では約8割，人文・社会科学系では約5割が「fully studentship」を期待している。
少し古いデータ（2012年）では，以下のものがある。これによると，約4割が「no external funding」とされている。このデータは全学問分野についてのものであり，自然科学系の大学院生が全体の約4割であることを踏まえると，概ね上の数字とマッチする。
https://www.vitae.ac.uk/doing-research/are-you-thinking-of-doing-a-phd/how-to-apply-for-a-doctorate-in-the-uk-and-get-funding/who-provides-funding-for-uk-doctorates
https://www.hesa.ac.uk/data-and-analysis/students/what-study
また，英国の博士学生の中にはResearch Assistant（RA）の形で収入を受け取るケースもある。その収入は，£25,000から£30,000程度とされている。ただし，英国ではRAは個々の大学教員が必要に応じて募集するもので，studentshipに基づくstipendほど一般的ではないとされる。

https://www.discoverphds.com/advice/funding/phd-salary-uk#:~:text=In%20the%20UK%2C%20PhD%20students, will%20also%20be%20paid%20for.

49)　https://www.thesavvyscientist.com/how-much-does-a-phd-student-earn/#:~:text=Do%20you%20wonder%20how%20the, for%203%20or%204%20years.

50)　https://www8.cao.go.jp/cstp/tyousakai/sekai/1kai/giji.pdf

https://www.manchester.ac.uk/study/postgraduate-research/why-manchester/doctoral-college/researcher-development/

ある研究大学では，こういったソフトスキルを伸ばすための取組を行ったかどうかが，教員評価でチェックされるという。

51)　https://www.hepi.ac.uk/2020/02/17/the-employment-of-phd-graduates-in-the-uk-what-do-we-know/

どこの大学，どこの分野の博士学生かも影響する。

52)　https://www.vitae.ac.uk/vitae-publications/reports/recruiting-researchers-employer-survey-vitae-2009.pdf

53)　これまで，政府（UKRI）の博士学生の雇用向けファンドによる公募は，英国学生（時に EU 学生を含む）のみを対象とすることが多かった。このため，英国大学に在籍する外国人博士学生は，英国政府ではなく，国際的な奨学金や自国の奨学金から給料を得ていた。ブレグジット後の政府方針により，2021年から政府のファンドは外国人学生を対象とすることと決められた。これにより，今後，より幅広く外国人博士の獲得が行われると想定される。ただし，同ファンドで獲得する外国人枠は，約3割までとされている。これは，グローバルに博士学生を求める方向性と，英国の若手を研究者に育成する方向性のバランスを取ろうとしているからだと考えられる。

https://www.ukri.org/wp-content/uploads/2021/02/UKRI-030221-Guidance-International-Eligibility-Implementation-training-grant-holders-V2.pdf

https://www.findauniversity.com/comment/6289/ukri-phd-funding-to-be-extended-to-international-students

54)　https://assets.publishing.service.gov.uk/government/uploads/system/uploads/attachment_data/file/597333/Doctoral_response_to_consultation.pdf

https://www.gov.uk/doctoral-loan

このローンは，自然科学系の学生よりも，studentship の対象となる割合が少ない人文・社会科学系の博士学生に活発に使われることとなると考えられる。

https://esrc.ukri.org/files/news-events-and-publications/news/review-of-the-phd-in-social-science/

55)　self-funded PhD students

56)　https://www.theguardian.com/higher-education-network/blog/2013/jun/06/self-funded-phd-students-secret

なお，近年，裕福な中国人家庭の子弟が，自費博士学生として英国大学に留まる例が増えているという話を聞いたことがある。

57）　この傾向は，studentship の対象となることが自然科学系ほど一般的ではない人文・社会科学系の博士学生については，強くない。

58）　少し古いデータ（2012年）だが，博士学生の雇用支援のうち，政府からの支援が約４分の１，大学による支援が約３分の１，公益団体による支援が６％程度となっている。

https://www.vitae.ac.uk/doing-research/are-you-thinking-of-doing-a-phd/how-to-apply-for-a-doctorate-in-the-uk-and-get-funding/who-provides-funding-for-uk-doctorates

https://www.findaphd.com/funding/guides/phd-studentships.aspx#:~:text=In%20the%20UK%2C%20the%20most, a%20number%20of%20charitable%20organisations.

例えば，世界的な研究大学である UCL の公募は，このホームページの通りであり，この中には，UCL が自ら設けている奨学制度が数多く含まれている。

https://www.UCL.ac.uk/prospective-students/graduate/research-degrees/funded-research-opportunities

59）　日本では，博士学生に政府から直接支援が行われる学振（DC）の仕組みがあるが，英国の博士給料は，大学を経由するのが通常である。

（You will need to apply for a studentship through the research organisation – normally a university –where you want to study.）

https://www.ukri.org/our-work/developing-people-and-skills/find-studentships-and-doctoral-training/get-a-studentship-to-fund-your-doctorate/

https://www.findaphd.com/funding/guides/research-council-studentships.aspx

また，通常，政府（UKRI が最大）の競争的研究資金の費目の中に，博士学生の雇用資金を入れることはできない。

60）　例えば，UCL の studentship のページに公募されている「15 fully funded 4-year PhD studentships in the EPSRC-SFI Centre for Doctoral Training in Transformative Pharmaceutical Technologies」のホームページを辿ると，これが，

- ・政府系ファンディング機関である EPSRC（Engineering and Physical Sciences Research Council）（UKRI 傘下）が支給する studentship であること
- ・採用された学生には，授業料を免除されるとともに，UKRI の基準に基づく stipend を得られること，また，UCL の学生は，ロンドンの生活費の高さに応じた追加支援が行われること
- ・UCL はこの studentship で６名分の枠を得ていること
- ・外国人学生の応募を歓迎しており，一定数を必ず外国人から採ることとしていること（＊UCL have set aside funding to support outstanding scholars from around the world）
- ・この studentship を得たい学生は，EPSRC に応募することとなるが，UCL に配属されたい場合，その選考は UCL の教員が含まれる３～４名の選考委員で行われること

などが分かる。

https://www.UCL.ac.uk/prospective-students/graduate/research-degrees/funded-research-opportunities

https://www.transpharmtech-dtc.ac.uk/phd-studentships/recruitment-process.aspx

61）文部科学省　科学技術・学術政策研究所，科学技術指標2021，調査資料-311，2021年8月

ここ10年間では，2010年度：23,055人から2019年度：28,475人。

https://www.hesa.ac.uk/news/27-01-2021/sb258-higher-education-student-statistics

62）2027年に2.4%に到達することを目標とする（2020年の時点で1.7%）。

63）https://www.hepi.ac.uk/2020/02/17/the-employment-of-phd-graduates-in-the-uk-what-do-we-know/

64）フェローを経ずにレクチャラーになるルートもあるが，フェローを経る場合の方が研究キャリアの発展性が高いとされる。

https://elifesciences.org/articles/46827

65）このホームページで紹介されている以下のポジションが，英国大学のフェローと類似。

https://hontolab.org/tips-for-research-activity/what-is-a-postdoc/

「自由度：★★★（自由裁量ポスドク：JSPS 特別研究員 PD，文科省 卓越研究員，京大白眉ポスドク）

ほぼ完全な裁量権が与えられているポスドク。JSPS 特別研究員 PD や文部科学省の卓越研究員制度，京都大学の白眉プロジェクトなど，優秀な若手研究者を育成するためのプロジェクトに応募し採用されたポスドクがこれにあたる。このカテゴリに属するポスドクは少数である。大抵の場合，どこかの部局（学部，研究科）や研究室に所属することになるが，ほぼ独立した状態で研究を進めることができる。上司がいたとしても保護者的な役割であること多い。若手研究者に研究に集中してもらうことが雇用元プロジェクトの大目的であるので，雑務が降ってくることも少ない。自分の裁量で研究テーマを決めることができる。また，科研費などの競争的資金にも自由に応募することができる。」

66）「フェローシップ」という言葉は，英国の大学の研究員の地位を一般に指し，英国のアカデミアでは非常に多義的に使われる。ここでは初期段階（early stage）にある研究者が PI として研究することを支援する取組のことである。

67）英国の学部課程は3年制，修士課程は1年制，博士課程は3～4年間なので，25～26歳で博士課程を終え，1～3つ程度の任期付きポスドクを経て，28～36歳でフェローとなる。

68）PI の定義について，日本政府の総合科学技術会議では，以下のような記載がある：「PI の定義については，引き続き議論し明確にする必要があるが，例えば，1）独立した研究課題と研究スペースを持つこと，2）研究グループを組織して研究を行っている場合は，そのグループの責任者であること，3）大学院生の指導に責任を持つこと，4）論文発表の責任者であること，などが考えられる」

https://www.mext.go.jp/b_menu/shingi/gijyutu/gijyutu4/037/attach/1358880.htm

69）　https://www.ncbi.nlm.nih.gov/pmc/articles/PMC7032694/

70）　研究論文の冒頭には，著者欄があり，論文作成に貢献した人の名前が著者欄に列記される。チームを組んで研究を行う自然科学系の論文では，複数名が並ぶのが通常であることから，著者欄中に，その研究における役割が明示されている。中でも，名前に「＊」が付いている著者（多くの場合，著者欄の最後に名前が出てくる著者）は，「コレスポンディングオーサー」（責任著者）と呼ばれ，この論文を対外的に代表する研究者である。「コレスポンディングオーサー」は，「論文の投稿・査読・出版プロセスにおいて，ジャーナルとのコミュニケーションに主たる責任を負う人物」である。通常，この「コレスポンディングオーサー」となるのがPIで，この論文に関心を持った人は，「コレスポンディングオーサー」＝「PI」に連絡することになる。

71）　フェローをはじめとした駆け出しPIは，PIとしての役割を開始するに当たり，大学から60万円程度のスタートアップ資金が支給されるとともに，フェローシップなどから最大で1億円近い外部資金を得ている。これにより，ほとんどの若手PIが，博士学生を少なくとも1名雇用している。ただし，実績のある研究室を希望する博士学生が多いことから，駆け出しPIにとって，優秀な博士学生の確保は簡単ではないと聞く。

https://elifesciences.org/articles/46827

72）「ホスト大学」。

73）「外部フェローシップ」の中には，「もっと大学も貢献を」と，フェローの給料の2割程度や，大型の研究装置購入費の一定割合の負担を「ホスト大学」に求めるものもある。

74）　https://elifesciences.org/articles/46827

75）　英国のビザの種類の一つに，「Global Talent Visa」がある。このビザを研究者が取るには，4つのルートがあり，最も代表的な1つ目のルートは大学の任期無しのポストを有していることである。2つ目のルートとして，指定された「Individual fellowships」を取っていることを要件とするルートがある。この「Individual fellowships」の中には，「research leaders」向けのfellowshipと「potential research leaders」向けのfellowshipの二つの分類が設けられており，前者はすでに一定の実績を持った者のためのfellowshipであり，後者は初めてPIになるような初期段階の研究者を支援するfellowshipが主だと考えられる。ここに挙げたのは，この「potential research leaders」向けのfellowshipのリストである。なお，このリストの中には人文・社会科学系のfellowshipも含まれている。

https://www.thebritishacademy.ac.uk/international/global-talent-visas/individual-fellowships/

76）　医学研究全般のフェローシップを提供するウェルカム・トラストの他にも，例えば，がん研究のフェローシップを提供するキャンサーリサーチUKなどがある。

77）　英国研究・イノベーション機構（UKRI）

78）　https://www.ukri.org/our-work/developing-people-and-skills/future-leaders-fellowships/what-are-future-leaders-fellowships/

79）　https://www.fenews.co.uk/press-releases/29168-first-wave-of-900-million-future-leaders-fellowships-announced

https://www.ukri.org/our-work/developing-people-and-skills/future-leaders-fellowships/

誰がフェローになっているかも公表されていて，ウェブサイトを辿ると，どこの大学に籍を置き，どのような研究を進めているかが分かる。

https://www.ukri.org/our-work/developing-people-and-skills/future-leaders-fellowships/what-are-future-leaders-fellowships/

https://www.UCL.ac.uk/news/2020/oct/UCL-academics-named-future-leaders-fellows

80）Natural Environment Research Council（NERC）

81）https://www.ukri.org/opportunity/independent-research-fellowships/

82）This scheme provides support for postdoctoral researchers who aim to become independent scientists leading their own groups

83）ウエルカム・トラストは，そのホームページにおいて研究者の初期キャリアを直下のように分類しており，このフェローシップは，これから研究室を率いようとしている若手研究者向けのものであることが分かる。

https://wellcome.org/grant-funding/research-careers/schemes-to-support-your-research-career

Cancer Research UK では，「Develop independence」「Establish independence」「Transition to scientific leadership」の3つのフェーズに研究者の初期段階を区分した上で，それぞれに応じたfellowshipが出されている。

https://www.cancerresearchuk.org/funding-for-researchers/research-career-development-opportunities/competency-framework-for-fellowships

84）大学教員のポストを得る際，日本のように，教授の下に准教授や助教がぶら下がるピラミッド体制が組まれている場合は，主宰者たる教授の研究に引きずられて研究テーマを変える必要が出てくるが，英国の場合はPIとして職を得るのであって，教授の誰かの下に入るわけではないので，引き続き自らの独創性のもとで研究を遂行することとなる。

85)　「鉄腕アトム」

86)　「名探偵コナン」

87)　フェローをはじめとした駆け出しPIは，基本的に研究に専念しているが，大学から年間10時間程度の教育負担を求められることもある。

https://elifesciences.org/articles/46827

88)　多くのフェローシップは，教育など研究以外の大学業務に従事する時間を週6時間以内とするなどの制約を課している。

89)　文部科学省『平成30年版科学技術白書』勝美印刷，2018年，p. 50

90)　旭化成名誉フェロー（当時71歳）

91)　https://www.asahi.com/articles/ASMCC4SQRMCCULBJ00H.html

92)　文部科学省科学技術政策研究所では，トップリサーチャーは，35～39歳をピークとした年代層に集中しているという分析もされている。

トップリサーチャーの年齢（調査対象論文投稿時点）

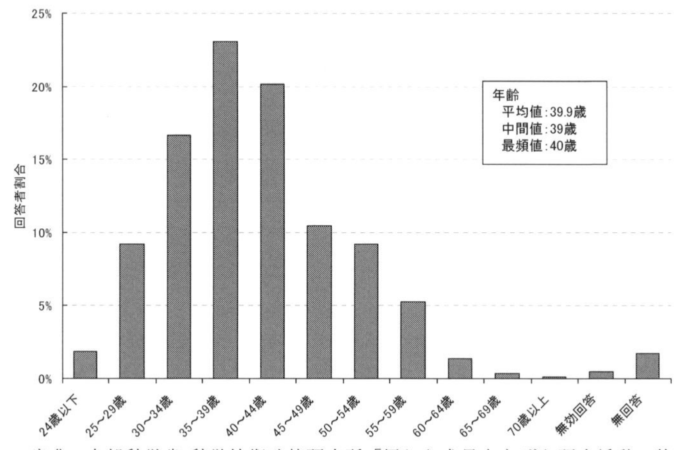

出典：文部科学省 科学技術政策研究所「優れた成果をあげた研究活動の特性：トップリサーチャーから見た科学技術政策の効果と研究開発水準に関する調査報告書」2006年。

研究者の「旬」がいつかについては，研究者自身の手でも多くの分析が行われている。

https://www.mitpressjournals.org/doi/pdf/10.1162/rest.2009.11724

https://link.springer.com/article/10.1007/s11192-015-1825-x

https://www.jstor.org/stable/3447201?seq=1

https://science.sciencemag.org/content/354/6312/aaf5239

https://www.timeshighereducation.com/news/scientists-bust-myth-academic-productivity-declines-age https://www.timeshighereducation.com/news/research-quality-declines-with-scientists-age-study-finds

中には影響力が強い論文を書くチャンスはどの年代層にも等しく存在するとする分析もあるが，その分析も若い研究者が論文数を多く産出していることを認めており，結果的に若い研究者が研究業績を多く上げることを否定するものではない。

https://www.nature.com/news/scientists-can-publish-their-best-work-at-any-age-1.20926

研究者の「旬」は30代，40代であり，その間に行う研究が極めて重要だとする分析は多く，少なくとも，50代以上の研究者が，30代，40代よりも研究生産性が高いとする分析は見当たらない。欧米では，研究成果を上げていないとしてシニア研究者に疑問を呈する論調がかなり見られ，それに対してシニア研究者は，大学運営など様々な役割を担っている等の反論が行われている。

93）日本政府の文書では，通常，40歳未満の研究者を指す言葉として使われている。なお，日本学術会議若手アカデミーの資格は45歳未満となっている。

94）https://www8.cao.go.jp/cstp/tyousakai/sekai/1kai/giji.pdf

95）Willets, pp. 102-103

96）日本の大学では，研究装置も各研究室に「囲い込まれて」いる。

これに対し，英国大学では各研究室が共用できるようにされている。研究装置は日本のように各研究室で買うのではなく，複数の研究室がお金を出し合って購入し，購入された機器は専用の部屋に置かれ，研究室で共用するのが一般的である。また，機器を扱うことができるテクニシャンが雇用され，全ての研究室に対し機器の性能をスペック通りに引き出す高度な技術を提供している。このような方法により，（機器の使用に「順番待ち」はあるものの，）機器の効率的な使用が可能となり，日本のように各研究室単位で機器を購入することで死蔵が多発し研究資金が無駄になることを避けることができるとされる（「研究力強化のための大学・国研における研究システムの国際ベンチマーク」（CRDS）によると，日本の大学での機器の共用は２割程度とされる）。

https://www8.cao.go.jp/cstp/package/wakate/wakatesanko.pdf

資源の効率化効果とともに重要なのは，この共用の仕組みにより，研究チームを率いる若いPIが，高度な研究機器やテクニシャンにアクセスできることである。実績が少ない若いPIが獲得できる研究費の額は限られている。そのため，例えば日本のような各研究室が研究機器を囲い込む環境では，たとえ若いPIがいても，最先端の研究機器を使うことができず，アイディアはあっても研究成果につなげることが難しい。これに対し，英国の研究環境のもとでは，若いPIも力を発揮することが出来る。若い研究者をPIとして活躍させようとする「PI主義」が，このような研究環境を作り出していると言える。

97）https://peerj.com/articles/989/

98）研究室リーダーが率いる各研究チームの規模の大きさは研究分野・内容によって異なる。大学教員＋博士学生１名といった非常に少人数の研究チームのこともあれば，大規模な実験装置を使うような研究遂行のため数十人規模のチームを形成することもある。

一般に，研究遂行には「規模の経済」が働かないとされている。機器の購入のように規模が大きいことが有利に働く部分もあるし，膨大なデータを扱う場合には大きなチームが必要な場合もあるが，規模が大きければ効率性が高まり，研究成果が上がるというシンプルな「規模の経済」が妥当するわけではない。これは，商業活動とは違うところである。商業活動において「規模の経済」が働くのは，活動を均一化し分業することで効率性が高まるからだ。研究は，研究者の独創性が命であり，研究者から独創性を奪い，同じことを考えるよう求める環境で研究成果が上がることはない。

研究チームの大規模化は，研究成果を高めない，あるいは逓減させるとする分析は多く，2008年の英国政府のREF評価（当時はRAE）のデータに基づく分析でも，同様の結論が出ている。

https://peerj.com/articles/989/

https://www.unialliance.ac.uk/wp-content/uploads/2011/07/University-Alliance-Funding-Research-Excellence-July-2011.pdf

https://www.nature.com/news/bigger-is-not-better-when-it-comes-to-lab-size-1.16866

あえて商業活動で喩えるならば，研究遂行の体制は，小規模なオンリーワンの商店が並立し，他の商店と競い合いながら経営されている状況と似ている。

99）日本の研究力を中心的に担う旧帝大を中心とした国立大学は，明治の大学創設期に，ドイツに倣い，「講座制」と呼ばれる研究体制を採用した。講座制の特徴は，教授を頂点に，教授１人，准教授１人，助教２人といったピラミッド構造による研究室体制となっていることである。ポスドクや博士学生，修士学生も，このピラミッド構造のメンバーとして教授を頂点とした研究室に所属することとなる。研究室の研究内容の大枠（時には細目）は教授に依存し，准教授，助教，ポスドク，博士・修士学生は，その大枠の中で研究を進める。「講座制」は，法令的にはなくなっているが，その文化は現在でも色濃く残るとされる。

100）https://www.mext.go.jp/kaigisiryo/content/000148080.pdf

論文データベース分析により国際的に注目を集めている研究領域を抽出し，当該研究領域を構成するコアペーパ（Top1％論文）に対象国の論文が１件以上含まれている場合，参画領域としてカウントされている。また，参画割合は，世界全体の研究領域数の中で，各国が参画している研究領域数の割合である。2018年の日本については，274（日本が参画している研究領域数）/902（世界の研究領域数）から30％と計算される。

101）https://medium.economist.com/why-doing-a-phd-is-often-a-waste-of-time-349206f9addb

102）なお，博士学生給料は，インフレとも連動して引き上げられている。

https://www.uea.ac.uk/research/research-with-us/postgraduate-research/latest-phds-and-research-studentships/postgraduate-research-fees-and-funding/stipends-and-fee-levels

103）中堅・シニア層に比べ若手の研究生産性が高い背景には，頭の柔らかさや体力的な面とともにこういった職務上の役割の変化もある。

104）英国・日本ともに，税金その他の控除前の総支給額。日本の数字は，令和元年度賃金構造基本統計調査による。英国はボーナスを含まず，日本はボーナスを含む数字（英国大学ではボーナスを支給する慣行は一般的ではない）。

https://www.payscale.com/research/UK/Job=Lecturer%2C_Postsecondary_%2F_Higher_Education/Salary

https://www.payscale.com/research/UK/Job=Associate_Professor%2C_Postsecondary_%2F_Higher_Education/Salary

https://www.payscale.com/research/UK/Job=Professor%2C_Postsecondary_%2F_Higher_Education/Salary

https://www.e-stat.go.jp/dbview?sid=0003084610

https://careergarden.jp/daigakukyoujyu/salary/

105） https://www.timeshighereducation.com/sites/default/files/breaking_news_files/uk_university_salaries_2015-16.pdf

106） https://data.chronicle.com/

107） https://chioline.com/living-cost-in-london-vs-tokyo/

108） 就業不能など「正当な理由」なしには解雇されない。

109） 現在でも，慣行的に，終身契約のことを「テニュア」と呼ぶことが多い。

110） https://theconversation.com/explainer-how-europe-does-academic-tenure-43362

https://high.high.hokudai.ac.jp/wp-content/uploads/2016/02/No704.pdf

https://app.croneri.co.uk/topics/contracts-employment-higher-education/indepth

例えば，2020年5月21日，パンデミックの中で出されたケンブリッジ大学の学長のレターに以下のような記述がある。「建設プロジェクトの凍結やサバティカルの延期，昇進・昇給の停止，給与支払いの一時凍結や自主的減給，最悪の場合には，人員解雇も考えることになるかもしれない」。

また，2021年1月の英ガーディアン紙（組合寄りの新聞紙）の記事は，リバプール大学が「研究資金の獲得実績や論文の被引用数を使って余剰解雇を計画している」とした上で，教員からの「民間企業が行うようなこのような乱暴なやり方は，大学で想定されるものではない」というコメントを紹介している。

https://www.theguardian.com/education/2021/jan/22/despicable-in-a-pandemic-fury-as-10-uk-universities-plan-job-cuts

111） https://mikeotsuka.medium.com/is-there-academic-tenure-in-the-uk-93aecc388616

112） https://www.poliscirumors.com/topic/uk-tenure-process

113） ビジネス・エネルギー・産業戦略省（BEIS）の傘下機関の一つである英国研究・イノベーション機構（UK Research and Innovation: UKRI）

114） Research Council。UKRI（UK Research and Innovation）の傘の元にある。

115） UUKとResearch Englandの資料に基づくと，全体の研究収入は約80億ポンド，そのうち英国政府からの資金が約50億ポンドであり，このうち，研究会議からの競争的研究資金が約20億ポンド，及び，REF評価に基づく研究交付金が14億ポンド，である。なお，14億ポンドの内訳は，「Mainstream QR」11億ポンド，「Research degree programme supervision funding」3億ポンドである。

https://www.universitiesuk.ac.uk/sites/default/files/field/downloads/2021-08/higher-education-facts-and-figures-2019.pdf

116）EUからの研究資金の大本の相当部分は英国政府が拠出した資金である。具体的には，EUの研究・イノベーション枠組みである「Horizon」に英国政府が拠出金を出して参加し，EU内の他国と競争した結果，拠出した額とほぼ同額程度が英国の大学に返って来ている。

なお，民間からの研究収入は，公益団体（先述のウェルカム・トラストなど）からの資金提供が約15％とかなりの割合を占める一方，民間企業からは約4％とかなり小さい割合に留まっており，産学連携があまり行われていないことが示唆される。

117）1986年以前は，政府からの研究交付金は，学生の人数に応じて配分されていた。これに対し，質を加味すべきという議論は以前から行われていた。契機となったのはサッチャーの緊縮財政により研究交付金の総額が大きく減らされたことである。これを受け，当時研究交付金の配分を司っていた委員会（University Grants Committee（UGC））は，「優良な大学や大学部局（the best universities and departments）を守るため，不均等な配分を行い，」この結果，大学によっては研究交付金が30％減少する事態となった。同配分の根拠が不透明だったため，大学からの強い抗議を招き，結果，REF評価の仕組みが創設されることとなった。なお，創設当初のREF評価（1986年時点の名称は「Research Selectivity Exercise」）では，研究業績に応じた配分は4割であり，残りの6割は学生数に応じた交付だった。

https://assets.publishing.service.gov.uk/government/uploads/system/uploads/attachment_data/file/768162/research-excellence-framework-review-evidence-report.pdf

118）2019～2020年のマンチェスター大学の総収入の内訳は，直下の通りである。研究交付金は約108億円（約7700万ポンド）であり，研究交付金と教育交付金の両者で構成されるFunding body grantsに含まれる。総収入額は約1490億円（約10億6400万ポンド）であるため，研究交付金は，全収入の約7％分に当たる。研究収入全体が，研究交付金の約7％とResearch grants and contractsの約25％から構成されるとした場合，研究交付金が研究収入全体に占める割合は，約2割である。

なお，Research grants and contractsの中には，政府からの競争的研究資金，EUや公益団体からの研究助成金などが含まれる。本論に掲載した英国大学の研究収入構造を見ると，全研究収入のうち，研究交付金が全体の約25％，政府からの競争的研究資金，EUや公益団体からの研究助成金等が残りの約75％であり，「約2割」と概ね一致する。

https://documents.manchester.ac.uk/display.aspx?DocID=52991

https://www.ukri.org/publications/research-england-funding-allocations-2019-to-2020/

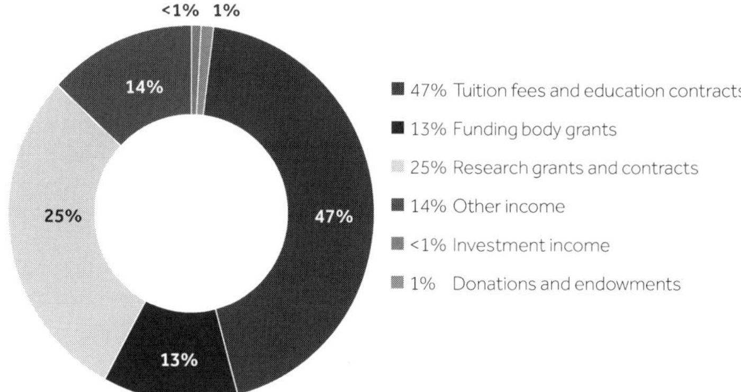

119) https://www.ref.ac.uk/media/1671/ref2021-main-panel-b-full-membership-list-december-2020-final.pdf

120) https://www.theguardian.com/news/datablog/ng-interactive/2014/dec/18/university-research-excellence-framework-2014-full-rankings

121) なお，この REF 評価に基づくインペリアル・カレッジ・ロンドン大学の研究の質は，①，②，③を上回っていたが，①，②，③に比べて規模が小さいため，このランキングでは6番目になっている。

122) 正確には，評価資料を3観点で要素別に評価した上で，ウェイトをかけたもの。

123) このウェブサイトの下側にある「View submission data」をクリックすると，このグループに所属する研究チームや教員の名前，提出された研究業績などを全て一覧で見ることができる。

124) https://results.ref.ac.uk/(S (dunwoachef12khoz3mb4lhti))/Results/BySubmission/1077

125) 実際には，個々の研究業績に対する REF 評価の結果は大学には分からないが，グループが小さい場合は推察することができ，そもそも事前の大学による精査の段階で「見えて」もいる。

126) 実際の直接的な影響は必ずしも明確ではないが，大学教員に REF 評価はこのような結果をもたらすと「思われている」ことがポイントである。

127) https://www.theguardian.com/news/datablog/ng-interactive/2014/dec/18/university-research-excellence-framework-2014-full-rankings

128) 英国の教育交付金に該当する教育部分を含む。

129) 大学では REF 評価が研究業績の management tool として使われていることから，REF 評価に対して，使う側は positive に，使われる側（個々の研究者）は（多くの論文にあるように）negative に捉える傾向があるとしている。

https://assets.publishing.service.gov.uk/government/uploads/system/uploads/

attachment_data/file/768162/research-excellence-framework-review-evidence-report.pdf

130)　REF 評価が強力な教員評価として機能していることがよく分かるのが，2018年に THE に掲載されたある研究者の投稿記事である。概要は，以下の通りである。

https://www.timeshighereducation.com/opinion/ref-games-are-even-more-brutal-time-around

・REF2020 の大きな変更点は，研究成果を提出する研究者を選べた REF2014 と異なり，研究に従事することが契約の中に含まれている全ての大学教員の研究成果を提出する必要があることである。

・この結果，REF2020 で良い点数を取りたい大学は，大学独自で各教員の研究成果を査定し，4*（「国際的に先導的」）や3*（「国際的に卓越」）の研究成果を提出できないと思われる大学教員に，キャリアの変更を迫っている。

・例えば，ラッセルグループの大学は，REF 評価に向けて，昨年度70億円を使い，成果が高くない教員の早期退職を促した。この額は一昨年の1.5倍以上の額である。

・早期退職勧告と並ぶもう一つの方法は，教育専任教員となるよう求めることだ。

・私は，これまで多くの競争的資金を獲得し，数え切れず論文を発表し，また多くの学生の研究指導を行ってきた。しかし，研究成果が2*（「国際的に認められている」）に留まると判断された結果，部局長の前に呼ばれ，数カ月以内に4*（「国際的に先導的」）や3*（「国際的に卓越」）の評価を得られる論文を発表しない限り，契約内容から研究の要素を取り除くと言われた。そのような論文を突然書けと言われても現実的ではない。

・このような脅しをかけられているのは私だけではなく，またこの大学の教員だけではない。教育専任教員となることを望む教員もいるだろうが，研究を志向して大学教員になっている者にとっては，事実上の降格と感じざるをえない。

・組合に相談することも考えられるが，80年代にテニュアが廃止されて以降，大学の権限は強くなり，提案された教育専任教員の契約を受け入れなければ，切られることになるのが現実だ。

・これまでも REF 評価は，大学に，4*の研究成果をもつ研究者を高額でヘッドハンティングさせるような必死さを生み出してきた。また，研究成果の提出者に選ばれないことは，決して良いニュースではなかった。今回の仕組みはさらに厳しく，研究成果の査定が悪ければ，研究キャリアの終了が唐突に訪れることとなる。

・私は，一般的な基準に基づき研究成果を評価することを否定するものではないが，学内での評価は，専攻分野の知識がない者により行われていて，信頼性と妥当性に欠ける。また，このような野蛮な取り扱いが，REF 評価の仕組みを向上させるとも思えない。

131)　この点で，集計された大学単位の総合データで研究力を評価する仕組み（例：日本の国立大学運営費交付金の共通指標評価）とも，資源配分にほとんど影響を与えない仕組み（例：日本の国立大学法人評価）とも異なる。

132)　REF2014にかかったコストは，約350億円（約2億4600万ポンド）とされている。
https://assets.publishing.service.gov.uk/government/uploads/system/uploads/attachment_data/file/541338/ind-16-9-ref-stern-review.pdf

133)　「On balance, the group saw an interval of 5-7 years between exercises as reasonable to provide stability in funding and allowing institutions to plan for the long term, and recognising and rewarding dynamism.」
https://assets.publishing.service.gov.uk/government/uploads/system/uploads/attachment_data/file/541338/ind-16-9-ref-stern-review.pdf

134)　https://www8.cao.go.jp/cstp/tyousakai/sekai/1kai/giji.pdf

135)　これは，必ずしも政府が意図した結果ではない。1992年以降に設立された大学は教育大学と認識されているが，「より少ない大学に研究を集中させようとする政府の意図にもかかわらず，大学はREF評価で成功しようと望み，教育大学という分類に落ち着くことを嫌った」，その結果，研究大学と教育大学への分化は，政府の意図通りには進まなかったとされている。
Making Policy in British Higher Education 1945-2011 pp. 183-186

136)　HESAによると，2018/19年度において，Postgraduate（research）の学生約11万3千人のうち，4万6千人が外国人。内訳は，約3割がヨーロッパ（1万6千人），約2割が中国（約8千人）（香港含む），約1割がアメリカ（約3千人），残りがその他の地域。なお，Postgraduate（research）には，博士学生の他，少数のResearch masterが含まれている。

137)　HESAによると，約2万2千人のacademic staff中，外国籍が約7千人。
https://www.hesa.ac.uk/data-and-analysis/staff/table-4
https://www.hesa.ac.uk/data-and-analysis/staff/table-12

138)　2021年の博士学生総数は，約7万5千人。その内，外国人は，約2万人。
令和3年度学校基本調査より。

139)　2020年度の教員数（本務）は約19万人。そのうち，外国人は，約1万人。令和2年度学校基本調査より。

140)　https://royalsociety.org/-/media/policy/projects/international-mobility/researcher-mobility-report-survey-academics-uk.pdf

141)　Willetts, pp. 100-102

142)　これまで，政府（UKRI）の博士学生の雇用向けファンドによる公募は，英国学生（時にEU学生を含む）のみを対象とすることが多かった。このため，英国大学に在籍する外国人博士学生は，英国政府ではなく，国際的な奨学金や自国の奨学金から給料を得ていた。ブレグジット後の政府方針により，2021年から政府のファンドは外国人学生を対象とすることと決められた。これにより，今後，より幅広く外国人博士学生の獲得が行われると想定される。ただし，同ファンドで獲得する外国人枠は，約3割までとされている。これは，グローバルに博士学生を求める方向性と，英国の若手を研究者に育成する方向性のバランスを取ろうとしているからだと考えられる。

https://www.ukri.org/wp-content/uploads/2021/02/UKRI-030221-Guidance-International-Eligibility-Implementation-training-grant-holders-V2.pdf

https://www.findauniversity.com/comment/6289/ukri-phd-funding-to-be-extended-to-international-students

143)　2021年時点で，世界全体のGDPの3分の1をアメリカ，英国，カナダ，オーストラリアで占めている（アメリカ：22.94，英国：3.11，カナダ：2.02，オーストラリア：1.61，4カ国合計で29.68)。なお，中国，日本，インド，韓国のGDPを合計すると，同程度となる（中国は16.86，日本は5.1，インドは2.95，韓国は1.82，4カ国合計で26.73)。このため，GDPだけからは，英語圏の国々が圧倒的な覇権をもっているとまでは言えないが，英語のもつ圧倒的な人材吸収力や各国の文化への影響力，ヨーロッパとの親和性まで考えれば，やはり，現在の世界で覇権をもっているのは，集合体としての英語圏の国々ではないかと考えざるをえない。

https://www.visualcapitalist.com/visualizing-the-94-trillion-world-economy-in-one-chart/

144)　5世紀には数10万人にしか使われていなかった英語が，リンガフランカとしての地位を占めるようになったのは，人類史上最も大きな帝国を構築した英国の植民地支配（20世紀初頭の大英帝国は，世界の人口の23％，地球の陸地の24％を版図におさめた人類史上最も大きな帝国だった)，そして20世紀に覇権を握ったアメリカのポップカルチャーやコンピュータ，基地政策の影響が大きいとされる。20世紀末には，映画産業の9割をアメリカが占め，音楽産業でも，ABBA（スウェーデン）のように英語で歌うことが世界でメジャーになる方法となった。また，世界のコンピュータに搭載されているプログラムは全て英語にもとづいて書かれている。

https://pcie.ac/journals/2021/10/28/the-development-of-english-to-the-global-lingua-franca/

145)　他方，生物多様性についての論文の36％は英語以外で書かれており，研究における言語の多様性を重視すべきという見解もある。

146)　https://www.nature.com/articles/d41586-019-01797-0

147)　他方，日本に暮らした英国人に聞くと，日本では，「ゲスト」の間は外国人（白人）をとても大事に扱ってくれるが，「住人」になろうとすると，途端に最も「下」の扱いになってしまうという。

148)　日本のある国立大学の学長の言葉。英国に住んで，このことを強く実感した。英国人に聞くと，「We care, but we don't mind」とのこと。

149)　このような状況は，特にロンドンにおいて顕著である。実際，英国でも，外国人比率が小さい田舎の町で仕事をした友人（ドイツ人）は，溶け込むのに非常に苦労し，1年でロンドンに帰ってきたという。

150)　主に「科学技術イノベーション」(科学的な発見や発明等による新たな知識を基にした知的・文化的価値の創造と，それらの知識を発展させて経済的，社会的・公共的価値の創造に結び付ける革新のこと）のことを指している。

なお，一般に，イノベーションには，新しい製品を開発する「プロダクト・イノベーション」，新しい生産工程等を導入する「プロセス・イノベーション」，新しいマーケティング手法を導入する「マーケット・イノベーション」，新しい組織運営手法を導入する「組織イノベーション」があるとされる。

https://www.mext.go.jp/b_menu/hakusho/html/hpab201901/detail/1421989.htm

https://www.mof.go.jp/pri/research/conference/00report/inv2017/inv2017_report02.pdf

151）「The World's Most Innovative Universities Top100」

152）「革新的大学ランキング」トップ100に入っている大学の数は，アメリカが46大学で圧倒的な首位，二番がドイツの９大学，三番がフランスの８大学，四番が英国，日本，韓国の６大学，五番が中国の４大学となっている。

153） https://core.ac.uk/download/pdf/230769689.pdf

154） 日本の全大学の教員数は約12万人。

155） 1979～1990年。

156） ロールス・ロイス→BMW 社（独），ジャガー→フォード社（米）→タタ社（印）。

157） 林幸秀・津田憂子・成瀬雅也・倉田佳奈江『英国の科学技術情勢　産業革命の発祥国はイノベーション立国を実現できるか』丸善出版株式会社，2019年，pp. 28-32, 45

なお，トヨタをはじめ海外の自動車メーカーが英国に進出してはいるものの，これらのメーカーは，英国内では組立・製造を中心に展開し，研究開発はほとんど行っていない。

158） HESA の Research grants and contracts の中の industry, commerce and public corporations からの収入を合算。なお，病院や公益団体からの収入を合算すると約6000億円となる。

159） 例えば，ブリストル大学（「昇進基準」）では，以下のように定義されており，研究におけるエクセレンスのポイントは，研究成果の独創性と国際性にあることが分かる。

〔研究におけるエクセレンス〕

研究分野に対し注目すべき影響を与える独創性が発揮されたこと。アウトプットにより測られ，国際的な質（適当な場合には国内的な質）を有する成果が十分示されていなければならない。

〔教育におけるエクセレンス〕

様々な活動において特出すべき質を示したこと。教育への貢献は国内的に（可能であれば国際的に）認知される。

http://www.bristol.ac.uk/hr/policies/promotion/guidance-excellence.html#:~:text=3.-,Excellence%20in%20Research, where%20appropriate%2C%20national%20quality

また，最近では，英国のみならず世界各国でエクセレンスという言葉が使われるようになっているとされている。

2018年のネイチャーの記事より（https://www.nature.com/articles/d41586-018-02183-y）

「Excellence is everywhere in science. Or that seems to be the plan: to make excellence ubiquitous in research. This month, the University of the West Indies in Kingston, Jamaica, became the latest academic institution to encourage its scientists to excel, setting up a Regional Centre for Research Excellence in the Caribbean.」

160)　4* Quality that is world-leading in terms of originality, significance and rigour.

3* Quality that is internationally excellent in terms of originality, significance and rigour but which falls short of the highest standards of excellence.

2* Quality that is recognised internationally in terms of originality, significance and rigour.　1* Quality that is recognised nationally in terms of originality, significance and rigour.　Unclassified Quality that falls below the standard of nationally recognised work. Or work which does not meet the published definition of research for the purposes of this assessment.

161)　英国における競争的研究資金の審査も，エクセレンス重視の傾向がある。

ウイレッツは，ハルデイン原則（「研究資金の使い道は，政治家ではなく研究者によって決められるべき」とするもの）に基づき，研究者のピアレビューで研究資金を配分している限り，エクセレンスの強調は当然の帰結だとし，ハルデイン原則に基づかない政府委託による研究の充実が必要だとする。

なお，少し古いが，2012年の英国の大学教員向けのアンケート調査では，競争的研究資金を獲得できていない教員が，自らの研究を応用研究だと考える傾向が強いことが明らかになっている（競争的研究資金を獲得できていない教員の46%，競争的研究資金を獲得している教員の29%が，自らの研究を応用研究だとし，基礎研究を行っているとする大学教員の傾向はちょうどこの逆になっている）。

このことは，日本の教員が，競争的研究資金を獲得できていない時に，自らの研究を基礎研究だと考える傾向があるとされていることと顕著な違いをなす。

https://assets.publishing.service.gov.uk/government/uploads/system/uploads/attachment_data/file/181652/bis-13-545-dual-funding-structure-for-research-in-the-uk-research-council-and-funding-council-allocation-methods-and-the_pathways-to-impact-of-uk-academics.pdf p. 21

http://www.jsps.org/newsletter/JSPSNL_51.pdf#page=5 p. 5

162)　イノベーションの源泉には，基礎研究の成果がある。例えば，近年の最大のイノベーションの一つであるDNA解析の実現をもたらしたのは，数学分野の結び目理論である。理論物理学者だったアインシュタインの基礎研究の成果は，現代の太陽電池や光センサーの元となり，また，原子爆弾開発の土台ともなった。

https://www.nikkei-science.com/page/magazine/0412/sp_02.html

163)　一般に，特別な応用や用途を直接的に考慮することなく新しい知識を得るために行われる研究は「基礎研究」と呼ばれる。また，基礎研究によって発見された知識を利用して，その実用化の可能性を確認したり新しい応用方法を探索したりする研究は「応用研究」，基礎研究や応用研究から得た知識を利用して製品化や製品の改良を目指して行う研究は「開発研究」と呼ばれる。多くの場合，協働研究で企業が大学に求めるのは，応用研究や開発研究である。

応用・開発研究，特に開発研究は，これまで民間企業が自ら有する研究開発部門が担ってきた。他方，近年，自社だけでなく他社や大学など，異業種，異分野が持つ技術やアイデア，サービス，ノウハウ，データ，知識などを組み合わせる，いわゆる「オープンイノベーション」を進めることが，イノベーションの創出に効果的だとされ，大学と民間企業が人と資源を出し合って共同研究を行う産学連携の取組が各国で進められている。

https://www.mext.go.jp/b_menu/shingi/chousa/shinkou/036/attach/1348514.htm

164) Willetts, p. 258

165) 特許は，新しい知見が他者に勝手に使われることがないよう知識を独占する行為。大学・研究者は，特許の取得により，特許権許諾の対価を得ることができる。問題は，特許を取るには時間がかかることである（英国では申請から3年程度の時間を要するとされる）。

166) 応用研究や開発研究を志向する者は，民間企業の研究開発部門に就職する。

167) 公爵から男爵までの爵位をもつ。

168) ジェントルマンは，土地を有し，貸し付けることで生活する有力地主たちである。時代を経るにつれて，家督を継げない次男・三男の処遇のため，弁護士，内科医師，政治家，高級官僚，将校なども「ジェントルマン的職業」として認知されるようになった。

169) 支配層であるジェントルマンを構成する貴族，ジェントリのボリュームを比較すると，17世紀末において，貴族は200家族，ジェントリは2万家族程度だったとされる。

170) 「シティ」に行けばジェントルマンを見ることができるというのが，この頃の雰囲気だったようである。

171) 不労所得者というジェントルマンの特徴が，英国においてある種の理想像となり，その理想像が教育に反映された一つの典型が，第I章で取り上げた19世紀の神学者ニューマンの思想である。ニューマンは，大学教育が授けるリベラルな知識は，それ自体が目的であって，特定の職業のための技能として授けられるべきものではないとし，そのような教育の在り方により，「教養ある知性，洗練された趣味，率直で公正かつ冷静なる精神，人生に処して高潔かつ礼儀正しい態度」によって特徴づけられる「紳士（ジェントルマン）」が育成されるとした。

172) 世界から原材料を輸入しそれを元に製品を製造し世界へ輸出する機能。

173) 川北稔『イギリス近代史講義』講談社現代新書，2010年，pp. 37-39，148-151，174，237-238.

174) なお，英国の医学が発達している理由の一つもジェントルマン的価値観に求められる。ジェントルマン文化は慈善事業を重要視し，医師がジェントルマン的職業とされている観点からも，医学分野への寄付は，好ましい行為だからである。

175) 1900年以降のイノベーションは，「発明牽引型」（1900～1949），「普及・展開型」（1950～1999），「21世紀型」（2000～）の3つに変遷して来たとされる。

オープンイノベーション白書 https://www.nedo.go.jp/content/100918466.pdf

176)　川北稔『イギリス近代史講義』講談社現代新書，2010年，p. 8

なお，1990年における時価総額ランキングでは，日本民間企業の電気通信，金融業，製造業がトップ10中8社を占め，まさしく Japan as No. 1という時代だった。https://www.nedo.go.jp/content/100918466.pdf

177)　現在，多くの多国籍民間企業や国内民間企業が金融業務の拠点をロンドンに置き，世界の外国為替取引の3分の1以上がシティで行われていると言われている。

林幸秀，津田憂子，成瀬雅也，倉田佳奈江『英国の科学技術情勢　産業革命の発祥国はイノベーション立国を実現できるか』丸善出版株式会社，2019年，p. 42

178)　創業10年以内で，評価額が10億ドル以上の未上場のベンチャー民間企業。

179)　金融（Finance）と技術（Technology）を組み合わせた造語。

180)　例えば，Deliveroo, Brewdog, Monzo などである。

https://gosuperscript.com/blog/top-five-unicorns-in-uk/

181)　上山隆大氏によると，アメリカにおいては，1990年代の終わりから2000年にかけて，バイオ関係のベンチャーキャピタル投資バブルがあったとされている。

上山隆大『アカデミック・キャピタリズムを超えて　アメリカの大学と科学研究の現在』NTT 出版，2010年，p. 22

182)　https://re.ukri.org/documents/2019/developing-university-spinouts-in-the-uk-tomas-coates-ulrichsen-v2-pdf/

なお，ベンチャーが活発であるにもかかわらず，英国の特許の数は少ない。その理由は，製造業が少ないこと，研究開発費が少ないことなどが考えられる。

https://assets.publishing.service.gov.uk/government/uploads/system/uploads/attachment_data/file/639203/building-evidence-performance-patent-system.pdf　pp. 54, 55

183)　https://www.wipo.int/edocs/pubdocs/en/wipo_pub_gii_2020.pdf

184)　https://catapult.org.uk/about-us/why-the-catapult-network/

https://catapult.org.uk/wp-content/uploads/2020/12/Catapult-Network-Impact-Brochure-2020-FINAL.pdf

185)　ドイツの著名な産学連携推進機関（「フラウンホーファー」）を模して，民間企業等が「死の谷」（※研究開発が製品化など次の段階に発展しない状況を指す）を超えることを支援する拠点として形成された。

186)　この他，産業戦略チャレンジ資金や研究パートナーシップ投資基金など産学連携推進のための助成金も作られている。

187)　2014年の REF 評価ではインパクト指標に基づく評価が評価全体の20％を占めた。2021年の REF 評価では25％に引き上げられることとなっている。

188)　https://re.ukri.org/knowledge-exchange/knowledge-exchange-framework/

https://wonkhe.com/blogs/the-knowledge-exchange-framework-year-zero/

189)　https://www.gov.uk/government/news/uk-to-launch-new-research-agency-to-supporthigh-risk-high-reward-science

190）英国大学の中のイノベーションの担い手は多様性があるが，オックスブリッジはやはり強く，ケンブリッジ，オックスブリッジの街は，世界1位，2位のイノベーション密集クラスターとされる。

また，英国で産業界との連携を担ってきたのは，オックスブリッジのような伝統的な大学以上に，後続の大学群であり，例えば，後述の産業戦略（2017年）の中では，エクセター大学（環境科学），レスター大学（宇宙），イーストアングリア大学（農業科学）の名前が上がるとともに，2020年にはビアフォードに新しく工業大学が創設されたことも紹介されている。

https://www.wipo.int/edocs/pubdocs/en/wipo_pub_gii_2020.pdf

https://nmite.ac.uk/about

191）https://assets.publishing.service.gov.uk/government/uploads/system/uploads/attachment_data/file/664563/industrial-strategy-white-paper-web-ready-version.pdf

192）英国は二酸化炭素ネット排出量を2050年までにゼロにすることをG7諸国の中で2019年に初めて法定化した国である。「クリーン成長」は世界への新しい枠組みの提案なので，世界のルール作りを先導したい国民性にもマッチしている。経済を7割以上成長させながら二酸化炭素排出量を4割削減してきたという先行する蓄積もある。

https://sustainablejapan.jp/2019/07/02/uk-2050-co2-zero-law/40525

193）英国でものづくりに従事するエンジニアの不足は深刻で，2018年には政府がthe Year of Engineeringという旗印のもとで取組を進めた。ただし，事態の改善はなされておらず，英国民間企業の半分以上が，エンジニアの不足が，自社のビジネスに打撃を与えるとしている。

https://www.gov.uk/government/news/2018-will-be-the-year-of-engineering

https://www.theiet.org/media/press-releases/press-releases-2019/press-releases-2019-october-december/18-november-2019-1-in-2-uk-engineering-and-technology-firms-are-concerned-that-a-shortage-of-engineers-in-the-uk-is-a-threat-to-their-business/

194）小森陽一編著，夏目漱石著『夏目漱石，現代を語る　漱石社会評論集』角川新書，2016年

195）2000/01時点でレクチャーの4.1%。

196）scholarship：学識。

197）このことは近年蓄積された知見からも明らかであるとともに，実際のところ，最も質の高い教育が，研究が活発ではない環境で行われている例はふんだんにあるとする。

198）教育活動はこれまで十分な評価を受けていないが，高いレベルで教育を行っている教員に対しては，それに相応しい報酬で報いるべきだともしている。

House of Commons Education and Skills Committee, The future of higher education, The Stationery Office Limited, 2003, p. 14, 28, 33, 51, 54, 55

199）ドイツを発端とする近代の大学においては，「研究と教育の一体化」，「研究が教育の質を

上げる」という考え方が広く信じられている。ただし，この考え方が，教育者に最新の研究成果に裏打ちされた学識を求めるのは確かだとしても，現在進行形で研究活動を実践していることまで求めるものかは明確ではなく，論争的なテーマだとされる。こういった中で，英国政府の2003年報告書は，良い教育者に，現在進行形の研究実践は必ずしも必要ないというスタンスを明確に表明したものだといえる。

なお，大学教員に求められる現在進行形の研究実践の必要性については，分野間で考え方に違いがあるとの指摘もある。例えば，人文・社会科学の分野では，どのレベルの教育でも研究実践を伴うことが必要とする考えが強いのに対し，自然科学や経済学の分野では，大学院レベルの教育に至った際には，研究実践を伴う教育が必要と考えられる傾向が強いとする指摘である。

David Palfreyman and Paul Temple, Universities and Colleges: A Very Short Introduction, Oxford University Press, 2018, p. 27

https://assets.publishing.service.gov.uk/government/uploads/system/uploads/attachment_data/file/768162/research-excellence-framework-review-evidence-report.pdf p. 61

200）このような傾向は，英国同様，学生数が急増した他の英語圏の国々（オーストラリア，カナダ，アメリカ）で共通に見られる。

特に英国の場合は，教育専任教員の急増の契機は，以下のように，REF 評価の仕組みの変更にあるとされる。REF 評価はこれまで，1986，1989，1992，1996，2001，2008，2014年に行われているが，第３回目の1992年の REF 評価からは，大学が，研究成果を提出する教員を誰にするかを選ぶことができるようになった。また，同じ年から，良い評価の割合が高いと，受け取る資金が逓増的に増えるカーブが導入された。これらの仕組みは，高い評価点数を獲得できる「研究成果提出教員」の割合と提出人数を絶妙なバランスで調節することが研究資金の最大獲得につながる「ゲーム」を生み出した。この「ゲーム」で勝つために，大学は，どの教員が研究成果を提出する価値がある教員でどの教員がそうではないか，ひいては，研究ではなく教育を専ら担う（とすることが望ましい）教員は誰かを特定するようになっていく。結果，それまでも教育を専ら担っていたものの，契約上は教育・研究双方を担うとされていた教員や，REF への提出に値する研究成果を上げていないと評価された教員（「not REFable」）との契約を，教育専任教員として契約し直し，明確に区分するようになった。

https://theconversation.com/teaching-only-roles-could-mark-the-end-of-your-academic-career-74826

https://assets.publishing.service.gov.uk/government/uploads/system/uploads/attachment_data/file/768162/research-excellence-framework-review-evidence-report.pdf p. 17

201）研究力依拠の理由の一つは，研究力はある程度測定可能なのに対し，教育力の測定は難しく，教育力による差別化が難しいことにある。

202）英国では，REF 評価への提出に値しない（「not REFable」）教員を特定する中で，教育専任教員の任命が進んだという経緯も，教育専任教員を「一段下の」教員とみる感覚を生んでいると思われる。

203）2018年に，ある研究大学に所属する教員専任教員の様子を子細に分析した博士論文が作成されている。この論文によると，この大学では，以前は許されなかった高いレベルの職階（Principal Teaching Fellow）への昇進が教育専任教員に認められるようになったこと，以前は「教育専任教員は，研究を続けられない人が就くポスト」という見方が強かったが，現在では，はじめから教育専任教員を志向する者を雇用するケースが圧倒的に多いことが紹介されている。また，インタビューを通じて，教育と研究の双方を担っていたが，大学の方針で教育専任に転換された教員のいずれもが，自分の役割をポジティブに捉え，高い教育への情熱を有していることを発見し，「教育専任教員はその低いステータスの故に自らの役割を認めたがらない」といった従来の認識は変化しつつあるのではないかとしている。
https://ore.exeter.ac.uk/repository/bitstream/handle/10871/34169/NyamapfeneA.pdf?isAllowed=y&sequence=1

204）講座名：「Introduction to Science」

205）Vrije Universiteit Amsterdam

206）直下の図のように，常勤任期無しの研究専任教育数は少しずつ増えつつあるものの，全英国大学で1万人強に留まっている。

研究専任教員数（4時点比較）

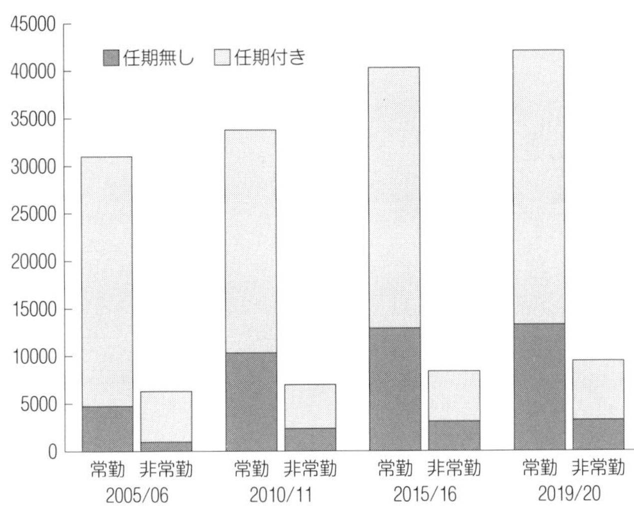

207）直下の図のように，教育・研究双方を担う教員のほとんどは任期無し教員である。

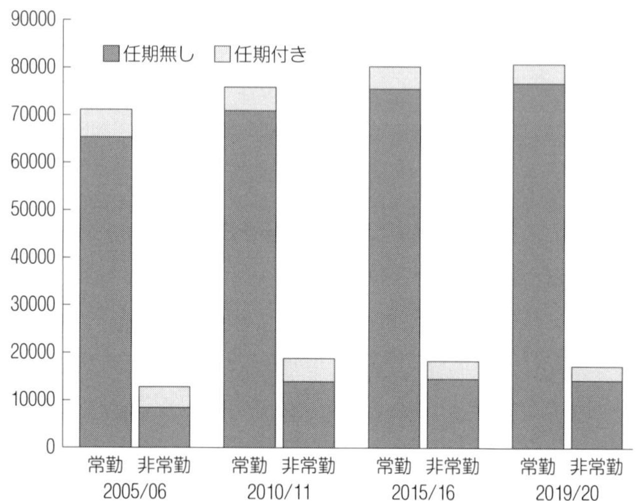

208）　ただし，私が聞いた範囲では，トップ研究大学のリーダーであっても，全員，学部の授業を行っていた。

209）　1911年に設立（当時：カイザー・ウイルヘルム研究所）。ドイツ全土に，分野に応じ80以上の研究所が存在。世界に冠たる研究成果を生み出す研究所であり，例えば「マックス・プランク物理学研究所」の最初の部門長は，アインシュタインである。研究に特化した研究機関だが，大学と提携して博士学生を受け入れ一部教育を行うことはある。

210）　このモデルは，ドイツからアメリカに引き継がれ世界を席巻していくこととなる。

211）　大学の基本的な部局（※教育・研究を行う学部，大学院）とは別途，東大，京大をはじめ旧帝大を中心に100以上が設立されている。附置研究所に所属する大学教員は，そのエフォートの大半を研究に充てることができる。ただし，近年，大学院生への教育を担うことが増えているとされている。http://shochou-kaigi.org/center/

212)

表1　大学の研究所の教員数の占める比率

大学	研究所数	研究所教員数	大学の総教員数	研究所教員数比率
北海道大学	6	143	2057	7.0%
東北大学	7	540	3174	17.0%
東京大学	13	925	3900	23.7%
名古屋大学	4	107	1701	6.3%
京都大学	18	675	2836	23.8%
大阪大学	7	362	3171	11.4%
九州大学	4	157	2106	7.5%
計	59	2909	18945	15.4%

出典：第58回国立大学附置研究所・センター長会議配布資料及び各大学の大学概要（2014年度）。

引用元：大学の研究組織・研究所に関する国際調査（―基本組織と研究所との関係から研究体制を考える―京都大学ウイルス研究所／再生医科学研究所合同「附置研って何？」調査チーム）

213) ただし，統計上は，日本では教育や研究に100%専任している教員はほとんどいないことになっている。実際，大学等のフルタイム換算データに関する調査では，回答者に雇用上の職務範囲を尋ねているが，「原則として教育のみが職務」は1.8%に過ぎない（報告書，p. 18）。また，「原則として研究のみが職務」と回答した教員も1.5%であり，98%以上の大学教員が，（その比重の置き方はともかくとして，）教育と研究の双方の役割を担っていると認識している。

214) 日本における大学外の研究機関の代表は，理化学研究所などの国立研究開発法人である。

215) 図の定義は以下の通りである。

日本	
部門別分類	組織区分
大学等部門	国立大学
	私立大学
	公立大学
	大学共同利用機関
	高等専門学校
公的機関部門	国の機関
	国立研究開発法人等
	地方公共団体の機関

英国及びドイツ		
図表での表現	Type 分類	代表的な機関及び説明
大学等	Academic	教育と研究の組み合わせに焦点を当てた大学およびその他の機関
	Academic System	ロンドン大学などの大学システムおよび包括的な組織
研究所＆政府	Research Institute	英国の例：自然環境研究会議（NERC），ロンドン自然史博物館 ドイツの例：ヘルムホルツ協会，マックス・プランク研究所，ライプニッツ協会
	Research Council	
	Government	政府
	Observatory	天文学的，気象学的，またはその他の自然現象の観測に使用される設備
企業	Corporate	企業
病院等	Health	英国の例：NHS（国民保健サービスの略）を名称に含む病院群

企業部門	企業
非営利団体部門	非営利団体
それ以外	上記に分類できない病院
	その他
	未決定

その他	Funder	特別基金を管理する組織
	Group	関連する戦略的機関グループ
	Museum	歴史的，科学的，芸術的，文化的関心のあるオブジェクトが保管され展示されている施設
	National Academy	芸術および科学の研究に専念する国立アカデミーまたはその他の学協会
	Publisher	書籍，定期刊行物，コンピューターソフトウェアなどの出版を事業とする組織
	Unspecified	機関の種類が不明，または上記のカテゴリに分類できないもの
未決定	なし	機関名を名寄せできなかったもの

（注１）英国とドイツのセクター分類は，クラリベイト・アナリティクス社の InCites 機関名リストの Type 分類に基づき行った。目視による確認で明らかに誤って Type 分類が付与されている一部の機関については，Type 分類を修正した。クラリベイト・アナリティクス社の機関名リストに掲載されていない機関についても，目視による確認を行い，上記の Type 分類を独自に付与し，セクター分類を行った。

（注２）日本の病院で機関名が同定できたものは，その機関に該当する部門に分類している（例：独立行政法人国立病院機構は公的機関部門に分類）が，機関名が同定できず，セクター分類ができないもので“hosp”がアドレス情報にあるものについては「それ以外」に含めた。

（注３）英国とドイツの病院については，大学に附属していることが明らかな場合は「大学等」として集計しているが，病院と大学との対応が明確ではない場合（複数の大学や機関が連携して運営する病院など）は「病院等」に分類して集計した。
https://help.incites.clarivate.com/inCites2Live/dataAndSubscriptionNotificationsGroup/dataAndSubsNotice.html

216)　教育と研究の組織的機能分化については，次の４つのバリエーションがあるとされている。いずれも，どの国でもある程度行われているが，相対的にはそのパターンにいくらかの違いがあるとされる。

① セクター間分化

→相対的に教育は大学に任せて，研究は大学外部の学術研究機関が行うタイプ。大学セクターと非大学セクターの間での機能分化。ドイツのマックス・プランク研究所やフランスのフランス国立科学研究センター。

② セクター内の機能分化

→研究大学と教育重視大学との分化。大学教育のマス化が進展している国であれば，どこでもある程度進んでいる。

③ 大学内組織の機能分化

→大学内における，教育を担う組織と研究を担う組織への分化。日本の附置研究所。

④ 人の機能分化

→教育に比重を置く人材と研究に比重を置く人材への分化。教育専任教員，研究専任教員。

（引用元：大学の研究組織・研究所に関する国際調査（―基本組織と研究所との関係から

研究体制を考える―京都大学ウイルス研究所／再生医科学研究所合同「附置研って何？」調査チーム）

217）ここでは，修士課程修了後に博士課程に進む国内の学生。

218）1980年代，90年代の約20年間で，約3倍に増加。科学技術の重視，アメリカからの「基礎研究ただ乗り批判」，団塊ジュニア世代の大きなボリュームなどを背景に，1990年代初めから2000年にかけて，大学院生定員の大幅な増加が行われたことが背景であり，「大学院重点化」と呼ばれる。博士定員の急増は，博士号取得者を急増させたが，大学教員ポストはそこまでは増えなかったため，ポスト待ちの若手研究者（「オーバードクター」）が大量に生まれた。1990年代後半になってようやく，アルバイトをしながら無給で研究室に留まっていたオーバードクターを「研究の実働部隊」として評価し，短期雇用資金を提供する取組が始まった。オーバードクターが研究に専念できるよう，博士号取得者を期限付きで雇用する取組であり，いわゆる「ポスドク1万人計画」である。これが日本におけるポスドクの始まりである。（メディアでは，増えすぎたオーバードクターを雇用するための「救済策」と解説されている）

http://www.nacos.com/seikaren/pdf/2015/seikaren_postdoc_2.pdf

219）「現状望ましい能力を持つ人材が博士課程を目指しているか」という質問を受けた大学教員は，2011年の時点ですでに6段階中の3.5と辛めの回答を下していたが，その評価は年を追うごとに下がり，2019年の調査では3.0となっている。回答者は，「優秀な学生ほど民間就職する」とコメントしている（科学技術の状況に係る総合的意識調査（NISTEP定点調査））。

Q104. 現状として、望ましい能力を持つ人材が、博士課程後期を目指していると思いますか。

大学・公的研究機関グループ	全体	機関種別		業務内容別				大学グループ別				大学部局分野別			
		大学等	公的研究機関	学長・機関長等	マネジメント実務	現場研究者	大規模PJ	第1G	第2G	第3G	第4G	理学	工学	農学	保健
指数	−0.56	−0.55	−0.64	−0.38	−0.47	−0.54	−1.00	−0.35	−0.59	−0.62	−0.59	−0.56	−0.62	−0.30	−0.57
2016	3.5	3.5	3.4	4.4	4.2	3.3	3.8	3.4	3.5	3.4	3.5	3.2	3.3	2.7	3.6
2017	3.3	3.3	3.2	4.3	4.1	3.1	3.4	3.3	3.4	3.2	3.3	3.0	3.1	2.6	3.3
2018	3.1	3.1	3.1	4.0	3.8	2.9	3.2	3.2	3.2	2.8	3.1	2.8	2.9	2.4	3.1
2019	2.9	3.0	2.8	4.0	3.8	2.8	2.8	3.1	2.9	2.8	2.9	2.7	2.6	2.4	3.0

評価を上げた理由の例

- 自身の研究室における博士課程後期学生の増加
- 博士号の必要性を多面的に何度も説明することで、自主的に博士進学を希望する学生が増加
- 薬学部6年生の学生が卒業後に博士課程後期に入るケースが増加
- 望ましい能力より、研究が好きかどうかを優先すべき。研究が好きなら十分に能力があるとも言える
- 実際に博士課程後期に進学する数は変わらないが、興味が高まっているように思える
- 留学生は多いが定員は十分に満たしている
- 企業の採用拡充や奨学金等の充実により多少は博士課程後期を目指してきている
- （回答者の）異動による状況の変化

評価を下げた理由の例

- 博士課程後期進学者の減少
- 修士卒の就職状況が向上、会社志望の学生の増加
- 優秀な学生ほど就職する傾向
- 研究者としてのキャリアパスに不安要素が多い
- 博士課程への進学者は留学生に多く、日本人学生が少ない
- 経済的な理由で進学を諦める学生が多い
- 博士課程教育リーディングプログラムが終了し、進学者が減少
- 専門医制度との両立が難しくなってきている
- 一度、民間企業に入ってから博士を目指したいという学生の増加を感じる
- （回答者の）異動による状況の変化

220）2000年度（中国は2005年度）と最新年度を比較すると，英国，韓国，中国，米国は2倍以上になっている。ドイツとフランスはほぼ横ばいに推移。日本は2006年度をピークに減少傾向。

文部科学省　科学技術・学術政策研究所，科学技術指標2021，調査資料-311，2021年８月

221)　準拠している英日のデータの違いは以下の通り。
- 英国は全大学を対象としているが，日本については，研究を中心に担う国立大学の教員数。
- 英日ともに，博士学生の人数は含まれていないが，英国のデータにはポスドクの人数が含まれている（日本のデータにはポスドクの人数は含まれていない）。

222)　英国のデータを見ると，66歳以上の大学教員数が大きく増えていることが分かる。これは，2010年の総選挙で公約された法改正により，「年齢差別」だという理由のもと，英国社会全体として定年制が撤廃されたことが背景にある。英国では自らリタイアを選択する人も多く，「肩たたき」もあるが，それでも以前よりも60歳を過ぎても大学に残る大学教員が増えたことが，66歳以上の大学教員数を押し上げている。

223)　生活費相当額を受給している博士学生は１割程度（文部科学省『平成30年版科学技術白書』勝美印刷，2018年，p. 52）。

224)　https://news.yahoo.co.jp/byline/enokieisuke/20190426-00123719/
https://www.mext.go.jp/b_menu/shingi/gijyutu/gijyutu10/002/shiryo/__icsFiles/afieldfile/2018/04/03/1402888_5.pdf

225)　学術振興会の特別研究員，政府の卓越大学院プログラムや「さきがけ」事業，京都大学の「白眉」など。

226)　結果，日本の助教は，ポスドクに類似のポストとなっている。

227)　若手研究者の身分が不安定化した背景の一つは，以下のように整理されるものと考える。
1997年，教員の流動性を高めることを目的に，教員を任期付きで雇用することを可能とする法律が成立した。その10年後の2007年，若手の登竜門的な終身雇用のポストだった「助手」の役割を整理することとなった。従来の「助手」は，教育や研究を行う「助教」と，教育研究の補助にのみ当たる「助手」に分化した。この際，2005年の中教審大学分科会報告書（「大学の教員組織の在り方について」）は，最終判断を大学に委ねつつも，新しく創設される助教ポストを，従来の助手のような終身雇用のポストではなく，任期付きのポストにする方向が「望ましい」とした。
政府の勧めのもと，大学は多くの助教ポストを任期付きとした。この方向を加速させたのは，政府による運営費交付金から競争的研究資金への付け替え施策である。政府は，2000年代初頭から，それまで毎年ほぼ同額を交付していた運営費交付金を削り，代わりに競争的研究資金を増やす施策を取った（2004年と2017年で，大学の総収入に占める運営費交付金の割合は，61％から51％に減少，一方，競争的研究資金が占める割合は12％から20％に上昇）。この付け替えにより，競争性は高まったが，反面，大学にとっては，安定収入が減ることを意味した。経営上の見通しが見えにくくなった大学は，雇用弁となる任期付きポストを増やすことを望み，「助手」ポストを，任期付きの「助教」に切り替えていった。この結果，若手の登竜門的な終身雇用のポストだった「助手」は，不安定な任期付きの

「助教」となっていった。

この提案を行った上記報告書は，「若手の大学教員が自らの資質能力を十分に発揮することが極めて重要である」とし，その意図は，米英のように，若手研究者を自立させることだとしていた。報告書は，アメリカで若手研究者に適用されている「テニュアトラック制度」を日本に導入することで，この意図を達成しようとした。アメリカのテニュアトラック制度とは，任期をつけて教員を新任採用した上で，任期中の業績を審査し，審査に合格した者に終身雇用を与える制度である。実態としては，審査によりほとんどの教員は終身雇用に転換しており（9割は転換，世界的な研究大学でも7割は転換），アメリカの「テニュアトラック制度」は，大学教員に明らかに向かない人間を事前に炙り出した上で，ほとんどの人についてはその後の終身雇用を保障する仕組みだといえる（英国では，試用期間後，通常，正式に採用されることが想定されているレクチャラーのポジションや，期間終了後に原則終身雇用への転換を組み込んでいる一部フェローシップの仕組み（Future Leaders Fellowships など）が，これに近い）。アメリカの文脈では，テニュア・トラック制度は，競争性を高めるための取組ではなく，アメリカでは珍しい終身雇用という特権的身分を大学教員に保障するための仕組みである。

日本で新しく創設された助教ポストの大半は，アメリカのテニュアトラックのように終身雇用されることが概ね前提とされているものではなく，単なる任期付きポストだった。終身雇用への移行が組み込まれた「テニュアトラック助教」のポストも創設されたが，少数に止まった。報告書が想定していたのはこの「テニュアトラック助教」の創設だったかもしれないが，実際には多くの助教ポストが単なる任期付きポストとなった結果，報告書の意図とは裏腹に，若手研究者の立場は不安定化・弱体化した。

報告書が，若手研究者を自立させることを主たる目的に置きながら，どうして，それまで終身雇用のポストだった「助手」に，若手研究者の身分の弱体化を招きかねない仕組みを適用しようとしたのかは判然としない。また，新しく創設される助教ポストの多くが，「テニュアトラック助教」ではなく，単なる任期付きポストとなることをどこまで予見していたかも不明である。報告書では，「国際的な通用性の観点や，優秀な人材の適切な確保や人材の流動性向上を図る観点から」，テニュアトラック制度の適用が大学に推奨されており，アメリカの仕組みを「至上化」したということかもしれない。なお，報告書が出た時点で，若手の自立を阻む方向に改革が進むのではないかという懸念はすでに出ていた。「（助教の）ほとんどがテニュアになれないとすれば，『助教』はポスドクやリサーチプロフェッサー等と実質的に同じになる。制度は形骸化し，終身雇用の割合が低下し，結局は若手の流出をもたらす可能性がある。若手研究者の自立という目的のためなら，テニュア制度は特に必要ない。……研究の活発な大学ではポスドクが大幅に増加し，任期制でなくても若手の流動化は進んでいる。」という指摘が，それである。

https://berd.benesse.jp/berd/center/open/dai/between/2005/1011/01toku_15.html

助手を助教に転換する法律が施行されたのは，2007年である。日本の代表的な研究大学11大学における2007年と2013年の教員の状況を比較した図1及び図2からは，このたった

図１　RU11の教員の変化（年齢別，任期有無別）

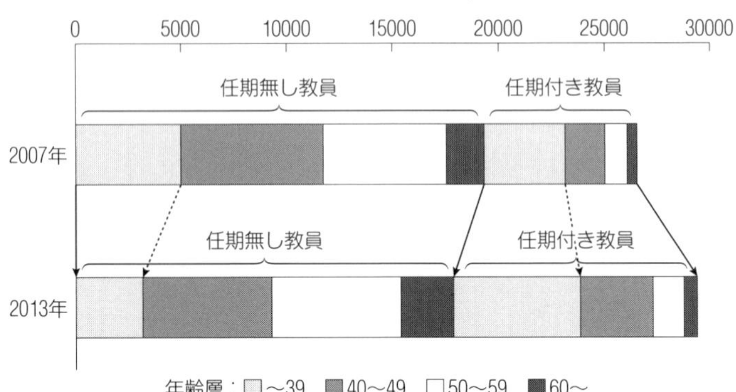

図２　RU11の教員における任期の有無と年齢別職位構成

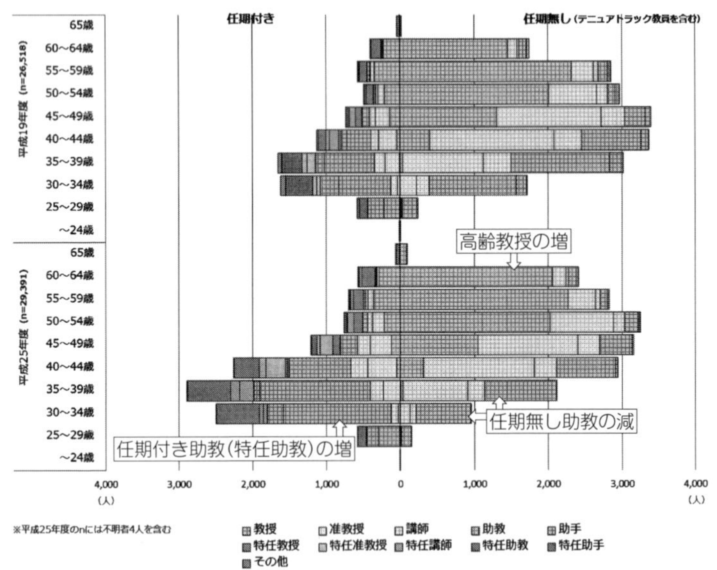

６年の間に，若手の終身ポスト（＝任期無しポスト）が激減したことが見て取れる。

（RU11：北海道大学，東北大学，東京大学，早稲田大学，慶應義塾大学，名古屋大学，京都大学，大阪大学，九州大学，筑波大学，東京工業大学）

※大学の教員等の任期に関する法律

http://ac-net.org/poll/2/shiryou/ninkisei-giji.html

※報告書：

「大学の教員組織の在り方について」〈審議のまとめ〉（平成17年１月24日中央教育審議会大学分科会 大学の教員組織の在り方に関する検討委員会）

https://www.mext.go.jp/component/b_menu/shingi/giji/__icsFiles/afieldfile/2013/12/12/1342431_001.pdf

https://www8.cao.go.jp/cstp/tyousakai/jinzai/haihu08/siryo4.pdf

https://www.mext.go.jp/b_menu/shingi/chukyo/chukyo4/008/gijiroku/03112101/004/024.htm

※アメリアのテニュアトラック制度：

https://dynamicecology.wordpress.com/2014/07/21/dont-worry-too-much-about-whether-youll-get-tenure-because-you-probably-will/

http://www.shinshu-u.ac.jp/research/project/fiber-wakate/tenua/

http://japanesensf.blog117.fc2.com/blog-entry-22.html

228）文部科学省　科学技術・学術政策研究所，科学技術の状況に係る総合的意識調査（NISTEP 定点調査2015）NISTEP REPORT No. 166, 2016年３月，大学，第２G，保健（医・歯・薬学），助教クラス，男性，自由記述欄。豊田本 p. 494から引用。

229）科学技術白書2018は，学生が，博士進学を検討する際，進学を考えるための重要な条件を，以下の通りとする。

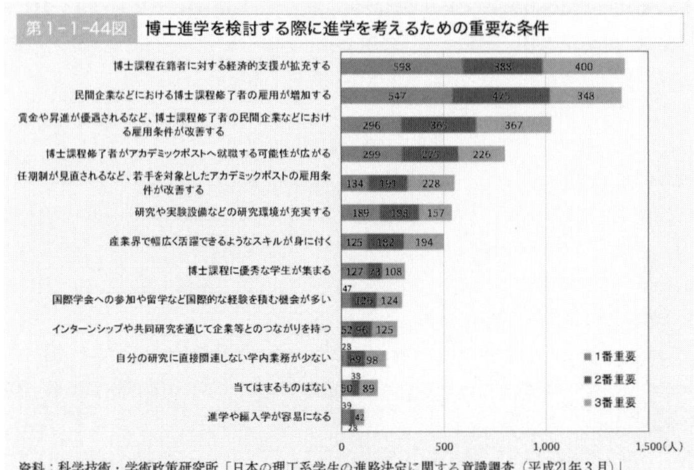

第1-1-44図　博士進学を検討する際に進学を考えるための重要な条件

資料：科学技術・学術政策研究所「日本の理工系学生の進路決定に関する意識調査（平成21年３月）」

230)　バブルが弾け日本経済が失速した1990年代半ばから2000年頃に20代となった団塊ジュニア世代の多くは，人件費の抑制のため民間企業が新採用を絞り非正規雇用を増やした結果，十分なスキルを身に付けられないまま，短期・非正規の雇用を転々とすることとなった。例えば，民間企業は1994年から2000年の間に，採用枠を５分の１まで縮小している。また，2000年代に入ってからも非正規雇用化を推し進めた結果，2000年から2020年までに非正規雇用労働者の割合は約12％（約26％→約38％）増えている。

日本の大学は，この20年間，若手教員の採用枠を減らすとともに任期付きポストに置き換えていったが，その過程は，若者の非正規雇用が増え，それを片目で見ながら，団塊の世代がポストと収入を維持し，退職していった社会的状況と軸を一にしている。非正規雇用を転々としスキルも収入も高まらない団塊ジュニア世代を指して，NHK が「一生貧困を宿命づけられている不遇の世代」と呼んだことは衝撃的である（2017年の「クローズアップ現代」。2012年と2017年の給与を比較し，団塊ジュニア世代（2017年時点で37～46歳）だけは年齢が上がったにもかかわらず給料が下がっていて，特に40～44歳の年齢層ではこの５年間で２万3300円低下しているという発見を指した言葉）。

若手を終身雇用で採用することを控え，低賃金で雇用弁となる短期雇用に切り替えることは，その時点の大学や民間企業にとって「合理的」な判断だったのかもしれないが，その副作用は大きく，少子化を促し，個人消費支出の伸びを抑制し，社会福祉を圧迫することとなった。実際，団塊ジュニア世代の低賃金は，結婚・子育てを妨げ，この大きなボリューム層が，子どもを作れなかったことが日本の人口減少につながった。本来支出が大きいはずのこの世代の賃金が，40代になっても低いままなため，消費は盛り上がらない。さらに，裕福だった団塊の世代の高齢化と異なり，今から20年後，貧しい団塊ジュニア世代が大量に高齢者となることが，日本の社会福祉費を大きく圧迫するとされている（「2040年問題」)。

振り返って考えれば，先を見て必要だったのは，シニアをはじめ既存の教員や社員の処遇を抑え，そこで生まれた原資で若手を雇用することだったのかもしれないが，経済が逼迫し，正社員の地位も脅かされるなか，そのような判断はされず，当時むしろ，「フリーターは，雇用形態の自由化だ」ともてはやされた。

https://gendai.ismedia.jp/articles/-/54609?imp=0

https://www.jri.co.jp/MediaLibrary/file/report/jrireview/pdf/11093.pdf

https://www.mhlw.go.jp/stf/wp/hakusyo/kousei/19/backdata/01-01-03-18.html

231) https://www8.cao.go.jp/cstp/kihonkeikaku/6honbun.pdf

232) ここでは，40歳未満の大学本務教員の数。

233) 若手教員の減少については，この20年間に，政府においても大学においても徐々に問題視されるようになった。5年毎に策定される科学技術基本計画の記載の変遷を見ると，危機感が醸成されていく様子が見て取れる。例えば，2006年からの第3期計画の時点では「ポストドクター後のキャリアパスが不透明であるとの指摘がある」とされており，続く2011年からの第4期計画では「大学では，若手教員の割合が減少する傾向にある一方，教員は大幅な世代交代を迎えつつあり，この機を捉え，若手研究者のポストを増やす」取組を推進するとされた。本格的に危機を募らせ始めた2016年からの第5期計画では「計画期間（2016～2021）中に40歳未満の大学本務教員の数を1割増加させるとともに，将来的に，我が国全体の大学本務教員に占める40歳未満の教員の割合が3割以上となることを目指す」という数値目標が入っている。

このような中，大学においては，全国立大学で若手教員の採用を確保する原資を確保するための55歳以降の昇給停止や，年棒制の導入など種々の人事給与マネジメント改革が行われてきた。ただし，それらの取組の効果が限定的だったのは，2009年に28.9%だった若手教員（※40歳未満教員と定義）比率が，2019年においては23.3%と下がっていることに表れている。

この点，2022年からの第6期計画においては，「第5期基本計画期間中においても，研究環境改善のための取組を講じてきたが，既存の枠組みの制約条件の中で，真に研究現場の変革を駆動させる対策を必ずしも十分なスピード感と規模感を持って進められなかった側面もある」とした上で，これまでで最も本格的に若手研究者支援を取り上げ，「研究力を支える若手研究者を取り巻く環境を見ると，任期付きポストの増加や研究に専念できる時間の減少など，引き続き厳しい状況が続いている」との認識のもと，本論に記載したような数多くの施策が盛り込まれた。

234) なお，日本社会がジョブ型雇用に移行するとすれば，全民間企業（少なくとも同一業種内の全民間企業），全世代で一斉に行う必要があるかもしれない。長期雇用を基調とする日本の社会では，短期雇用職員を「使い捨て」にする感覚があり，短期雇用が部分的に導入された場合，導入された職種の価値を下げることになりかねないからである。

235) その中心は，任期無しへの転換を基本的な前提として組み込んだ，若手限定のテニュアトラック助教ポストを数多く作ることだと思う。

236)　1990年代前半のバブル崩壊により，日本の経済は失速した。それ以降，科学技術予算は以前のようには伸びなくなった。新規採用枠が増えていた1980，90年代と異なり，大学は，大学から抜けていく（退職していく）人数と同程度，あるいはそれ以下の人数しか採用ができなくなった。また，年金受給年齢の引き上げを受けて，2007年頃までに国立大学は定年を65歳に引き上げ，シニア研究者の雇用に資源を回した分，若手研究者の採用枠は一層狭まった。ポストが限られるなか，若手研究者はポスドクを続け，研究実績を蓄積した。このような者がその研究実績を買われて，空いた准教授ポストなどのポストを埋めていくため，若手教員は増えにくい（30代後半で採用された者もすぐに40歳を超える）。

小中高校段階では，団塊の世代の大量退職を受けて，若手教員が大きく増えた。同じことは大学では起きておらず，今でも若手教員数は減少傾向にある。それは，大学では，新卒一括採用ではなく「研究実績」に基づいて採用する「ジョブ型」採用が一般的であるなか,「助手」が「任期付きの助教」となったことで，必ずしも「研究実績」がなくとも「研究のポテンシャル」を評価し採用できる若手向けの終身雇用のポジションが失われたことが効いていると考えられる。

237)　https://www.mext.go.jp/kaigisiryo/content/000148080.pdf

論文データベース分析により国際的に注目を集めている研究領域を抽出し，当該研究領域を構成する コアペーパ（Top1％論文）に対象国の論文が１件以上含まれている場合，参画領域としてカウントされている。また，参画割合は，世界全体の研究領域数の中で，各国が参画している研究領域数の割合である。2018年の日本については，274（日本が参画している研究領域数）/902（世界の研究領域数）から30％と計算される。

238)　1980年代から90年代にかけて，講座制のもとで，日本の研究力は大きく伸びている。科学技術予算の伸びが最大の要因だが，一つの推測としては，この時，若手研究者をじっくり育てる講座制と，早期に自立する若手研究者にPIの立場を与える機動的な研究環境のベストミックスが存在したのではないか。

1980年代，90年代は，研究費が大きく伸びポストが増えていたため，優秀な若手を准教授や教授に抜擢し，自立させる人事が可能だった。実際，図１を見ると，1980年は2019年より教員全体数は少ないにもかかわらず，20，30代の教授・准教授の数は多いことが見て取れる。例えば，2018年にノーベル賞を獲得した本庶先生は，1979年に37歳で阪大の教授になっている。他方，早期に自立できるほどの力がない若手は，講座制のもと，育てられることができた。若手研究者の登竜門だった当時の「助手」は終身雇用だったので，教授も，若手の研究意思を尊重しながら育てようという感覚が強かったのではないかと推測される。

2010年頃からほぼ毎年日本研究者のノーベル賞受賞が続いたが，それは，このようなベストミックスにより，1980年代，90年代に，若手が研究を推進しやすい環境があったことがあるのではないか。2000年代に入ってからは，ポスト数は増えず，教授や准教授は高齢化し，助手の多くは任期付き助教となり，若手が活躍できる環境は大きく損なわれた。

図1 国立大学の教授・准（助）教授の人数・年齢構成（約20年おき）

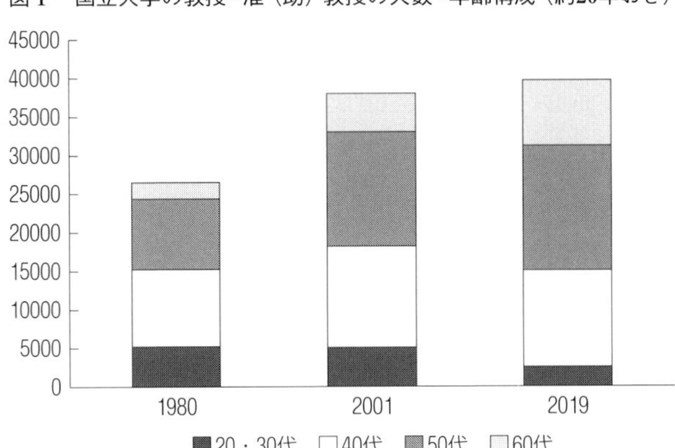

239） 講座制からPI主義への転換については，2000年代はじめに文科省（中教審）において議論が行われ，2005年に報告書がまとめられている。この議論の際には，当初，講座制こそが問題の根源だとの強硬意見も出た。しかし，議論が深まるにつれて講座制のメリットが再確認された。「講座制に安定性や継続性があるからこそ，地味ながら重要な分野が市場原理の中でつぶされずにすんだ」との声である。若手が意欲的に教育・研究に取り組める環境をつくることが大事という点では，委員の意見が一致し，徒弟制的な講座と，自立が保証される組織のいずれでそれを実現するかは，大学の主体性に任せようという結論となっている。

https://berd.benesse.jp/berd/center/open/dai/between/2005/1011/01toku_05.html

https://www.mext.go.jp/component/b_menu/shingi/giji/__icsFiles/afieldfile/2013/12/12/1342431_001.pdf

240） 若手をPIとして遇するのは，英米だけではない。例えば，近年，躍進が著しいシンガポール国立大学（2021年THE大学ランキング25位，なお東大は36位）を擁するシンガポールの大学について，天野浩教授（2014年にノーベル物理学賞受賞）は，以下のようにコメントしている。

「シンガポールは競争社会です。だからPIになるにも年齢が関係ない。いいアイデアを持っている人は，30歳代からPIになって仕事を進めています。アイデアと力の勝負なので『年寄りにはつらい世界だ』とシンガポールの人が言っていました（笑）。」

このコメントからは，PI主義のもと，若手を中堅・シニア教員と対等に遇することが，中堅・シニア教員に対するプレッシャーとして働いていることも分かる。

https://business.nikkei.com/atcl/report/15/277609/041800013/

241） 日本の研究環境にPI主義を持ち込むことについては，例えば，このような見方もある。

「仲野先生からは，現状のテニュアトラック制度などは，制度設計としても，そのポストを得るjunior PIにとっても，結局のところなかなか難しい制度ではないか，と指摘がなされた。大学・研究機関の運営費交付金が減らされる一方で，どこの大学もポストも資金も余裕がなく，完全独立した junior PI に対して十分なサポートを行うのはさらに困難になっていくと予想される。それに比べれば，現在の講座を大講座制にして，その大ボスの下のスタッフとして，研究テーマは独立した形で仕事をするようなポジション，いわば『部屋付き親方』のような形の方が望ましいのではないか。その中で，講座運営や学生指導に加え，様々な『雑用』を学ぶことで，本当にPIへとステップアップしていく方がより効果的で現実的なキャリアパスではないか，という提言とともに講演は終了した。」

https://www.mbsj.jp/admins/committee/careerpath/doc/2015/20151202.html

　趣旨は分かるが，権威主義的な組織文化が強い日本にあって，この「大ボス」は「普通のボス」以上に権威的に振る舞い，若手は「雑用」に追われ続けることにならないか，若手研究者も研究設備も「大講座」の中に「囲い込まれ」，分野を超えて多様で知的興奮に満ちた研究環境を生むに至らないのではないか，という疑問は残る。

Ⅳ　経営の章

――「かつかつ」で作る「キラキラ」――

この章では，英国大学がどのように経営を「回しているか」を見たいと思います。

この約20年間で英国大学の総収入は３倍に増えています。

まず，英国大学の資金繰りを分析することで，何がこのような経営上の劇的な変化をもたらしたかを考えます。

次に，この約20年間の収入構造の変化が，英国大学に「虚像」を作り出す経営文化をもたらしたことを説明します。

最後に，このような英国大学を回している人たち（学長や大学職員）の姿に迫ります。

1　英国大学の資金繰り

1　学生ビジネス

大学経営にはお金がかかる

大学が教育と研究を高いレベルで遂行するためには，お金がかかります。世界的な大学になろうとすれば，なおさらです[1]。

良い教育を行うには，良い教育者が必要です[2]。特に，英国のような思考の深まりを重視する教育では，教員と学生が直接議論する時間が欠かせません。良い教育者を数多く確保するには，多くのお金が必要となります[3]。

研究，特に自然科学系の研究を最先端で進めようとすれば，莫大な資金が必要です。分野によっては研究施設・設備にかかるお金は天文学的なものになりますし，優秀な研究者やスタッフを数多く確保するためには多額の人件費が必要です。

経営スタッフへの投資も必要です。英語圏の学長の多くは，高額の報酬により招聘される存在です。財務部門（財務，運用，寄附獲得）には，高給を払わなければ良い人は来てくれません（ただし，巧みな投資により結果的に彼らの高給を上回るお金を手にできるかもしれません）。

大学の収入確保手段

大学はこのようなお金をどのように確保しているのでしょうか。

教育資金については，政府からのお金で賄うか，学生の授業料により賄うかです。両者を組み合わせる場合も多いと思います。「教育の章」で見たように，英国は，この約20年の間に教育資金を政府のお金で賄う国から，多くを，学生

図４－１　大学の収入確保手段

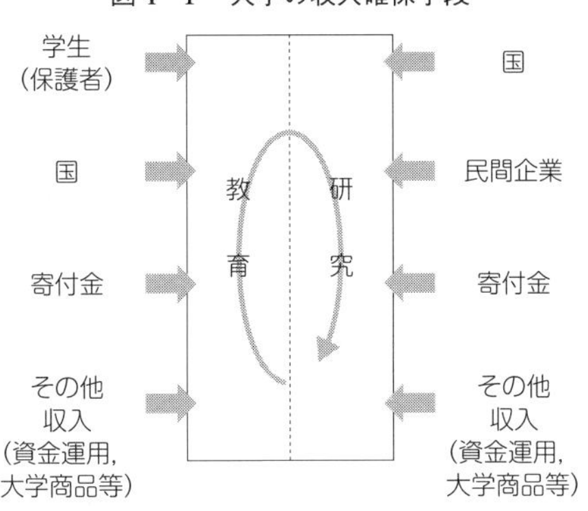

の授業料で賄う国へとドラスティックに変化しました。

研究資金については，通常，最大のパトロンは政府です。産学連携で共同研究を行う場合のように，民間企業から研究費を受け取ることもあります[4)]。英国大学の研究資金の４分の３が政府からのお金であることは，「研究の章」で見た通りです。

大学にとって，寄付金も貴重な収入源です。寄付者は，個人篤志家やOB，公益団体や企業などです[5)]。英国では医学研究への寄付が多く行われています。2019年には，オックスフォード大学が，AI倫理を中心とした人文学研究のために，ルネサンス以来最大とされる個人献金（約230億円）を受け取ったことが大きな話題となりました[6)]。

最後に，今では，大学はお金を「受け取る」だけの存在ではなく，自らお金を「稼ぐ」存在でもあります。大学が「経営体」になったと言われるゆえんです。研究者が生み出す知を活用し，特許使用料やコンサルタント料を獲得することもあれば，大学商品やネーミングライツ，大学スポーツのチケットを売るといった民間企業と変わらない方法でお金を稼ぐこともあります。大学によっては運用収入も大きな額になります。アメリカの私立大学が，株などの運用益で毎年１千億を超える資金を得ていることは，つとに有名です[7)]。

こういった大学の収入確保手段をイメージ化したのが，図４－１です。この図のポイントは，教育と研究の間を「点線」で区切っていることです。これは，教育のために入った収入が，研究のために使われ得ることを示唆しています(逆もしかり)。

▒英国大学の資金繰り

国の仕組みや大学の特徴により，収入確保手段は異なります[8)]。21世紀になってからの英国大学のここ約20年間の大学経営の特徴を大括りに表現すると，それは，次の2つです。これらについて，順に見ていきたいと思います。

① 国内外の学生からの授業料収入増を原動力に，総収入が3倍になったこと

② 研究のための追加資金を，留学生からの授業料に頼っていること

2　特徴 ①――国内外の学生からの授業料収入増を原動力に，総収入が3倍になったこと

▒20年間で総収入が3倍

図4-2のように，英国大学の総収入は，この20年間で実に3倍に膨らんでいます。その最大の原動力は，6倍に増えた授業料収入です。21世紀における英国大学の経営の中心は，「学生ビジネス」だと言えます。

なお，授業料収入のほか，研究補助金，その他収入，寄付金・運用収入も，3～4倍程度に増えています。政府からの交付金収入の総額はほぼ変わりません[9)]。

▒授業料収入が増えた要因

第1章で，1998年以前は無料だった授業料が，この20年間で約14万円から約130万円へと9倍になったこと，また，大学進学率が高まり，50％を達成したことを説明しました。授業料収入は，授業料設定額と学生数の掛け算です。英国学生が支払う授業料も英国人学生数も大きく伸びたので，2000年代の20年間で英国大学の授業料収入が増えたのは当然です。

この英国人学生からの授業料収入に加えて大きく伸びた授業料収入があります。留学生からの授業料収入です。

図４－２　英国大学の総収入の総額・内訳（2000年→2019年）

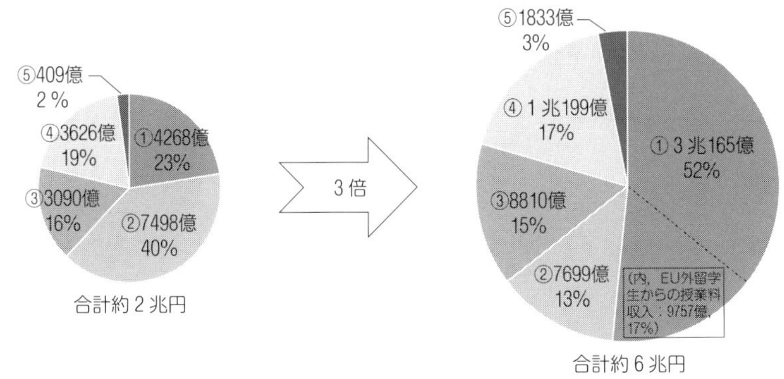

①授業料等　②研究・教育交付金等　③研究補助金等　④その他収入　⑤寄付金・運用収入

出典：Higher Education Student Statistics: UK, 2019/20, Introduction-Students 2000/01 等より筆者作成。図４－３も同じ。

実は政府により授業料が約130万円とされているのは国内学生とEUからの留学生についてだけです。EU外からの留学生（以下，「EU外留学生」）については，制約はありません（2020年のブレグジット以降は，EU規制がなくなり，EUからの留学生についても，制約はなくなった）。この約20年間で英国大学がEU外留学生向けに設定する授業料額は高騰しています。高騰する中でもEU外留学生数は大きく増え，結果，EU外留学生からの授業料収入は10倍近くに膨らみました。

EU外留学生数の増加

2000年時点では約10万人だったEU外留学生は，2010年には約26万人，2019年には約38万人と，この20年間で約４倍に増えています。

EU外留学生数の伸びは，堅調な国内学生の伸びさえ上回り，その結果，図４－３の通り，全体の学生数が増える中でも，20年前には全学生の１割に満たなかったEU外留学生が，現在では約２割を占めるに至っています。

図4－3　英国大学における学生割合の推移（フルタイム）

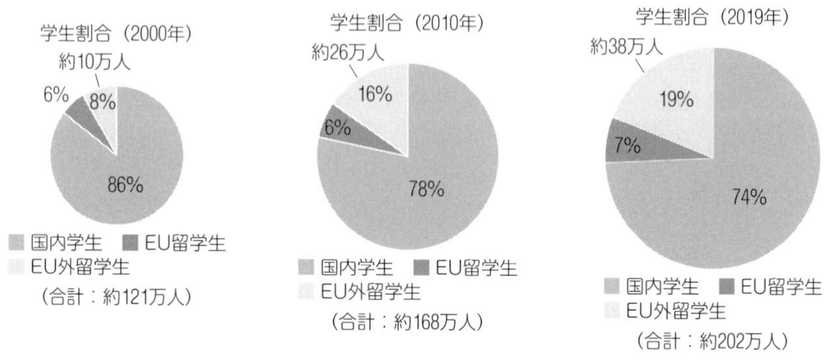

留学生授業料設定額の高騰

各大学が設定するEU外留学生の授業料額も高騰しました。現在，各々の大学の判断により，EU外留学生には国内学生の2倍から3倍の授業料が課されています。

図4－4，4－5は，オックスフォード大学とノッティンガム・トレント大学の授業料額を経年で見たものです。世界的に著名なオックスフォード大学のEU外留学生授業料が，ノッティンガム・トレント大学の2倍程度となっていること，両大学とも年々，青天井で上がり続けていることが分かります。2022年のオックスフォード大学のEU外留学生授業料は，一番安い文系の授業料で年間約400万円です。これが理系だと約500万円，医学部になると年間約650万円，MBAでは年間約900万円となります[10]。

留学生授業料収入が大学経営に占める存在感

ここ20年間で，EU外留学生は約4倍に増え，EU外留学生に課す授業料は2～3倍になりました。単純計算で，EU外留学生の授業料収入がもたらすお金は10倍近くになっていることとなります。

実際，図4－6にある通り，2000年当時に1千億円ほどだったEU外留学生からの授業料収入は，2019年には約1兆円と10倍近くに膨らんでいます。これに伴い，英国大学の総収入に占めるEU外留学生からの授業料収入の存在感は

図４－４　オックスフォード大学の学部生授業料の推移（単位：万円）

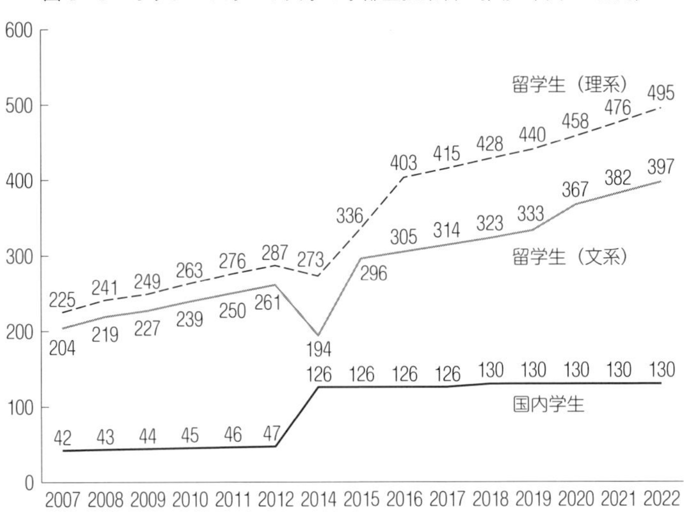

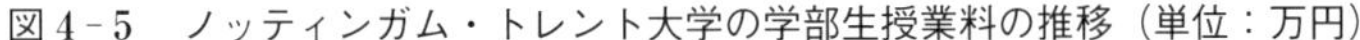

図４－５　ノッティンガム・トレント大学の学部生授業料の推移（単位：万円）

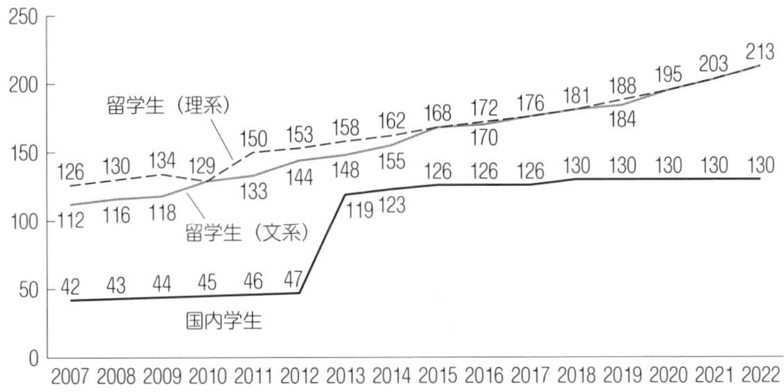

年々大きくなり，20年前には５％程度だったのが，現在では総収入の約２割を占めるに至っています。

この約20年間の経営上の劇的な変化を，研究大学のUCLと，教育大学のノッティンガム・トレント大学の２つの大学について具体に見てみたいと思います。

図４－６　英国大学の総収入に占める EU 外留学生の授業料推移

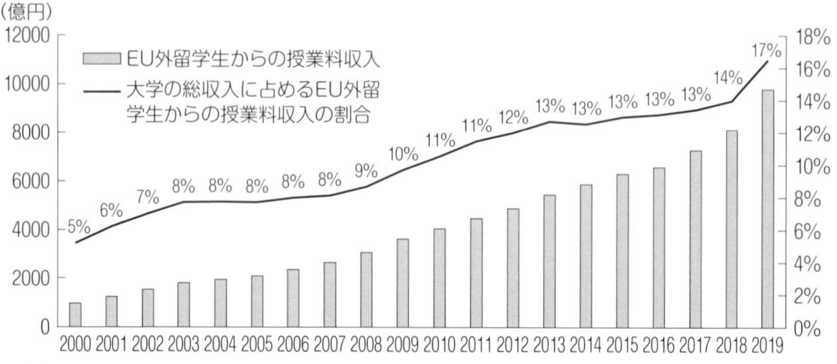

出典：Higher Education Student Statistics, The Migration Observatory 等から筆者作成。

図４－７　UCL の総収入の総額と内訳の３時点比較

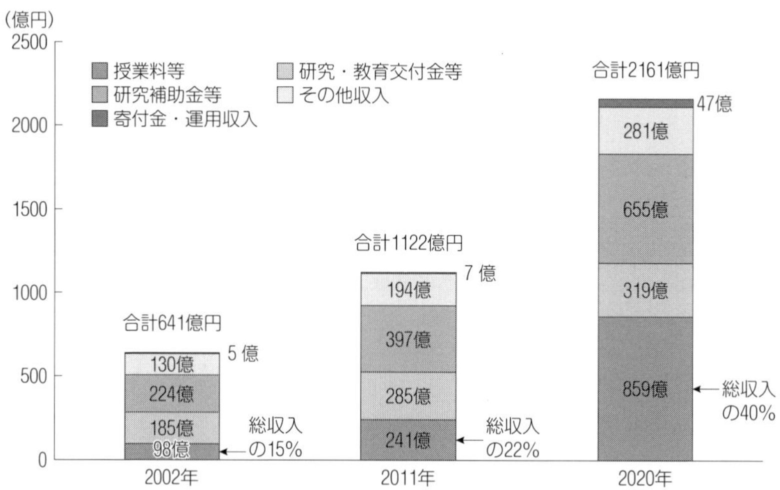

出典：https://www.ucl.ac.uk/finance/home/annual-report-financial-statements-and-investment-portfolios

〈UCL〉

図４－７は，この約20年間の UCL の総収入を３時点で比較したものです。この20年間で総収入が３倍以上に膨れていること，授業料収入増がその要因であることが分かります。

図4－8　UCLの学生の推移

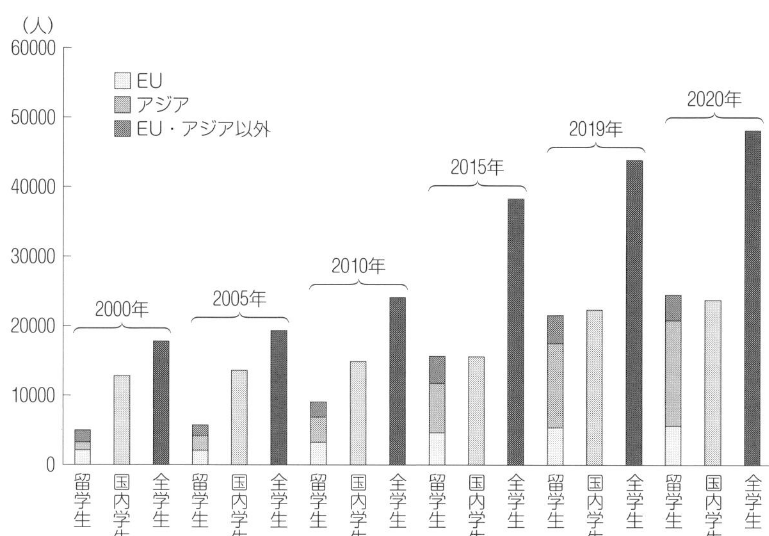

出典：https://www.ucl.ac.uk/srs/student-statistics

図4－8からは，UCLにおけるこの20年間の学生数増は，国内学生数については約2倍であること[11]，他方で，留学生数については約6倍であることが分かります[12]。この結果，全学生数が2.5倍になるとともに，国内学生の3分の1だった留学生数は，今や国内学生数を上回り，仮に2000年当時のUCL教員が2020年にタイムスリップしたならば，「ここは同じ大学か⁉」と思うくらいの劇的な変化をこの20年間で遂げたことが分かります[13]。

図4－8から分かるように，UCLの留学生の出身地域を見ると，圧倒的に増えているのはアジアからの留学生です。この20年間で実に13倍の増加です[14]。特に激増しているのが中国人留学生です。2020年のUCLの留学生総数は約2万3千人，その半分の約1万1千人が中国からの留学生です。2位はフランスの約1千人，3位はマレーシアの約600人ですので，中国人留学生の人数の多さは圧倒的です[15]。UCLでは留学生数と国内学生数はほぼ同じ人数ですので，UCLの学生の4分の1は中国人だということになります。

この中国人をはじめとしたEU外留学生が，高騰する授業料を払い続けてい

図４－９　UCL の学部生授業料の推移（単位：万円）

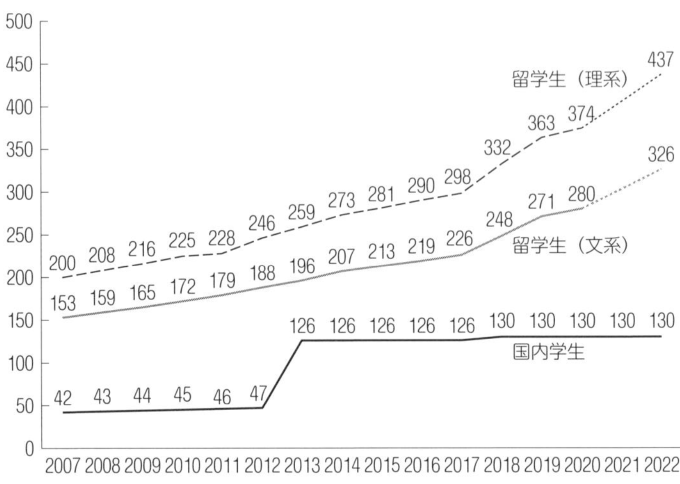

注：2021年のデータは不足。
出典：The Complete University Guide 2021.

ます。UCL の留学生授業料額は，図４－９の通りです。現在（2022年），UCL の理系学部に留学しようとすると，年間450万円程度かかります。

この約20年間は，中間層の拡大に伴い，アジア，特に中国からの留学生が世界で飛躍的に増えた時期に当たります。中国人留学生は，英国大学の全留学生数の４分の１以上を占め，圧倒的な首位に位置しています。なかでも，留学生の半分を中国人が占め，そこから生み出される授業料収入により拡張した UCL の状況は，中国経済の発展の恩恵を目一杯に受けた結果だと言えます。

実際，UCL の物理学の教授からは，「自分の学生の半分以上が中国人だ」という声を聞いたことがあります（なお，「中国人学生は概して真面目かつ積極的に学ぼうとするので，多様性の観点を除けば，中国人学生が多いことに教員として不満はない」とのことです）。

〈ノッティンガム・トレント大学〉

1992年以降に大学に昇格した，いわゆる教育大学ではどうでしょうか。

図４－10は，この約20年間のノッティンガム・トレント大学の総収入を３時

図 4 - 10　ノッティンガム・トレント大学の総収入の総額と内訳の 3 時点比較

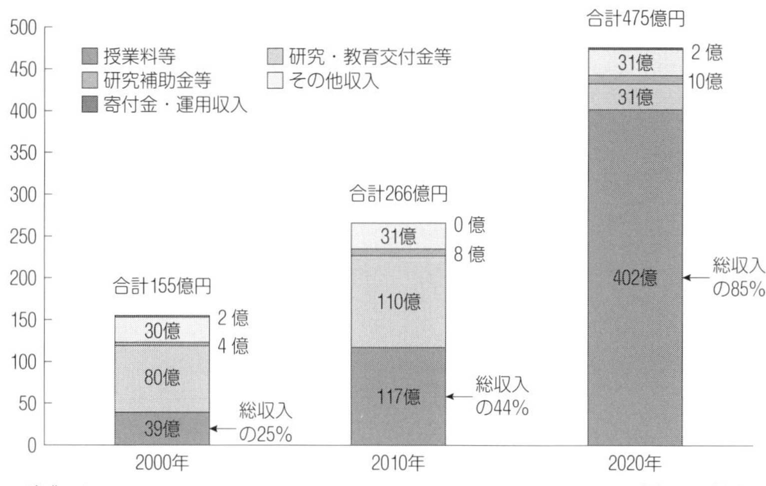

出典：https://www.ntu.ac.uk/about-us/governance/financial-information 図 4 - 11も同じ。

図 4 - 11　ノッティンガム・トレント大学の収入分析

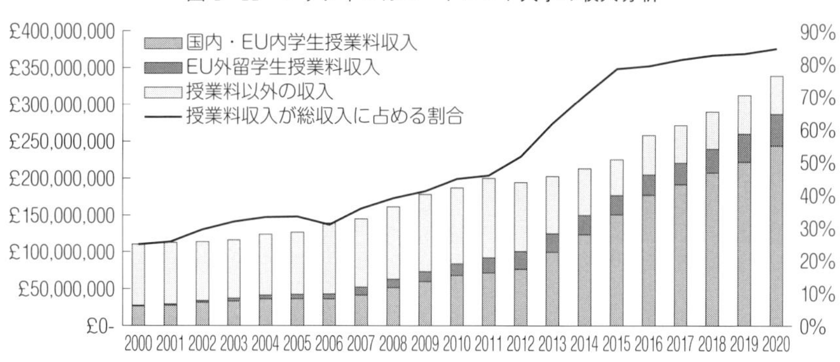

点で比較したものです。この20年間で総収入が 3 倍になっていること，その要因が授業料収入の増加にあることが一見して明らかです。

UCL と違うのは，授業料収入の増加の大半が国内学生数の増加によるものだということです。図 4 - 11からは，現在でも EU 外留学生からの授業料収入が，ノッティンガム・トレント大学の総収入に占める割合は，そこまで大きくないことが見て取れます。

表４－１　６つの大学の留学生比率

THE 英国内ランキング	THE 世界ランキング	大学名	全学生数(A)	留学生総数	
				学生数(B)	比率(B/A)
5	27	LSE	13,455	9,030	67.1%
4	15	UCL	45,715	23,360	51.1%
8	55	マンチェスター大学	44,635	17,625	39.5%
1	1	オックスフォード大学	27,150	9,030	33.3%
19	146	サセックス大学	19,415	6,150	31.7%
65	601-800	ノッティンガム・トレント大学	38,995	4,780	12.3%

■英国大学における留学生比率の違い

英国の研究大学と教育大学の大きな違いのひとつは，留学生が占める比率の違いにあります。表４－１は，英国の６つの大学を留学生比率が高い順に並べたものです[16)]。英国大学全体では総学生数に占める留学生の比率は約２割ですが，ランキング上位の大学は，LSE の約７割を筆頭に留学生比率が高いことが分かります。これに対し，教育大学であるノッティンガム・トレント大学の留学生比率は約12％と英国大学全体の平均を下回ります。

研究力が教育力以上に大学の名声に寄与する結果，世界の学生は研究力の高い大学への留学を望むというのが，このような違いが生まれる理由です。逆に言えば，教育大学が規模を拡大させたければ，国内学生を惹き付けることが必要であり，ノッティンガム・トレント大学はこれに成功したということになります。

■留学生授業料設定額の経緯・根拠

留学生も国内学生も同じ教育を受けているはずなのに，留学生が３倍の授業料を支払うというのは，何だか「不公平」な気もします。

実は，英国では，1990年代半ばまで，国内学生の授業料と同様に，留学生の教育費についてもその大半が公費で賄われ，留学生授業料は低廉でした。その背景の一つには，当時多くの留学生の出身地域だった英国旧植民地に対する「罪の意識」があるとされています。他方，裕福なアメリカやヨーロッパの学生が，低廉な留学生授業料に「ただ乗りしている」という声もありました。

数十年に渡る議論の末，突如，留学生からの授業料が自由化されたのは1979年のサッチャー首相の就任によります。同首相が打ち出した大幅な歳出カットを実現する方策の一つとして，留学生向け補助金が廃止され，国内学生と異なる多額の授業料を留学生から取る道が開かれました。当時，留学生の減少を招くと大きな反対を受けたこの方針が，現在では，英国大学の貴重な収入源を作り出しています。

それでは，現在，留学生授業料を国内学生よりも高く設定することは，どのように正当化されているのでしょうか。

例えばマンチェスター大学のホームページは，国内学生の教育コストには政府からの公的支援があるが留学生にはこれがないこと，留学生に対しては特別なサポートが必要であることなどを理由として挙げています。また，留学生からの授業料収入は留学生が求める高い研究力を作り出すために使われているとしています。

同大学を訪問した際，理事会メンバーの教授にアポを取り，留学生授業料の高騰についてどう思うかと率直に聞いたことがあります。教授の回答は，「自分としては，同じ内容の講義であるにもかかわらず，クラスの中に，130万円しか払っていない学生と，300万円以上払っている学生がいることは，心が痛む思いもする。だが大学としては今後も学費を上げるだろう。これまで大学は授業料を上げ続けてきたが，それでも中国人は出願し続けてきたし，今のところその状況に変わりはないように思うからだ。」というものでした。

もちろん留学生に対する特別なサポートも行われているのでしょうが，実際のところは，「需要と供給の一致で価格が決まる」市場原理に基づき，授業料の設定が行われている側面が強いのではないかと思います。

3　特徴②――研究のための追加資金を，留学生からの授業料に頼っていること

英国大学の「景気」はいいか

こう見て来ると，「学生ビジネス」の拡張で近年の英国大学は「非常に景気

図４－12　TRAC に基づく大学の部門別収入と総コストの関係（2018～19）①

	Publicly funded teaching	Non-publicly funded teaching	Research	Other (income-generating)	Other (non-commercial)	Total
Income（収入）	13,418	5,547	8,950	6,108	1,471	35,494
TRAC full economic costs（総コスト）	13,869	3,874	12,885	5,894	420	36,942
Surplus/(deficit)(差し引き)	(451) ↓	1,673 ↑	(3,935) ↓	214 ↑	1,051 ↑	(1,448) ↓
Surplus/ (deficit) as % of income	(3.4%)	30.2%	(44.0%)	3.5%	71.5%	(4.1%)
Recovery of full economic costs %	96.7%	143.2%	69.5%	103.6%	350.5%	96.1%
Recovery of full economic costs % (2017-18)	98.3%	139.3%	69.4%	103.7%	357.6%	95.9%

※イングランドと北アイルランドのみの数字（単位：百万ポンド）

出典：https://www.officeforstudents.org.uk/media/fa2edd32-13b7-4d52-9761-94522e441e72/annual-trac_2018-19_sector-analysis.pdf

がいい」ようにみえます。これは「Yes」でもあり，「No」でもあります。

確かに，この20年間で英国大学の総収入は３倍になっており，その規模は大きく拡張しています。他方，規模が大きくなるということは，その分，教育，研究にかかる支出が増えることも意味します。問題は，「入り」と「出」のバランスです。

英国大学の「収支」状況

英国大学の収支の状況を，教育や研究など，各部門ごとに教えてくれるのが，図４－12と図４－13です[17]。これによると，国内学生への教育については，ほぼトントン（少しマイナス）です。国内学生が増えることは，大学を必ずしも潤さないということです。

経営的視点から一番問題なのは，研究活動です。差し引きで約5500億円（39億3500万ポンド）の大きな赤字となっています。この一因は，政府からの研究補助金が，総研究コストの８割程度に抑えられているからです[18]。ただし，大学，特に研究大学としては，研究活動を縮小するわけにはいきません。世界の大学との研究競争に負け，大学の評価が落ちてしまうからです。

図4-13 TRACに基づく大学の部門別収入と総コストの関係（2018~19）②

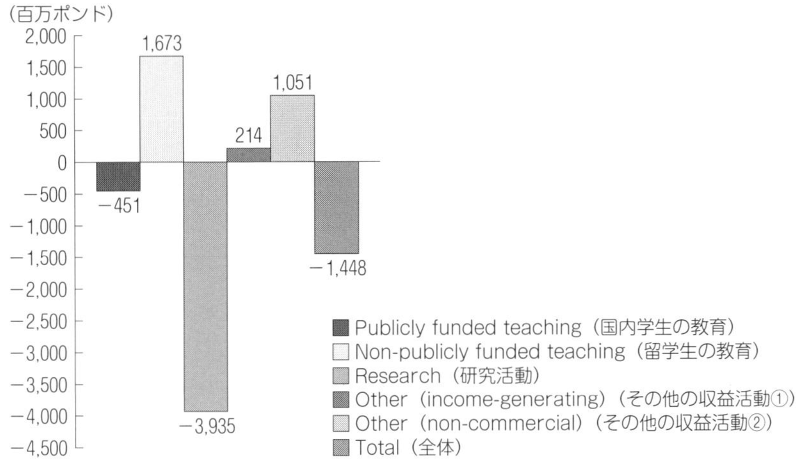

出典：https://www.officeforstudents.org.uk/media/fa2edd32-13b7-4d52-9761-94522e441e72/annual-trac_2018-19_sector-analysis.pdf

研究活動の赤字を埋めているのが，留学生に対する教育活動から得られた収益[19]（＝留学生授業料収入から留学生の教育コストを差し引いたもの）と，寄付金やその運用（「その他の収益活動②」）で得られた寄付金・運用収入です[20]。

「必要条件」としての留学生の確保

このような構造は，「Cross subsidies（他分野からの補填）」と呼ばれています[21]。先ほど少し紹介したように，マンチェスター大学のホームページには，留学生授業料が国内学生の授業料より高くなっている背景として，留学生が求める高い研究力を大学が生み出すために留学生授業料が使われていることが明示されています。「Cross subsidies」は，公然の構造だということです[22]。

大学の経営目線からは，どれだけ授業料を上げても来てくれるEU外留学生は，今や「金の卵」のように見えているはずです。

上記の英国大学の収支分析が教えてくれるのは，英国の（研究）大学にとっては，「金の卵」たる留学生を沢山獲得することが，研究力を高めるための「必要条件」となっていることです。「金の卵」が産むお金は，研究活動の「補塡」に充てられており，英国大学の研究を維持・拡大するためには，中国人をはじめとした留学生からの授業料収入の確保が必要不可欠だからです。実際，ある研究大学の教授は，「もっと留学生を集めないと，これ以上研究を遂行できない！」と執行部から檄を飛ばされているといいます。

なお，研究の章で，英国では政府からの研究投資が少ないことを説明しましたが，政府からの研究費が必ずしも多くないなか，英国大学が高い研究力を保てる一因は，この構造にあると思われます[23]。

4　英国大学の今後の資金繰り

▒あけすけな表現

ここまでの分析を踏まえ，英国の（研究）大学の資金繰りを非常にあけすけに表現すると，次のようなことになります。

- 世界で勝つには，研究費が必要。
- ただ，政府は，あまりお金をくれない。くれても，研究コストに見合わない額しかくれない。研究開発費を増やすと言っているが，先のことは分からない。
- 国内学生が増えたが，国内学生が支払う授業料は，教育コストと概ねトントンなので，そこまで旨みはない。
- 旨みがあり，研究費に回せるのは，留学生からの授業料収入と寄付・運用収入。これらを増やしたい。そうしなければ，世界には勝てない。

英国大学が今後も研究力を伸ばし，世界に冠たる地位を保っていけるかは，留学生ビジネスを今後も拡大できるか，寄付・運用収入を増やせるかにかかっているということになります。

なお，産学連携により民間企業から研究費を獲得する手もありますが，英国が必ずしも産学連携に適した国ではないのは，研究の章で扱った通りです[24]。

▒「留学生ビジネス」の維持可能性

それでは，英国大学は，留学生ビジネスを今後も拡大できるでしょうか？

図4-14　英国大学における留学生数の動向

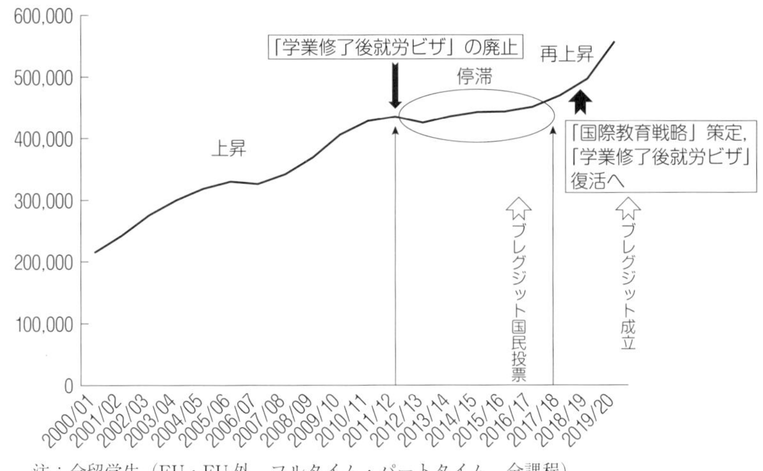

注：全留学生（EU・EU外，フルタイム・パートタイム，全課程）

結論から述べると，少なくとも当分の間は拡大できるのではないかと思います。

実は，英国大学への留学生は，2000年からの20年間で見ると3倍ですが，2010年代の半ばは，停滞していました。

停滞の理由は，英国が移民の急増を嫌い，移民のカテゴリーに入れられている留学生に対しても固い姿勢で臨んだからです。その端的な現れが，2012年に行われた「学業修了後就労ビザ（Post-study work visa）」（留学生が学位取得後2年間，希望があれば英国内で働くことを自動的に認める時限付きの就労ビザ）の廃止です[25)]。

この制度改正は，大学修了後英国で働くことを重要視するインド人学生を筆頭に，EU外からの留学を停滞させることとなりました。この結果，英国大学は，他の英語圏の国々（アメリカ，オーストラリア，カナダ等）との留学生獲得争いで不利な立場に置かれ，留学生シェアをこれらの国々に奪われ，「負け組」になっていました。

これに対し，貴重な収入源の伸びが鈍化した大学により，ロビー活動が行われました。また，ブレグジットによってヨーロッパ以外から労働力を獲得する必要性も高まり，英国政府は2019年に「国際教育戦略」を策定，「学業修了後就労ビザ」の復活をアナウンスします。

英国政府の留学生受け入れ姿勢は世界の若者に好感をもたれ，現在，留学生数は急激に再上昇しつつあります。ブレグジットに伴う英国社会の労働力不足は明らかであり，留学生に対して英国社会が開こうとする現在の姿勢は，当面続くだろうと思います。

留学生ビジネスを今後も拡大できると考えるもう一つの理由は，留学を望む世界の若者は，増えこそすれ，減ることはないように思われるからです。

パンデミックによりオンライン学習に注目が集まり，今後，大学はバーチャルな形態へと移行すると予測する識者もいましたが，実際には，学生は，対面を伴う教育を強く求めていることが分かりました。ロックダウンの経験は，対面で学びを深めることの大切さへを逆に高めたように思います。

このことは，他国に移動し教育を受ける「留学」の形態が，今後も廃れないことを意味しています。この20年間に中国で起きた爆発的な拡大ほどではないにせよ，子弟を海外に送り出す世界の中間層は今後も拡大していくと見込まれ，飛行機代の低廉化などで国際移動が容易になるなか，留学市場は今後も拡大していくのではないかと思います。

▒大学の魅力の「売り込み」

もちろん，英国大学が留学生を積極的に受け入れたいと思い，世界の若者に留学願望があったとしても，留学先は無数にあるなか，英国大学が留学生ビジネスを拡張するためには，英国大学が魅力ある留学先であり続けることが必要です。そして，魅力ある留学先であるためには，高いレベルで教育研究を行うとともに，そのことが，世界の若者に「伝わる」ことが必要です。このことは，寄付・運用収入の拡大についても同様で，大学の魅力を「分かってもらう」ことで，はじめて寄付金を提供してもらうことができます。

大学が外部に対して開き，積極的に大学のブランドを「売り込む」ことが必要だということです。次に，「実像」の上に「虚像」を作り上げてきた，この約20年間の英国大学の取組について見てみたいと思います。

2　実像と虚像

虚像を求める文化の生成

ここ20年の英国大学の収入構造の変化は，その経営文化に大きな変化をもたらしました。それは，「実像」とともに，「実像」をよりくっきりと，時にはより大きく映し出す「虚像」を作り出そうとする経営文化です。

しばしば大学のことを指して，「象牙の塔」という言葉が使われます[26)]。「研究に没頭し，教育は一部のエリートに対してのみ行う，そのための資金は毎年政府から自動的に支給される」という状況であれば，英国大学は，外から窺い知れない「象牙の塔」のままでいられたのだと思います。しかしながら，国内や世界の他大学との競争を勝ち抜くためには，学生，特に留学生からの授業料収入や寄付・運用収入を増やすしかないという状況下では，もはや「象牙の塔」に閉じこもることはできず，大学を開き，学外の人達に，優れた教育・研究を行っていると「思ってもらう」必要があります。

英国大学にとって，良いイメージやブランド，いわば「虚像」を作り出すことが，死活的に重要になったということです[27)]。

実像と虚像

虚像は「うそ」ではありません。実像がなければ虚像を作ることはできません。英国大学に実像（優れた教育と研究）があることは，教育の章，研究の章で見てきました。他方，虚像は実像そのものでもありません。外部の社会に訴求するため，実像の最も映える部分を切り取ったり，（うそではない範囲で）誇張したり，他大学との違いを意図的に強調したりすることで作られるのが，虚像です。

図4－15　ノッティンガム・トレント大学の「キャンパス写真」

図4－16　ノッティンガム・トレント大学

例えば，図4－15は，ノッティンガム・トレント大学が，ホームページに，「キャンパス写真」として掲載している写真です[28]。

ノッティンガム・トレント大学は，2019年にはガーディアン紙の「University of the Year」に輝き，2021年には地域と結びついた研究を行っているとして THE 社から表彰された，成長著しい大学です[29]。他方，同大学は，1992年にポリテクニクから大学に昇格した，デザイナーなどの実務家養成を行う若い大学であり，訪れてみると，その建物の大半は，機能的で近代的な，都市のオフィスのような外装です（図4－16）。

そのノッティンガム・トレント大学が，図4－15のような写真を使うのは，オックスフォード大学以来の英国大学の重厚でアカデミックなイメージを活用しようと思っているからだと思います。英国大学といえばオックスフォード大学であり，その古色蒼然とした外観は，国内学生にも留学生にも，即座に，「伝統と質を伴う英国大学」というイメージを喚起します。図４‐15の写真は，確かにノッティンガム・トレント大学の建物ですが，学生に訴求する部分を切り取っているとも言えます。

英国大学のブランディングの契機

英国大学がブランディングを進める大きな契機となったのは，ブレアが，首相直轄で進めた留学生獲得政策です[30)]。

1999年，ブレアは，当時減少傾向にあった留学生数を大きく増やす方針を表明します[31)]。首相イニシアティブ[32)]と呼ばれる一連の政策は，第一期（PMI1：2000～2005年），第二期（PMI2：2006～2011年）と11年間にわたって実施され，開放的な移民政策と相まって大きな成功を収めました[33)]。

この時，特に，世界100カ国，200以上の都市に置かれているブリティッシュ・カウンシルが，綿密なイメージ調査[34)]や英国大学の包括的なブランドコンセプトの浸透に大きな役割を担ったとされています[35)]。

留学生獲得のため，政府は，マーケティング強化に20億円以上の資金を投入，これを受けて大学はマーケティング部門を設立・強化するようになります[36)]。

虚像を作る人たち①（PR 活動）

こういったなか，この20年間，英国大学では，マーケティングを担うプロフェッショナルの雇用が大幅に増えています。図４‐17は，2005年から2017年の間の大学職員の役割別雇用数の変化を分析したものです。これを見ると，大学職員全体は微増に留まっている一方，PR やマーケティングに従事する職員は２倍以上に増えています（その一方で減少しているのは，秘書・レセプションや清掃，給仕等の業務に携わる職員[37)]）。

この関連で，大学のマーケティングを行うコンサルタント会社の役員に話を聞いたことがあります。

図4－17　各職務に従事する英国大学職員数の変化（2005～2017年）

		2005/06	2009/10	2013/14	2017/18	
	Managers and non-academic professionals (MNAPs)	31,820	39,285	42,722	50,857	
	Laboratory, Engineering, Building, IT and Medical Technicians (including Nurses)	24,780	25,325	20,509	20,702	
学生支援	Student Welfare Workers, Careers Advisors, Vocational Training Instructors, Personnel and Planning Officers	7,485	9,735	13,230	15,467	↑
PR マーケティング	Artistic, Media, Public Relations, Marketing and Sports Occupations	4,250	5,255	8,829	10,231	↑
	Library Assistants, Clerks and General Administrative Assistants	45,025	49,675	50,589	56,052	
秘書 レセプション	Secretaries, Typists, Receptionists and Telephonists	17,545	14,865	10,078	8,258	↓
	Chefs, Gardeners, Electrical and Construction and other skilled trades	5,040	4,950	6,013	6,246	
	Caretakers, wardens, sports attendants, nursery nurses and care occupations	4,890	5,010	6,654	6,530	
	Retail and customer service occupations	775	975	1,943	1,892	
	Drivers, Maintenance Supervisors and Plant Operatives	1,245	1,310	1,616	1,427	
清掃，給仕等	Cleaners, Catering Assistants, Security Officers, Porters and Maintenance Workers	29,855	28,470	23,809	23,211	↓
	All non-academic	172,710	184,855	185,992	200,873	

注：117大学の分析。
出典：https://www.kcl.uk/policy-institute/assete/why-have-universities-transformed-their-staffing-practices.pdf

彼女の話をまとめると，以下のようなことでした。

- 私がこの業界に入ったのは，1996年に，ケンブリッジ大学のPR担当として雇用された時からだ。
- 1996年当時のケンブリッジ大学のPR部局は，何をするところなのか，方向性が全く決まっていなかった。
- 設立当初のこの部署の名前は「情報部（Information office）」。それが，徐々に大きくなり，「メディア部（press office）」，「コミュニケーション部（communication office）」と名前を変えていった。
- 英国でも，アカデミア，とくに古い大学や古い世代の人たちは，PR活動が好きではない。だから，PR活動が好きな人を雇わないと大学のPR活動が広がらない。自分は研究をしていたが，PR活動が好きでこの道に入った。
- 現在，英国，アメリカ，カナダ，オーストラリアといった英語圏の国々は，ジャーナリストなどを雇用してPR活動を担わせ，成果を上げている。これらの大学におけるPR部門の位置付けは高く，例えばシドニー大学のPR部門の責任者は，同大学で4本の指に入る実力者だ。

- 日本の大学とも仕事をしたことがある。担当者は一生懸命がんばろうとしているが，ようやくメディアと良い関係ができた時に異動となってしまう。また，執行部の中に，ジャーナリスティックな経歴をもつような，PR活動への理解の深い人が少ないと感じた。

虚像を作る人たち②（寄付集め）

1990年代後半から大きくなっていったのは，英国大学の寄付部門も同様です。

1990年代，英国大学は，寄付集め先進国だったアメリカの学長や理事などを，経営者層や寄附集めの役員として招聘します。2004年には，教育省の委託のもと，寄付集めの実践的な「手引き」のようなレポートも作成されました[38)39)]。このレポートは，アメリカと英国では寄付文化に大きな差があるのは事実だが，アメリカの大学は寄付を求めようとしているのに対し，英国大学はそもそも専門的かつ組織的に寄付を求めようとすること自体を行っていない，とします。また，寄付集めには，学長による強いリーダーシップと，優秀な寄付集め部門の設立が欠かせないとします[40)]。

この提言後，政府施策の後押しもあり[41)]，英国大学は寄付部門を拡大，研究大学の多くは[42)]，数十名から数百名規模の寄付金募集部門を設置するようになりました。例えば，2019年において，寄付金集めの担当職員として，オックスフォード大学で約200名[43)]，UCLで約80名[44)]が雇用されています。特に，オックスフォード大学の本部棟では，1つのフロアー全体を寄付部門が占め，民間の営業部隊さながらの活動が行われているといいます。

なお，英国大学（2019年）の年間寄付・運用収入のベスト3は，以下の通りです。

① オックスフォード大学（380億円[45)]）

② ケンブリッジ大学（150億円）

③ LSE（87億円）

▒虚像の作り方①：キャッチーで一貫したPR

英国大学は，どのように大学をPRしているのでしょうか。

英国大学のホームページを見ると，動画の挿入，美しい写真の掲載，閲覧者の目に残る字体の大きさ，魅力的な研究者の紹介など，キャッチーなデザインを心掛けていることが見て取れます[46]。また，その掲載コンテンツを見ると，研究力が留学生に訴求することを意識しているのか，研究内容に大きな焦点が置かれていることが分かります。教育大学であるノッティンガム・トレント大学でさえも，研究成果が大きく取り上げられています[47][48]。

ホームページや大学の立て看板で頻繁に見られるのは，外部からの「箔付け」を大きくアピールする方法です。世界大学ランキングでの順位，REF評価の結果やTEFで得た称号，新聞社・出版者が主催するアワードの受賞実績などです。なお，当然ですが，自大学に都合が良い「箔付け」だけを掲載しています。例えば，UCLのホームページは，図4－18のように，直近のREF評価で英国No. 1だったことや，世界大学ランキング（QS）で8位だったこと，ノーベル賞受賞者を30人輩出していることアピールしています[49]し，ノッティンガム・トレント大学は，TEFで金を取ったことを大きく掲載しています。学生リクルートのイベントの際には，英国の2つの大学[50]が立て看板を使って，図4－19のように，世界大学ランキングの結果を大々的にPRしていました。

▒虚像の作り方②：世界大学ランキング

恐らく，英国大学の虚像の形成に最も寄与しているのは，世界大学ランキングだろうと思います。

大学ランキングは，格付け専門の民間会社が，自ら設定した指標で各大学のステータスを数値化し，その結果を上から並べたものです。世界的に合意された共通の指標があるわけではなく，各会社が，それぞれ独自の指標を設定しています。また，各会社はしばしば指標の修正を行っています。

新聞などでよく取り上げられる大学ランキングの大手は，THEランキング[51]，QSランキング，ARWUランキングです。この内，THEランキング，QSランキングは，2004年に英国の会社が開発したものです[52]。世界大学ランキングは，

図 4－18 UCL やノッティンガム・トレント大学のアピール

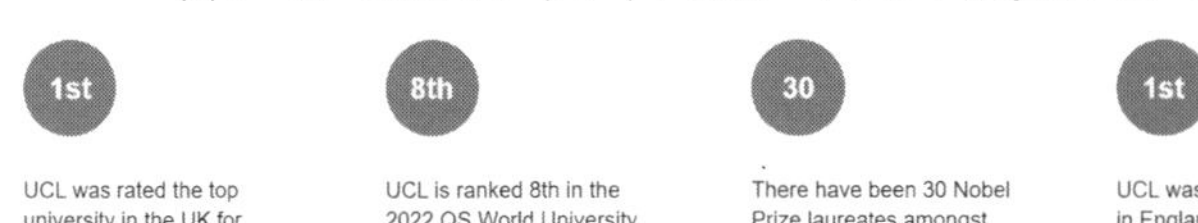

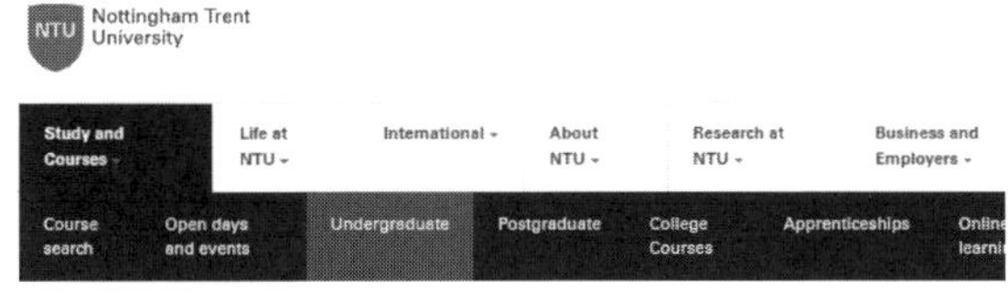

世界のグローバル化が進み，留学生市場が大きく飛躍する中で大きく成長し，世界を席巻するようになりました。[53)]

一般に，大学ランキングにおける指標の立て方は，研究力が高い，英語圏の大学に有利だとされます。

たとえば，THE ランキング（2022）は，「教育力」「研究力」「国際性」「産学連携」を指標としていますが，総合点の 6 割は，「研究力」指標に基づきます。[54)]また，「研究力」が依拠している論文データベースは英語で書かれた論文が多数を占めるとともに，「国際性」指標は，英語の力を使って留学生や外国人研究者を集めやすい英語圏の大学に有利です。[55)]こういった指標の建付けを見

図4－19　2つの英国大学の立て看板

れば，研究論文の量と質に秀でた英語圏の国である英国大学が，THE 大学ランキングで上位を占めるのは不思議なことではありません。実際，THE 世界ランキングの1位は2022年まで6年連続でオックスフォード大学です[56]（なお，英国に有利になるように指標が開発されたという趣旨ではありません[57]）。

このような偏向性を持つ大学ランキングは，教育力を十分評価できておらず，また，平等性，多様性，サスティナビリティといった社会的な価値や，各大学のミッションを評価していない欠陥品だという強い批判があります[58]。

ただし，我々が車やパソコンを買う時，「売れ筋ランキング」を検索するように，各国の留学生や研究者が，世界にあまたある大学を調べる際，まず大学ランキングをチェックするのは，現状，紛れもない現実です。また，大学ランキングは，大学の特定の側面を取り上げる「虚像」ですが，大学が産出した論文の量や質，留学生や外国人研究者の人数など，大学の「実像」に根差して作られているのも確かです。

■虚像の作り方③：エクスクルーシブなネットワーク

英国大学の PR 活動で印象的だったことの一つは，渡英直前，東京にいた時

図4-20　コモンウェルス

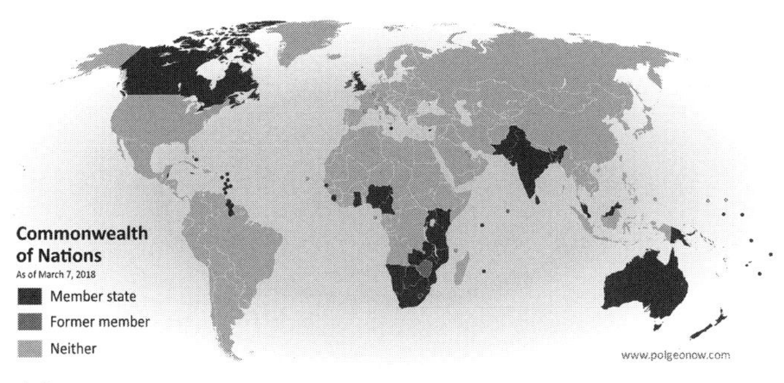

出典：https://www.polgeonow.com/

に招待いただいたオックスフォード大学の朝食会です。[59] 荘厳なホテルニューオータニの一室で，招待されていた十数人とともに，朝食をいただきながら説明をうかがいました。オックスフォード大学のハイクラスなイメージが一層強まるとともに，親しみも湧いたことを覚えています。

英国に来て，「会員制クラブ」のような仕組みを作り「エクスクルーシブ」[60] な空間を通じて関係性を深めるのは，英国が得意とする手法だと知りました。[61]

こういった手法を使った最も大きな枠組みが，コモンウェルス（Common-wealth）です。コモンウェルスは，かつて大英帝国を構成した国々を中心に，54か国で形成されている緩やかな連合体です。かつては「英連邦（British Commonwealth）」と呼ばれていましたが，1949年に，英国国王・女王の位置付けを「忠誠の対象」から「連合のシンボル」に変更し，共和制国家が加盟することを可能とするとともに，組織名から「英国」の文字を外しました。[62][63]

主要な加盟国は，カナダ，オーストラリア，ニュージーランド，インド，マレーシア，シンガポール，南アフリカ共和国，ナイジェリア，ケニアなどです。[64] 英国の植民地支配から脱した国々の多くが，今でも旧宗主国との共同体に参加しているということになります。[65] インドが加入していることもあり，世界人口のほぼ3分の1に相当する24億人を擁し，域内の名目 GDP は，世界の13％程度とされています。

コモンウェルスは英国人の意識に「刷り込まれて」おり，[66] 例えば，2019年の英国の世論調査[67]では，「コモンウェルス市民」だと考える英国人の人数が，「ヨーロッパ人」だと考える英国人の人数を上回っています。[68)69]

英国大学は，この緩やかなネットワークを意識的・無意識的に使うことで，世界とつながっています。実際，EU 外留学生の出身国は，その多くがコモンウェルスの構成国です。[70] また，英国政府は，コモンウェルス奨学金を設け，毎年800人以上の大学院生をコモンウェルスの国々から呼び，ネットワークの維持を図っています[71]

▒実像と虚像の往還

教育の章，研究の章で見てきたように，英国大学の教育，研究は，間違いなく「実像」を備えています。

その実像の上に，PR 活動や寄付担当のプロフェッショナルを活用しながら，マーケティング，大学ランキング，エクスクルーシブなネットワークなど様々な手段を駆使することで，「虚像」たる「英国大学ブランド」を高めてきたのが，この20年間だと言えます。

我々が日常経験しているように，数多くの競争相手がいるマーケットでは，必ずしも「いい物を作れば売れる」わけではなく，上手な PR が売上を左右します。大学についても，高いレベルでの教育研究を行うとともに，そのことを上手にアピールすることで，留学生や寄付金が集まり，より良い教育研究を行う追加資金を手に入れることができます。

政府からの資金提供が大きくないなか，英国大学は，実像から虚像を作り，虚像が実像を大きくする「実像と虚像の往還」を形成することで，追加的な研究資金を作り出し，世界に冠たる地位を保ってきたと言えます。[72]

3　英国大学のガバナンス

最後に，英国大学の教育・研究・経営が，どのような統治構造のもとで，どのような人たちによって担われているかを見てみたいと思います。

1　英国大学の統治構造

統治構造とは

統治構造とは，突き詰めれば，予算と人事と組織を，誰が，どれくらい自由に決定できるか，意思決定権限がどこに所在するか，ということだと思います。

ただ，意思決定権限は，組織の中だけを見ても，分かりません。一見，強い意思決定権限をもっているように見える人・機関であっても，実際には，外部や内部から制約がかかっているのが通常だからです。例えば，会社の社長[73]は，取締役会の監督下にありますし，株主総会での説明義務があります。総理大臣も，国会や世論の牽制を受けます。会社によっては，社長ではなく，部局の長や人事部に人事権が握られているかもしれません。

日本の国立大学の学長は，学内に対する法的権限を見れば，この上なく強い権限を有しています。その一方で，その権限は，国（国会，内閣府，文部科学省・財務省等）による外部からの制約を強く受けています。例えば，授業料は，留学生授業料を含め，国立大学自身で設定することはできず，省令で上限が決められています。このこともあり，経営の資金源は，国からの交付金に大きく依拠しています。資産の運用や売却等についても国の規制がかかっています。私立大学であっても，日本では統治構造の仕組みの大枠は法令で決められていて，これまで置いていなかった学問分野の学部，学科を設立したり，収容定員を増やしたりする場合には，文科省による認可が必要となります。

これに対し，英国大学は，世界の大学の中でも，自律性が非常に高いとされています[74]。実際，教育機会の確保の観点から課せられている国内学生授業料に関する上限規定を除けば，ほぼ規制はないと言ってよいかと思います。留学生授業料の設定は自由に行うことができますし，英国大学の財政運営に対する追加的な制約はないに等しく，統治構造の仕組みも，大学で自由に決めています。新しく大学を作る場合は公的な認可が必要ですが，ひとたび大学としての地位が与えられれば，学部・学科や研究科・専攻など，新たな教育組織・学位課程の設置に対する認可は要しません。

自律性に関連した論点として，英国大学は，「国立か，公立か，私立か」という議論があります。日本では，英国大学は，「国立」あるいは「公立」と表記されることが一般的でした。授業料を取るようになる前は，運営資金の大半を政府からの交付金に依存していたからです。現在では，英国大学の運営資金は基本，私費により賄われており，上述のように，予算，人事，組織いずれの面でも自律性が高いことから，国際的な位置付け[75]同様，今では日本でも，英国大学は「私立」と定義されています[76]。

▒英国大学の典型的な組織体制

英国大学の組織体制は，どうなっているでしょうか。英国大学の典型的な組織は，カウンシル，セネト，コートの３つです（大学により，構成や権能にかなりバリエーションはあります）。

カウンシルは，戦略，財政，人事など大学の経営活動全般に責任を有する執行機関です[77]（２カ月に１回程度開催）。20名程度で構成され，通常，学外の者が過半数を占めています[78]。例えばUCLでは，ビジネス関係者の他に，弁護士，ジャーナリスト，スポーツ選手などもメンバーになっています[79]。学生代表がメンバーに入っているのも，英国大学の特徴です。

セネトは，教員を中心に，大学の教学上の事柄について審議する機関です（２カ月に１回程度開催）。

コートは，卒業生や地域代表，大学関連組織など，大学の支持母体を広く集める全学集会です（年に1回程度開催）。

現在，多くの大学において，大学の意思決定の中心を担っているのは，カウンシル，学長，そして学長が立ち上げた経営戦略チームです。学長はカウンシルにより任命され，カウンシルに所属もします。任命された後，学長は，カウンシルの委託を受けて，副学長など他の役員を任命します[80]。そして，これら役員と，事務局長，財務部長，人事部長など主要な職員から構成される経営戦略チームを立ち上げ，その下に各種委員会を置き，大学経営を行います[81]。

英国大学の統治構造の変化

大学の発端は，各々の教員が対等な立場で構成する組合（ギルド）です。このため，伝統的に，大学の意思決定は，同僚主義によるコンセンサスに基づいて行われてきました。

1980年代以降，英国大学は，大きな変化にみまわれました。学生層が多様化するとともに大学規模が大きくなり，全学的な教育の一貫性や研究評価への対応が求められ，2000年代からはブランディングの必要性も高まりました。こうした状況に対応するには，コンセンサスに基づく意思決定は，迅速性に欠けるという指摘が強まるようになりました。

このような中で，1985年のジャレット報告書，1997年のディアリング・レポートの提言を経て，英国大学は，カウンシルに権限を集中するようになりました。例えば，シェフィールド大学では，以前は全学集会であるコートを意思決定機関としていましたが，2000年の統治構造改革により，カウンシルに意思決定権限を集中させています[82]。

このような統治構造の変化は，「管理」から「経営」へと呼ばれ，英国大学は，大企業と類似したトップダウン型の経営構造（「アングロサクソンモデル」）を持つようになったと言われることがあります。

大学による差

このようなコンセンサス主義からトップダウン型へという全体的な傾向はあるとしても，大学間では，大きな差があります[83]。

例えばオックスフォード大学は，伝統的に，全教員及び主要職員約5500名が参加する全学集会（「コングリゲーション」）の投票で意思決定が行われてきたコンセンサス主義の代表的な大学です。オックスフォード大学でも2000年代にカウンシルへの権限集中が議論されましたが，当時の学長が行った提案は全学集会で全て否決され，[84] 今でも，重要事項の意思決定は全学集会で行われています。[85][86] このようなコンセンサスに基づく意思決定が，オックスフォード大学の卓越性をもたらしているのか，それともより一層の成長を阻んでいるのか，どちらだろうかという興味深い議論が，オックスフォード大学の中では行われていると聞きます。

一方，1992年にポリテクニクから大学に移行した旧ポリテクニク大学は，もともとギルド的なコンセンサス主義に基づく意思決定を行う組織文化が強くありません。ポリテクニクは地方当局の管理下にある教育訓練機関だったことから，「自治」の感覚は乏しかったからです。このため，大学昇格時，全学集会たるコートは設置されず，当初から，カウンシル・学長が強い意思決定権限を持った経営が行われています。[87]

オックスフォード大学は顕著な例ですが，伝統的な研究大学が，教育大学に比べコンセンサス主義を好むのは，英国大学をはじめ世界の大学で一般に見られる傾向です。[88] 研究力が高い研究者は自律性が高い研究環境を求め，それが満たされない場合には容易に別の大学を探すことができること，教育大学は大量の学生に対し一貫した教育を提供する必要があり，そのためには教育の標準化が求められることなどから，一般に，研究主体の大学ではコンセンサス主義が強く，教育主体の大学ではトップダウンの傾向が強いとされています。[89]

■そもそも

そもそも，時にトップダウン型になったと言われる英国大学についても，実態はトップの意思が組織に貫徹する民間企業のイメージとは異なります。

少し乱暴に言えば，大学は，共通目標を集団で達成しようと構成された組織ではなく，「追求したいこと」を持つ個々人が，「そういうことをやらせてくれる場がたまたまあったので，そこにいる」という性格の組織です。このため，学長，副学長，学部長など「役職」はあっても，教員間の関係は基本的に水平です。

大学の根底には個々の研究者の緩やかな連合体としてのギルド的な性格があるなか，全学的な意思決定を機能的に行う要請の高まりに対応するため，各大学の特徴に応じて，どうにかトップダウンとコンセンサス主義のバランスを取ろうとしているというのが，現在の英国大学の姿です。

▩分権型マネジメント

多くの英国大学では，1980年代からのトップダウン的経営の導入後，2000年代においては，トップダウンとボトムアップのバランスを取る改革が行われたとされます[90)]。具体的には，予算の執行権限が，学部レベル，さらには学科レベルまで降ろされ，学部，学科の長が，その説明責任を負う「分権化」が進みました。このような分権型マネジメントの利点は，課題への応答性の早さ，透明性の向上，チームワークの向上などだとされています（逆に短所は，分散化，役割の曖昧化，意思決定速度の鈍化，個人の能力によるばらつきなどです）。

この分権化は，必ずしもコンセンサス主義への回帰を志向するものではありません。実際，英国大学の教員は，分権化を歓迎すると同時に，要所要所に，組織に活力をもたらしてくれる力強い（strong and inspiring）リーダーシップが存在することを求めています。

現在，多くの英国大学で行われているとされる分権型マネジメントは，トップのリーダーシップのもと，ミドルリーダーが権限を持って活躍する，いわゆる「ミドル・アップ・ダウン・マネジメント」を志向していると思われます[91)]。

大学では，「やりたい研究の妨げ」になるとして，役職に就くことを嫌う研究者も多いと聞きます。「分権化」の結果，現在の英国大学では，「ポストに自ら望んで就いた者はもとより，初めはいやいや就いた者も，予算を含む権限行使にやりがいを感じるとともに，研究活動から遠ざかることによって，そのまま自大学又は他大学での経営人材キャリアの継続・昇進を希望するようになる者が多い」とされています[92)]。

▩「箱」と「人」

言うまでもなく，経営は，日々の活動の積み重ねです。統治構造は「箱」として重要ではありますが，それとともに，あるいはそれ以上に重要なのは，どういった「人」が日々の経営に当たっているかということです。

どんなに「箱」のことを議論しても，期待される役割を果たせる「人」を，育成したり，登用したりすることなしには，大学経営がうまく回ることはありません。

次に，英国大学が，学長，ミドルリーダー，そして大学職員に，経営を回す人材をどのように得ているか，見てみたいと思います。

2　英国大学を回す人たち

▩学　長

この約20年間，大学の性格が，「象牙の塔」から，外部に開いた「経営体」に変わるなか，学長に求められる役割も変化しました。

以前は，学長は，学者として大成していることに重きが置かれ，大学共同体の中の研究者仲間の一員と見られていました。現在の英国大学の学長は，「最高経営責任者（CEO）」として捉えられることが多く，自ら CEO と名乗る例も出て来ています[93)]。

出身分野で一番多いのは物理で，任期は，通常 5 年程度です。学長のほとんどは教員出身ですが，アカデミアの外から就任するケースも出てきています[94)]。ターゲット 5 大学の現・前学長の経歴を見ると，そのほとんどが，前職では，英語圏の他大学の学長を務めています[95)]。組織マネジメントに携わるキャリアパスを選び（あるいは相応しいとして選ばれ），学長就任のかなり前に，研究の第一線から遠ざかっているケースが多いようです。

学長が「CEO 化」する中，その報酬は上がっていて，公金で支援されている大学のトップに高額な報酬が支払われていることへの強い批判もあります[96)]。たとえば UCL 学長の報酬は年間約 5 千万円です[97)]。

現在の英国大学の学長にとって，最大の任務の一つは，大学ブランドをアピールし寄付を募ることです。実際，英国大学の学長は，執務時間の25％以上を寄付募集活動に費やし，寄附者との関係構築に努めているとされます[98)]。例えば，UCL は2021年に新しい学長（マイケル・スペンサー）を迎えましたが，彼はシドニー大学の学長として，オーストラリア史上最も大きい寄付キャンペーン（800億円[99)]）を成功させ，その資金を使って，2000人分を超える奨学金を創設するなど大学の教育・研究に大きな変革をもたらしたことが，選任の主要な理由として挙げられています[100)]。

グローバル企業の CEO がそうであるように，英国大学の学長は，国内外の様々な大学で経営を経験することでグローバルなネットワークと広い視野を培い，その能力と人柄により積極的に大学をアピールすることで経営資源を増やす，「経営のプロフェッショナル」としての性格を強めていると言えます。

リーダーたちの確保

英国大学は，「経営体」たる大学を回せる学長，シニアリーダー，ミドルリーダーを，どのように確保しているでしょうか。

１つの方法はヘッドハンティングです。

新しい学長を求める際には，まず，カウンシルが学長選考委員会を立ち上げます。学長選考委員会の座長は，カウンシルの座長が務めることが一般的です。学長選考委員会は，国内外に公募を行うとともに，しばしばヘッドハンティングの会社に，候補者リストを作成させたり，めぼしい候補者に打診を行わせたりしています[101)]。学長選考委員会は，有力候補者へのインタビューを経てカウンシルに候補者を提示。カウンシルは，審議の上，新学長を任命します[102)]。

学長に限らず，現在では，副学長・学部長，学科長を含め，幅広いポストでヘッドハンティング会社を使った探索を行うことが珍しくなくなったとされています。実際，あるヘッドハンティング会社にインタビューしたところ，「先日，ある世界的な大学からリストを渡され，『これら80のポストに人材を求めている。我々がめぼしいと思う候補者はこの900人だ。』と言われた。今後，我々が持つ世界中のネットワークを通じて，それぞれのポストに相応しい人を求めて探索を行うこととしている。」とのことでした[103)]。

もう１つの方法は，人材育成です。英国大学のリーダー育成の特徴は，アカデミア全体で人材育成に取り組んでいることです。教員の大学間移動は当然の慣行であり，「人材が去るのも来るのもお互い様」という認識のもと，各大学がお金を出し合って人材育成を行うのが，全体の利益になると考えられているからです。

具体的には，英国大学協会（Universities UK）傘下の組織[104]が，全国の大学からの会費により，リーダーの能力を開発する教育プログラムを提供しています。新しく学長になった者のための「学長移行プログラム」と，シニアリーダー・ミドルリーダー向けの「トップマネジメントプログラム」の２つです[105]。

約150ある現在の英国大学の学長のうち，60人以上が，後者の「トップマネジメントプログラム」を修了しています。同プログラムは，１年間に渡り提供され，４日間の合宿研修が，計３回（２回は英国内，１回は海外）行われます。参加者は，濃密なディスカッションを通じて，大学のリーダーとしての役割を果たすための視野やスキル，今後長らく活用できる人的ネットワークを培います[106]。

大学職員

大学を経営する上で，欠かせない存在が大学職員です。陰に隠れがちですが，実は，英国でも日本でも，大学職員は，大学教員と同じくらいの人数が雇用されており，大学は，教員と職員の協働により回っています。

英国大学において，ここ10年程度で職員の総数が増えていること，中でもブランド作りや寄付集めに携わる職員が増えているのは既述の通りです。ここでは，日本と対比しながら，英国大学が，高度化・複雑化する大学業務に対応できる職員を，どのように確保しているか紹介したいと思います。

英国と日本の大学職員は，教員と同程度の人数が雇用されていることや，教員と異なる指揮ラインのもとにある点では似通っています[107][108]。一方，「職」の性格は異なります。ざっくり言うと，英国はプロフェッショナル志向，日本はジェネラリスト志向だということになります。

図４－21は，リーズ大学の採用のホームページです[109]。まず，大きな括りとし

図４－21　リーズ大学の採用募集ホームページ

注：2022年１月25日検索。

て，大学職員ポストが，事務的業務に携わる「事務職員」（給料安め）と，専門性の高さやマネジメント能力を求められる「プロフェッショナル職員」（給料高め）とに大きく分かれています。その上で，前者，後者いずれについても，学生サポート，データ分析，デジタル・マーケティング，研究インパクト推進など，職務内容が細かく分かれて募集されています（図４－22，４－23）（業務をクリックすると，一層詳細な職務内容が記載されています）。両タイプとも，終身雇用の場合も短期雇用の場合もあります。

英国大学は，比較的単純な職務をこなす「事務職員」と，専門性の高い「プロフェッショナル職員」を，職務内容を特定したポスト単位で随時募集・採用し，専門性に基づき職務を遂行してもらうことにより，大学を回しています。

これに対し，日本の大学職員は，「事務職員」という，特定の職務内容にひもづかない大きな括りのもと，新卒一括採用で採用されます。採用後は，様々な部署を経験させ，ジェネラリストとして育成し，徐々に昇進させていくのが通常です。

英国では，特定の専門性をもつ（あるいはもとうとする）人が，その専門性を求めている大学の空きポストを「たまたま」発見し，面接を受け，大学に雇

図４－22　リーズ大学の採用募集ホームページ：「事務職員」

Administrative and Clerical Support

View All Categories

Show: All Jobs

Title	Grade	Salary	Closing Date
Statistics Support Tutor	Grade 5	£23,487 to £27,116 p.a. pro rata	18/02/2022
Researcher - Advancement Operations	Grade 5	£23,487 to £27,116 p.a.	13/02/2022
Database/ Web Developer in Paediatric Intensive Care Audit Network (PICANet)	Grade 6	£27,924 to £33,309 p.a.	10/02/2022
Commercialisation Support Administrator	Grade 5	£23,487 to £27,116 p.a.	09/02/2022
Application Support Analyst	Grade 5	£23,487 to £27,116 p.a.	08/02/2022
Evening Customer Services Assistant	Grade 2	£17,338 to £17,901 p.a. pro rata	07/02/2022
Portfolio Research Officer	Grade 5	£23,487 to £27,116 p.a.	07/02/2022
Research Impact Development Officer	Grade 6	£27,924 to £33,309 p.a.	07/02/2022
International Partnerships Support Officer	Grade 5	£23,487 to £27,116 p.a.	27/01/2022
Digital Marketing Executive, Facilities Directorate	Grade 5	£23,487 to £27,116 p.a.	26/01/2022
Knowledge Exchange Support Administrator	Grade 5 to Grade 6	£23,487 to £33,309 p.a.	26/01/2022

注：2022年１月25日検索。

図４－23　リーズ大学の採用募集ホームページ：「プロフェッショナル職員」

Professional & Managerial

View All Categories

Show: All Jobs

Title	Grade	Salary	Closing Date
Associate Director	Grade 9	£51,799 to £60,022 p.a.	20/02/2022
Research Software Engineer	Grade 7	£34,304 to £40,927 p.a.	16/02/2022
Organisational Learning Partner (Academic Leadership)	Grade 8	£42,149 to £50,296 p.a. pro rata if applicable	14/02/2022
Senior Consultant (Academic Leadership)	Grade 9	£51,799 to £60,022 p.a.	11/02/2022
Capacity Planning & Resourcing Manager	Grade 8	£42,149 to £50,296 p.a. pro rata	09/02/2022
Senior Business Intelligence Analyst	Grade 7	£34,304 to £40,927 p.a.	09/02/2022
Communications and Engagement Officer	Grade 7	£34,304 to £40,927 p.a.	07/02/2022
Senior Learning Manager (Clinician Researcher Credentials)	Grade 8	£42,149 to £50,296 p.a. pro rata	31/01/2022
Assistant Head of Student Support	Grade 8	£42,149 to £50,296 p.a.	30/01/2022
Musculoskeletal Research Project Manager	Grade 7	£33,797 to £40,322 p.a. pro rata	30/01/2022
Senior Data Analyst	Grade 8	£42,149 to £50,296 p.a.	30/01/2022
Technical Architect	Grade 7	£34,304 to £40,927 p.a.	30/01/2022

注：2022年１月25日検索。

用されます。例えば，広報を専門とする英国人のキャリアパスは，A 大学の広報部門「事務職員」ポストに応募・採用され 3 年間勤務→民間企業の広報部門に応募・採用され 4 年間勤務→大学院で 1 年間修士課程在籍→民間企業の広報部門に応募・採用され 3 年間勤務→ B 大学の広報部門「プロフェッショナル職員」ポストに応募・採用され勤務，といった具合です。英国大学の職員は，大学職員という職を，その人の長いキャリアパスの中で「ある期間務めている（いた）ポジション」だと見ていると思います。[110)]

英国の社会人には，働く場所や役割を決める「自由」がある一方，キャリアは自分で考えなければならず，立場や収入を上げたければ新しいポストを獲得しにいかなければなりません（同じ会社の中でも，自ら新しいポストに応募し採用されなければ収入は変わらない）。希望のポストに採用されるよう自ら能力を高める必要もあります。これが，リカレント教育が発展する所以です。[111)] これに対し，終身雇用された日本の「事務職員」の多くは，年功賃金や人事的な配慮という「保護」を得る代わりに，部署や勤務地を自分で決める「自由」はほとんどなく，能力をアピールする必要性が小さい分，専門性を自ら磨く発想は必ずしも強くありません。

英日における大学の教職員のキャリアパスの違いを図示してみたのが，図 4 ‐24です。

以上のような「職」の在り方から，英国の事務職員は次のような特徴をもっていると考えられます。

- 専門分野に関する深い知識・スキル・経験をもち，教員と対等な立場を築きやすい
- 他の大学や民間企業の知識をもっている
- 目に見える成果を上げることに貪欲
- 担当分野を除き，その大学についてもっている知識は少ない
- 離任率が高い

生涯を通じた「狭く深く」vs「浅く広く」

このような英日のキャリアパスの違いは，大学職員に限ったものではなく，

図4－24　大学の経営層・教職員のキャリアパス例

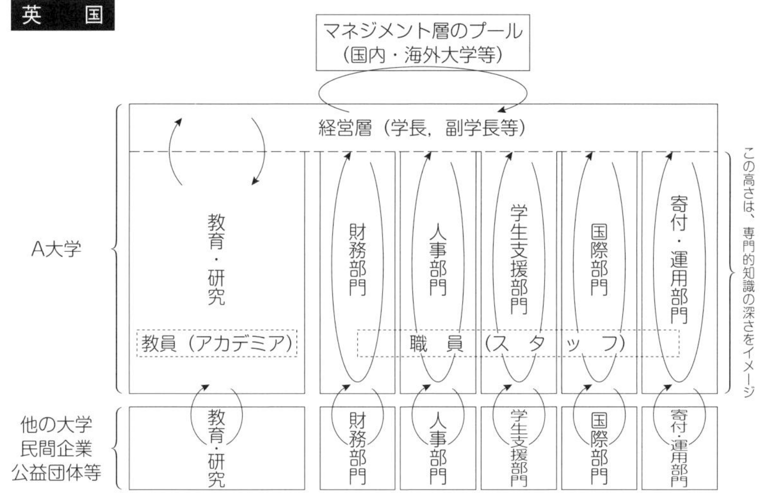

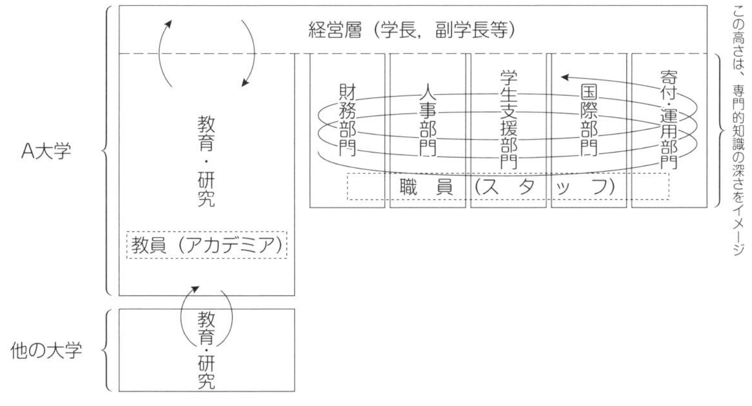

いわゆる「ジョブ型」，「メンバーシップ型」という言葉に代表される，英日のホワイトカラーのキャリアパスで共通に見られる違いです[112]。例えば，日本の国家公務員は通常，１つの省庁に「就省」し，人事部の差配により１～２年単位で様々な部署を回り，ジェネラリストとして育成されます。他方，英国の国家

公務員は，自らの適性・能力を軸に，省庁やコンサルなどの空きポストに応募し採用されるプロセスを通じて，特定分野のプロフェッショナルとして，複数省庁やコンサルなどを渡り歩きます。

教育の章で，英国は「狭く深い教育」，日本は「浅く広い教育」という両極端の教育観をもっていることを説明しましたが，キャリア観においても，英国は「狭く深いキャリア」，日本は「浅く広いキャリア」となっています。

能力獲得（人材育成）という側面から見れば，一個人のなかで，学校教育を受けている期間と，働きながら知識やスキルを獲得する社会人としての期間は，一連のプロセスです。個々人の生涯を俯瞰的に見ると，英日の社会は，一貫して，「狭く深く」と「浅く広く」という両極端のコンセプトのもと，能力獲得（人材育成）が行われていることになります。なお，専門性を軸とした英国社会が「タコツボ化」しないのは，英国人が「対話」を厭わないからだと思います（その根底には，議論を重視する英国の教育観があります）。

英国の企業で働く英国人の友人と話すと，定期的なポストの移動や給料・地位の上昇が，「自動的」に用意される日本のキャリアパスを羨ましがられます。他方で，「次は，この会社のこのポストに応募して，給料を上げようと思っているんだ」と語る彼女の顔は，楽しそうです。

どちらの仕組みにも一長一短があります。ただ，少なくとも世界と伍そうとしている研究大学や文部科学省にとっては，大学経営・政策は単なる事務作業ではなく，世界の大学と戦えるよう，日々国内外の情報を入手し，高度なマネジメントを行うプロフェッショナル性の高い業務になっているはずです。そう考えると，プロフェッショナル性をもった職員を採用・育成するルートを（今以上に）取り入れることで，大学の業務を高度化することをもっと考えてよいかもしれません。

4　本章を通じて

ここまで，英国大学の経営について説明してきました。

総じて言えるのは，英国大学は外に開いているということです。英国大学は，経営資源の獲得のために外に向かって積極的に自分をPRし，学長，大学教員，大学職員も，1つの大学に「閉じる」のではなく，自ら能力を高め，アピールしながら，様々な社会や組織を渡り歩いています。

英国大学が本格的に外に開くようになったのは，ここ約20年間のことです。この変化は，一面では，政府の施策により「開かされた」と言えますが，同時に，グローバルな社会の到来の中で，世界に冠たる地位を占めようと，大学が積極的に動いた結果でもあります。

なお，「外に開く変化」は，大学セクターに限ったものではありません。グローバルなビジネス展開，移民の受け入れ，世界的な人材獲得競争，ジョブ型雇用文化など，英国社会全体が，外に開いています。日本の大学は，英国ほど外に開いていませんが，それは，官庁や経済界を含め，日本社会が必ずしも外に開かず多様性を受け入れていないこととパラレルです。

私がこのレポートを書こうと思った一つの理由は，日本にいた時，英国大学が「キラキラ」に見えていたからです。英国大学から感じる，あのキラキラは本当なのかを知りたいと思っていました。英国で暮らし，英国の人と話し，英国大学について調べる中で，英国大学が「キラキラ」に見えるのは，長い伝統や高い教育研究力を有しているからだけではなく，学長も，教員も，職員も，自らを「キラキラ」に見せようとする意識が高いからだということを理解しました。

ただ，実感としてあるのは，600年間の二頭独占体制により富を蓄えたオックスブリッジはともかく，UCL を含め，英国の大学にそんなに「キラキラした余裕」があるわけではないということです。英国政府は，大学にあまりお金をくれませんし，過去にはぎゅっとお金を絞ったこともあります。我々は「英米」と一括りにしがちですが，英国の人口はアメリカの５分の１程度であり，アメリカほどの巨大な富や寄付文化があるわけではありません。実際，英国大学の研究資金は留学生授業料からの補填により成り立っていますし，教員給与の引き上げを求めるストライキも毎年のように起きています。

英国大学は，「かつかつ」で，「キラキラ」を作り出しているというのが，私の率直な印象です。

2020年，世界的に開いていた英国大学が，突如閉じざるをえない状況が生じました。コロナによるパンデミックです。最終章では，コロナ下で英国大学がどのような役割を担ったのか，また，コロナは英国大学に本質的な変化をもたらしたのかを探り，今後の英国大学の展望について考えたいと思います。

コラム⑭　ターゲット大学の財務諸表

本論では，全英国大学を合算した場合の収入構造を紹介しました（図4－25)。

実際には英国大学は多様であり，大学により収入構造には違いがあります。ここでは，英国のターゲット大学5大学や他国の大学の収入構造を比較分析してみたいと思います。

英国ターゲット5大学

英国ターゲット5大学の収入構造は，図4－26の通りです。

教育主体になるにしたがって，研究補助金等が減り，授業料収入が占める割合は大きくなっています。ただし，UCLやマンチェスター大学といった研究大学においても，授業料収入割合は半分近くになっています。

寄付金・運用収入は，オックスフォード大学は380億円ありますが，他の大学，例えばUCLでも50億円程度で，大きくはありません。ある英国大学の大学教員が，「英国の大学は寄付金を沢山獲得しているといわれるけど，皆，オックスブリッジに寄付するだけで，他の大学はからっきしなんだよね」とぼやいていたのを思い出します。

なお，この図では，オックスフォード大学の総収入は約2500億円となっていますが，実は，これは大学本体の収入だけであり，同大学に39あるカレッジの収入は別会計になっています（各々のカレッジは独立した法人格を備えている[113)]）。カレッジの合計収入は，図4－27の通りです[114)]。収入の半分以上を占めるのが，大学本体に匹敵する寄付金・運用収入（約350億円）で，900年間蓄財した資産の運用や毎年入る寄付金収入によるものです。このお金が「教育の章」で取り上げたオックスフォード大学の「チュートリアル」の仕組みを支えています。大学本体とカレッジを合算した収入がオックスフォード大学の「実力」であり，その総額は，3,000億円を超えます。

他国との比較

次に，他国との比較です（図4－28)。

掲載したのは，ハーバード大学（アメリカの私立大学)，京都大学（日本の国立大学)，ミュンヘン大学（ドイツの州立大学)，日本の私立大学全体（総計）の4つです

まず，ハーバード大学で目に付くのは，寄付金・運用収入で，その額は2,860億円です。オックスフォード大学の寄付金・運用収入はカレッジ分を含めても約700億円であり，アメリカ私立大学の寄付金・運用収入が桁外れに大きいことが分かります。なお，仮にアメリカに巨大な寄付文化がなく，ハーバード大学の寄付金・運用収入が総収入の10％程度だと仮定すると，同大学の総収入に占める授業料割合は約4割で，英国大学と近しい収入構造となります。

図 4 - 25　英国大学の総収入の総額・内訳（再掲）

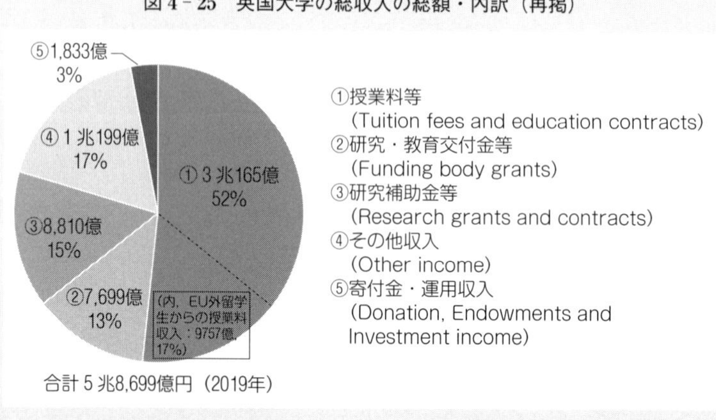

京都大学は，授業料収入の割合は 1 割以下である一方，国からの運営費交付金が 4 割を超えており，英国と異なり，公費により教育コストが支えられています。公費が収入の多くを占める傾向は，授業料を無償としているドイツのミュンヘン州立大学ではさらに強くなっています。最後に，日本の私立大学では約 8 割が授業料収入となっており，英国大学以上に教育コストを授業料収入に依拠する収入構造になっています。

図 4-26　英国ターゲット 5 大学の収入構造
諸大学の総収入の総額・内訳①

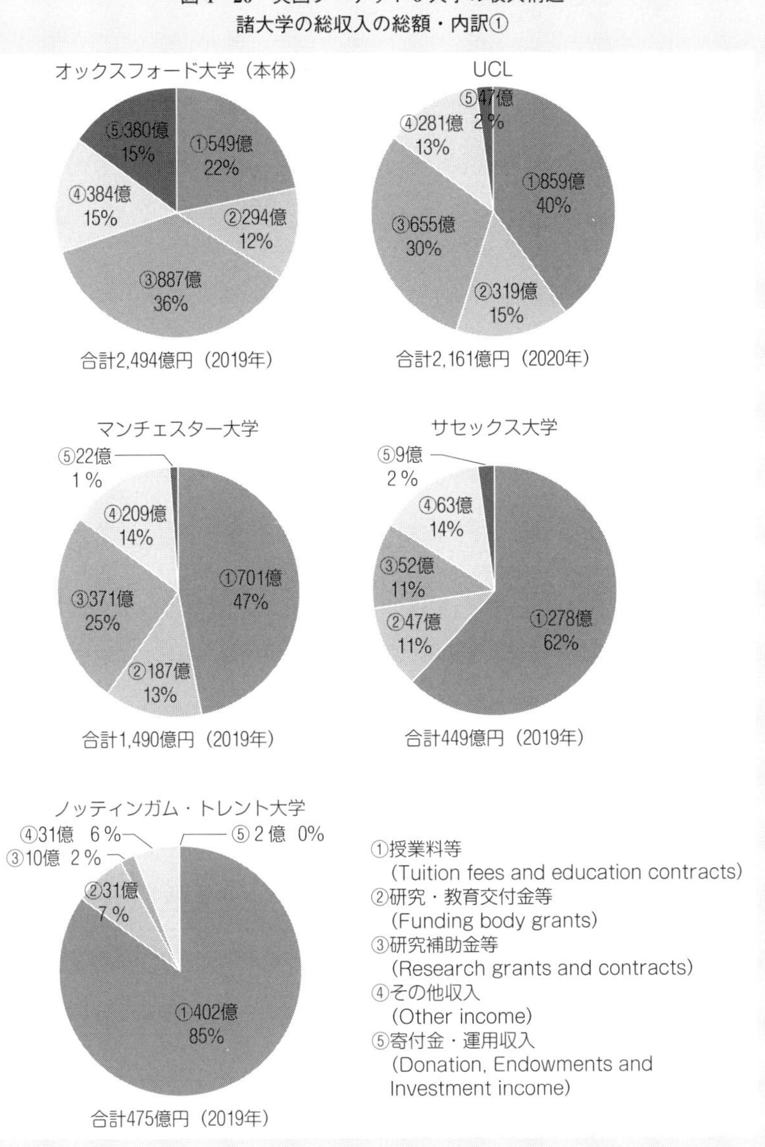

図４－27　オックスフォード大学の39カレッジの合計収入

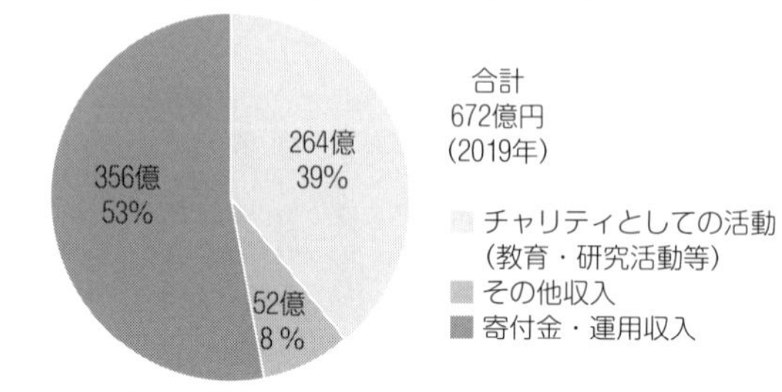

図４－28　諸大学の総収入の総額・内訳②

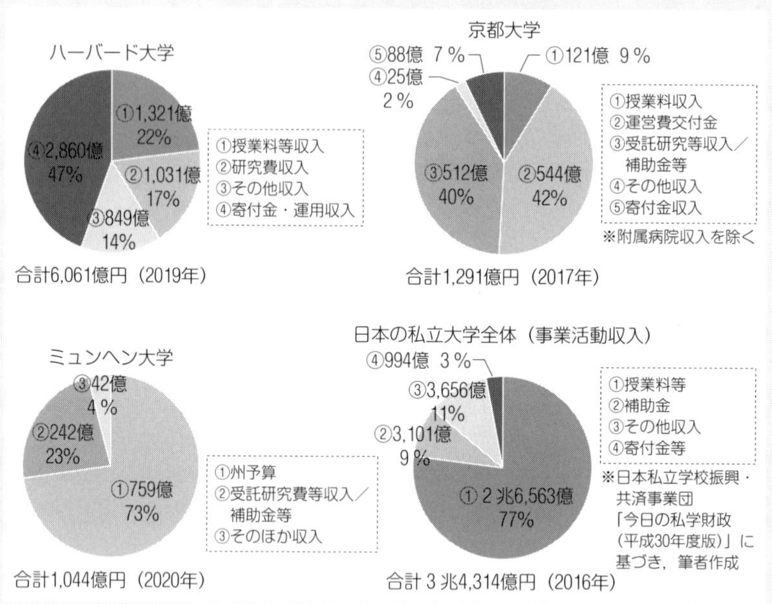

コラム⑮　英国における移民

本論では，「英国は世界に開いている」としました。「そんなこと言っても，英国はEU を脱退したじゃないか」と思われる向きもあると思います。ここでは，ブレグジットとその要因となった英国の移民政策，そして移民政策が英国大学の留学生受け入れに及ぼした影響について触れたいと思います。

英国における移民の構成

英国における移民の出生地トップ５は，インド（９％），ポーランド（９％），パキスタン（６％），ルーマニア（５％），アイルランド（４％）となっています。英国との歴史的関係が深い南アジアと，2004年のEU 拡大を受けて急増した中欧・東欧からの移民が多いことが分かります。全体としてはEU 外で生まれた移民が約６割，EUで生まれた移民が約４割を占めています[115]。

私が以前住んでいたカナダのバンクーバーもロンドンと同じく，約４割が移民でした。ロンドンとの違いはその民族構成です。太平洋を挟んで中国や日本の「隣」にあるバンクーバーでは，移民の約４割は，中国人をはじめとした東アジアからの移民です。東南アジア（フィリピン，ベトナム）移民を加えると５割を超えます[116]。これに比べ，英国への中国からの移民は全体の２％に過ぎず[117]，９％のインド人が大きく上回ります。このような違いを反映して，「アジア人（Asian)」という言葉は，バンクーバーでは東・東南アジアの人たちのことを，英国では南アジアの人たちをイメージして使われています。

英国における移民の存在感

英国における移民の存在感は，非常に大きなものがあります。英国に住んでいる移民[118]の人数は950万人（2019年現在）で，この数は英国人口の約14％に該当します。中でも，ロンドンでは，人口の約４割が移民です（ロンドン以外の地域では約１割[119]）。現在，英国はアメリカと同レベルで移民の割合が高い国となっています[120]。

日本の数字を見ると，在留外国人[121]の数は約290万人（2020年６月末）で，全人口比の約２％です。最も在留外国人が多い東京都でも約４％にすぎません。2012年以降，日本の在留外国人数は，コロナ下になるまで継続的に増加し，外国人を見かけることも多くなりましたが[122]，４割が移民のロンドンと４％が移民の東京では，全く違う状況であることが想像されると思います。

英国，特にロンドンは，移民なしでは社会は回りません。

実は，英国は，1960年頃から長く抑制的な移民政策をとっていました。今日のような状況が生まれたのは，この約20年間のことです。

英国における移民政策と留学生受け入れへの影響

1990年代後半以降，ブレア首相のもと，英国の移民政策は，移民を積極的に受け入れる方向に大きく転換されました[123]。この方針のもと，2004年に，EU が東方（ポーランド，バルト三国等）に拡大した際には，英国は拡大した EU 諸国から無条件に移民を受け入れる方針を選択。この約20年間，EU から大量に移民が流入し，英国に住む移民は，実に約 2 倍に増えました[124]。あまりにも急激な移民の増加に，公共サービスの整備が追いつかず，リーマンショックを受けた2010年以降の緊縮財政により事態は悪化，病院の待機期間は伸び，学校では教師が足りなくなりました。英国社会に，排外的な空気が高まりました。本論で取り上げた留学生に対する「学業修了後就労ビザ」の廃止と，それに伴う留学生獲得マーケットにおける英国大学の一時的な「負け組」への転落は，このような中で生じたものです。

この排外的な空気を要因として，2016年にブレグジットの国民投票実施が可決しました。ブレグジットの成立は2020年とされていたのですが，EU からの離脱により，英国・EU 間の人の移動が困難になることが見込まれるなか，2016年から2020年までの間に，EU，特に東欧からの移民は大きく減少しました。

2021年現在，英国の労働力不足は明らかです。英国政府が，2019年に「国際教育戦略」を策定したり，「学業修了後就労ビザ」を復活させたりするなど，留学生の獲得に向けた取組を拡大した背景には，このようなブレグジットに起因する人材不足が影響しています[125]。

英国の「したたかさ」

ブレグジットは，英国が「内向き」になったことを示唆しているのではないかという質問を受けることがあります。私の実感としては，そのようなことはありません。確かに英国は EU の枠組みから外れました。ただ，もともと，第一次，第二次世界大戦で戦火にまみれ，統合による平和を希求するに至った大陸ヨーロッパと異なり，海で隔てられた戦勝国たる英国には，大陸ヨーロッパと一体化したいという願望はあまりありません。本論で触れた通り，英国民は大陸ヨーロッパよりコモンウェルスに親近感を持っていて，英国で住んだ実感は，「英国はヨーロッパの一部ではない」というものです。英国が EU 加盟国に留まっていたのは，経済的なメリットを期待してのことでした。

2004年の EU 拡大に伴う移民の急激な増加は，緊縮財政による社会的な分断と相まって，経済的なメリットを度外視せざるを得ないレベルの社会的な反発を生み，ブレグジットとなりました。ただ，これは，移民急増への反射的な反発であり，英国人が一般的に排外的になっているようには感じません。実際，EU から外れた結果，現在，英国は，移民を選択的に受け入れる移民政策のもと，EU 外の国と積極的に繋がろうとしています。「国際教育戦略」が，「ブレグジットにより40年ぶりに英国は自立的に貿易政策を進められるようになった」とし，より広い世界に手を伸ばしていく方向性が強く打ち出されているのは，その現れです[126)]。

英国の移民政策は変化が激しく複雑な動きを見せます。ただ，この20年間の移民政策の推移を後付け的に俯瞰して眺めると，英国の移民政策は，EU からの移民と EU 外からの移民の両者を秤にかけながら，一方が増えれば一方は減らし，全体のバランスを取るという方法を取っているようにも見えます。EU からの移民が増えれば，EU 外からの移民を抑制する「ポイント制」を導入し，EU 離脱が決まり EU からの移民が減少すれば，「学業修了後就労ビザ」の復活をはじめ，EU 外からの移民を増やす政策を打つといったことです。もちろん，移民は「人」ですので，「物」のように自由に差配することはできません。それでも，「EU（EU 外）から人が来ないのであれば EU 外（EU）から呼べばいい。国を開けば，みな，英国には来たがるはずだ」という，大英帝国の時から引き続く，イギリス人の意識的・無意識的な「自尊心」や「したたかさ」が透けて見える気もします。

第４章　注

1）　現在，世界的に著名な研究大学の経営規模は，世界の大企業に匹敵すると言われている。例えば，UCL，東京大学の年間の総収入は約2000億円，オックスフォード大学はカレッジの収入も含めると年間3000億円に上る。カリフォルニア大学バークレー校，サンディエゴ校はそれぞれ3000億円を超え，ハーバード大学に至っては6000億円を超えている。

なお，参考値としては，KADOKAWA や森永製菓の年間売上高が，約2000億円である。

https://www8.cao.go.jp/cstp/tyousakai/sekai/1kai/siryo7.pdf

https://minkabu.jp/financial_item_ranking/sales

2）　教育は，介護や接客業と同様，本質的に人と人とのコンタクトにより成立する労働集約的な営みである。コロナ下でオンライン教育が普及し，授業を録画し一斉配信することも広く行われるようになったが，対面での教育を求める学生の要請はむしろ高まったように思う。

3）　対話型教育の最も濃密な形であるオックスブリッジのチュートリアルが，カレッジに蓄積した莫大な財産により，初めて成立しているのは既述の通り。

4）　特定の企業と大学が結びつき共同研究を行った場合には，その研究成果は当該企業に一定期間独占され，商品化を通じてその企業の利益を生み出すこととなる。このように特定の企業に独占的な利益が発生するため，企業は共同研究費を支払う。産学連携の拡大により，大学は国に加えて民間企業も研究遂行のパトロンとしつつあると言える。

なお，企業から提供される共同研究費は，直接経費と間接経費から成り立っている。前者は，当該研究の遂行のために費消され，後者は当該研究に止まらず，大学全体の研究遂行を支える資金となる。

https://www.mext.go.jp/a_menu/shinkou/torikumi/1337573.htm

5）　教育目的の寄付としては奨学基金への寄付，研究目的の寄付としては医学研究を推進する研究基金への寄付などが，典型的な例である。

6）　寄付者は，Stephen A. Schwarzman 氏（philanthropist and Chairman, CEO and Co-founder of Blackstone, the world's largest alternative investment firm）

https://www.ox.ac.uk/news/2019-06-19-university-announces-unprecedented-investment-humanities

7）　毎年の運用益が，ハーバード大学は２千億円（基金：約４兆５千億円），イエール大学（基金：約３兆３千億円），スタンフォード大学（基金：約３兆円）は１千億円に上る。アメリカ公立大学では，カリフォルニア大学バークレー校が約170億円（基金：約５千億円）である。英国では，オックスフォード大学の運用益が約350億円で圧倒的に１位（大学本体が150億円，カレッジ合計が200億円である）。

https://www8.cao.go.jp/cstp/tyousakai/sekai/1kai/siryo7.pdf

8）　例えば，授業料を徴収しないこととしている国では，左上の「学生（保護者）」は消えることになる（代わりに国からの交付額が大きくなる）。アメリカの私立大学では，「寄付金」，

「その他収入」が総額，割合ともに大きくなるだろう。教育を中心とする大学においては，右側の「研究」の領域自体が，なくなることはないにせよかなり小さくなるはずである。

多様な収入源や収入モデルがある中で，あえて一般化できることがあるとすれば，社会保障費増などにより国の財政が圧迫される中，多くの国において，大学が，国以外からの収入，すなわち，産学連携による収入や大学知を活用した収入，寄付金・運用による収入などを増やし，国からの収入にできる限り依存しない財政構造を構築するよう求められていることだ。

他方，このように国がパトロンとしての地位から後退する大きな傾向があるにもかかわらず，その収入源がどの国の大学かによって大きく異なるのが，学生の教育に充てる収入である。学生の教育費を，政府支出で賄うか，授業料で賄うか，あるいはこれらの両極端の選択肢の間のどこかとするかが，国の方針により選ばれることになる。国が大学の教育費の賄い方に関与してくるのは，どの方法を選ぶかが，国民が高等教育を受けやすい環境か否かに関わるからである。

9）ただし，教育交付金が授業料収入に置き換わっているため，研究交付金として研究に使える額は増えている。

10）Complete University Guide, www.thecompleteuniversityguide.co.uk
https://www.thecompleteuniversityguide.co.uk/sector/insights/reddin-survey-of-university-tuition-fees

11）約1万3000人→2万4000人

12）約5000人→2万4000人

13）なお，2000年から2020年において，UCL の留学生に占める学部生，大学院生の割合は，ほぼ同じである。他方，国内学生については，2000年当時は学部生が大学院生の約2倍だったが，2020年時点では，大学院生が学部生の約1.5倍と逆転している。

14）約1200人→約1万5000人

15）4位はアメリカの約605人，5位はシンガポールの575人，6位はイタリアの570人，7位はドイツの490人，8位はインドの460人。EU 全体からは4880人が来ている。

16）ターゲット大学5つと LSE。数値は，2020-21の学生数。ランキングは，2020THE ランキング。

17）これは，英国で1999年から運用が始まった TRAC（The Transparent Approach to Costing）という仕組みに基づくデータである。TRAC は「大学コストの見える化システム」とでも言うべきもので，もともと，（直接経費を減少させることなく）間接経費の予算を増額することで，英国の大学の財政的な持続可能性を確保することを目的として整備された。

大学には政府から多くの研究が委託されているが，直接経費（当該研究にかかる人件費や設備費等）だけを研究費として支給されても，大学は赤字となる。研究の実施のためには，より幅広く，研究を支える事務部門や研究支援人材の人件費，研究室の施設費や共同利用設備の費用など，隠れた経費（＝間接経費）がかかっているからである。教育，研究，その他の活動にかかるあらゆるコストを計上することで，この隠れた経費（＝間接経費）を明らかにし，大学が損することなく研究を継続することができるようにしようと企図しているのが，TRACの仕組みだと言える。現時点では，研究コストに見合った研究収入を確保するという目的を完全に実現するまでには至っていないものの，大学の収入とコストの関係を明らかにすることにはある程度成功している（ただ，経費の計上の仕方についての議論はある）。

18）　政府からの研究委託金は当初TRACで計算された総コストの100％が支払われるという基本原則が確認されていたが，現状は80％が配分され，残りの20％は研究交付金で負担するという整理になっており，また，研究交付金の額は当該残りの20％を充当するには不足している。

久島鉄平「英国の高等教育機関の研究力に関する調査　～何が英国の高等教育機関の研究力を支えているのか？～」2021年10月，日本学術振興会ロンドン研究連絡センター

https://www.bufdg.ac.uk/understanding-finance/

19）　国内学生に対する教育活動は若干の赤字となっている。

20）　なお，「その他の収益活動①」は，コンサルタント収入や寮運営収入や会議やケータリング収入，大学グッズ売却収入などである。「その他の収益活動①」による収入は，「その他の収益活動②」による収入の4倍以上であるが，コストが大きいため，差し引きの収益は小さくなっている。寮費をコスト以上に低廉に抑えるために，他からの収入を回しているのではないかと推測される。

https://www.officeforstudents.org.uk/media/b5d65372-4448-455d-80a5-12c364a3ff86/annual-trac-2018-19_sector-analysis-pdf-format.pdf

https://www.trac.ac.uk/wp-content/uploads/2019/07/TRAC-Guidance-v2.4.pdf

21）　「Cross subsidies」とは，一般に「組織内部において，採算部門の利益を赤字部門に投じる」ことを意味しており，大学財政の文脈では，赤字部門である研究部門に，採算部門である教育部門からお金を回している状況を指すことが多い。

https://www.hepi.ac.uk/2020/03/09/from-t-to-r-revisited-cross-subsidies-from-teaching-to-research-after-augar-and-the-2-4-rd-target/

22）　マンチェスター大学のホームページの記載内容は，以下の通りである。

When setting fees for our international students, we have to ensure that they cover the full cost of their education. This is because, unlike for some UK undergraduate students, we do not receive any government funding. The higher fee for international students reflects both the full costs of delivery and the specific support we provide to international students. This includes providing information and support prior to, and following, arrival in the UK and support for immigration.

In addition to direct costs of teaching, facilities, equipment and IT support, tuition fees also contribute towards the provision of services across the University. This includes library provision, student welfare and careers support services, along with sports and social facilities.

One of the attractions of our University is that our programmes are informed and taught by world-class researchers who are experts in their field. Here, as in most countries, students express a clear preference for studying in research-intensive universities and employers recognise the added value of resulting qualifications.

The existing UK higher education institution funding model doesn't support the full recovery of costs for research-intensive universities, such as Manchester. In order to carry out important research that can be shared with our students, there is an element of cross-subsidy from the international student and other fees. The level of these fees is decided by the University, rather than set by the UK government. This is a function of the current operating model for the whole university sector, which was the subject of a recent study by the Higher Education Policy Institute.

https://www.manchester.ac.uk/discover/governance/corporate-documents/university-finances-at-a-glance/#tuitionfee

23)　英国政府が公式にOECDに提出している英国大学の研究開発費は1.3兆円である。ただし，直下のように，異なる数字も推計され得る。

・TRACデータは，教育活動，研究活動，収益活動，寄付金等活動に伴う「実収入」と各活動にかかると「想定されるコスト」を計上し，その差を明らかにすることで，大学の経営活動を見える化しようとしている。

・TRACにおけるコストは，「実支出」ではなく「想定されるコスト」であるが，「実収入」はこの「想定されるコスト」より少なくなっており，「実収入」と「想定されるコスト」の差額である16億7700万ポンド（次頁の表参照）はどこかで飲み込まざるを得ない。

・研究活動が他の収入により賄われていることを考えると，当該差額は，例えば本来必要だった研究設備の更新を持ち越すなどにより，研究活動の中で飲み込まれていると考えられる。

・以上を前提とすると，研究活動に支出された「実支出」は，全収入（研究収入，授業料収入，収益活動，寄付金等収入）から，教育活動，収益活動，寄付金等活動のための支出を差し引いた額に近似していると考えることができる。前者は412億7900万ポンド。後者は277億9100万ポンド（16,158＋4,512＋6,652＋469）であり，前者から後者を引くと134億8800万ポンド（約1.9兆円）となる。

・仮にそうだとすると，英国政府の公的な数字は，主に，競争的研究資金や研究交付金などの純粋な研究向けの研究収入を元に支出された研究開発費が計上されていて，授業料収入や収益活動，寄付金等収入を元に支出された研究開発費は含まれておらず，研究開発費の定義をかなり狭く取っているということとなる。

・仮に，この1.9兆円という数字を採用すると，ドイツや日本の研究開発費（それぞれ2.6兆円，2.1兆円）とかなり近い数字となるが，それでも，英国大学の研究開発費が比較的少ない額であることに変わりはない。

Annex B: UK sector data summary

Table 4：Transparent Approach to Costing（TRAC）income and full economic costs by activity, 2018-19（UK higher education institutions）（figures in £M）

	Publicly funded teaching	Non-publicly funded teaching	Research	Other (income-generating)	Other (noncommercial)	Total
Income	15,547	6,469	10,714	6,938	1,610	41,279
TRAC full economic costs	16,158	4,512	15,166	6,652	469	42,956
Surplus/(deficit)	(611)	1,958	(4,451)	286	1,141	(1,677)
Surplus/(deficit) as % of income	(3.9)%	30.3%	(41.5)%	4.1%	70.9%	(4.1)%
Recovery of full economic costs %	96.2%	143.4%	70.6%	104.3%	343.5%	96.1%
Recovery of full economic costs % (2017-18)	97.9%	139.4%	70.0%	103.7%	373.0%	95.7%
Included in income						
New endowments received	5	49	78	2	31	165
New donations	36	47	167	5	167	422
New government capital grants	86	17	389	25	25	543
New non-government capital grants	19	8	62	20	24	133
Other material items	3	1	1	16	23	43
Total income items	149	122	697	68	270	1,306
Total as % of income	1.0%	1.9%	6.5%	1.0%	16.8%	3.2%
Total as % of income (2017-18)	0.9%	2.0%	5.3%	1.3%	13.3%	2.7%

https://www.officeforstudents.org.uk/media/b5d65372-4448-455d-80a5-12c364a3ff86/annual-trac-2018-19_sector-analysis-pdf-format.pdf

24）経年で，全体としては黒字である。
https://www.statista.com/statistics/529839/annual-expenditure-surplus-of-universities-united-kingdom/

25）Major changes to student visa system - GOV. UK（www.gov.uk）

26）世俗の実情からかけ離れたような，時に現実逃避にも見えるような閉鎖的・理想主義的な研究者の学究的態度を指す。

27）大学にとってのブランドの重要性について，英国シェフィールド大学の元学長は，恐ろしく率直に，「何が大学を偉大にするのか？　それはブランドだ，まぬけめ！（What makes a university great? It's the brand, stupid!)」という投稿記事で，概略，以下のように述べている。

「大学にとっては，素晴らしい教育と同じくらい，ブランドが重要だ。どうしてか。それは，学生が就職するためには，大学の名前が重要だからだ。唯一就職に必要なのは，質の高い教育だという人もいる。実際には，みんな，就職には，良い大学名と実生活に向けた準備の双方が必要だと知っている。

ブランドの価値を高めるのは，そのブランドを作っている研究者の創造力だ。彼らが本当の価値を作っている。大学の評判は，研究者が創り出すブランドに決定的に依存している。

たとえ素晴らしい教育によって高いスキルを獲得したとしても，大学が持つ高い評判がそれを支えなければ宝の持ち腐れになるかもしれない。ブランドが生徒の就職力を左右する。だから中国人の両親は，大学をブランドで選ぶ。彼らは，この世界のことを分かっている。世界はそのように動いていないことを理解し，彼らはマルクス主義を諦めたのだ。

何より重要なのはブランドだ！」

この赤裸々な記事は，大学の経営陣が，「素晴らしい教育」もさることながら，学生獲得において，大学ブランドや，大学ブランドを高める研究力が決定的に重要だと考えていることがひしひしと伝わってくる。

https://www.timeshighereducation.com/blog/what-makes-university-great-its-brand-stupid

28）https://www.ntu.ac.uk/life-at-ntu/campuses

29）https://www.ntu.ac.uk/about-us/news/news-articles/2019/04/ntu-named-guardian-university-of-the-year

https://www.ntu.ac.uk/

30）なお，より淵源を辿れば，サッチャーが，1980年代に，留学生から国内学生と異なる額の授業料を取る道を開いた判断に端緒があったと言える。実際，識者は，この時の判断について，「仮に英国大学に市場主義化をもたらした判断を一つ上げるならば，それはこの時の判断だ。これ以降，アメリカ，オーストラリア，そしてヨーロッパの大学の熾烈な留学生獲得競争に打ち勝つため，英国大学は海外にリクルートオフィスを作り，海外校を作り，リクルートエージェントを雇うようになった」としている。

P. 154-160 Making Policy in British Higher Education 1945-2011

https://www.historyandpolicy.org/policy-papers/papers/university-fees-in-historical-perspective

31）http://news.bbc.co.uk/1/hi/education/372273.stm

32）Prime Minister's Initiative: PMI

33）第一期では，留学生数を5万人増やし英語圏における英国の留学生シェアを17％から25％に拡大させることが，第二期では留学生をさらに10万人増やすことなどがそれぞれ数値目標として掲げられ，いずれも達成。この間に，留学生数は約20万人から約40万人へと飛躍的な増加を遂げ，米国に次ぐ世界第二位の留学生受入国としての地位を強固なものとした。

https://www-overseas-news.jsps.go.jp/wp/wp-content/uploads/2019/04/2018kenshu_09lon_satomura.pdf

34）この結果，ビザ手続きの簡素化，就学中のアルバイト実施条件の緩和，奨学金の拡充などが政府により行われた。

35）https://www-overseas-news.jsps.go.jp/wp/wp-content/uploads/2019/04/2018kenshu_

09lon_satomura.pdf

36) https://www.jasso.go.jp/ryugaku/related/kouryu/2011/__icsFiles/afieldfile/2021/02/18/keikookumura.pdf

37) 清掃，給仕等は，アウトソーシングに伴う減少。秘書，レセプション業務は，大学の執行部に「付随的（additive）」な職務だとされ，減少。秘書が減らされたことは，大学教員に非常に不人気だとされている。

https://www.kcl.ac.uk/policy-institute/assets/why-have-universities-transformed-their-staffing-practices.pdf

38) 「高等教育への自発的な資金提供の拡大に向けて」。

Increasing voluntary giving to higher education

https://dera.ioe.ac.uk/17735/1/IncreasingVoluntaryGivingReport.pdf

39) 政府は大学が自らの財政的な将来についてより大きな責任を持つよう求めているとした上で，

・寄付を集め基金を構築することは，大学が独立した資金を持つための一つの方法である

・大学が自律的な機関であるためには独自の収入により卓越した教育・研究を実現することが必要だ

としている。

40) 英国大学で最も寄付集めが盛んなオックスフォード大学は，「ファンドレイザーに必要な資質」を，

① 人と触れ合うのが好きで，かつ話し相手の好奇心を上手に操作できる人。

② 聞き上手。トップのファンドレイザーに，だいたいおしゃべりな人はいない。

③ お金の話ができ，すぐに寄付の話に運べる人。

④ ビジネスライクにお金の話ができる人（学者は，不得手）。

としており，人好きで，ストレートにお金の話ができることが，寄付集めの重要な要素だということが分かる。

https://www.mext.go.jp/content/20200721-mxt_gaigakuc3-000008906_1.pdf

41) 2008～2011年にかけて，政府は，２億ポンドの予算規模で，各大学が集めた寄附額に応じて公的助成を行うマッチングファンドを創設。大学を三階層に分類し，階層毎に助成の比率と上限を定めていた。

・第一階層 寄附の経験がほとんどない大学（政府からの助成金額：上限３億2,000万円）

・第二階層 寄附の取り組みを有する大学（政府からの助成金額：上限21億6,000万円）

・第三階層 寄附の取り組みが経験豊富な大学（政府からの助成金額：上限43億2,000万円）

https://www.mext.go.jp/content/20200721-mxt_gaigakuc3-000008906_1.pdf

42) トップ25の大学は，2005～2011年の６年の間に３倍に増やしたという。

43) 全学内に，寄附部門が９つあり，本部に100人，他８拠点に100人が在籍。職員のほとん

どは，フルタイムである。オックスフォード大学は，12世紀の創設時から寄附を得てきたが，この20年間一層の注力を行い，2004年からはOxford Thinkingキャンペーンを展開。英国政府が2012年に教育交付金を原則廃止した頃からは，米国から寄附金募集実績のある学長やファンドレイザーを招聘し，寄附金募集活動を強化し獲得実績を拡大している。

https://www.mext.go.jp/content/20200721-mxt_gaigakuc3-000008906_1.pdf

44）UCLでは，1994年に，同窓会Alumniオフィスから，寄附活動，データベース等の業務が拡大し，デベロップメント・オフィスが設立。2019年におけるUCLの寄付集めの体制等は，以下の通り。

・職員数80名のうちパートタイムが35％

・4つの柱で寄付集めを実施

①学生へのベネフィット。例えば，校舎や学生寮の整備を行うことなど。

②医療。例えば，癌研究への促進を行うことなど。

③ロンドンプロジェクト。例えば，ロンドンオリンピック会場の跡地を買収して，2つの博物館（ヴィクトリア・アンド・アルバート博物館とスミソニアン博物館）を誘致し，当該施設をUCLの施設として活用することなど。このロンドンプロジェクトの予算（約70億ポンド）のほとんどは，獲得してきた寄附金で賄う計画。

④ disciplinal。例えば，地球温暖化問題に対する取り組みを行うことなど。

2018年度の寄付実績は，約40億円（ここ数年大きな増加はない）。

https://www.mext.go.jp/content/20200721-mxt_gaigakuc3-000008906_1.pdf

45）寄附金収入は拡大し続けており，2016年度が約124億円，2017年度が約130億円，2018年度が約137億円。

46）ターゲット大学の中では，UCLのホームページが最もキャッチーなデザインとなっている。

https://www.UCL.ac.uk/

なお，日本の大学のホームページは英国よりも全体に大人しい印象があるが，例えば近畿大学のホームページは，目をひく作りとなっている。

https://www.kindai.ac.jp/

47）https://www.ntu.ac.uk/

48）なお，近畿大学ホームページの海外向け英語版は，日本語版と異なり，研究成果や研究者を強調する作りとなっている。

https://www.kindai.ac.jp/

49）UCLの留学生リクルート担当者は，「世界的に学生獲得競争が激化するなか，強いブランドを持つことは他の大学との差別化に必要不可欠であり，大学の印刷物，プレゼン，ウェブサイトがクロスオーバーしつつ一貫したメッセージが伝わるように気をつかっている」とし，ビジュアルアイデンティティを定めたガイドラインを作成したり，専門チームが日常のコミュニケーション活動を支援したりすることにより，一貫したブランドメッセージが大学全体で共有されるという，ブランディングで最も重要なことに取り組んでいるとしている。

https://www-overseas-news.jsps.go.jp/wp/wp-content/uploads/2019/04/2018kenshu_09lon_satomura.pdf

50）　アングリア・ラスキン大学とノッティンガム大学。

51）　Times Higher Education

52）　AWRC は中国の民間会社が運営。

https://www.stat.go.jp/library/pdf/minigougai02.pdf

53）　数値化・統計化は，英国が伝統的に強い分野である。例えば，ナイチンゲールは，1850年代のクリミア戦争での従軍経験を活かして，医療衛生制度の改革に取り組んだが，その際，統計を駆使した。野戦病院における患者の入院時の症状と推移，病床の配置，病室の環境などの詳細データを統計学的な手法を用いて整理し，野戦病院での死者の数は，戦死よりも，衛生状態の悪い病院での伝染病による死亡が多いことが一目で分かるグラフを作成し，衛生状態の改善を上層部に訴えた。これが奏功し，野戦病院の衛生状態の改善が進んだとされている。

54）　指標及びその重みづけは，以下の通り。

○ Teaching (the learning environment): 30%

・Reputation survey: 15%

・Staff-to-student ratio: 4.5%

・Doctorate-to-bachelor's ratio: 2.25%

・Doctorates-awarded-to-academic-staff ratio: 6%

・Institutional income: 2.25%

○ Research (volume, income and reputation): 30%

・Reputation survey: 18%

・Research income: 6%

・Research productivity: 6%

○ Citations (research influence): 30%

○ International outlook (staff, students, research): 7.5%

・Proportion of international students: 2.5%

・Proportion of international staff: 2.5%

・International collaboration: 2.5%

○ Industry income (knowledge transfer): 2.5%

https://www.timeshighereducation.com/world-university-rankings/world-university-rankings-2022-methodology

55）「国際性」指標の中には研究力と相関が強い研究者の外国人比率や国際共同研究比率が含まれているので，実際には，7割近くが大学の研究力を評価しているともいえる。世界大学ランキングが研究力に依拠するのは，教育力と異なり，研究力については論文引用度に基づき，数値による指標化を行いやすいことにもよる。

56)　ケンブリッジ大学が5位，インペリアル・カレッジ・ロンドン大学が12位，UCL が18位。
　QS ランキング2022では，MIT が1位，オックスフォード大学が2位，ケンブリッジ大学とスタンフォード大学が同率3位。インペリアル・カレッジ・ロンドン大学が7位，UCL が8位。
　ARWR ランキング2022では，オックスフォード大学が3位，，ケンブリッジ大学が7位，UCL が17位，インペリアル・カレッジ・ロンドン大学が25位。

57)　長年 THE 世界ランキングの仕組みに関わっている THE 社の部門長から聞いた話では，以下の通り。

・2003年の英国政府のランバート報告書において，公的研究支援金の効果を検証したり，英国大学が自らの立ち位置を確認したりする上で，世界の研究大学の順位表を策定することが望ましいと提言された。
・これを受けて，順位表を作成した。
・順位表がインターネットに公表されると，学生が閲覧しに来るようになり，たまたま広く認知されるようになった。
・この順位表を発展させたものが，現在の THE 世界ランキングであり，当初においても現在においても，英国大学をアピールするといった意図は持ち合わせていない。そもそも，THE 社はグローバル会社であり，英国大学に肩入れする理由もない。

　https://www.ncub.co.uk/insight/lambert-review-of-business-university-collaboration/

58)　https://www.nature.com/articles/d41586-020-03312-2

59)　日本には，20年以上前よりオックスフォード大学日本事務所が開設されており，日本在住の卒業生（1,500人以上）及び企業・団体へのファンドレイジング，研究活動の連携強化，大学の広報など重要な機能を果たしている。定期的に英国から学長も来日し，トップ外交を実施している。
　https://www.mext.go.jp/content/20200721-mxt_gaigakuc3-000008906_1.pdf

60)　「限定された」，「非開放的な」，「排他的な」，「特権階級に限られた」，「高級な」，等の意味をもつ。

61)　ジェントルマンクラブ，高級テニスクラブの会員など。なお，これらは完全に「排他的」なわけではなく，複数メンバーの紹介により新規会員が加わるなど，人の「信用」を介して，ある程度外に開くことにより組織の新陳代謝が図られている。このような，特権的であるとともに，限定された開放性を併せ持つ組織運営の在り方は，「研究の章」で紹介したジェントルマン階級の在り方と共通している。

62)　https://thecommonwealth.org/about-us/history
　「平和と自由と進歩を追求する上で自由に協力し合う，コモンウェルスの自由で平等な成員」としての結束。

63)　インドが立憲君主制ではなく共和制国家として独立することを望んだことを受けた措置。

64)　https://www.polgeonow.com/2017/05/map-commonwealth-who-belongs-to-it.html

65)　このことは，旧植民地の中に，少なくとも旧宗主国たる英国を「敵対視」しない感覚があることを意味する。

なお，英国民側の感覚については，2014年の英国のある世論調査において，大英帝国を「誇り」の対象だとする英国人が6割，「恥」の対象だとする英国人が2割となっている。同調査では，旧植民地が英国に植民地にされたことで「より良くなった」とする英国人が5割，「悪くなった」とする英国人が15%という結果も出ている（※残りは，「分からない」という回答）。

66）私自身が英国人とコモンウェルスについて話をした感じでは，コモンウェルスを意識している様子はあまり感じなかった。ある識者が言うように，「実際には，あまりに深淵まで広がっているせいで，私たちはそれを当然視してしまいかねないほどに，帝国の遺産が現代世界を作ったのだ」ということなのかもしれない。実際，意識して見ると，BBC が取り上げるコンテンツには，コモンウェルスの国々（例えばケニア）が多い。

https://core.ac.uk/download/pdf/234645564.pdf

67）https://bfpg.co.uk/wp-content/uploads/2019/04/Behind-Global-Britain-Public-Opinion-on-the-UKs-role-in-the-world.pdf

68）ヨーロッパ人49%に対し，コモンウェルス市民50%。なお，コモンウェルス市民だと回答した者は，65歳以上では66%であるのに対し，20代，30代では4割程度。

69）コモンウェルスは，国連憲章のような拘束力の強い規約はもたないものの，お互いの国に，大使館ではなく，高等弁務官事務所（High Commissioner's Office）を設置し，現在でも緩やかな連携関係をもっている。例えば，2年に一度コモンウェルス・サミットを開催するとともに，4年に一度，スポーツの祭典であるコモンウェルス・ゲームズをいずれかの加盟国で開催している。なお，英国外務省の正式名称は，「Foreign, Commonwealth & Development Office（FCDO）」である。

https://core.ac.uk/download/pdf/234645564.pdf

70）2018年の英国への留学生の出身国は，留学生数が多い順に，①中国，<u>②インド</u>，③アメリカ，④イタリア，<u>⑤マレーシア</u>，⑥フランス，⑦ドイツ，<u>⑧ナイジェリア</u>，⑨スペイン，⑩ギリシア，⑪サウディアラビア，⑫ルーマニア，⑬アイルランド，⑭キプロス，⑮ポーランド，<u>⑯シンガポール</u>，<u>⑰カナダ</u>，⑱タイ，⑲ブルガリア。下線が，コモンウェルス加盟国である。

英国が海外においている分校も，その多くがマレーシアをはじめとしたコモンウェルスの国にある。

71）https://study-uk.britishcouncil.org/scholarships/commonwealth-scholarships

72）虚像を作ろうとする試みは，実像を大きくするだけではなく，実像の在り方にも影響をもたらす。例えば，学生支援を担当する職員は2005年からの約10年間で2倍に増えている。これは，大学執行部が，全国学生調査の結果に現れる大学イメージに強い関心を払うようになったからだ。また，あるインタビューによると，英国大学の執行部は全国学生調査の結果に現れる学生満足度の状況に極めて高い関心を払っており，「新しい職員ポストを作る際には，学生の経験に良い効果をもたらすという理由付けが常に勝者になる」とされる。

大学教員からは，大学執行部は授業料収入の獲得ばかりを気にし，マーケティングや学生支援にはお金を使うが，研究者支援にはお金を使わないという不満の声を聞いたことがある。

https://www.kcl.ac.uk/policy-institute/assets/why-have-universities-transformed-their-staffing-practices.pdf

73) 日本の代表取締役，英米のCEO。

74) https://www.university-autonomy.eu/
https://ris.utwente.nl/ws/portalfiles/portal/29069159/11.pdf

75) OECDの定義では，英国（イングランド）の高等教育機関は，学術的にも経営的にも，独自の法的アイデンティティと権限を持つ独立組織であり，政府交付金に依存しているものの，国が大学を所有したり管理したりしておらず，「政府依拠の性格を持つ私立機関（government-dependent private institutions）」だとされている。

76) 文部科学省作成の「諸外国の教育統計」では，2020年版以降，英国大学は，私立大学と定義されるようになった（※2019年版までは公立大学とされていた）。
https://www.mext.go.jp/b_menu/toukei/data/syogaikoku/1415074_00010.htm

77) カウンシルの位置づけは，大学によって違いがある。例えば，マンチェスター大学のカウンシル（「Board of Governors」と呼ばれる）は，「It carries the ultimate responsibility for our overall strategic direction and for the management of our finances, property and affairs generally, including the employment arrangements for all staff.」とされている一方，UCLのカウンシルは，「As UCL's governing body, the Council oversees the management and administration of UCL and the conduct of its affairs, subject to the advice of the Academic Board on matters of academic policy. Council approves UCL's mission and strategic vision and its long-term academic and business plans. Council delegates authority to the Provost, as chief executive, for the academic, corporate, financial, estate and human resources management of UCL. The Council normally meets six times each year. In addition, the Council holds an annual strategic away day, which is also attended by members of the Provost's SMT.」とされており，監督機関としての性格が強く表現されている。ただし，UCLでも，カウンシルのメンバーに学長が入っており，アメリカのように，執行機関と監督機関が完全に分離しているわけではない。なお，両大学とも，カウンシルの座長（chair）は，学長以外の者が務めている。（なお，こういったカウンシルの在り方は，2015年の改正前の教育委員会制度と類似。）
https://www.manchester.ac.uk/discover/governance/structure/board-governors/
https://www.UCL.ac.uk/governance-compliance/council

78) 学内の教員はセネトにより指名される。

79) https://www.UCL.ac.uk/governance-compliance/council/council-membership
https://www.manchester.ac.uk/discover/governance/structure/board-governors/members/

80）　https://ris.utwente.nl/ws/portalfiles/portal/29069159/11.pdf

81）　UCL では「University Management Committee」，マンチェスター大学では「Planning and Resources Committee」と呼ばれている。
　https://www.UCL.ac.uk/governance-compliance/university-management-committee/university-management-committee-membership
　https://www.staffnet.manchester.ac.uk/governance/what-we-do/planningresources/
　マンチェスター大学の統治構造については，ここに図示されている。
　https://www.manchester.ac.uk/discover/governance/structure/

82）　https://niadqe.jp/wp/wp-content/uploads/2018/03/d007-0212-SVR.pdf, p. 20

83）　なお，日本と異なり，英国大学の統治構造は，各大学が独自に決定しているため，大学により，統治の仕組みにバリエーションが生まれる。

84）　これに対し，ケンブリッジ大学では，1990年代に行われた改革により，全学集会（「リージェント・ハウス」）が有していた権限は抑制され，カウンシル及び学長への権限の集中が行われた。オックスフォード大学とケンブリッジ大学で違いが生じた理由の一つには，オックスフォード大学ではケンブリッジ大学以上に，カレッジが強い自治権を有しており，それが教員自治を強めているのではないかと推察されている。例えば，教員の採用において，オックスフォード大学では，カレッジが人選したのち大学が認可する過程を経るのに対し，ケンブリッジ大学では，大学が人選したのち教員がカレッジを選ぶという過程を経ている。
　秦由美子「イギリスの大学――知識基板経済と大学教育」HU 高等教育研究センター『兵庫高等教育研究』第３号 173-191 2019/04第７章

85）　コングリゲーションは，大学の最高主権を有する機関（「Congregation is the sovereign body of the University.」），規則制定の最終機関（「the ultimate legislative body of the University」とされており，カウンシルが提出された大学の主要方針を審議したり，大学の統治構造に関わる規則変更を承認したりするとされている（「It has responsibility for considering major policy issues submitted to it by Council or members of Congregation; elects members to certain University bodies, including Council and the Audit & Scrutiny Committee; and approves changes or additions to the University's Statutes and Regulations, which define the governance structure.」）。
　年間３回程度開催されており，例えば，2018年10月30日のコングリゲーションでは，2018年～2023年の大学戦略プランが議題にかけられ，反対なく承認されている。
　オックスフォード大学には，全教員を構成員とするこのコングリゲーションが置かれているため，他の大学で，教学について審議する教員組織として置かれているセネトは置かれていない。
　https://governance.admin.ox.ac.uk/the-universitys-governance-structure
　https://governance.admin.ox.ac.uk/congregation-meeting-30-october-2018
　https://governance.admin.ox.ac.uk/congregation#tab-1275026

86）これは，例えばリーズ大学の全学集会が，現在では地域コミュニティ向けに大学状況を説明する会合でしかないことと大きな違いである。

The University Court has about 90 members (the majority are lay-members). It is chaired by the Chancellor or, in their absence, the Pro-Chancellor. It is not involved in the University's decision-making processes, but is an important link with the community and other stakeholders, fostering engagement, responsiveness and accountability.

The Court serves as a mechanism for - and a symbol of - the University's accountability to the wider community. It is empowered to ask questions about, and express an opinion on, anything concerning the University. It conveys these opinions to the Council, and can invite the Council (or other University bodies) to consider particular questions or courses of action. It meets at least twice a year: a formal, minuted, business meeting in December and other, informal, meetings.

https://www.leeds.ac.uk/about/doc/about-governance

87）ノッティンガム・トレント大学のカウンシル（Board of Governors）の役割が，「The University's activities are overseen by a capable and highly motivated Board of Governors.」とされていることを踏まえると，執行の意思決定権限は，カウンシルというより，学長にあるといった方が正確かもしれない。

https://www.ntu.ac.uk/about-us/governance/board-of-governors

88）https://www.researchgate.net/publication/29811105_Developing_collective_leadership_in_higher_education, p. 4

89）Universities and Colleges

90）https://www.researchgate.net/publication/29811105_Developing_collective_leadership_in_higher_education

91）このような変化は，日本の小中高校が，職員会議主義から，校長のトップダウン型組織や，主幹教諭などミドルリーダーを活用したミドル・アップダウン・マネジメントの組織へと変わっていったことを想起させる。

92）「同僚制の伝統の強い旧大学においてすら，学部長・学科長の約9割の者が，機会さえ与えられれば，一研究者に戻るよりもそうした昇進を選ぶと答えた」とされる。

https://www.cshe.nagoya-u.ac.jp/publications/journal/no12/05.pdf

93）例えば，ノッティンガム・トレント大学。

https://www.ntu.ac.uk/about-us/governance#:~:text=Executive%20management%20of%20the%20University, Chief%20Executive%20of%20the%20organisation.

94）2019年調査によると，アカデミアにバックグラウンドがない学長が全体の5％いる。また，出身分野では，1位が物理科学，2位が生物科学，社会科学，4位が工学，5位が医学，歴史哲学。

https://charteredabs.org/wp-content/uploads/2019/01/The-Path-to-Becoming-Vice-

Chancellor-FINAL.pdf

95)　オックスフォード大学の現学長の前職は英国セント・アンドリュース大学の学長であり，前学長の前職はアメリカのイエール大学の学長である。

UCL の現学長の前職はオーストラリアのシドニー大学の学長であり，前学長の前職は英国リーズ大学の学長である。

マンチェスター大学の前学長の前職はオーストラリアのメルボルン大学の学長である。

サセックス大学の現学長の前職は英国バーミンガム大学の学長である。

ノッティンガム・トレント大学の現学長の前職はバーミンガム大学の社会科学カレッジ長である。

96)　例えば，この記事では，学長が大学スタッフの平均より13倍の報酬をもらっているとする。

https://www.bbc.co.uk/news/education-47212782

また，この記事では，6大学の学長が7千万円以上の報酬を受け取っており，約半数の学長が4千万円以上の報酬を受け取っているとする。

https://www.theguardian.com/education/2019/feb/12/vice-chancellors-pay-universities-england-2017-18

97)　2018年調査。年金分を含む。オックスフォード大学約6000万円，UCL 約5200万円，マンチェスター大学約4300万円，サセックス大学約4100万円，ノッティンガム・トレント大学約4500万円。

https://www.timeshighereducation.com/sites/default/files/breaking_news_files/v-c_pay_survey_2018_full_results_2.pdf

https://www.timeshighereducation.com/features/times-higher-education-v-c-pay-survey-2018

1997年から2009年の間に6割上昇したとされる（実質ベース）。学長報酬の高騰の背景には，それぞれの CEO の報酬交渉において，ベンチマークを追いかけていくことで相乗的に報酬が高まるメカニズムが働いているのではないかとされる。

https://www.tandfonline.com/doi/full/10.1080/07294360.2020.1841741

https://www.journals.uchicago.edu/doi/pdf/10.1086/652297

98)　https://www.mext.go.jp/content/20200721-mxt_gaigakuc3-000008906_1.pdf

カレッジ長が行う寄付集め活動も活発であり，例えば，オックスフォード大学の各カレッジでは，毎週のように，学外者を招いたレセプションがカレッジ長の主宰により開催されている。

なお，アメリカの大学では，学長のほとんどの時間は寄付活動に割かれ，学内の指揮はプロボストに任せているとされる。それと比べると，英国大学の学長は，寄付活動より学内指揮により多くの時間を割いているという見方もできる。

99)　1オーストラリアドル＝80円で計算。

100)　Dr. Michael Spence

https://www.UCL.ac.uk/news/2021/jan/UCL-welcomes-new-president-provost-dr-michael-spence

101)　あるヘッドハンティング会社によると，学長を含む執行部リクルートの際，はじめに用意するリストは500人程度とのこと。

102)　https://ris.utwente.nl/ws/portalfiles/portal/29069159/11.pdf

103)　なお，同インタビューによると，以下の通り。

- 当社が行っているリクルートは，学長など執行部のリクルートと，研究者のリクルートの2つ。
- まず，大学から，大学の戦略はどういうもので，どのようなリーダースタイルを持っている者を，どのようなタイムスパンで求めているかを詳しく聞く。研究者については，分野の詳細な特定も行う。
- 大学からの依頼は様々であり，それぞれのニーズに応じてリクルートを行うこととなる。リクルートされる側は，自分が働く場所や提示される条件が分からなければ苛立つことが多いので，まずは大学のニーズをしっかり押さえることが非常に重要だ。
- 当社が行うリクルートでは，候補者へのコンタクト，条件交渉，契約成立に至るまで，「最初から最後まで」アシストする。コンタクトは，Eメールやテレビ会議などから始め，大学からのオファーを伝える。候補者にとっては家族がどうなるか，例えば子どもの教育環境がどうなるかは，大きな関心事。このため，時には候補者と現地の学校の受け入れ担当をつなぐようなこともする。各国の税制や年金の仕組み，ライフスタイルなどについても詳細な情報を提供する。「ヒトゴト」には，実に沢山のことが付随する（A lot of things can happen in human affairs.）。
- 候補者にとっては，雇用主たる大学と交渉するより，我々のような第三者と話す方が気が楽だと聞く。
- このようなリクルートシステムが広まったのは，ここ10～15年間くらい。特に，英国，アメリカ，オーストラリア，カナダといった英語圏の国々の大学が広く使っている。大陸ヨーロッパの大学は，比較的使っていない。アジアでは，シンガポール，香港の大学が広く使いつつあり，中国でも学長以外の執行部について使われつつある（※中国の学長は政治的な指名）。日本，韓国の大学はほとんど使っていないが，しばしば日本の研究者をリクルートすることはあるので，日本の状況は理解している。
- 我々のような会社を使うことが良いかどうかは，大学側が，どれくらいの範囲から人を求めたいと思っているかによる。
- かかるコストは，かかる時間や難しさ（例えばデータサイエンティストはみんなが欲しがる）などにより変わるが，実は最もコストが大きくかかるのは，学長候補者をインタビューするため大学にホストする際のコストだ。

104)　「Advance HE」。従来の「Leadership Foundation for Higher Education」を2018年に統合。

105)　https://www.advance-he.ac.uk/programmes-events/development-programmes/

executive-and-strategic-leadership

106) 多様な者から構成されるグループによるディスカッション，自らの活動の振り返り，360度フィードバックやコーチングが行われ，これらを通じて，将来に向かう確信的思考や効果的なリーダーシップ（confident, forward thinking and effective executive leadership）を獲得するとともに，その後の財産となるネットワーキングが行われることが期待されている。

https://www.advance-he.ac.uk/programmes-events/development-programmes/executive-and-senior-leadership/top-management-programme

107) 教員の上司は教員だが，職員の上司は職員であるのが一般的。ただし，最終的な上司は，通常，学長になる（府学長，学部長，学科長などが上司となることもある）。

108) https://www.kcl.ac.uk/policy-institute/assets/why-have-universities-transformed-their-staffing-practices.pdf

109) https://jobs.leeds.ac.uk/vacancies.aspx

110) あまりにも多様なので，英国人の「一般的なキャリアパス」というものはないが，英国の友人と話をしてきた中では，概ね，以下のようなことである。

・英国では，20代，30代の間に，ポストを５つ程度は経験する。１つのポストに２～４年ほどいることが多い。特に若い間は，専門性が異なるポストをいくつかやってみることもある（人によっては一生違うタイプの仕事をしようとする人もいる）。

・若い時に３年以上同じ組織の同じポストに留まり，その他のポストに手を挙げない人は，向上心や野心を疑われる。（ポスト，職務内容，給料が連動している英国では，同じポストにいる限り何年経っても立場も給料も上がらない。）

・専門性を変える際には，改めてその専門性について初めから学ぶ必要がある（例えばマネジメントのラインにいる人が，クリエイティブなラインで働きたい時は，一からやり直しになる）。

・大学（学部）で学んだ専門性と，仕事の専門性が異なることもある。ただ，大学では，どの仕事でも必要な読む力や議論する力を獲得したので，大学の学びは役に立っている。

111) 大学職員の職能開発のための研修が豊富に用意されているのも英国大学の特徴であり，このレポートには，その様子が生き生きと描かれている。

https://www.jsps.org/publications/files/lon_matsumura.pdf

112) なお，日本の大学の教員は，日本では珍しいジョブ型が一部取り入れられている職域。

113) 大学本体とカレッジの関係は，連邦関係（federal system）にあるとされている。また，厳密には，39あるカレッジのうち，36のカレッジは法人格を備え，３つのカレッジは大学の一部局とされている。

https://www.ox.ac.uk/about/organisation

114) 各カレッジは「チャリティ」として登録されていることから，その活動は「チャリティ活動」と定義されている。

115) https://migrationobservatory.ox.ac.uk/resources/briefings/migrants-in-the-uk-an-overview/

116) https://newtobc.ca/wp-content/uploads/2013/07/Vancouver-Immigrant-Demographic-Profile-2018.pdf

117) 本論で，英国大学の留学生の4分の1が中国人であることを紹介したが，そのまま英国に留ま（れ）る中国人は多くない。

118) ここでは，「出生地が英国以外の者」のこと。なお，「国籍が英国以外の者」は2019年現在620万人である。両者の人数差330万人は，英国以外で生まれたが，英国移住後，英国籍を取得した者がいることなどによる。

119) 例えば，マンチェスターやリバプールがある北西部イングランド，スコットランドの移民率は，それぞれ10%，9%である。
https://commonslibrary.parliament.uk/research-briefings/sn06077/

120) https://data.oecd.org/migration/foreign-born-population.htm
海外生まれの者の人口割合は，英国，アメリカともに約14%である。なお，オーストラリアは約29.9%，カナダは21.0%，ドイツは16%であるなど，英国より移民率が高い国が10カ国以上あるので，英国やアメリカが世界で随一の「移民大国」であるわけではない。

121) 在留外国人（288万5904人）は，3カ月以上滞在する中長期在留者（257万6622人）と特別永住者数（30万9282人）を合わせた人数である。英国における移民は1年以上滞在していることが要件である。日本の中で在留外国人数が最も多いのは東京都の56万8665人で，全体の約2割を占める。
https://www.moj.go.jp/isa/publications/press/nyuukokukanri04_00018.html

122) コンビニ等でよく見かけるレジ打ちしている外国人の多くは，「留学」の在留資格をもつ留学生で，週28時間以内の資格外活動許可をもっている者だと考えられる。
https://global-saiyou.com/column/view/work_part_time

123) 英国は，歴史的に，移民の流入が多く，多種多様なマイノリティが存在する国である。第二次世界大戦直後には英連邦の国々から，冷戦開始直後にはポーランドやバルト三国，ハンガリーから移民を多く受け入れた。ただ，1958年にノッティングヒルなどで起きた人種暴動を契機として外国人労働者に対する感情的反発が広がり，その後，移民受け入れ政策は一貫して厳格化された。実際，1960年代から1990年代半ばまで，毎年，20万人から30万人程度の移民を受け入れてはいるものの，その数は英国から海外への流出者（emigration）と見合うか下回る程度で推移している。その状況が大きく変わり，英国からの流出者を英国への流入者が大きく上回るのは1990年代後半にブレアの労働党が移民政策を大きく転換してからである。

124) 2004年に530万人，2019年に950万人。
https://migrationobservatory.ox.ac.uk/resources/briefings/migrants-in-the-uk-an-overview/

125) 「学業修了後就労ビザ」を取得する大学卒のEU外からの移民が求めるのはmiddle-skill

あるいは high-skill job であるのに対し，EU からの移民の減少で最も不足するのは low-skill job に携わる労働者だというギャップはある。

126)　https://www.gov.uk/government/publications/international-education-strategy-global-potential-global-growth/international-education-strategy-global-potential-global-growth

V　コロナの章

――コロナは英国大学を変革したか――

第一次ロックダウン中の
オックスフォード・サーカス

第一次ロックダウン中の
インペリアル・カレッジ・ロンドン

1　英国におけるコロナの2年間
――2020年3月～2022年3月――

英国での「コロナとの戦い」の始まり

英国で「コロナとの戦い」が始まった時のことを，よく覚えています。

2020年の3月23日，ジョンソン首相が「Stay at Home」を呼びかける記者会見。その3日後の3月26日から，外出は1日1回，散歩や必需品の購入のためだけに許される厳格なロックダウンが始まりました[1)]。

ただ，悲壮感があったかと言うと，そうでもなかったように思います。むしろあったのは高揚感です。感染が始まって数週間で，早くも政府により巨大な仮設医療センターが用意され，25万人のボランティアが集いつつありました。我慢することを含め，それぞれができることをし，社会で一丸となって，「これからコロナと戦う」という高揚感と，今後この社会が，そして世界がどうなっていくか分からないという緊迫感が，不思議な静けさの中に満ちていました。「これが，戦争が始まる時の感覚か。一生忘れることはないだろうな。」と思ったのを覚えています。

ロックダウンの開始とともに，街から人は消え，その後約2カ月，妻以外の人間と，対面で言葉を交わすことはありませんでした。

2020年の春，めったにない晴天続きのロンドンの街を，ほとんど人気を感じることなく妻とともに散歩している自分，というのが，脳裏に焼き付いている第一次ロックダウンのイメージです。

コロナの2年間

その後の英国の状況は，ローラーコースターのようにめまぐるしく変わりました。

図5-1　英国一日あたりのコロナ感染者数と死者数の推移

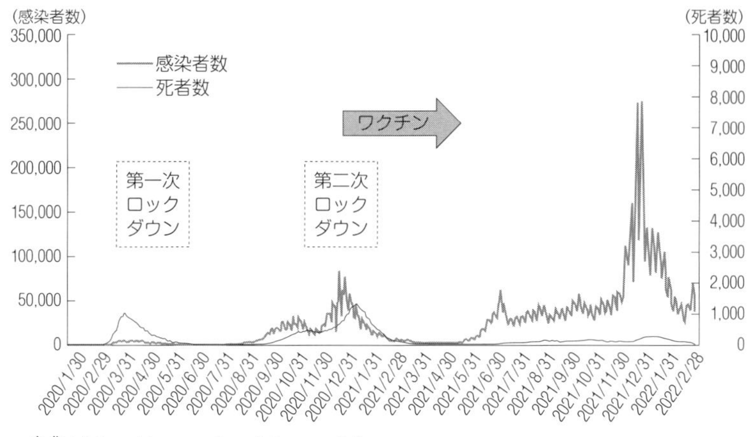

出典：https://coronavirus.data.gov.uk/

2020年3月から2022年3月までの2年間における英国のコロナ感染者数・死者数は，図5-1の通りです。[2)]

2020年の春には多くの人が亡くなりました。夏にはいったん感染が落ち着き，希望的観測が広がりました。結局，秋にアルファ株が出現，冬には1日の死者数が1000人を超えました。

パンデミック2年目となる2021年の春以降も，感染者数が毎日2万人を切ることはありませんでした。そして，冬には，オミクロン株の出現により1日20万人以上が感染する事態になりました。

ただし，この図から分かるように，2年目の死者数は，1年目に比べ，ずっと少なくなりました。例年の平均死者数とパンデミック下の死者数を比較した図5-2を見ても，2020年度の春と冬に，例年にない数の人が死亡している一方，2021年度の追加的死者数は，限定的であることが分かります。

ゲームチェンジャーは，ワクチンです。

当初，ワクチンの開発には最低2年はかかるとされていましたが，世界の研究者の力は，この予測を覆し，1年での開発に成功しました。特に英国は，2020年の冬に自国産ワクチン（アストラゼネカ社とオックスフォード大学の共同開発）の開発に成功し，他国のワクチンの大規模予約も行っていたため，世

図５－２　例年の平均死者数とパンデミック下の死者数

How the pandemic has affected excess deaths

Weekly UK death registrations

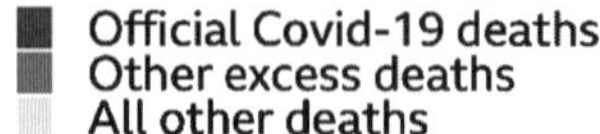

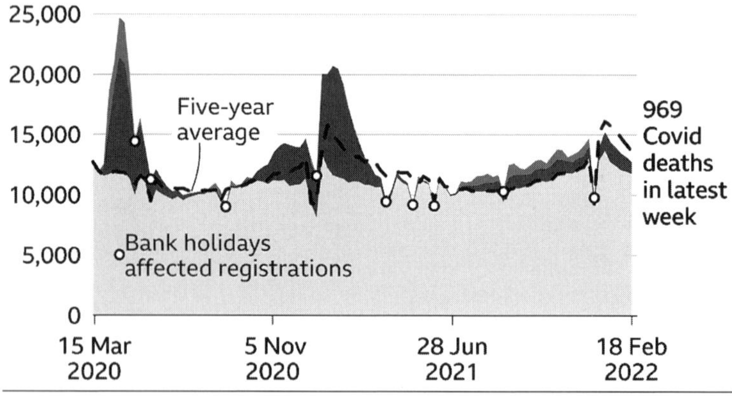

出典：ONS, NRS, NISRA. Date to 18 Feb.

界に先駆けて，早期の大規模ワクチン接種が可能となりました。

自国でのワクチン開発とその迅速な普及，自由を重んじる国民気質が相まって，英国では2022年２月にコロナ関連の規制が全面撤廃されました。

２年間を通じて，英国における感染者数は約２千万人，死者数は約16万人[3]です（2022年３月時点）。国民の３人に１人がコロナにかかり，0.2％がコロナで亡くなった計算になります。

2　英国政府のコロナ対策

英国政府の対策の特徴

英国におけるコロナの感染状況はものすごく，特に第二次ロックダウンが行われた2020年度の冬は，夕方４時には日が暮れる英国特有の暗さのなか，「街中を死神が徘徊している」ような感覚がありました。

ただ，コロナの間に英国で住んでいて良かったこともいろいろありました。一番良かったのは，英国政府によるルールの設定が明快だったことです。

全てのルール設定は中央政府により行われ，「マスクをしなければならない（あるいはもうしなくともよい）」「屋外で６人までなら会っていい（「Rule of Six」）」「屋外のテニスコートやゴルフ場は開けるが，屋内のスポーツ施設やクラブは閉じなければならない」などのルールが明確かつ統一的に示されました。感染拡大状況を測るＲ値（実効再生産数）やワクチン接種割合など客観的な数値を基準に，行動制限を強めたり緩和したりする規制プランが明示され，何が，いつ，できるようになるかという見通しを持つこともできました。「出来ないこと」が沢山ある時もありましたが，「できること」や「遠からずできるようになるだろうこと」が見えていて，同調圧力により自己規制する感覚も希薄なため，決められたルールの中で，最大限，生活を楽しむことができました。英国に住む人達は，決められたことは基本しっかり守っていました。（なお行動制限ルールを破り，度々官邸でパーティを行っていたことを要因に，2022年春に，ジョンソン首相が辞任するに至りました。「自由を愛しつつ，決められたルールはしっかり守る」という英国の雰囲気の中でコロナを経験した身からは，同首相に辞任をもたらした英国民の「怒り」には非常に共感できます。）

また，ワクチンが開発されてからは，英国政府はワクチン接種を集中的に進めました。ワクチン接種の過程は，恐ろしく円滑でした。接種の順番は政府により明確に定められ，会場設置やアプリ開発，接種予約まで，全てをNHS（国民保健サービス）が統一的に進めました。全国的な接種データは日々ホームページに分かりやすく表示され，順番が来たらアプリに連絡があることが分かっていたので，接種が進んでいる実感や安心感を持つことができました[4)]。

集団免疫の発想もあり，英国政府の初期対応は2週間ほど出遅れたものの，その後は，逐次，迅速な対応がなされたという印象があります。この印象は，明快な責任体制とルールの設定，迅速なワクチン接種体制の構築によりもたらされたものです。

■コロナとの共存

2021年の9月，パンデミックが始まって1年半が経った頃，英国は，世界に先駆けて，「コロナとの共存」へと舵を切りました[5)]。屋内でのマスク着用さえ義務ではなくなり，「コロナは終わった」という雰囲気が支配的になりました。結局まだ「終わり」ではなく，冬にオミクロン株が出現，1日の感染者数は20万人を超えました。

ただし，感染者数が20万人を超えても，ワクチン効果で死者数は増えない中，英国政府は，マスク着用こそ，当面再義務化した[6)]ものの，それ以上の規制を課すことはありませんでした。規制強化を行うことなくオミクロン株を乗り切った経験は，「正常化」へのプロセスを加速させ，感染者数に落ち着きが見え，死者数が増えないことがデータから明らかになった2022年2月に，屋内外におけるマスク着用義務を含め，コロナ関係の全ての規制が撤廃されました[7)]。

当初，半年で終わる，いや，収束まで数年間かかるなど様々な憶測が飛び交った「コロナとの戦い」は，英国では，ぴったり2年間で，収束を見たことになります。

■英国がトップランナーとなった理由①：「仕組み作り」が好きな「楽観的現実主義者」

英国から日本を見ていたこの2年間，日本は，コロナ対策で先進国の最後尾にいた印象があります。これに対し，英国は世界のトップランナーでした。

ワクチンの早期展開，驚くほど臨機応変なルールの設定や変更が行われ，まっ先に「コロナとの共存」へと舵を切りました。これを可能としたのは，「まずは仕組みを作り，やってみて，観察して次を作る」という楽観的で現実的なアプローチだと思います[8)]。

英国が，世界で有数の，もしかしたら世界で最も「巧みな」ルールメーカーなのは，多くの人が認めるところだと思います。最も分かりやすいのは，テニス，ゴルフ，サッカーといった世界的なスポーツが，すべからく英国発祥だということかもしれません。確かに，英国人は「スポーツ好き」です。ただ，英国発祥のスポーツが世界に広がるのは，英国人が「スポーツ好き」だからだというよりも，英国人は「仕組み作り」が好きでかつ上手だからだと思います。「古いモノ」好きの英国で暮らしていて，唯一「新しい」と思えたモノはカード決済でしたが，これも考えてみれば，「モノ」というより，「仕組み」です[9)10)]。

もちろん，全ての仕組み作りがうまくいくわけではありません。むしろ先陣を切って新しい仕組みを作ろうとするので，当初のコロナ対応を見ていても，失敗することもしばしばあります。この点，森嶋通夫氏が，その著作で，「イギリス人は保守的ではなく，進取の気性のある初物食いのオッチョコチョイの国民」で，「非常に思いきったことをする国民」だと書いているのは，よく分かります[11)]。

そもそも，「失敗」と思っているのかも不明です。うまくいっていない状況を，「失敗」というより，一つの「プロセス」に過ぎないと捉えているように思うからです。実際，仕組みを変更することへの躊躇は一切ありません。政府は，施策開始とほぼ同時に，学者やコンサルタントへの委託などを通じて，データを活用した精緻な検証を始め[12)]，検証次第で，すぐに仕組みを変更します。「官僚の無謬性」といった病理とは無縁で，メディアも，変更前の「失敗」をことさらに追求することはありません[13)]。

このような「まずは仕組みを作り，やってみて，観察して次を作る」という楽観的で現実的な気質が，コロナ下の機動的なルール変更や，世界に先駆けた「コロナとの共存」を可能にしたように思います。

▒英国がトップランナーとなった理由②：科学的データへの信用

コロナ下の英国政府の臨機応変な対応を可能にしたもう一つの理由は，これまでの透明性が高い情報開示の積み重ねにより，英国民がデータを信用していることです。

英国民は，政治家や政府の「判断」については必ずしも信用していませんが，政府や研究者が出す「データ」は信用しています。実際，英国ではワクチン接種への躊躇いはあまり見られませんでした。ワクチン接種による副反応などの危険性は低いという研究者の見解を信じたからです。対照的に，テニスのジョコビッチ選手の例にあったように[14]，東ヨーロッパでのワクチン接種への躊躇いは非常に強く，この背景には政府や科学への不信感があるとされます[15]。

2022年２月のコロナ規制の全撤廃も，「ワクチンを打っていれば重症化の確率は低い」というデータが，国民が信用できる形で日々分かりやすく示されていたからこそ，早期に実現されたと言えます。

政府によるデータ開示への信用や研究者への信頼感が高く，それがコロナのような政治と科学の領域が重なり合う緊急時において，機動的な対応を可能としたように思います。

3　コロナ下の英国大学

コロナの2年間は，英国の大学や研究者にも大きな影響を与えました。

ここでは，パンデミックの間，英国大学・研究者がどのように対応したか，そして，コロナが英国大学に本質的な変革をもたらしたか，見てみたいと思います。

1　パンデミックにおける英国大学・研究者の貢献

英国アカデミアの貢献①：SAGEによる科学的助言

英国の研究者は，「コロナとの戦い」において，決定的な役割を果たしました。一つは，政府への科学的な助言です。

政府に対する科学的な助言を主に担ったのは，政府に置かれた「英国政府・緊急事態科学諮問グループ」，通称「SAGE[16]（セイジ）」です。コロナの期間に英国に住んでいた人ならば，誰もがSAGEのことを知っていると思います。

SAGEは，緊急事態発生時に，政府に科学的・技術的助言を提供することを役割として招集されるグループです[17]。メンバーは，緊急事態の性質に応じて決まります。本体グループに加え，人間行動学などを専門とするサブグループも作られ，コロナの2年間で200名以上がSAGEの会合に参加しました[18]。SAGEの科学的助言は，政府の施策を代表するものではなく，また政府はその助言に拘束されません。

「コロナとの戦い」において，SAGEを代表したのは，バランス政府首席科学顧問，ウィッティ首席医務官の両名[19]で，事務次官級の国家公務員に当たります。両名は，図5－3のようにジョンソン首相の記者会見に同席し，科学的な

図５－３　政府記者会見の様子（３月12日[20]）

左：ウィッティ首席医務官，右：バランス首席科学顧問
出典：BBC より。

知見に基づく説明を分かりやすく行うとともに，首相とともに記者からの質問に答えました。ウィッティ首席医務官は，自宅待機を呼びかける政府広報などでも役割を果たし，誰よりも顔が知られた公務員となり，時に一般市民から嫌がらせを受けたりもしました。

SAGE の議事録は通常は事態が収束するまで非公表扱いなのですが，「コロナとの戦い」においては，透明性の確保が重要であるとして，会合から数週間で公表されました[21]。

SAGE の議事録と，政府施策を比較すると，SAGE が科学的シミュレーションに基づき規制強化が必要としたのに対し，政府は，これを聞かず，規制を変更しないといった「食い違い」が見られます[22]。このような「食い違い」については，しばしばジョンソン首相と SAGE の両者がいる記者会見の場で，質問の的になりました。これに対し，ジョンソン首相は，「政府としては，命のと生活の両方について考える必要がある」とコメントし，SAGE の両名は，「最後は，様々な要素を踏まえた政治の判断である」と回答しています[23]。

SAGE による政府への情報のインプットが，政府が施策を決定する際の重要な判断材料になったのは間違いありません。ただ，科学的エビデンスに「基づいて」意思決定を行っているとするジョンソン首相の言葉と裏腹に，英国政府が行っていたのは，科学的助言を「聞いた」上で，政治的な観点から意思決定を行うというプロセスで，そのことは誰の目からも明らかでした。

エビデンスベースドな意思決定が重視されるなか，政治と科学の分離とも言える，このような在り方については様々な議論があると思います。ただ，科学的助言を「聞いた」上で，それとは異なる「政治的判断」を行っていることも議事録などから見えていたので，施策そのものには賛否両論があるにせよ，「科学者はこう言うだろうが，政治的にはこういう判断もあるだろうな」という，ある種の納得感がありました。「食い違い」があることは，科学的知見が政府の方針に沿わされていない証左でもあり，次々と発表される科学的エビデンスやデータへの信頼感は高く保たれました[24)]。

SAGE は，2022年３月の規制の完全撤廃により，事実上活動を停止しました[25)]。

▒英国アカデミアの貢献②：ワクチンの開発，確保，普及

英国大学・研究者のもう一つの決定的な貢献は，迅速なワクチン普及を可能としたことです。

何より大きかったのは，自国産のワクチン開発を実現したことです。オックスフォード大学の研究チーム[26)]が，アストラゼネカ社との協定のもと，以前から研究していた技術を転用することで，コロナワクチンの開発に成功しました[27)28)]。この背景には，世界をリードするとされる英国のライフサイエンスの強さがあります。

また，英国はワクチン開発に成功するだけでなく，他国のワクチンの早期の大量獲得にも成功しています。英国政府は，早くも2020年４月に官民共同のワクチン・タスクフォースを設置[29)]，生化学者でありバイオテクノロジー業界のベンチャーキャピタリストとして優れた業績を持つケイト・ビンガム氏を議長[30)]とし，パンデミック初期の2020年の春の間に，複数の製薬企業と数億回分のワクチン契約を締結し終えています。同議長は，英国の金融界（シティ）が持つスピード感を政府にもたらし，通常の政府の特性ではない，コスト度外視でリス

クを取る，迅速かつ効果的なプロセスを主導したとされています。[31)32)33)]

さらにワクチン接種は，高齢者や既往症がある者を優先する政府方針のもと，NHSによる統一的な運用により，極めて円滑に進みました。ワクチン開発からほどなく，病院のみならず，博物館やスポーツ施設，医薬品の小売店も接種会場に転換し，大量接種が可能となりました。「現在，○歳から○歳に接種している」といった情報が逐次情報共有されるので，いつ自分が受けられそうかも明確に分かり，接種予約は，NHSから来たメールに回答し，複数の選択肢から都合がいい日時をクリックすれば終わりました。

▒ NHS

少し話は広がりますが，ある民間会社が2018年に，「英国人として最も誇りに思うものは何か」を英国人に聞いた際，「英国の歴史」，「イギリス軍」，「王室」などをおさえて，No. 1に輝いたのが「NHS」です。[34)]

NHSは，国が運営する国民保健サービス[35)]のことです。第二次世界大戦直後の1948年に，チャーチルに取って代わった労働党政権（アトリー内閣）の下で作られた仕組みで，「支払い能力ではなく治療の必要性に応じて医療は行われるべき」という原則のもと[36)]，国民全員（6カ月以上滞在の外国人を含む）が，原則無料で医療を受けられます。[37)]英国の医療行為のほとんどはNHSの傘下で行われており，私立病院で診療を受ける人は1割程度です。[38)39)]

NHSの医療サービスの満足度は必ずしも高くはないのですが，NHSという「存在」自体は支持されており，また，治療を行う医師・看護師への信頼の念は強く，英国で最も信頼されている職業は，1位に看護師，2位に医師だという調査結果があります。[40)] NHSへの支持の背景には医師・看護師の献身性があります。国際的に低位の報酬[41)]の中でも，治療に全力を注ぐその姿勢に心を打たれるものがあるのだと思います。

パンデミック中に，ロックダウンを呼びかけたジョンソン首相が掲げた言葉は，「Stay Home, Protect the NHS, Save Lives」（「家にいよう，NHSを守ろう，命を守ろう」）でした。[42)]日本で「病院を守ろう」と言われてもピンときませんが，「NHSを守ろう」という言葉には英国人の気持ちを喚起するものがあ

図5-4　NHSを守ろう

出典：英国政府ホームページより。

るようです。

このような国民感覚を背景に，英国人の寄付の約半分が医学研究や病院に対して行われており，例えば，英国最大のチャリティ団体であるウェルカム・トラストは，寄付で得た資金を原資に，年間約6億ポンド（約850億円）の予算を使って，人・動物の健康増進のための研究助成を行っています[43)]。

国公私立に複雑に広がる日本の医療体制と異なり，英国の医療体制はNHSのもとに一元的に集約されています。危機において，NHSの中央集権的構造と国民的な支持は，迅速で機動的な対応を可能とする理想的な基盤を提供したと言えます。

2　コロナ下の英国大学の状況

教　育

コロナ下において，英国大学における教育や研究は，どうなっていたでしょうか。

英国では，コロナの2年間に，2回のロックダウンが行われました。2020年の春と冬です。両ロックダウンにおいて大学は閉鎖され（※小・中・高校も閉鎖された)，オンラインによる教育が行われました。日本と同様，英国大学においてもオンライン教育の経験は乏しく，大学教員は，学びながらオンライン教育を進めました。その甲斐はあり，約7割の学生が，パンデミックの間に大学が提供したオンライン教育に対して，好意的に評価しています[44]。

ただし，全国学生調査における教育満足度を詳しく見ると，コロナ下の評価はコロナ前に比べ，指導，学習機会，アセスメントなどあらゆる要素について，軒並み下がりました。教育満足度が下がらなかった学生たちもいますが，もともとオンラインで教育を受けていた学生で，逆説的に，教育満足度を下げたのはオンラインへの移行だったことが分かります[45]。学生は，「提供されたオンライン教育は良かったか」と聞かれれば，「それなりに良かった」と回答しますが，「対面とオンラインとを比較するとどうか」と聞かれれば，「対面がいい」と回答するということだと思います。

大学教員の努力はありつつも，結局，コロナ下の大学において，最も大きな「被害」を被ったのは，学生だったと思います。英国大学は，2020年の夏に一時的に感染が収まったことから，対面教育を約束して生活費がかかる大学寮に呼んでおきながら，結局は，秋からのロックダウンによりオンライン教育に移行しました。パンデミック開始直前には，大学教員のストライキにより授業が妨害されていたこともあり，これらは当然に，学生の強い怒りを買い[46]，授業料返還の要求も起きました[47]。

新入学生：パンデミック1年目

2020年3月のパンデミック当初，強く懸念されたのは，2020年の9月の新入学生が激減するのではないかということです。国内学生は，オンライン教育を嫌って入学を一年遅らせるのではないか，留学生は国境が閉鎖され，ほとんど来てくれないのではないかという心配です。

蓋を開けてみると，2020年9月の新入学生数は，国内学生，留学生ともに増え，前年度比約1割の増加となりました。結果，英国大学は史上最も大きな人数の学生を受け入れることとなりました。

パンデミック以前から，国内の18歳人口も進学率も増加傾向にあり，留学生数も，学業修了後ビザの復活により，すでに顕著に増えつつありました。パンデミックは，この傾向を「阻害することなく，後押しした」ということになります。[48]

もともと，国内学生については，減少するという懸念に根拠がないという識者もいました。コロナは就職不安をもたらし，進学以外の選択肢が乏しい状況では，国内の若者の進学率はむしろ高まるという指摘です。[49] 結局，特殊事情が後押しした面もありましたが，その通りになりました。[50]

他方，留学生が減るどころか増えたこと[51]は，嬉しい誤算でした。いくつかの理由がこれをもたらしました。他国が国境を閉ざす中，英国は，入国後の一定期間隔離は求めても国境を閉じなかったこと，留学生が出願する5月から9月の期間に英国の感染は下火で対面教育への期待を持てたこと，トランプ政権下のアメリカが中国との関係悪化や「black lives matter」により不穏だったことなどです。英国大学としても，留学生の入学時期を数度に分けるなど柔軟に設定したり，数万人規模のチャーター便を飛ばして中国から留学生を運んだりするなど必死の努力を行っていて，英国大学にとって留学生の獲得がいかに重要かを窺わせます。

▩新入学生：パンデミック2年目

2年目となる2021年9月には，英国内の若者の学部出願数はさらに伸び，史上最高となっています。特にコロナ下で大活躍した看護系のコースへの出願は3割増です。[52]

留学生については学部出願状況が，EUとEU外で，くっきり分かれました。まずEUからの留学生の出願は4割減少しました（特に，相対的に貧しい東欧からの出願が減少）。これはコロナとは関係なく，ブレグジットの影響で，EUに課せられた規制が取り払われ，2021年9月から，EUの留学生でも，EU外の留学生と同じ授業料を支払うことになったからです。[53] ただ，実数では減少しても，経営的にはプラスになるという試算がされています。[54] EU留学生が支払う授業料は，これまでの2～3倍だからです。

他方，EU外からの留学生の出願は，順調に伸びています。[55] 約2割増で，これまでの最高記録を更新しています。

パンデミック当初の悲観的な予想を覆し，英国大学の学生ビジネスは，コロナ下において，ますます堅調でした。

研　究

研究については，どうだったでしょうか。2年間を通じて，大学の研究室の使用は制限され，閉鎖を余儀なくされることもありました。実際，英国大学の6割以上の研究者が，ロックダウンは研究の実施を阻害したとしています。

ただし，このことは，約4割の研究者は悪影響を受けなかったと考えているということでもあります[56)]。大学の研究へのパンデミックの影響は，自宅で進められる研究か，実験設備や生き物を扱うなど大学に来ることが必要な研究かなど，分野による差が大きかったのではないかと思われます。

3　コロナは，英国大学に本質的な変革をもたらしたか

コロナ下の2年間，英国大学は試行錯誤しながら，新しい状況に適応してきました。それでは，この間の経験は，英国大学に本質的な変革をもたらしたでしょうか。以下，教育，研究，経営のそれぞれの面について見てみたいと思います。

教育の変革？①：対面の重要性

コロナ当初，「コロナは大学の在り方を根本的に変えることになるだろう」という主張を展開する識者が，かなりの数見られました。キャンパスに来て教育を受けることはなくなり，大学はすべからくオンラインでの教育に移行していくという主張です。

実際には，オンライン教育で，学生の教育満足度が有意に低下したのは既述の通りで，コロナの経験は，学生が対面での教育や人間関係を求めていることを明らかにしたと言えます。腹落ちするような学びや，偶発的な交流，感情や感性を使った交流が，オンラインでは得にくいからだと思います。もしかする

とメタバースなどの新技術が状況を変えることはあるかもしれませんが，現時点では，オンラインが物理的な接触を完全に代替できる状況ではありません。

それでは，コロナ後の教育は，コロナ前と全く同じかというと，それもそうではないと思います。ここでは，今後も続くだろう英国大学の教育上の「変化」を2つ挙げたいと思います。

▒教育の変革？②：ハイブリッド教育

ひとつは，ハイブリッド教育です。

英国では2022年2月から全てのコロナ規制が撤廃されましたが，その中でも，講義については，多くの大学は，コロナ下の時に引き続いてオンライン（かつオンデマンド）で提供しています。オンライン講義の利点は，何度も見返せること，倍速視聴や一旦停止ができること，英語字幕を付けられることなどです。特に英語力が十分ではない留学生に，オンライン講義は好評です。他方，少人数で議論を交わすゼミについては，オンラインでは声を重ねられない，人間関係を築きにくいといったことから，対面が好まれます。

講義はオンラインで，ゼミや研究指導，課外活動は対面で，というハイブリッド教育の形は，今後も，英国大学で継続していくと思います。実際，英国研究大学で構成されるラッセルグループは，今後ハイブリッド教育を進展させていくと宣言しています[57)]。

▒教育の変革？③：英国「外」への進出

もうひとつは，英国大学の教育面における海外進出です[58)]。

海外の若者の中には，高いレベルの大学が自国にない場合に，居住費が高い西欧圏へ移住するのではなく，圏内（例えばマレーシア人にとってのアジア内の国）で教育を受けたいという一定のニーズがあります。海外移住を困難にしたコロナの経験は，このニーズを強めました[59)]。英国大学としては，自国に「来てくれない」ケースが増えたということになります。そうであれば，「自分が出ていき」，そこで教えようと考えるようになります。

そもそもコロナ前から，英国大学は，英国「外」への教育提供の最大手で[60)]，英国「外」で英国大学の教育を受けている学生数は，英国に来ている留学生の数を上回っていました。例えば，英国大学の海外大学分校は，中国やコモンウェルスの国々（マレーシア，スリランカ，シンガポール）を中心に30近く設置され，20年以上にわたって運営されています[61]。

コロナを機に，英国大学は，英国「外」への進出に，これまで以上に力を入れようとしています[62]。たとえば，コロナ下の2021年11月，英国大学協会は，政府の後押しのもと，海外大学分校を有する17の英国大学で構成する「英国大学海外分校ネットワーク」を発足，このネットワークを通じて，各国で，科学と教育の「スーパーパワー」としての英国大学の評価を高めるとしています[63]。ブレグジットにより，英国の目がEU外に向かっていることも，この方向性を後押ししています。

「英国らしい」のは，英国大学が海外進出を行うのは，「現地学生が低コストで教育を受けられること」「地元からの頭脳流出を防ぐことができること」「国際移動による二酸化炭素排出を減らすことができること」といった諸々の理由によるものだとしていることです。もっともらしい理由をつけて言葉巧みに海外へ進出するのは，英国の「お家芸」と言えるかもしれません[64]。

▒研究の変革？

教育面での影響に比べ，コロナによる研究面での英国大学への継続的な影響は，限定的だと思われます。例えば，ウェブ会議が広がったことで，研究学会（の一部）がオンラインに移行するといったことはあるでしょうが，それはコミュニケーション上の利便性が高まったに過ぎません。

英国大学が最も心配していたのは，2017年の「産業戦略」で設定された研究開発目標の行方でしたが，多少の後退はありつつも，基本的に維持されています[65]。

時に聞くのは，コロナを早期に克服した国際的な研究協力の経験が，今後，研究者間の連携を一層深めるという声です。パンデミックの間，世界の科学コミュニティは，学術的な競争に囚われることなく，オンライン上で査読前論文を公表し，非常に自由にデータを共有しており[66]，この経験が，競争過多の研究者コミュニティに変革をもたらすのではないかというものです。ただ，この国際協力の経験は主に医学分野の研究者に限られています。また，競い合うのが研究界の常であるなか，協調を軸にした研究者文化が発展するかは，今後の状況を見る必要があると思います。

経営の変革？

コロナの初期には，英国大学の経営が壊滅的な打撃を受けるのではという非常に悲観的な予測がありました。最大の理由は新入学生，とくに留学生の減少により，英国大学が経営の柱としている授業料収入が減少することです。

経営の章で詳述したように，英国大学は，留学生からの授業料収入により「かつかつ」で研究費を補填する経営を行っており，これが失われれば，研究をはじめ様々なプロジェクトが停滞するのは必至です。飲食，レセプション，観光に係る収入や寄付金収入も軒並み減少すると予想されました。

実際，このような予測のもと，パンデミック開始から２カ月後経った2020年５月に，ケンブリッジ大学の学長は，以下のような発表を行っています。[67]

- 今後，留学生の減少，研究資金や寄付収入等の減少により，数億ポンドの損失が想定される。
- このため，建設プロジェクトの凍結やサバティカルの延期，昇進・昇給の停止，給与支払いの一時凍結や自主的減給，最悪の場合には，人員解雇も考えることになるかもしれない。
- これを避けるため，政府からの支援を強く要望し，また，経費削減に努めている。

このような悲観的な予測や英国大学協会の要請を受け，政府は学生支援金などを柱とする「高等教育機関支援パッケージ」を実施しました。ただ，英国大学協会が最も求めていた約2800億円の財政援助は行いませんでした。[68]

パンデミック開始から２年間が経ち，2020年度の英国大学の収支が明らかになりつつあります。それによると，「その他収入」は減少したものの，多くの大学において，全体として収支は改善しました。当初の予測に反し，国内学生も留学生も増加し，授業料収入が増えた一方，[69] 昇給停止や自主退職の推進，新規プロジェクトの凍結などにより，支出を圧縮したからです。収支が明らかになるなか，経営陣の言う「パンデミックで経営が大変だ」という言葉は，「教員を切ろうとする大学執行部の陰謀だ」という声を聞くことさえあります。

もちろん，今後，増加した学生数に見合う教育サービスの提供や新規プロジェクトの再開のために，お金を使うことになるので，パンデミックの間に，英国大学が「儲かった」ということでは必ずしもありません。ただ，当初心配されていた，大学経営への壊滅的な打撃が起きなかったことは，間違いありません。[70]

4　コロナ後の展望

英国における「コロナとの戦い」は，ぴったり２年間で収束しました。

この間の英国大学・研究者の貢献は大きく，他国に先駆けて「コロナとの共存」を実現できる環境を準備しました。この間，学生は大きな被害を被りましたが，大学経営は堅調でした。英国大学は，コロナとの経験から，ハイブリッド教育という新しいツールや，海外大学分校の拡充という新しい商機も見出しました。ただ，教育，研究，経営いずれにおいても，当初考えられていたような本質的な変革が起きたかというと，そういうことはなかったと思います。

英国大学への中長期的な影響は，コロナより，むしろ，パンデミック真只中の2020年12月に妥結したブレグジットによるものの方が大きかったかもしれません。ブレグジットの結果，EU 留学生の授業料設定額が撤廃されただけでなく，英国は，EU 最大の留学の枠組みであるエラスムスから脱退し，独自の留学の枠組みである「チューリングスキーム」を創設することになりました[71]。また，EU の研究協力枠組みである「ホライゾン」には留まりましたが，その参加程度は未だ不透明です。

2020年から2022年は，コロナとブレグジットが重なる激動の２年間でした。いずれも社会的な影響が非常に大きい出来事だったため，それぞれの影響を特定することは簡単ではありませんが，英国大学の今後を考える時には，コロナの影響とブレグジットの影響を腑分けしながら見る視点が重要だと思います。

もしかすると，コロナ下で英国大学が得た最も大きなインパクトは，英国大学に対する国民からの信頼の「積み上げ」だったかもしれません。世界各国と比べても，コロナ前後で英国における科学への信頼は高まっており，「研究者を非常に信頼している」とする英国人が10％以上増えたことが分かっています[72]。

大学の発展には，パトロンの支持が不可欠です。英国大学・研究者の科学的助言における存在感，ワクチン開発・普及への貢献は，パトロンたる英国民に，英国大学の力を改めて認識させる契機となりました。

諸外国に比べても，軽傷でコロナを乗り切った英国大学の展望に，現時点で大きな「影」は見当たりません。ただ将来的なリスク要因はあります。最大の懸念は，中国人留学生が来なくなることです。中国経済の失速や英中関係の悪化により，中国人留学生が来なくなれば，英国大学は研究を維持・発展させる上で必須の資金を失うことになります。こういった中国人留学生依存ともいえる経営環境に警鐘を鳴らす声は，英国の大学関係者からしばしば聞こえてきます。

ただ，政府内の大学関係者は，「確かに中国人が来なくなるのはリスクだ。ただ，それは10年前にすでに言っていたことで，実際には，中国人留学生は来続けている。あまり考え過ぎてもしょうがない。」といいます。

コロナ下の英国政府，英国大学の対応は，英国が急激な変化に臨機応変に応じる力があることを明瞭に示しました。経営の「かつかつ」具合いを見れば英国大学に良い見通しばかりがあるわけでもありませんが，時に悲観的なことを口に出しながらも「悲壮感」はなく，英国民は，心の底では，「英国は大丈夫」と思っているように感じます。

英国人特有の楽観的現実主義のもと，英国大学は，今後も，状況を冷静に観察しながら，臨機応変に仕組みを変え，グローバルな大学間競争の中で，確固とした地位を占め続けるのではないかと感じます。

第5章　注

1）https://www.instituteforgovernment.org.uk/sites/default/files/timeline-lockdown-web.pdf

2）https://www.bbc.co.uk/news/uk-51768274

3）陽性と診断されてから28日以内に死亡した者の人数。

4）多様で地域に密着した流通のさせ方も効果的だった。病院内ワクチン接種センターに加え，スポーツ施設や医薬品の小売店など，地域コミュニティに小規模なワクチン接種拠点が設置され，その総数は1,500以上にのぼった。ワクチンが足りない拠点やワクチンを無駄にする拠点がないようにするには，拠点間の効果的な分配計画と在庫管理が不可欠であり，製薬会社の販売代理店のノウハウが導入された。また，軍事に携わる物流プランナーなど，分野の異なる組織の経験や人員も積極的に採用された。

https://theconversation.com/the-uks-speedy-covid-19-vaccine-rollout-surprise-success-or-planned-perfection-155922

5）https://www.theguardian.com/commentisfree/2021/sep/13/boris-johnson-live-with-covid-not-easy

6）2021年9月からマスク不要の「Plan A」が適用されていたところ，オミクロン株の出現により，12月から屋内でのマスク着用を義務化する「Plan B」が発動された。逆にいえば，英国政府は3カ月の間，大した規制とも思えない「Plan B」の発動さえ躊躇したことになる。

7）https://www.bbc.co.uk/news/explainers-52530518

8）英国人は口では悲観的なことを言うが，根本的には，楽観性を持っていると思う。英国民は，「楽観的な現実主義者」だと感じる。この国民性には，英国が第二次世界大戦の戦勝国であることが影響しているかもしれない。これに対し，日本人は「悲観的理念主義者」だと思うことが，しばしばある。

9）ある公益団体の組織規則の改訂に立ち会ったことがあるが，日本ならば概ね前例踏襲となる規則改訂に，多くの人が自分のアイディアを提案し，新しいやり方を導入しようとしていた。英国民のルール設定への関心の高さを見たように感じた。

10）仕組み作りにおいては，実効性のある，多くの人が説得されるルールを作って広げていくことを好む。このため，理念的な改革を声高に叫ぶのではなく，状況をよく観察し，データを取り，分析し，機能しそうな仕組みを構築し，人のネットワークを使って，英国にとって実益のある仕組みを浸透させていく。1900年から3年近く英国に留学した夏目漱石は，帰国後，『虞美人草』の主人公に，「ことに英吉利人は気に喰わない。一から十まで英国が模範であるといわんばかりの顔をして，なんでもかでも我流で押し通そうとするんですからね」と言わせている。夏目漱石の時代から120年が経ち，もはや「大英帝国」の時代ではないが，ルールメーカーであろうとする英国民の気質は，様々な場面で感じられる。

11）森嶋通夫『イギリスと日本――その教育と経済』岩波新書，2003年，p. 50

12) なお,「結論ありき」の検証ではないので,検証結果は,採用されることも,されないこともある。

13) もちろん質問はするが,日本と比べて,過去の政策的な判断について,無暗に食い下がらない。政府も,「あの時点では,あの時点で出来る限りの判断をした」とし,時には「あの判断は間違っていた」と謝罪し,それはそれで話は終わる。なお,私が英国で滞在していた際メディアが最も食い下がったのは,ロックダウン中にジョンソン首相が官邸内でクリスマスパーティをしていたという事案だったが,これはモラルについてであり,過去の政策判断についてではない。

14) ジョコビッチ選手は,インタビューで以下のように話している。

"I was never against vaccination," he told the BBC, confirming he'd had vaccines as a child, "but I've always supported the freedom to choose what you put in your body."

https://www.bbc.co.uk/news/world-60354068

15) https://www.washingtonpost.com/world/2022/01/07/novak-djokovic-covid-vaccine-serbia-australia/

東ヨーロッパでは,ワクチン接種率が50%を超えないところが多い。

16) The Scientific Advisory Group for Emergencies

17) 英国では,緊急事態発生時に,首相を議長とし関係閣僚等により構成される「COBR会議(Cabinet Office Briefing Rooms)」により,各省庁間の調整や政策決定が行われる。SAGEは,COBR会議に先立ち開催される。COBR会議には,バランス政府首席科学顧問,及び,ウィッティ首席医務官の両名が,SAGEを代表して出席する。

18) SAGE本体の1回の会議に参加する者は,最大50名程度。当初メンバーの名前は公表されていなかったが,メディアからの要望が強く,5月初めに公表された(ただし匿名希望の者の名前は公表されなかった)。

https://www.gov.uk/government/publications/scientific-advisory-group-for-emergencies-sage-coronavirus-covid-19-response-membership/list-of-participants-of-sage-and-related-sub-groups

19) バランス政府首席科学顧問(2018年〜)は,ロンドン大学医学部教授,グラクソ・スミスクライン社研究開発部門トップ等を経て,現職。

ウィッティ首席医務官(2019年〜)は,ロンドン大学衛生熱帯医学大学院教授,国際開発省科学顧問等を経て,現職。

20) BBCより。

21) https://www.gov.uk/government/news/government-publishes-sage-minutes

https://www.gov.uk/government/organisations/scientific-advisory-group-for-emergencies

22) 「食い違い」が最も如実に表れたのは,2020年秋のロックダウンに至る判断についてである。8月から感染が広がりつつあったにもかかわらず,政府は,11月まで全国ロックダウンを再開しなかった（感染状況を踏まえた地域ごとの規制強化策は講じている）。10月13日のSAGEの議事録の公表により，実は，SAGEが9月21日の時点で，全国ロックダウンを行うよう提言していたことが明らかになった。BBCは，科学的助言と政府決定の間に大きな隔たりがあると報道した。その後も感染者数の増加が止まらなかったことから，政府は，11月5日に全国ロックダウンを実施した。

23）　2020年11月からのロックダウンを発表した際の記者会見。

24）　この点，2020年11月のファーガソン教授へのインタビュー記事により，英国の研究者の視点から，政府の対応がどのように見えていたかが分かる。ファーガソン教授は，インペリアル・カレッジ・ロンドン大学教授（疫学）であり，SAGEの主要メンバーの1人として2020年3月に感染のモデリングを行い，対策を取らない場合には，英国の病床が溢れ50万人の死者が出るとシミュレーションし，英国政府を第一次ロックダウンに導いたとされる。2020年5月はじめに，ロックダウンの規制を破ったことを理由にSAGEを辞任した。インタビュー記事の概要は，以下の通りである。

・英国は最終的に，検査レベルをヨーロッパ最高水準まで引き上げることに成功した。英国は，感染率に関し，ヨーロッパのほとんどの国より洗練された監視システムを持っている。

・最大の明白な誤りは，（春の）ロックダウンを行うまでに時間がかかったことだ。複合的な理由によるものだが，最大の理由は，初期段階において，中国をはじめアジアから戻ってきた数百人の旅行者を検査することに時間をかけすぎ，ヨーロッパのホットスポットから戻ってきた人々に十分焦点を合わせなかったことだ。

・また，英国は，病院での感染の監視の仕組みを，素早く立ち上げなかった。これが出来ていれば，流行規模が把握でき，迅速な対応が可能となっただろう。将来のいかなるパンデミックにおいても，病院における感染監視が非常に重要だ。

・パンデミックの間，科学コミュニティは優れた反応を見せた。学術競争や最高のジャーナルでの出版といった，研究者を駆り立てる典型的な事柄に惑わされず，誰もがオンライン上で査読前論文を公表し，自由にデータを共有した。業界と大学の間で進めたワクチン開発や国際的な協働は非常に心強いものだった。

・パンデミックを通じて，科学研究のプロセスについての一般の者からの理解が深まった。突然「ブレイクスルー」が生まれるのではなく，もっと「ごちゃごちゃした（messy）」プロセスだということだ。

・（いくつかのメディア報道で，彼が「Professor Lockdown」というあだ名を付けられていることについて聞かれ，）私がこの国や世界にロックダウンをもたらしたというのは完全に間違った言説だ。実際には，複数の科学者のチームが，政府に助言を行った。メディアがヒーローや悪役を好むのは残念なことだ。私を含め，ほとんどの科学者はそれらよりも人間的だ。また，政治的言説の中に，非難すべき人を探そうとするところがあるのは不幸なことだ。

・面白いことではあるが（Funnily enough），英国政府は科学によって動かされはしなかった（not driven）が，科学から情報は得た（informed）。政府に科学的な助言を行う体制は，よく機能した。

・結局のところ，政策を立てるのは政府だ。「政府はこれを行うべきだ」と言うのは，科学者の役割ではない。我々の役割は，「これが基となる根拠で，これらが不確定要素。「A」を実行するとこうなる可能性が高く，「B」を実行するとこうなる可能性が高い」と伝えることだ。

・私は，その時々に政治家が行った判断をもって，政治家を批判することはない。少なくとも，この国については。私が見てきたのは，できる限り最善を尽くそうともがき努力する姿だ。それらの判断のすべてが完璧であったわけではない…科学の側と政治的意思決定をした側の双方において。

https://www.timeshighereducation.com/news/neil-ferguson-delay-lockdown-uks-biggest-pandemic-mistake）

25）　https://www.telegraph.co.uk/news/2022/03/04/sage-stands-signifying-end-covid-pandemic-uk/

26）　中心は，サラ・ギルバート教授（ワクチン学）。

27）　https://www.research.ox.ac.uk/Area/coronavirus-research/vaccine
https://www.research.ox.ac.uk/Article/2020-07-19-the-oxford-covid-19-vaccine

28）　なお，オックスフォード－アストラゼネカ社のワクチンは，他のワクチンに比べ，低価格で提供された（1注射当たり約2ポンド，ファイザー社ワクチンは約15ポンド）。この背景には，サラ・ギルバート教授及びオックスフォード大学が，公益的意識に基づき，ワクチンが開発された際には，ワクチンを原価で供給することを製薬会社に求めていたことがある。同教授は元々米国メルク製薬会社と提携していたが，その関係を切り，この条件を飲んだ英国―スウェーデンのアストラゼネカ社と協定を締結していた。その後，接種後の血栓症発症の問題が明らかになり，アストラゼネカ社のワクチンの使用が難しくなったのは，残念なことだった。

https://economictimes.indiatimes.com/news/international/business/how-american-pharma-giant-merck-also-a-vaccine-titan-lost-the-covid-race/articleshow/80829611.cms?from=mdr

https://news.sky.com/story/covid-19-a-rare-and-resounding-success-how-the-uks-great-vaccine-gamble-paid-off-12216311

https://privatebank.jpmorgan.com/gl/en/insights/giving/the-peoples-vaccine-philanthropy-and-the-oxford-astrazeneca-vaccine

https://www.ft.com/content/e359159b-105c-407e-b1be-0c7a1ddb654b

29）　ビジネス・エネルギー・産業戦略省に設置。

30）　ジョンソン首相のオックスフォード大学の同期生でもある。ワクチン・タスクフォースが潤沢な資金を調達できた背景には，ビンガム議長にジョンソン首相に進言する「近さ」があったことも重要だったとされている。他方，就任直後から，その関係の近さが「えこひいき」だとメディアに批判され，当初の契約通り6カ月で議長職を退いている。なお，ワクチンの早期大量普及に成功した後，批判は消え，ある記事は彼女のことを「この勝利をもたらした風変わりな英雄」だとする。

https://www.ft.com/content/8d9edc58-7922-496a-942f-5360bfe84876

https://www.theguardian.com/politics/2020/nov/09/uk-vaccine-taskforce-chief-kate-bingham-expected-to-quit

https://www.theweek.co.uk/951927/does-media-owe-kate-bingham-apology-over-uk-vaccine-rollout

31） https://www.repubblica.it/cronaca/2021/02/07/news/kate_bingham_interview_vaccines_covid_astrazeneca_uk_coronavirus_johnson-286384093/

32） https://news.sky.com/story/covid-19-a-rare-and-resounding-success-how-the-uks-great-vaccine-gamble-paid-off-12216311

33） https://www.nao.org.uk/report/investigation-into-preparations-for-potential-covid-19-vaccines/

34） https://www.mintel.com/press-centre/social-and-lifestyle/british-lifestyles-the-nhs-tops-list-of-uks-most-cherished-institutions

35） National Health Service

36） it be based on clinical need, not ability to pay

37） 主な原資は税金。

38） https://www.commonwealthfund.org/international-health-policy-center/countries/england

https://www.mof.go.jp/pri/research/conference/zk087/zk087_04.pdf

39） 高い理想のもとで運営されているNHSだが，それではNHSの医療サービスの質が素晴らしいかと言うと，疑問符は付き，待機時間の長さに加え，他の先進国に比べた治療成果（例：がんの5年生存率など）も必ずしも高いものではないというデータがある。他国より医療スタッフの人数が少ないことや，病院に寄り付こうとしない英国人の気質，必ずしも積極的に検査を行おうとしないNHSの姿勢などが背景とされている。NHSのサービスに満足している国民の割合も半分程度である。

https://www.kingsfund.org.uk/sites/default/files/2018-06/NHS_at_70_how_good_is_the_NHS.pdf

https://www.nli-research.co.jp/report/detail/id=61120?site=nli

https://www.kingsfund.org.uk/publications/public-satisfaction-nhs-social-care-2018

40） 3位は学校教員。最下位は広告業重役で，最下位から2番目が政治家。

https://www.health.org.uk/publications/public-attitudes-to-the-nhs

https://www.ipsos.com/ipsos-mori/en-uk/advertising-execs-rank-below-politicians-britains-least-trusted-profession

41） 一般医（GP），専門医（Specialist）ともに，年間6万～10万ポンド程度（800万～1400

万円。ただし，1ポンド＝100円の体感では，600万〜1000万円程度)。これは，ヨーロッパの先進国やG7と比較し低位の報酬である。なお，日本の医師は，国立大学病院の医師で1400万円程度，医療法人の病院長では3,000万円程度の報酬がある。

https://www.prospects.ac.uk/job-profiles/general-practice-doctor

https://www.prospects.ac.uk/job-profiles/hospital-doctor

https://www.giveagradago.com/news/2020/01/what-are-the-best-paid-jobs-in-the-uk/447

https://www.oecd-ilibrary.org/docserver/health_glance-2017-55-en.pdf?expires=1610545761&id=id&accname=guest&checksum=6BFDF36E989449BC4C66526D982A7CD3

https://www.mhlw.go.jp/bunya/iryouhoken/database/zenpan/jittaityousa/dl/22_houkoku_iryoukikan.pdf pp. 271, 272

https://www.kansai-u.ac.jp/Keiseiken/publication/seminar/asset/seminar12/s196_2.pdf

https://www.mof.go.jp/pri/research/conference/zk087/zk087_04.pdf

42)　https://www.gov.uk/government/news/new-tv-advert-urges-public-to-stay-at-home-to-protect-the-nhs-and-save-lives

43)　https://www.nptuk.org/philanthropic-resources/uk-charitable-giving-statistics/

全体の寄付先では，医学研究が25%，病院が20%，動物福祉関係が26%，若者・子供が26%。

林幸秀・津田憂子・成瀬雅也・倉田佳奈江『英国の科学技術情勢　産業革命の発祥国はイノベーション立国を実現できるか』丸善出版株式会社，2019年，p. 124

44)　https://www.jisc.ac.uk/reports/student-digital-experience-insights-survey-2020-21-uk-higher-education-findings

45)　https://www.officeforstudents.org.uk/media/1480/insight-brief-10-nss-finalforweb.pdf

46)　例えば，2020年9月末時点で，マンチェスター市民大学で127人の感染者が出て，1700人が2週間の隔離となった。学生は,「大学がキャンパスや学生寮に来ることを求めておきながら，その結果当然に生じ得るクラスターの発生について，学生を非難するのはおかしい」「大学にとって学生寮収入は重要であり，大学が学生を戻そうとした本当の動機はそこにあったのではないか」と反発。

また，学生の中には，9月になってから第一学期は全てオンラインで行うと告げられた者もおり,「そうであれば高額の住居費を払いに引っ越すことはなかった」とコメント。部屋でのオンライン教育を余儀なくされているインド人留学生はプラカードを掲げ,「このために£22,000（※約300万円）を払っているのか？」「インドから来る意味があったのか？」と抗議した。

なお，英国の学生は，4割が親から，3割が銀行等から借金をして住居費を支払っている。

47)　2020年5月，33万の署名を集めた学生は，議会の請願委員会において,「今年度，大学は,教員のストライキとコロナにより混乱を極めた」「学生は，オンライン授業の質のばらつき，学校設備へのアクセスの断絶，教員との接触時間の低下，住んでもいない寮費の支払い義務に対して，フラストレーションを覚えている」「学生は，怒りと失望を感じており，授業料に見合ったものを得られていないと考えている」旨を述べた。これに対し，英国大学協会会長は，「大学は学生が十分な学習成果を上げられるよう，できる限りのことを行っている」と述べた。同月，大学担当大臣は，「コースの目的に応じた十分な教育の質が提供されているのであれば，オンラインであっても授業料の返還が必要ということにはならない」と述べた。７月，議会の請願委員会は，「大学が標準以下の教育サービスを提供していた場合に学生が授業料返還やコースの一部やり直しを求める権利があるのはその通りだが，全大学の学生に対し遍く授業料返還が行われる必要があるとは思われない」と結論付けた。

https://www.bbc.co.uk/news/education-52580162

https://www.bbc.co.uk/news/education-52506283?intlink_from_url=&link_location=live-reporting-story

https://www.universityworldnews.com/post.php?story=20200718133756612

48） https://www.hesa.ac.uk/insight/25-01-2022/impact-covid-19-2021-student-data

49） 特殊だったのは，生徒の高校成績がインフレを起こし，国内学生が大学に合格しやすくなったこと。これは，コロナにより高校卒業認定試験の実施が不可能になり，高校教員の成績付けで大学の合格判定を決めることとなったことによる。結果，国内学生は，上位の大学で11%，中位で0.8%，下位で0.4%増えた。

50） Nick Hillman, director of the Higher Education Policy Institute, said: “It was always clear that domestic demand would be up, despite the reduction in 18-year olds, because the alternatives to more education are so poor this year. It was also always likely that EU numbers would be down, given the Brexit uncertainties and shenanigans. No one predicted such a big increase in non-EU international students and we have to wait to see if they will all actually arrive and then stay the course.”

51） EU からの留学生，EU 外からの留学生，ともに増加。なお，EU からの留学生にとって，2020年の入学は，英国学生と同じ授業料で入れる最後の年だった。

https://www.hesa.ac.uk/insight/25-01-2022/impact-covid-19-2021-student-data

52） https://www.ucas.com/corporate/news-and-key-documents/news/nursing-applications-soar-ucas-publishes-latest-undergraduate-applicant-analysis

53） それまでは EU のルールにより，EU からの留学生は国内学生と同じ授業料としなければならないという規制がかかっていた。

54） ブレグジット前に作成された，ブレグジットの影響を試算した英国政府レポートによると，以下の通り。

① EU 学生と他の留学生が同じ授業料額となることで，EU からの入学が６割程度減少する。これに伴い約90億円の授業料収入が失われる。

②ただし，それでも入学する EU 学生からの授業料収入が授業料設定額の上昇により約

160億円増えるため，全体では授業料収入は増える。

③この恩恵を被るのはEU学生が数多く入学し続けると予想されるオックスブリッジだけで，他の大学はいずれも人気度に応じて収入が減少する。

2021年の出願状況を見ると，このレポートの予想ほどEUからの留学生は減少しておらず，オックスブリッジ以外の大学においても，経営上プラスになる可能性がある。

https://www.timeshighereducation.com/news/uk-could-lose-57-cent-eu-student-numbers-says-dfe-study

55）　https://www.ucas.com/corporate/news-and-key-documents/news/nursing-applications-soar-ucas-publishes-latest-undergraduate-applicant-analysis

中でも，中国，インド，アメリカからの出願が，それぞれ21%，25%，61%増。

56）　https://www.ukri.org/news/survey-findings-of-the-impact-of-covid-19-on-researchers/#:~:text=Impact%20on%20research&text=58%25%20reported%20that%20COVID%2D19,reduced%20their%20time%20for%20research

57）　https://russellgroup.ac.uk/news/blended-learning-at-russell-group-universities/

2020年度の民間調査によると，大学のリーダーたちは，①ロックダウン前はほとんどが対面教育だった，②2020/21年度は，オンライン教育が多数を占める，③2021/2022年度から，対面授業とオンライン授業が半々のブレンデッド学習が中心になり，それは2030年度になっても変わらないと回答している。また，リーダーたちの９割は「オンライン教育は学生に十分は社会経験を提供できていない」とし，ある学長は「今後10年間のチャレンジは，個別学習と情緒的・社会的・協働的学習の双方を実現できるよう，どのように教育をデザインし直すかだ」と述べている。

https://www.jisc.ac.uk/reports/learning-and-teaching-reimagined-survey-synthesis

https://www.timeshighereducation.com/news/blended-learning-here-stay-say-uk-sector-leaders

58）　transnational education と総称される。

59）　https://www.nikkei.com/article/DGKKZO69457240W1A220C2CK8000/

60）　https://www.universitiesuk.ac.uk/universities-uk-international/insights-and-publications/uuki-blog/how-can-tne-help-uks-international

61）　https://www.universitiesuk.ac.uk/universities-uk-international/insights-and-publications/uuki-insights/scale-uk-transnational-education

62）　2020年４月，ジョー・ジョンソン（※前大学担当大臣，ジョンソン首相の弟）は，「現在，英国の大学は急速にオンライン教育のレベルを上げている。アジアやアフリカには，英国に住み，高い学費を払い，３－４年の課程を受けることまでは望まない収入層が存在する。現在の大学の転換は，そのような層の獲得により，英国の大学がグローバルなプレゼンスを一層高めることにつながる」と述べている。

https://www.timeshighereducation.com/news/switch-online-teaching-can-help-uk-unlock-global-markets

63) 17大学で，17カ国に合計27の海外分校を持つ。
https://www.universitiesuk.ac.uk/universities-uk-international/events-and-news/uuki-news/new-uk-university-overseas-campuses

64) https://www.universitiesuk.ac.uk/latest/events/transnational-education-conference-2021-0

65) 2020年時点で，アメリカやドイツ，日本は3％前後，英国は1.7％前後。英国政府はこれを2027年に2.4％まで上げる目標を設定している。なお，これらの数字は，大学セクター以外を含む数字。
https://www.gov.uk/government/publications/research-and-development-macroeconomic-modelling-of-24-target
https://www.ft.com/content/4c8022d5-d8f7-436d-93c2-84ef5334f782

66) https://www.timeshighereducation.com/news/neil-ferguson-delay-lockdown-uks-biggest-pandemic-mistake

67) https://www.cam.ac.uk/coronavirus/news/update-from-the-vice-chancellor-18?fbclid=IwAR2OzDtvivgyaqMiMSVDUB_12UtcSnkADejFCIFXy-MD1Znw_S3Xy9KDLAc

68) https://www.gov.uk/government/news/government-support-package-for-universities-and-students
なお，英国大学財政問題研究所は，2020年7月の時点で，大学の破綻可能性について，
・上位大学は，損失は大きいが経営的バファーが大きいためその可能性は低い。
・破綻リスクが大きいのは，損失は小さくとも，以前から経営状況が悪かった大学であり，中央シナリオでは，このような大学は約5％の学生が所属する13の大学である。
とし，また，中央シナリオでは，政府の財政出動がなくとも，5年後には大学セクター全体の経営的蓄えは，元に戻るとシミュレーションしていた。
https://ifs.org.uk/publications/14919

69) 例えば，キングス・カレッジ・ロンドン大学は，授業料収入を約2割増やし，史上はじめて収入総額が10億ポンドを超えている。

70) https://www.timeshighereducation.com/depth/cash-king-uk-universities-shore-finances

71) 2020年12月末，ブレグジットに伴う英国-EU 間の交渉が妥結。英国は，EU の留学生プログラム「エラスムス」から脱退し，2021年9月から独自に「チューリング・スキーム」という留学の仕組みを開始すると表明した（予定通り開始）。新しい仕組みには政府から100億ポンドが投じられ，3万5000人の学生が他国へ留学するとされた。「エラスムス」との大きな違いは，英国「への」留学支援の性格はなくなり，英国「からの」留学支援に特化すること，また EU のみならず EU 以外の国々へも留学させることである。
なお，「エラスムス」の時には，例えば2018年度実績で，英国「からの」留学が1万7000人，英国「への」留学が3万2000人で，圧倒的な英国の受け入れ超過となり，英国の財政負担を招いていた（英国の拠出金は約160億ポンドだった）。大学などからは，「エラスム

ス」脱退を残念がる声が上がる一方，実際には大学は残留に向けた運動を活発に行わなかったという指摘や，新しい仕組みは英国が西欧中心主義を脱却しアジアとの交流機会を増やすものだという見方がある。

72） https://www.timeshighereducation.com/news/public-trust-science-soared-pandemic-says-global-survey

おわりに

（※日本への帰国直前の2022年3月に執筆）

ここまで5つの章を通じて，英国大学の「キラキラ」の秘密を解き明かそうとしてきました。

最後に，この3年間，英国大学の「キラキラ」の奥底にある，英国社会の特徴について，感じたこと，考えたことを紹介して，このレポートを終えようと思います。

なお，下記で「英国人」としているのは，「英国籍を持っている者」のことではなく，「英国に住む人々」のことです。

スムーズな英国生活

英国での生活は，とてもスムーズでした。これは，必ずしも私だけの感想ではなく，ロンドンにいる日本人と話をすると，長らく住んでいる人も，数年間駐在している人も，口を揃えて，英国での生活は，日本より「楽だ」といいます。その一番の理由は，他人に構わず干渉せず，でも困っている時には助けてくれる，英国人の気質にあるように思います。

英国では，どのような服を着ていようと，どんな体型だろうと，どこでパソコンを広げようと，干渉されることはありません。他方，階段で重い荷物を抱えていたり，ベビーカーを押していたりすれば，すっと力を貸してくれます。日本のような，一方で「あるべき」態度を期待し合い，他方で仲間内ではない人に対しては親切になりにくい，同調圧力が強い国から来ると，英国で生活するのは本当にスムーズです。

「べきだ論」

実際，英国人には「べきだ論」的発想が，希薄です。どこにも完全なものはなく，未来のことが完全に分かるはずはなく，完璧でないからと人を非難してもお互いに不幸なだけで，日々，出来る限りのことをするしかないと思っているからだと思います。英国の電車はよく遅れますが，駅員にフラストレーションをぶつける英国人を見ることはありません。英国で住んでいると，非難すべき欠陥を必ず作り出してしまう「べきだ論」が，日本を息苦しくしていることに気付かされます。

「べきだ論」が希薄だからといって，英国人が先を読まないということではありません。むしろ，英国人はプランニングが得意です。コロナ下においても，「この数値を満たせば，この規制を外す」といった，分かりやすい計画が度々作成されました。

ただ，プランニングする際の発想は，日本とは異なるように思います。日本の場合は，しばしば，リソース（人や金）について十分考えることなく，「この時点では，こうなっているべき」という発想でプランニングを行います。英国では，抽象的な「べきだ論」から「下に降ろす」のではなく，何が可能かという「構え過ぎない」現実的なシミュレーションのもと，プランニングが行われます。

数値目標に対する考え方も違います。日本では，数値目標は，「到達しなければならない目標」です。英国では，「これから目指す目標」です。数値目標は，日本では，未来から課せられた「宿題」ですが，英国では，未来に向けて目指す「挑戦」です。日本のように，「到達しなければならない目標」と考えてしまうと，設定自体が躊躇われ，設定したとしても，予め逃げ道を作ったり，時には改竄が行われたりもします。何より，ワクワク感がありません。「挑戦」ではなく，「宿題」だからです。英国人にも「到達すべき目標」という感覚はありますが，それ以上に，「まず目標を設定して，それに向けて進めてみよう」という，現実的かつ楽観的な感覚で，数値目標を捉えています。

コロナ下で見えた楽観的現実主義

英国人の楽観的現実主義者の側面が，一番顕著に見えたのは，コロナへの対応です。

当初の対応の遅れなどもあり，2022年３月時点で，英国ではコロナで16万人以上が亡くなっています。数字の取り方にもよりますが，日本の約３万人と比べるとはるかに大きい数字です。それにもかかわらず，英国は，結局一度も国境を閉めませんでした。また，2021年９月には，英国は早々に「コロナとの共存」に舵を切り，毎日８万人以上が感染していても，行動規制は一切ありません。

このような対応は，「令和の鎖国」といわれた日本とはもちろん，ある程度緩和しながらも，現在もマスク着用義務など一定の規制が残っている大陸欧州とも異なります。英日のコロナ対応は，大陸欧州を中間に挟んで，両極端に位置します。

英国で暮らしていると，このようなコロナへの対応を「いやすごいね，ようやるわ」と思いはしても，「無謀だ」と感じることはありません。ワクチン接種者の重症化率は低いことがデータにより分かりやすく示され，この冬には，１日20万人超感染しても規制を強化せず乗り切る「実験」を行い，これらのデータや経験に基づき，「粛々と」規制を撤廃したに過ぎないからです。

状況を観察しながら，粛々と適時適切に判断を行おうとする，現実的で楽観的な態度は，「べきだ論」から発想し，批判リスクを恐れないではいられない，理念主義的でリスク回避的な日本人の態度とは，あまりに異なっています。

感情と議論を切り離すこと

英国人は，どうしてこのような判断の仕方をするのでしょうか。

一つ思うのは，英国人は，感情と論理を切り離して判断を行っているということです。議論する際，感情に流されるでも，抽象的な「べきだ論」に支配されるわけでもなく，論理とデータに基づき，粛々と物事を考えるのが，英国人にとって普通の態度です。もちろん判断の根幹には，英国人特有の価値観があり，それが判断の結果に影響を及ぼしているのですが，判断するプロセス，例えば議論する際には，感情と論理は意識的に区分され，別物として議論の俎上に載せられているように見えます。

日本人は，主張が受け入れられないと，感情やメンツが「傷つき」がちです。勢い，「べきだ論」や「権威」で上からねじふせようとしたり，そもそも議論を避けたりすることが往々にしてあります。感情的にならず，建設的な議論を行うことが日本では簡単ではありません。また，全てを感情論で片付けようとすることも，少なくありません。

英国人が感情と論理を切り離せる一因は，敬語がない英語の特徴が影響している面があると思います（ただし，米語と違い，英語には，ある程度敬語が存在します）。

それとともに，子どもの時から，感情と論理を切り離し，両者のバランスを見ながら冷静に議論する訓練を繰り返し行っていることが影響していると思います。例えば，賛成と反対に分かれて議論するディベートを行うことや対話を行うといったことです。英国の教育の目的は，「知識を得ること」以上に，「議論する力」を育てることです。

これに関連し，英国のエリート教育では，歴史や哲学の学習が重視される傾向があるとされます。ある日本人識者[1)]は，「英国においては，社会のリーダーを目指す多くの学生は経済や法律ではなく歴史や哲学を学ぶとされているが，それは矛盾した人間の織り成す歴史や哲学を学ぶことを通じて，健全なダブル・スタンダードの感覚を身につけることが一国のリーダーとしての資質を高めると考えられているからであろう。」とします。

英国では，歴史や哲学は，「正しい」ものの見方（「平和は素晴らしい」「民主主義は重要だ」）や，歴史上の知識を教える教科ではなく，人間には多様な側面があり，「正しさ」は多元的であることを理解するための教科です。

冷静に物事を捉えようとする感覚は，統計の取り方にも現れています。

例えば，BBC のコロナ統計のトップページでは，感染者数や感染による死者数といった絶対値と並んで，例年以上に死者数全体が多いかどうかが分かるデータが掲載され，随時更新されていました。

トレードオフ

英国では，福祉，教育といった公共サービスの充実について世論調査を取る際，「増税し，公共サービスを充実する」，「減税し，公共サービスを削減する」のいずれの「セット」が良いかと質問します。

日本のメディアを見ていると，増税に反対しながら公共サービスの充実を求めるという，個々には成立しても，全体としては矛盾する議論が行われることがままあるように思います。

減税と公共サービスの充実は，本来，トレードオフ（両立しない関係性）の関係にあります。公共サービスを充実させつつ，増税しなければ，国の借金が増えるだけだからです。トレードオフを意識に置いた，バランスのある見方が当然視される英国と，好まれない（あるいは，薄々分かっていても直視しない）日本とでは，議論の深さに大きな差が生まれるように思います。

なお，個人的には，日本の根幹的な問題は，このような財政（税と公共サービス）のトレードオフ，すなわち均衡財政の感覚を失ったことにあると思います。最後は国債を発行すればよい（「打ち出の小槌がある」）と思ってしまえば，日本社会が本当の意味で自助努力や工夫を行ったり，イノベーションを作り出したりすることは難しいからです。今の日本は，「借金を膨らましながら職員の福利厚生に多額のお金を投じ，他方で人材育成や商品開発といった未来への投資にはあまりお金を使わない大会社」のように見えます。日本社会はこの30年間，財政のトレードオフを直視しながら次世代に投資することで，厳しくも活力ある社会を作ろうとするのではなく，次世代に負担を先送りすることで，現役世代に優しい現状維持的で衰微的な社会を選んできたのではないかと思います。

英国では，公共サービスを充実すれば増税になるのは，国民に沁み渡っている「常識」です。先日，コロナ下で行われた緊急歳出を補塡するため，2022年4月から歴史的な大増税を行うと政府から発表されました。個々の論点はともかく，増税そのものを問題視する論調は見当たりません。

40代を中心とした社会

英国で最も驚いたことの一つは，政治家が若いことです。例えば，現スナク財務大臣は39歳で財務大臣になっています。ブレアやキャメロンが，総理大臣になったのは43歳の時です。日本の最年少総理は初代総理の伊藤博文で44歳，戦後，40代で就任した総理はいません。

政治家に限らず企業のマネージャー層も，英国では，30代や40代の時から高いポストを担っています。英国赴任前，日本と同様，長い伝統を有する英国では，日本と同様，年長者に権限があるのだろうと思っていたので，これには本当に驚きました。

20代，30代で経験を積み，気力・体力ともに充実していて，自分たちで作った社会で生活していく時間が沢山残っている40代が社会の中心として活躍することは，本来，とても自然なことなのかもしれません。

40代を中心とした社会を作ることができる一つの理由は，20代の時から，マネージャーとして育成するキャリアパスが社会の中に組み込まれているからです。英国では，マネージャー職自体が一つの「ジョブ」（職業）です。マネージャー職を志す者は，20代の初めての就職の時から（ジュニア）マネージャーのポストを獲得しようとし，力があれば，より高度で給料が高い職場に数年単位で移動しながら，様々なマネージャー職を経験していきます。結果，若くして，責任がある立場に立つことが可能です。

① インスピレーショナルにゴールを示し，

② 各部局を確実にグリップし，

③ 心理的安全性と人間的魅力により組織内外から適時適切に情報を取る

このいずれもを高いレベルで実現しているのが，グローバル社会でのリーダーの姿のように思います。英国で数年暮らしたなかでも，こういったリーダーに数人出会いました。行政，スポーツ，大学と，分野は様々ですが，皆社会的に極めて高いポジションにいる人たちで，圧倒的な存在感を感じました。私自身，これまで日本で多くの素晴らしい上司，先輩方に恵まれてきましたが，これらのいずれかを満たす人はいても，いずれをも高度に満たす人には会ったことがありません。

若い時からマネージャー職を渡り歩き，経験と識見とコミュニケーション力を磨き，より高いポストに選抜されていく過程で，このようなリーダーに育つのだろうと思います。

もしかすると，こういうリーダーは，日本の組織では効果的に機能しないということかもしれませんが，英国の組織の活力ある姿を目にしていると，こういったマネージャーが各階層にいるのが英国の強みだと思わざるをえません。

他方で，英国で暮らしていると，職人や技術者のスキル，ホスピタリティ業界の人達の応対力は，日本の方が，英国より上だと感じます。つまるところ，日本の人材の問題は，私自分を含む，物事を方向付ける立場にいる（文系）マネージャー層にあるということだと感じます。

個人主義と人材育成

実力主義の英国での評価は，直接「個人」に降ります。「組織」に対して評価が降りる傾向がある日本との違いです。

面白いのは，実力主義，個人主義の英国社会が，必ずしも「ぎすぎす」していないことです。首切りが行われる際，アメリカでは，「お前は明日から来なくていい」となりますが，英国では，数カ月猶予期間が置かれるなど，一定の配慮があると聞きます。英国人特有の適度さの賜物かもしれません。また，仮に結局首になったとしても，ジョブ型の英国やアメリカの社会では，他に何らかの職が転がっていることも多いので，そう簡単に路頭に迷うことはあまりないのも確かです。

また，英国では，個人主義の国でありながら，人材育成が，意識的に行われています。本レポートでも，フェローシップ，教育力向上プログラム，学長トップマネジメントプログラムと，様々な人材育成プログラムを取り上げました。これらは必ずしも人材育成の観点に着目して書こうとしたのではなく，調べていくと，すぐこのような能力開発の機会があることが分かり，「結果的に」，取り上げるに至ったものです。英国では，各々の業界で，人材育成プログラムが，見える形で用意されているということです。これは，実は，「個人主義の国でありながら」ではなく，「個人主義の国だからこそ」，意識して人材育成を行わなければ，業界全体がやせ細ってしまうからではないかと思います

日本の人材育成の中心は，長らく，OJT（職場の先輩からの指導）に置かれ，OFFJT（職場を離れて行う職能開発）は希薄でした。OJTは，一面では，長時間労働や，先輩の教育意欲を前提とした仕組みでもあります。職場の先輩が，自分自身の仕事だけでなく，後輩の育成に対して追加的に時間を使おうとすることで成立することが多いからです。私自身も，文科省の先輩方に，深夜を超

えて，数多くのことを教えてもらったことを思い出します。

ただ，今後，日本の職場のホワイト化が進むのであれば，先輩が後輩に教える文化は，徐々に廃れていくかもしれません。だとすると，英国のように，OFFJT の機会を設定したり，別途時間的・資金的リソースを組織的に確保し，職場の中に人材育成プログラムを明示的に組み込んだりしなければ，若手の人材開発の機会がどこでも与えられず，人材がやせ細ることになりかねないように思います。

臨機応変

英国で最も驚いたことのもう一つは，政府の判断と施策実施のスピード感です。特に，コロナ下では，めまぐるしく変わる状況に応じて，どんどんルールが更新され，施行されました。

厭うことなくトライアル and エラーが行われていく英国を見ていると，日本では，どうしてこういったことができないのだろうと考えてしまいます。

恐らく，その一因は，日本のコンセンサス主義と完璧主義にあります。

日本の意思決定は，コンセンサスを重視し，批判を恐れます。このため，「先取り」して取組を行い，修正しながらより良いものにしていくよりも，他者の状況を窺いながら，関係者「みんな」がそれなりに了解してくれる取組を行い，一度始めてしまうと今度は，「反対する人がいる」として，なかなか変えようとしないといったことになりがちです。

例えば，日本の大学政策は，やることなすこと「中途半端」に見えます（設置認可，教育質保証，研究評価，留学生授業料など)。言い訳になるかもしれませんが，文科行政に携わってきた身からすれば，これは必ずしも，我々文科省職員に能力がないからではなく，コンセンサス行政のもとでは，首尾一貫した施策を行うことが難しいことが一因です。

コンセンサス行政では，「批判されないこと」が自己目的化しがちで，しばしば，政策立案の当初から批判リスクが少ない施策が選ばれたり，多方面の意見を取り入れようとしたりする結果，施策が「中途半端」になることが起きます。官庁が，「改革者の顔」と「業界の代弁者の顔」の両方を期待され，与野党の政治家間の調整まで行うこととなっている状況ではなおさらです。

「反対されないこと」,「批判されないこと」を第一に優先しようとするこういった傾向は，官庁に限らず，大企業などでも見られることがあるのではないでしょうか。

英国では，コンセンサスよりも論理的な首尾一貫性が重視されます。また，リーダーに権限と責任を集中させ,「やらせてみよう」とします。

例えば，官邸（No. 10）は非常に強く，国会での野党からの質疑時間は厳しく制限されています。民主的に選ばれた首相・大臣以外に便宜を図ることがないよう，官僚が政府外の国会議員と接触することも原則禁止されています。REF 評価の責任者に大学の「意向」をどう汲み取るのかと聞いたら,「政府の仕組みであり，大学の『状況』は把握するが，大学の『意向』を気にすることはない」との回答でした。

また，現在の日本における完璧主義は，手続的完璧主義に向かいがちです。何かが起きた時に弁明できるよう手続を張り巡らせ，一度作られた手続は，有事の際に「誰があの手続を撤廃したのか」と言われることを恐れ，スクラップされることは稀です。この重層化された手続を日本人的緻密さにより遂行しようとするため，何かを新しく作ることより，手続をこなすことそのものに非常に多くのコストがかかるのが，日本の常です。

英国も due process（適性手続）の国ですが，手続は適宜スクラップされ，また，手続の運用にかなりの「遊び」があります。英国に住み始めた日本人は，はじめその「適当さ」に戸惑ったり，腹を立てたりしますが，次第に,「遊び」がなかった日本の方がむしろ窮屈だったのではないかと思うようになることが多いように思います。多くの人は「サービスを提供する側の自分」と,「サービスを享受する側の自分」の両面をもっていて，提供側に手続的完璧性を求めることは，回り回って，自分の半身を攻撃していることと同じであることに気付くからです。

「べきだ論」に立たず，コンセンサスや完璧主義を求めず，結果,「行政の無謬性」といった病理にも無縁の英国社会では，行政がエラーを起こすことがあるのは当たり前で，メディアもしつこく追及することはなく，政治も行政も

「あの時点では，あの判断をすることが適切と考えたが，今は状況が変わった」として施策変更を行うことへのハードルは高くありません。

もちろん，このような「臨機応変」な在り方は，施策が中長期的に継続しない状況を生みがちで，時に「変わり身が早すぎるのではないか」と見えるのも確かです。ただ，これだけ変化が激しく予測がつかない世の中においては，完璧さを求めるよりも，トライアル and エラーを繰り返すやり方の方が適合的ではないかとも思います。また，トライアル and エラーを前提としているからこそ，施策の見直し（レビュー）を，徒に防御的になることなく行うことができ，それが，結果的に施策の質を高めているとも思います。

個人主義と集団主義

英日の仕組みを分析すると，その根底に，結局は，「個人の自律性を重んじる英国」vs「ピラミッド型の集団主義を重んじる日本」といった文化差が，「岩盤」のように顔を出します。英国に住んでいると，論理的な議論や対話より同調的な空気の読み合いを，果断よりコンセンサスを，対等な関係性より権威主義的な関係を，自律より保護や依存を選ぶ方向に流れやすい日本の在り方に，否応なしに気付きます。「ブルータス，お前もか」という感じです。仕組みの設計や実施を生業にする官僚としては，どう仕組みを作ろうとも，国民気質にここまで強く基底されるのであれば，結局同じではないかと，空しい気持ちに襲われることもあります。

日本人的集団主義を個人主義に「変革」しようとする試みは，明治維新以来続く，日本の巨大プロジェクトです。ただ，英国の個人主義やエリート主義が根本で変わらないように，死の瞬間まで日本人が「まとっている」集団主義が変わることはないのかもしれません。だとすれば，「集団主義」を前提にしつつ，変化の激しい現在の社会に適合した「集団主義」をどう作っていくかを考えた方が良いのではと思ったりもします。

例えば，現在の日本の「集団主義」は，高齢者層が多数を占める人口構成やそれにおもねる空気感が影響し，権威主義的，現状維持的，同調主義な性格が過剰なまでに強く出ていますが，マネジメントの在り方によっては，リーダーが最終責任を持ちつつ大きく（ある意味「メンター的」に）構え，組織的なまとまりのもと，中堅・若手が思う存分力を奮うといった「集団主義」も，日本の中にはかつてあったし，今でもあるはずです。そこに専門性を軸にした流動性が今より加われば，集団主義と個人主義のベストマッチに近づくかもしれません。

また，個人主義に立脚した英国の資本主義に，問題があることも確かです。ロンドンの一等地の住居で，夜に灯がともっているのは，３割程度です。投資目的で買われ，貸すこともなく，値上がりを待って置いておかれているからです。居住満足度が高い住居ほど実際には人が住んでいない，このような状況は，人気があるロンドンの地域ではどこでも見られる現象です。他方，英国のロックダウン中には，狭い家に多くの家族を抱え，子どもが勉強するスペースも取れない家庭が沢山あることが報道されました。個人主義と資本主義が結びつき，個々の資本蓄積を最上位に置く感覚が，冷静に考えれば疑問を禁じ得ないこういった状況を正当化しています。日本では（まだ）そこまで見ることがない，資本主義の極致です。

上滑りの輸入と普遍性

夏目漱石は，２年あまりのロンドン留学から帰国後，1911年の講演で，明治の日本人は，あたかも天狗にさらわれた男のように無我夢中で，西洋から押し寄せてくる開化に飛び付いていかなければならない。一言にしていえば現代日本の開化は皮相上滑りの開化である。日本人は「まことに言語道断の窮状に陥った」とします[2)]。

西欧を無闇に理想化し，深く考えることなくパーツを輸入しようとする姿勢は，夏目漱石が生きた1900年代初頭から100年以上経過した現在においても，変わらず顕著です。機械の部品と異なり，仕組みは，単に輸入したところで，その社会の文脈に応じて，異なる働き方をします。パーツだけを参考にするのは危険であり，私自身，このレポートを書こうと思った理由の一つは，散見される，英国大学の一部の取組を日本より優れているとして表面的に紹介するやり方ではなく，英日の政治や経済の違い，国民的気質や労働慣行の違いといった大きな社会的文脈の中で，英国大学の課題や悩みにも触れつつ，その全体像を描きたいと思ったことにあります。

他方，夏目漱石が英国のことを，「あれほど自由でそうしてあれほど秩序の行き届いた国は恐らく世界中にないでしょう」とし，「彼等はただ自由なのではありません。自分の自由を愛するとともに他の自由を尊敬するように，子供の時分から社会的教育をちゃんと受けているのです」と言うように，他人に構わず，干渉せず，でも困っている時には助けてくれる英国人の気質，秩序を保ちつつ同調主義に陥らない英国の個人主義は，批判を恐れ，権威主義や同調主義に足止めされがちな日本の状況から見ると，魅力的です。

漱石の一見矛盾しているように見えるこれらの言葉には，漱石が西洋の価値観と日本の価値観に「折り合い」をつけようと格闘している姿が現れているように感じますし，それはそのまま私たちの姿のようにも思います。一義的な回答はなく，自らを閉ざすことなく向き合い続けるしかないテーマのように思いますが，少なくとも一つ言えるのは，仮に海外の取組を参考にしようとするのであれば，必要なのは，取組とその取組の背後にある理念を丸ごと理解しようとした上で，我々が真に首肯できる理念に裏打ちされた取組はどれかという視座から考えることだと思います。

英国を参考に，日本の大学が取り組めばよいと思う３つのこと

本レポートは，日本への施策の提案を主たる目的とはしていませんが，上記のような観点から，ここでは，あえて，日本の大学やアカデミア，大学行政が，英国大学の取組を参考として，今後，取り組めば良いのではないかと考えることを，３つだけ挙げてみようと思います。

１つ目は，大学の学生（特に文系）の取得科目数を縮減することです。もちろんただ科目数を減らすのではなく，英国大学のように，考える力を育てる教育理念を大切にし，教育サイクルの中に，先人の知を読み込んだり，議論を繰り返したり，自分の意見をまとめたりする「深い学び」を組み込み，学生が，「きつい」ながらも，知的なワクワク感を持てる教育に転換していくことが重要なのではないかと思います。特に，東大を筆頭とする，日本社会のトップマ

ネージャー層を育成することを使命としている大学ほど，教科数を減らし，「深い学び」が行われる方向へと教育の軸を変えていくことが必要だと思います。変化の激しい今ほど，自分の頭で考え，議論し，当事者として行動する力を育むことが求められている時代はありません。

日本では，文系と理系が分かれ過ぎていることが問題視され，現在，文系学部でも理系科目を学ぶ文理横断的な学びを構築する方向で議論が行われていると聞きます。文理双方を学ぶ方向に異論はありませんが，仮に，現状のアラカルト方式の文系教育に，「追加的に」理系科目を乗せるだけであれば，一層「広く浅い」教育が展開され，今以上に，「深い学び」から遠ざかってしまうのではないかと思います。取得科目数を絞り，「深い学び」への転換を実現しつつ，文理の統合的な知を目指すこととしなければ，大学の学部教育が，学生の知性を深めるものにはなり難いように感じます。

２つ目は，若手研究者向けのフェローシップ（日本でいうところの「さきがけ」や「白眉」）を増やすことです。英国の状況や「さきがけ」などの先例に見られるように，ポスドクのポジションを経て力を蓄えた若手研究者に，PIとして「やってみる」チャンスを与えることは，その飛躍的な成長を促します。また，フェローシップを数多く設けることで若手PIを増やすことは，日本の国立大学に根深く存在する保護的な講座制文化の変質を促し，挑戦的で機動的な研究環境の形成を後押しすると思います。

現在，日本では若手研究者支援がようやく進みつつあり，非常に良いことだと思います。バブル崩壊後の20年間の経験は，日本では，若手に投資し次世代を育成しようとする理念が，既得権益や現役世代を守るためにいとも簡単に放棄されること，そのしっぺ返しが社会の停滞という形で表れることを如実に示したのではないかと思います。特に若手の柔軟な頭脳が必要不可欠な研究分野においては，一定の「捨て金」が発生することを見込みつつ，若手に飛躍できる機会と資源を与え続けることがいかに大切であるかを，現在の英日の大学の研究力の格差から痛烈に感じます。

３つ目は，（国立）大学への国からの有形無形の「管理」を問い直すことです。

国の成立に先んじて大学が存在していた英国と異なり，日本の大学は官製で始まっており，英日で，国と大学の関係性が違うのは当然です。ただ，英国大学を見ていて思うのは，大学の活力を作るのは，大学の理念の根幹である「自律性」だということです。この20年間，英国大学は大きく拡大し，世界に冠たる地位を改めて確固なものとしましたが，その原動力は，何より大学自身の活発な自助努力にあります。そもそも英国大学は自律性の高い環境にありましたが，この約20年間，英国政府は，残されていた規制をさらに縮減しながら成果に基づく評価の仕組みを構築し，大学の自律性を高めながら，競争的環境の醸成を実現しました（留学生授業料の自由化，授業料額増に伴う学生定員の撤廃，事後の成果評価の導入に伴う事前評価の大幅削減）。大学は経営の自由度を高め，国内外から学生を獲得することをはじめ，一層の自助努力を行うようになりました。

日本の研究力を牽引する国立大学は，法人化した現在でも，有形無形の国（文部科学省，財務省，内閣府など）の関与を受け，国からの強い影響下で運営されており，その視線は，グローバルな大学間競争よりも個々の研究者よりも学生よりも，国の方を向く傾向があります。日本社会のピラミッド型の権威主義体制を引きずっていると言えます。非常にややこしいのは，時に，「日本の大学は自ら稼げるようになることが重要だ」としつつ，実際には，「大学改革を推進するために必要だ」としてマイクロマネジメントを始め，結果，大学の自助努力を生み出すために必要な自律性を奪ってしまうことがあることです。このような自己撞着的な状況は，日本的権威主義と「切羽詰まった」社会状況が組み合わされた現在の日本社会において，大学政策に限らず，広く発生しているようにも思います。

もちろん，大学はその成立以来，パトロンを必要とし，現在のパトロンである国民は，大学に資金を投入する理由付けを求め，成果を要求します。ただ，「角を矯めて牛を殺す」の格言にあるように，国民への説明責任を果たそうと，政府が手続的完璧性をもって「上から」マイクロマネジメントを行うことで，大学の発展に必要な自律性を奪ってしまっては元も子もありません。大学マネジメントの向上が必要なのは確かですが，「上から」のマイクロマネジメントでこれを実現するのではなく，英国の学長トップマネジメントプログラムで目指されているように，大学のマネージャー層の力を高めるなどにより，大学自体のマネジメント力を上げなければ，大学の持続的な発展を達成することはできません。大学がその教育・研究力を高めるには，生き生きとした活力が必要です。そのためには，国と大学が，権威主義的な関係ではなく，一定の緊張感のもとで，対等で自律的な関係に立つことが必要だと感じます。

これら3点は，それぞれ，教育分野における「議論する力」の育成，研究分野における「若い頭脳の尊重」，大学の根幹である「自律性」という理念に基づくものです。これらの理念は，英日双方において共有できるものではないかと思われ，だからこそ，これらの理念に基づく英国大学の取組には，日本の大学が参考にできるところがあるのではないかと感じています。

当事者であること

英国にいると，日本には沢山素晴らしいものがあることに，改めて気付かされます。美味しく多彩な食文化，華やかにして繊細な文化芸能，桜，紅葉，渓流など鮮やかな自然景観，心身を開放できる温泉などです。

また，「ものづくり」や職人文化，ホスピタリティ（おもてなしの心）で，日本が英国の比較優位にいることも間違いないと思います。実際，英国人に日本の印象について聞くと「お寿司の国」という回答と同じくらい「テクノロジーの国」という回答が返ってきますし，日本に短期間旅行や滞在した人たちは，軒並み日本ファンになって帰ってきます。

他方，このように列挙すると，これらのほとんどは日本が何百年と培ってきた先代からの贈り物であって，現在の日本の仕組みや社会構造で，胸を張って素晴らしいと言えるものがあるかと聞かれると，なかなか見当たらないことに気付かされます。

日本では，「論破」ブームだと聞きます。そうだろうなと思います。日本がうまくいっていないのは，確かだからです。世界一の借金大国で，人口減少が加速する中でも移民政策を正面から論じることができず，（高齢層がそう望んでいるかはともかく，）シルバー民主主義が横行する日本の姿は，海外から見ると，「詰んでいる」ように見えます。悲観的な現在の国民感覚と相まって，物事を前に進めようとする議論よりも，日本の構造的な閉塞感を「突く」議論の受けが良いのは，想像に難くありません。

難しいのは，このような閉塞感を薄々感じながらも，現状維持的な行動を取る方が合理的になってしまっているように見えることです。あたかも透明なコップの中にいるように，世界から切り離され，取り残され，同調主義的な空気が強まれば，リスクを取って挑戦し「挑戦の果実」を得ようとすることより，ひたすら根回しに時間を使ったり，「降って来た」仕事やルーティンを無難にこなしたり，自分の組織は改革しないまま「改革を叫んで下に降ろす」ことの方が，遥かに合理的な振舞いだと感じられてしまいます。

ただ，ある友人が言っていましたが，大火事に対して消火器で立ち向かっている人に，「そんなものでは，この大きな火は消せないよ」と諭したところで，物事は一歩も前には進みません。重要なのは，消火器を持つことであり，消火器を持つ人を増やすことであり，消火器以上の道具を作る人を育てることです。そして，そのような行動や人材育成を通じて，「何が合理的か」というルールを徐々に変えていくことです。言葉を変えれば，「評論家」ではなく，自分の頭で考え，行動する「当事者」を増やすことです。

日本では，若者をはじめとして，大企業離れが進んでいると聞きます。霞が関も同様で，実際，文部科学省における若者の離職率は，驚くほどです。これは，政官の過剰な接触が創り出している霞が関のブラックな環境のゆえであるとともに，方々の権威に忖度し，リスク回避を優先する傾向が強い今の霞が関で働くことが，働きがいやスキルアップにつながらないと考える若者が増えているからではないかと思います。小さくとも，「当事者」としてワクワクして働ける場所を求める若者が増えているのだとすると，日本社会は，少しずつ良くなりつつあるのかもしれません（もちろん，この環境の中で，悩みながらも霞が関で頑張り続けることを選択している若手を応援する気持ちがあることも，付け加えさせてもらいます）。

教育は重要だが，大人の行動こそが重要

こういった議論をすると，「その通りだ。日本社会は変わらなければならない。そのためには，教育を変えることだ。」と仰る方がいらっしゃいます。

これは半分正しく，半分間違っています。

確かに，子どもの頃からの教育が，人々の意識や社会の形成に大きな影響を与えるのは間違いないと思います。自分が教育分野に身を置いているのは，教育にその可能性を見出しているからです。教育は，社会を変革する鍵になり得ます。

他方，教育は社会の縮図でもあります。子どもは，親や教師をはじめ，大人を見て育ちます。教育の中身や仕組みを作っているのは，我々，大人たちです。そもそも，子どもが作るのは「次の時代」であって，「今の時代」を変えられるのは，大人自身です。「今の時代」を変えようとしていかなければ，社会の縮図たる教育，ひいては「次の時代」も変わりようがありません。自分の頭で考え，行動しようとする大人がいない社会で，自分の頭で考え，行動しようとする子どもが生まれることはありません。

「教育が大事」なのではなく，「教育も大事」なのであり，社会をより良いものにすることを過度に教育に期待する議論は，「自分自身は，当事者としてがんばるつもりはないよ」と言っているのと同じです。

「何が合理的か」という暗黙のルールは，大人の行動と子どもの学びを同時並行で変えていかなければ，変わることはないように思います。

英国大学の「キラキラ」感

英国大学を分かろうとする私の試みは，いったん終わりました。3年間，英国大学について考え続けることで，大学のことのみならず，英国人や英国社会について知ることができたこと，英国に対する理解を通して日本を見ることができたことは，自分にとって大きな財産でした。この財産を活かして，社会が今よりワクワクできるところになるよう貢献することが今の私のミッションであり，そのためには自分自身がワクワクできていることが大切だと感じています。

英国大学は，私にとって，もはや「キラキラ」はしていません。「キラキラ」を作っている舞台裏を知ってしまったからです。

ただ，英国大学に敬意を抱く気持ちは残っています。自由を尊重し，日々当事者として，自分の頭で考え行動する英国人が，英国大学を作っていることを知っているからです。

注

1）　松本崇氏
2）　小森陽一，夏目漱石『夏目漱石，現代を語る 漱石社会評論集』角川新書，2016年

あとがき

このレポートは，2019年３月から2022年４月までの３年間，ロンドンにある在英国日本国大使館で仕事をしながら，英国大学について調べ，考えたことをまとめたものです。このため，特に表記しない限り，2022年４月時点までの情報に基づくレポートとなっています。

英国に滞在した３年間は激動の期間でした。最初の１年間は，日本開催のラグビーワールドカップを英国で盛り上げるべく，レセプションを開催するなど平時の仕事をしていましたが，ちょうど１年経った2020年３月からはコロナによるパンデミックが始まり，数度のロックダウンを経験，２年経った冬には，英国発のケント株（アルファ株）が猛威を振るい，未だワクチンもないなか，「ロンドンを死神が徘徊しているような感覚」に襲われることもありました。同時期に，英国ではブレグジットが成立，EU から初めて加盟国が離脱する瞬間も経験しました。ワクチンの開発・展開により，帰国間近の2022年２月には規制が全面解除され英国のコロナへの対応は終わりましたが，息をつく間もなく，その月の後半に，ウクライナでの戦争が始まりました。すぐ隣の大陸ヨーロッパで戦争が行われている状況は，遠く日本でニュースに接するのに比べ，格段の緊張感があります。日本への帰国便も，ロシア上空を通る最短ルートではなく，アラスカ上空を通る逆回りの長時間フライトとなりました。

2022年４月に日本に帰ってからも，英国の状況は目まぐるしく変わりました。コロナ下の官邸でのパーティ問題やコロナ支援で増えた国債への対応方針，ブレグジットやウクライナ戦争による急激なインフレが影響し，帰国から一年しない間に，英国の首相は，ジョンソンからトラス，さらにスナクへと変わりました。2022年10月に首相となったスナクは，初のアジア系，19世紀以後で最も若い42歳（ブレア，キャメロンは43歳だった）での就任です。イギリスにいた時，こんなに若くて賢い人が内閣の No. 2として控えているんだなと純粋に羨ましく思っていました。逆風の船出ですが，どうなるか，どうするか，楽しみです。

2022年９月８日にはエリザベス女王が崩御され，チャールズ新国王が誕生しています。エリザベス女王は享年96歳，そのチャーミングなご様子や，コロナ下における励ましのメッセージに救われた人は，数限りないのではないかと思います。私もその一人です。心からご冥福をお祈り致します。

英国の施策について書くことは，時に躊躇われると聞きます。取組がスピーディにどんどん変わるため，追跡が難しく，紹介しても翌年には施策が変わっていることも珍しくないからです。このレポートでは，移り行く英国の施策や英国大学の取組の底にあるものが理解されるよう，個々の事象を取り上げつつも，それらが生まれた歴史的・社会的な背景を，できる限り描こうとしました。少しでもその意図が成功していれば，大変嬉しく思います。

私自身は，英国の専門家でも，大学の専門家でもありません。文部科学省で大学行政に携わったのも，右も左も分からず仕事をしていた入省したての２年間を含め，合計で４年間だけです。ただ，英国赴任直前の２年間，企画官として，国立大学の運営費交付金１兆円を担当した経験は今も鮮やかで，沢山悔しい思いをしたり，日本の大学行政の在り方に疑問を思ったりしたことが，このレポートを書き出した原点にあります。企画官として仕事を始めた当時，強く思ったのは，「私のような大学行政の素人が，国立大学の予算の大要を扱う大役を突然担っていいものだろうか」ということであり，「仮にそれがしょうがないのであれば，行政官の視点から，大学について書いたものがどこかにないか」ということでした。なかなかそういった文書を見つけることは出来ず，暗中模索で仕事をしてしまったように思います。そういう意味では，このレポートのオーディエンスは，誰よりも，突然，大学行政を担うこととなった６年前の私自身なのだと思います。

レポートを執筆していく中で発見したのは，物事を調べ，まとめ，字にすることで，自分の視野が問い直され，更なる探索の必要性に気付き，また調べ始めるという連鎖の面白さです。原点の動機を忘れることはありませんでしたが，徐々に，探索し，考え，文字にする行為そのものに魅惑されるようになりました。母のサポートのもと，亡き父が，国立大学の病理医として，毎晩遅くまで研究に没頭していた気持ちが，少し理解できた気がします。

最後になりましたが，この「とても売れそうにない本」の出版に踏み切って下さったミネルヴァ書房の浅井さん，出版に向け励ましやヒントを下さった河本さん，工藤さん，様々な形で執筆に協力して下さったウォードさん，増井さん，メラニアさん，カラムさん，ナディアさん，英国大学の内実をエールとともに惜しげもなくご教示下さったDavid Sweeneyさん，大沼さん，小野さん，香取さん，紅林さん，そして，その明るさでコロナ下の英国生活をこの上なく楽しいものにしてくれ，私の人生をこれまでになく豊かなものしてくれている妻の若菜に，心から感謝申し上げます。

2023年2月2日

佐野壽則

《著者紹介》

佐野壽則（さの・としのり）

1977年　徳島市生まれ
東京大学法学部卒業，ブリティッシュ・コロンビア大学修士（教育学）課程修了。
三井物産株式会社勤務を経て，
2002年　文部科学省入省。
2018年　高等教育局国立大学法人支援課企画官。
2019年より３年間，在英国日本国大使館一等書記官・参事官としてロンドン在住。
著書『未来を切り拓く力と意欲の向上に向けて――大分県の教育改革』（悠光堂，2015年）

なぜ英国の大学はキラキラして見えるのか
――歴史・教育・研究・経営から解き明かす――

2023年12月25日　初版第１刷発行　（検印省略）

定価はカバーに
表示しています

著　者　佐　野　壽　則
発行者　杉　田　啓　三
印刷者　江　戸　孝　典

発行所　株式会社　ミネルヴァ書房
607-8494 京都市山科区日ノ岡堤谷町１
電話代表（075）581-5191
振替口座 01020-0-8076

共同印刷工業・坂井製本

ISBN978-4-623-09538-4
Printed in Japan